Michael A. Meyer

Von Moses Mendelssohn zu Leopold Zunz

Michael A. Meyer

Von Moses Mendelssohn zu Leopold Zunz

Jüdische Identität in Deutschland 1749–1824

Aus dem Englischen übersetzt von Ernst-Peter Wieckenberg

Verlag C. H. Beck München

Der Übersetzung liegt folgende Ausgabe zugrunde:
Michael A. Meyer, The Origins of the Modern Jew. Jewish Identity and European Culture in Germany, 1749–1824.
8. Aufl. 1992

Die Deutsche Bibliothek – CIP-Einheitsaufnahme

Meyer, Michael A.:
Von Moses Mendelssohn zu Leopold Zunz : jüdische Identität in Deutschland / Michael A. Meyer. Aus dem Engl. übers. von Ernst-Peter Wieckenberg. – München : Beck, 1994
Einheitssacht.: The origins of the modern Jew ⟨dt.⟩
ISBN 3 406 38062 X

ISBN 3406 38062 X

Für die deutsche Ausgabe:

Satz: Fotosatz Otto Gutfreund GmbH, Darmstadt
Druck und Bindung: Ebner Ulm
Gedruckt auf säurefreiem, aus chlorfrei gebleichtem Zellstoff hergestellten Papier
Printed in Germany

Dem Andenken
an meine Eltern
Susanne Meyer
Karl Meyer

Inhalt

Vorwort

Für den Juden in der modernen Welt bildet das Judentum nur einen Teil seiner Identität. Indem er sich Jude nennt, gibt er lediglich einer von vielen Loyalitätsbeziehungen Ausdruck. Und doch verbinden sich der Druck von außen und ein inneres Zugehörigkeitsgefühl nicht selten mit der Wirkung, daß er sich dieser Identifikation stärker bewußt ist als jeder anderen. Da er weiß, welchen Einfluß das Judentum auf seinen Charakter und seinen Lebensstil hat, versucht er seine Sphäre zu bestimmen und es in Übereinstimmung zu bringen mit den anderen Elementen seines Ich. Ein solches jüdisches Selbstbewußtsein ist – auch wenn es in der jüdischen Geschichte durchaus Vorläufer hatte – vor allem für die beiden letzten Jahrhunderte charakteristisch. In der Abgeschlossenheit des Gettos hatte die Existenz als Jude einen alles bestimmenden und durch nichts in Frage gestellten Charakter, den es in größerem Umfang erst nach der Mitte des 18. Jahrhunderts verlor. Im Zeitalter der Aufklärung macht dann die jüdische Identität nur noch einen Teil der Persönlichkeit aus – und wird eben deshalb zu einem Problem.

Dieses Buch befaßt sich mit der Frage nach der jüdischen Identität, wie sie zuerst innerhalb der deutschen Judenschaft gestellt wurde. Obwohl der Eintritt der Juden in die deutsche Gesellschaft in anderen Werken ausführlich dargestellt worden ist, hat man den Vorgang aus diesem besonderen Blickwinkel nie zuvor betrachtet. Es war mein Hauptanliegen herauszufinden, wie einzelne Juden in Worten wie in Handlungen auf ihr Judesein reagierten. Ich habe also durchgängig eine einzige Frage an ein sehr vielfältiges Quellenmaterial gerichtet: Was bedeutet es für diesen einzelnen, daß er Jude ist? Ich hatte dabei nicht die Absicht, die jeweilige Antwort persönlich zu bewerten, vielmehr wollte ich verstehen, wodurch eine individuelle Reaktion hervorgebracht wurde, und wollte herausfinden, welche Konsequenzen sie hatte.

Die 75 Jahre von 1749 bis 1824, auf die mein Buch sich konzentriert, weisen ein großes Spektrum von Reaktionen auf. Seine Endpunkte sind symbolisch bezeichnet durch Lessings Schauspiel „Die Juden“, das den Juden ein neues, vorteilhaftes Bild ihrer selbst bot, und durch das Scheitern des *Vereins für Cultur und Wissenschaft der Juden*, mit dem ersten Versuch, jüdisches Leben in Kategorien des 19. Jahrhunderts zu deuten. Die moderne jüdische Geschichte als Geistesgeschichte beginnt in diesen Jahrzehnten. Als Moses Mendelssohn, der Jude, der ein bedeutender Philosoph der Aufklärung werden sollte, in einem bestimmten Augenblick seines Lebens sein Festhalten am Judentum rechtfertigen mußte, fand ein aus eigener Erfahrung gewonnenes jüdisches Selbstbewußtsein zum ersten Mal deutlich Ausdruck in der Sprache einer größeren intellektuellen Öffentlichkeit. Um 1824 hatte man eine Reihe von denkbaren Wegen beschritten: philosophische Rechtfertigungen, nachhaltige Bemühungen um eine Verwandlung von Juden und Judentum, Kämpfe für eine politische und gesellschaftliche Anerkennung und uneingeschränkte Ablehnung der jüdischen Identität. Im *Verein*, dem Kreis um den jungen jüdischen Gelehrten Leopold Zunz, tauchen ganz andere Gründe für ein Festhalten am Judentum auf, als sie die Aufklärung formulierte. Die Mitglieder dieser kleinen Gesellschaft, die sehr wohl wußten, daß sie im Zeitalter der Romantik lebten, brachten neue Argumente vor; auch wenn diese Argumente ebensowenig Bestand hatten wie die früher formulierten, verweisen sie schon durch ihr vollständiges Abweichen von den vorangegangenen auf die Vielzahl der möglichen Lösungen. Betrachtet man den Zeitabschnitt als ein Ganzes, so bezeugt er den nie aufgegebenen Wunsch der neuzeitlichen Juden, der Welt und sich selbst gegenüber unter Bezugnahme auf das kulturelle Wertsystem der jeweiligen Generation die Bewahrung der jüdischen Identität zu erklären.

Da mein Interesse eher einem Problem als einer Person oder einer Bewegung gilt, habe ich mich für eine variable Darstellungsweise entschieden. Das Buch ist in seiner Anlage weder streng an der Chronologie noch an Themen orientiert. Wo es der Darstellungsabsicht angemessen zu sein schien, habe ich die Biographie *einer* Person gewählt. Wo jedoch eine Gruppe oder eine Zeitschrift oder auch eine Bewegung eine bestimmte Auseinandersetzung mit dem Judentum betrieben, da habe ich sie zum Gegenstand eines Abschnitts oder eines Kapitels gemacht. Man sollte das Buch insgesamt als ein Mosaik betrachten, in dem jedes Kapitel ein paar Bruchstücke zu dem Gesamtbild jüdischen Selbstverständnisses und Selbstausdrucks in diesen 75 Jahren liefert.

Da dieses Buch sich mit der geistigen Dimension jüdischer Geschichte befaßt, erhebt es keinen Anspruch darauf, eine Gesamtdarstellung des Zeitraums zu bieten. Wirtschaftliche und gesellschaftliche Entwicklungen werden nur da berücksichtigt, wo sie etwas mit dem Interessenschwerpunkt der Darstellung zu tun haben. Mehr noch: Ich unternehme kaum jemals den Versuch, nach ökonomischen oder psychischen Gründen zu forschen, die verdeckt unter den bewußten Entscheidungen für oder gegen das Judentum liegen könnten. Es geht mir eher darum herauszufinden, wie diejenigen deutschen Juden, die als erste die europäische Kultur zur Kenntnis nahmen und sich ihr nicht verweigern wollten, bewußt auf die Herausforderung durch ein anderes Wertsystem reagierten. Diese Frauen und Männer waren in zweifacher Hinsicht eine Minderheit: mit ihrer Fähigkeit, ihre Probleme zu artikulieren, und ihrem Willen, die immer noch vorherrschende, alle anderen Auffassungen ausschließende Orthodoxie zu verwerfen. Aber sie sind weit über ihren zahlenmäßigen Anteil an der jüdischen Gesellschaft hinaus von Bedeutung, denn sie versuchten als erste ein Problem zu lösen, das für die Juden in der westlichen Gesellschaft bis heute von entscheidender Bedeutung ist.

Ich möchte meinen Lehrern am Hebrew Union College-Jewish Institute of Religion, den Professoren Ellis Rivkin und Fritz Bamberger, für ihre geistigen Anregungen, ihren klugen Rat und für hilfreiche Hinweise danken. Rivkin lenkte als erster meine Aufmerksamkeit auf diese Phase der jüdischen Geschichte, während mich Bamberger teilhaben ließ an den reichen Kenntnissen eines seit Jahrzehnten auf diesem Gebiet arbeitenden Fachmannes. Gerne möchte ich auch den Mitarbeitern der Bibliothek des College-Institute in Cincinnati, New York und Los Angeles danken, ebenso den Angestellten des Leo Baeck Institute, der Columbia University und des Jewish Theological Seminary für die unschätzbare Hilfe, die sie mir mit der Beschaffung seltener Bücher haben zuteil werden lassen. Rabbi Richard N. Levy und Frau Roslyn Rivkin haben das gesamte Manuskript gelesen und mir zahlreiche wertvolle Anregungen gegeben. Schließlich schulde ich meiner Frau Margie einen kaum in Worte zu fassenden Dank: Ihre Geduld, ihr Verständnis und ihre Ermutigung in Augenblicken des Verzagens haben die Vollendung dieses Buches überhaupt erst möglich gemacht.

Los Angeles, California, im September 1966 Michael A. Meyer

Vorwort zur deutschen Ausgabe

Mit diesem Buch habe ich vor beinahe 30 Jahren meine Universitätslaufbahn begonnen. Es wurde erstmals im Jahre 1967 veröffentlicht und wird seither häufig an amerikanischen – seit dem Erscheinen der hebräischen Übersetzung auch an israelischen – Universitäten in Kursen zur modernen jüdischen Geschichte als Lehrbuch benutzt. Obgleich es sich nur mit den Juden Deutschlands beschäftigt, ist es bis jetzt nicht ins Deutsche übersetzt worden.

Anläßlich eines Vortrags, den ich auf Einladung des Verlages C. H. Beck in der von ihm gestifteten Vorlesungsreihe „Die Juden in der europäischen Geschichte" hielt, lernte ich Ernst-Peter Wieckenberg, den Leiter der geisteswissenschaftlich-schöngeistigen Abteilung des Verlags, kennen. Er bat mich, ihm einige meiner Bücher zu schicken, und äußerte nach der Lektüre dieser Studie spontan den Wunsch, sie in seiner Freizeit ins Deutsche zu übersetzen. So wird dieses Buch jetzt auch dem deutschen Publikum zugänglich gemacht.

Wenn ein Werk nach dem Verstreichen einer Generationenspanne übersetzt wird, taucht unweigerlich die Frage auf, ob es denn noch auf dem Stand der Forschung sei. In den letzten 25 Jahren ist auf dem Gebiet, dem mein Buch gilt, eine beachtliche Forschungsarbeit geleistet worden. Ich glaube indessen, sie hat das hier entworfene Bild nicht beeinträchtigt oder gar Anlaß gegeben zu seiner Veränderung. Daher habe ich, nimmt man einige kleinere Korrekturen aus, den Text unverändert gelassen. Auch habe ich darauf verzichtet, in den Anmerkungen Arbeiten nachzutragen, die ich bei der Niederschrift der ersten Fassung nicht kennen konnte. Dagegen habe ich die Bibliographie erweitert, so daß der Leser die wichtigsten englisch- und deutschsprachigen Werke findet, die in jüngster Zeit erschienen sind.

Es ist bemerkenswert – und nicht ohne Ironie –, daß das Interesse an jüdischer Geschichte heute in Deutschland, gerade unter Nichtjuden, so groß ist, viel größer jedenfalls als vor der Shoa. Vielleicht verhilft dieses kleine Buch, indem es sich auf den Eintritt der Juden in die deutsche Gesellschaft konzentriert, interessierten deutschen Lesern dazu, daß sie die schwierigen Schritte zu einer inneren Transformation nachvollziehen können, die aus Juden – wenngleich sie immer noch Juden blieben – zugleich auch Europäer und Deutsche machte.

Cincinnati, Ohio, im September 1993

1 Moses Mendelssohn. Der tugendhafte Jude

Unter Allen selten
Unter den Seinigen
Der Einzige[1]

Seit dem Übertritt Roms zum Christentum im 4. Jahrhundert hing eine feindselige Ideologie wie eine dunkle Wolke über den Juden des christlichen Mitteleuropa. Obwohl es lange Zeitabschnitte gab, in denen die Kirche es für angebracht hielt, ihre eigenen Lehren nicht zu befolgen, waren die Juden niemals ungefährdet. Ein deutsch-jüdischer Kaufmann des 10. Jahrhunderts, der wichtige wirtschaftliche Aufgaben für die feudale Herrschaft erfüllte, konnte durchaus Privilegien genießen, die denen eines christlichen Adligen sehr nahekamen. Aber die Juden des Mittelalters waren stets abhängig von der Gunst geistlicher oder weltlicher Schutzherren, die – zumindest im Prinzip – einer Lehre anhingen, welche alle Juden als Gotteslästerer und Mörder Christi verdammte.

In Zeiten religiöser oder sozialer Wirren ließ sich die herrschende Religion zur Begründung von Plünderung und Raub benutzen. Die Kreuzfahrer des Jahres 1096, die ganze jüdische Gemeinden umbrachten, konnten ihre Taten unter Berufung auf die kirchliche Lehre rechtfertigen. Nach dem Ersten Kreuzzug indessen war den Juden Westeuropas noch einmal ein halbes Jahrhundert halbwegs gesicherten Friedens und Wohlergehens vergönnt; erst danach setzte ein tiefgreifender und fortdauernder Prozeß der Verschlechterung ein. Seit der Mitte des 12. Jahrhunderts wurden die Juden Englands, Frankreichs und Deutschlands zunehmend verfolgt, um ihren Besitz gebracht und gesellschaftlich isoliert. Zuerst in England, dann auch in Frankreich und Deutschland erhob man gegen sie den Vorwurf des Ritualmords. Der Zweite Kreuzzug (1147) brachte weitere Bedrängnisse mit sich. Im Jahre 1215 bekräftigte Papst Innozenz III. auf dem 4. Laterankonzil die überkommene Haltung gegenüber den Juden: Sie waren fortan auf den Status beschränkt, den die Kirche seit langem für sie vorgesehen hatte. Um die Mitte des 13. Jahrhunderts waren die deutschen Juden nur mehr Eigentum, Kammerknechte des Kaisers. Gegen Ende des Jahrhunderts setzte dann eine Serie von Vertreibungen aus Gebieten Westeuropas ein. Selbst im christlichen Spanien, wo einzelne Juden eine hohe gesellschaftliche Stellung hatten erlangen können, führten wachsender politischer und religiöser Druck bald zu freiwilligen und zu erzwungenen Konversionen, dann zur Inquisition gegen die Neuchristen und schließlich im Jahre 1492 zur Vertreibung der verbliebenen Juden.

Das geistige Leben im Deutschland des Hohen Mittelalters stand unter der Herrschaft der christlichen Theologie. Zwangsläufig schloß das die Juden aus. Ihnen überließ man die Pflege ihrer eigenen Tradition im begrenzten Bezirk ihrer Gemeinschaft. Wenige Juden lernten Latein, das für sie die Sprache der Tempelzerstörer und des antijüdischen christlichen Dogmas war, während auf der anderen Seite christliche Gelehrte sich nur äußerst selten mit dem Hebräischen befaßten.[2] Ein so tiefer Graben tat sich auf zwischen Juden und Nichtjuden, daß von einer gemeinsamen Identität nicht die Rede sein konnte. Die Juden identifizierten sich ganz und gar mit ihrer eigenen Gemeinschaft und deren religiösen Bestrebungen. Sie sahen sich als Teil des über die ganze Welt verstreuten Volkes Israel, das Gott durch eine besondere Offenbarung ausgezeichnet hatte und das Er am Ende durch seinen Messias erlösen würde. Die Welt außerhalb der jüdischen Gemeinschaft war fremd und feindlich. Der Jude wagte sich in sie hinein, um seinen Lebensunterhalt zu verdienen, aber als Jude vermochte er sich nicht mit der christlichen Umwelt zu identifizieren, geschweige denn sich ihre Ideale zu eigen zu machen.

Diese wechselseitige Ausschließung wurde eine Zeitlang im Italien der Renaissance aufgehoben. Dort ermöglichte eine Lässigkeit in Glaubensfragen, die besonders in den Oberschichten und bei den führenden Geistern verbreitet war, einen sehr viel engeren Kontakt zwischen Juden und Nichtjuden. Aber die italienischen Humanisten ersetzten die überkommene kirchliche Lehre nicht durch einen neuen Universalismus: Weder unternahmen sie den Versuch einer Revolution gegen die Kirche, noch wollten sie sie reformieren. Die Anerkennung der Juden stand nur gerade im Einklang mit dem uneingeschränkten Individualismus, der zeitweilig selbst in der Kirche sich durchgesetzt hatte. Was die Juden der Renaissance anging, so waren auch sie nicht übermäßig fromm, und wie ihr christliches Gegenüber unterwarfen sie die Religion nur selten einer ernsthaften Kritik.

Während die italienische Renaissance den Juden eine Zeitlang eine Rolle im intellektuellen Leben vergönnte, beseitigte in Nordeuropa die Reformation Luthers keine der Barrieren, die Christen und Juden trennte; sie bewirkte im Gegenteil deren Befestigung. Luther selbst, der den Juden anfänglich freundlich gesonnen war, wandte sich 20 Jahre später, als sie immer noch einen Übertritt zum nunmehr reformierten Christentum ablehnten, mit wüsten Schmähungen gegen sie. Er sprach sich jetzt für eine strenge Isolierung der Juden aus, damit sie mit ihrem Glauben die Christen nicht ansteckten.

Auch das 17. Jahrhundert brachte keinen nennenswerten Wandel in der Einstellung zu den nordeuropäischen Juden mit sich. Mit wenigen Ausnahmen wurden sie weiterhin als physisch abstoßend und moralisch verachtenswert angesehen. Die einzige Neuerung war, daß einzelne Herrscher bestimmte reiche und fähige Juden für kaufmännische Aktivitäten in ihre Dienste nahmen. Dank ihrem beweglichen Kapital, ihren Beziehungen und ihrer Risikobereitschaft waren diese Juden befähigt zu großangelegten kapitalistischen Unternehmungen. Aber die Hofjuden (oder Hoffaktoren), von denen einige überaus mächtig und reich wurden, stürzten oft ebenso schnell, wie sie aufgestiegen waren. Sie wurden anerkannt, weil sie den Zielen eines Herrschers oder eines Adligen dienten, nicht etwa weil es in der Einstellung zu den Juden irgendeinen Wandel gegeben hätte. Die Hofjuden hatten Umgang mit politisch mächtigen Männern, beherrschten mehrere Sprachen und hatten sich oft in Lebensweise und Kleidung ihrer Umgebung angepaßt. Aber am geistigen Leben der Christen nahmen sie, die doch sonst eine Ausnahme bildeten, nicht teil. Obwohl geschäftliche Verbindungen zwischen Juden und Nichtjuden üblich waren, gab es praktisch keine kulturellen und gesellschaftlichen Kontakte.[3]

Noch im 18. Jahrhundert präsentierten Schriftsteller und Dramenschreiber in der Literatur wie auf der Bühne weiterhin Juden als habgierige Geldverleiher oder als herumziehende Possentreiber,[4] während große Teile der Bevölkerung wie bisher den Erzählungen von Ritualmorden Glauben schenkten.[5] Gegen Ende des 17. Jahrhunderts kam jedoch, zuerst in Holland und England, dann auch in Frankreich und Deutschland ein neues Denken auf, das die mittelalterlichen Denkstrukturen auflöste und Vernunft an die Stelle des Glaubens setzte, sich auf die menschliche Natur und nicht mehr auf heilige Schriften berief. Weil es universal sein wollte, mußte es notwendigerweise selbst die Juden einschließen.

Die Aufklärung des 18. Jahrhunderts hatte ihre Wurzeln in den beiden vorangegangenen Jahrhunderten. Mitten in den Glaubenskriegen zwischen Katholiken und Protestanten hatten ein paar kühne Geister es gewagt, für Toleranz einzutreten. Sie war gegründet auf ein Naturrecht, das über religiöse wie über nationale Grenzen hinausreichte. Auf dem Höhepunkt der Reformation schlug der niederländische Gelehrte Desiderius Erasmus ein am Humanismus orientiertes Christentum vor, das sich auf wechselseitige Toleranz unter Christen gründete. In deutlichem Gegensatz zu Luther hatte er nicht einmal etwas gegen eine Freundschaft mit einem Juden einzuwenden, unter der Bedingung freilich, daß jener in seiner Gegenwart nicht Jesus Christus lästerte.[6]

Die bahnbrechenden Leistungen des Erasmus wurden im 17. Jahrhundert durch einen anderen Niederländer, Hugo Grotius,[7] und durch seinen Schüler, den deutschen Freiherrn Samuel von Pufendorf, fortgesetzt. Der Universalismus des Erasmus, der allerdings eine Grenze fand in seiner höheren Einschätzung des Christentums, wurde allmählich erweitert zu einer allumfassenden Vorstellung von Humanität.[8] Pufendorf sprach diesen Gedanken aus in seinem großen, erstmals 1672 veröffentlichten Buch „De jure naturae et gentium" (Vom Natur- und Völkerrecht), in dem er einen Abschnitt überschrieb, „Daß alle Menschen von Natur für gleichwürdig zu halten sind", und schloß, daraus ergebe sich als Gebot des natürlichen Rechts, daß „ein Mensch den andern, als seines gleichen, achten und tractiren, oder jedweder mit dem andern, als mit seines gleichen, der so gut, wie er, ein Mensch ist, umgehen solle".[9] Der neue Geist des Universalismus reichte selbst in die jüdische Gemeinschaft Hollands hinein, wo ein paar Männer wie Uriel Acosta und Baruch Spinoza, die uneins waren mit ihren Glaubensbrüdern, eine größere Gemeinschaft vernünftiger Menschen, jenseits der Schranken des Judentums, herbeisehnten.

In England indessen sollte die für die Aufklärung charakteristische Philosophie in den letzten Jahren des 17. Jahrhunderts zum ersten Mal in ihrer voll entwickelten Form erscheinen.[10] Ihr Schöpfer war der Wegbereiter des Empirismus und politische Philosoph John Locke. Obwohl Locke kein Religionsgegner war, führte er einen philosophischen Umbruch herbei und zerstörte damit viele Fundamente, auf denen das Christentum errichtet worden war. Indem er darlegte, alles Wissen gründe sich auf einfache Ideen, die wir von den Sinnen empfangen, wertete er göttliche Mysterien ab, die nur durch Glauben erfaßt werden können. Am Anfang von Lockes Erkenntnistheorie steht die Wahrnehmung und nicht die Offenbarung, und sein Christentum ist ganz und gar vernunftgemäß; daher gründen sich denn bei ihm sowohl die Welt des Wissens als auch die des Glaubens auf die gesunde Vernunft, wie sie allen Menschen gemeinsam ist.[11]

Wie Lockes Erkenntnistheorie geht auch sein Staatsdenken aus vom vernünftigen menschlichen Lebewesen. Als Vordenker der Revolution von 1688 bekämpft Locke die Intoleranz: Sie beeinträchtige den Frieden und das Wohlergehen der Gesellschaft.[12] Weil er glaubte, daß Katholiken und Atheisten politisch und moralisch eine Gefahr für die Gesellschaft darstellten, wandte er sich gegen sie, vertrat aber zugleich die Ansicht, daß weder Heide, noch Mohammedaner, noch Jude nur wegen ihrer Religion von den bürgerlichen Rechten des Gemeinwesens ausgeschlossen werden dürften.[13]

Die Religions- und Staatsphilosophie John Lockes wurde durch Schüler wie John Toland ins 18. Jahrhundert getragen. Toland war davon überzeugt, daß „die wahre Religion notwendig vernünftig und verständlich sein müsse".[14] Deutlicher als Locke zog er aus der Universalität der Vernunft Folgerungen für ein Verhältnis zu den Juden. Im Jahre 1714 veröffentlichte er eine Schrift mit dem Titel „Reasons for Naturalizing the Jews in Great Britain and Ireland on the Same Foot with all other Nations" (Gründe für eine Einbürgerung der Juden in Großbritannien und Irland auf dem gleichen Fuß wie alle anderen Nationen). Zwar ist er zunächst einmal geleitet von den praktischen Interessen des Staates, aber er zeigt dann, daß der Haß gegen die Juden inhuman und in sich widersprüchlich ist. Wie in allen anderen Gruppen finde man bei ihnen abstoßende Erscheinungen, aber doch auch rechtschaffene und verdienstvolle Männer, Persönlichkeiten voller Mut und Anstand, Vorurteilslosigkeit und Großherzigkeit. Er weigert sich, die Juden mit anderen als den normalen Maßstäben zu messen. Man dürfe sie, so schließt er, nicht anders beurteilen, als es ihnen nach den für die menschliche Natur geltenden Bedingungen zukomme.[15]

Im Laufe des 18. Jahrhunderts wurde immer deutlicher, daß angesichts der Ideen von einer universalen menschlichen Natur, einem universalen Naturrecht, einer universalen Vernunft die Ausschließung der Juden eine große Inkonsequenz war. Aber es war eines, Schlüsse abstrakt zu ziehen, etwas anderes, sie in die Wirklichkeit umzusetzen. Für die meisten Schriftsteller des 18. Jahrhunderts, vor allem auf dem Kontinent, schien der Jude, den sie in der Realität vor sich hatten mit seinem Bart, seinen seltsamen Gewändern, seinem ganz und gar vernunftwidrigen Zeremonialgesetz in gewisser Weise hinter einem menschlichen Wesen zurückzubleiben. War es möglich, daß sich in diesem armseligen Volk ein philosophischer Kopf fände? Selbst Voltaire, der die Juden als Menschen bereitwilliger akzeptierte denn als Juden, gab der Hoffnung Ausdruck, daß doch einige von ihnen Züge eines Philosophen entwickelten.[16] Vorerst freilich gab es dafür kein Beispiel. Dennoch sahen die phantasievolleren Autoren der Aufklärung keinen Grund, auf den empirischen Beweis zu warten; sie fingen an, Idealbilder von Juden in Romanen und Dramen zu entwerfen.

Das erste bedeutende Werk, das ein neues Bild des Juden darbot, waren die „Lettres juives" (Jüdische Briefe), dem Anschein nach eine Korrespondenz dreier Juden, in Wahrheit aber die Schöpfung eines geistreichen Franzosen, des Marquis d'Argens.[17] Die Briefe, die von 1735 bis 1738 erschienen, riefen weithin Widerspruch hervor. Denn der Marquis hatte intelligenten, aufgeklärten Juden alle seine kritischen Einwände gegen französische Geistliche, Theologie, Sitten und Moral in den Mund gelegt. Er entwickelt eine sublime Ironie, wenn er einen der Juden behaupten läßt, die Christen hätten alles in allem auch einen Platz im Himmel:

„Entferne, mein lieber Isaak, auf einen Augenblick alle Vorurtheile der Kindheit, und betrachte mit einem philosophischen Auge, einen Nazaräer, der ein ehrlicher Mann ist, und mitten in Paris lebt. Er glaubt an eben denselben Gott wie wir, und dient ihm... Warum willst du glauben, mein lieber Isaak, daß Gott diesen Nazaräer durch so starke Bande binden, und verhindern wollen, den Glauben Israels anzunehmen, bloß um das Vergnügen zu haben, ihn zu verderben?"[18]

Es überrascht nicht, daß hier ein Bild aufgeklärter Juden von einem Manne gezeichnet wurde, der ein glühender Anhänger des kritischen Deismus und der Philosophie des gesunden Menschenverstandes war.[19] Für den Marquis ergab sich die Existenz Gottes unbezweifelbar aus der Ordnung der Natur, war die Ethik ableitbar aus den Naturgesetzen. Da er alle Aussagen über Wahrheiten der Vernunftprobe unterwarf und jede übernatürliche Offenbarung leugnete, konnte er seine Gedanken ohne weiteres Juden zuschreiben, zumal seine Juden sichtlich der jüdischen Orthodoxie ebenso kritisch gegenüberstanden wie dem Christentum. Indessen waren die von ihm erfundenen Juden nur ein Sprachrohr für seine Kritik an Religion und Gesellschaft. Ihm ging es nicht vorrangig darum, auf philosophierende oder tugendhafte Juden hinzuweisen, obwohl allein der Entwurf solcher Juden zeigt, daß er ihre Existenz nicht für unwahrscheinlich hielt. Einem deutschen Schriftsteller, Christian Fürchtegott Gellert, blieb es vorbehalten, einen tugendhaften Juden darzustellen mit der ausdrücklichen Absicht, seine Leser davon zu überzeugen, daß ein solches Wesen tatsächlich existieren könne.

Gellert war ein moralistischer Schriftsteller, der mit seinen Werken große Teile der Bevölkerung erreichen wollte. In den Jahren 1747/48 veröffentlichte er einen Roman voller exotischer Abenteuer, „Leben der Schwedischen Gräfinn von G...", in dem eine erfundene schwedische Gräfin ihre bunte Lebensgeschichte erzählt. Auf den ersten Seiten schon wird dem Leser klargemacht, daß er es hier mit aufgeklärten Menschen zu tun hat. Die Gräfin berichtet, daß ihr Vetter – nach dem frühen Tod ihrer Eltern – ihr eine wohlüberlegte religiöse Erziehung habe zuteil werden lassen: Er bringt ihr „Religion auf eine vernünftige Art bei".[20] Mit 16 Jahren wird sie an den Grafen G. verheiratet. Das Schicksal trennt die beiden früh. Der Graf gerät in Kriegsgefangenschaft und wird nach Sibirien deportiert. Hier rettet er einem polnischen Juden das Leben. Der wird sein Freund und Wohltäter. Gellert will offensichtlich zeigen, daß ein Jude „auf die edelste Art dankbar" sein kann und daß es „auch unter dem Volke gute Herzen gibt, das sie am wenigsten zu haben scheint".[21] Es überrascht nicht weiter, daß Gellerts Jude namenlos bleibt; er ist ein Exempel, kein Wesen von Fleisch und Blut.

Die „Gräfin" wurde in Deutschland günstig aufgenommen. Das darin entworfene Porträt eines edlen Juden mag auf die englische Literatur gewirkt haben[22] und hat wahrscheinlich den jungen Lessing beeinflußt, der wenig später seinen eigenen edlen Juden in seinem Lustspiel „Die Juden" (geschrieben 1749, veröffentlicht 1754) vorstellte.[23]

Gotthold Ephraim Lessing, einer der bedeutendsten Vertreter der deutschen Aufklärung, bewies von Jugend auf einen unabhängigen und unkonventionellen Geist. Der Sohn eines Kleinstadtpfarrers lehnte es ab, die Orthodoxie seines Vaters unkritisch zu übernehmen; sichtlich zum Mißvergnügen seiner Eltern hatte er Umgang mit Schauspielern und verfaßte Komödien.[24] Im Jahre 1749 schrieb der Zwanzigjährige an seinen Vater: „So lange ich nicht sehe, daß man eins der vornehmsten Gebote des Xstentums, *Seinen Feind zu lieben* nicht besser beobachtet, so lange zweifle ich, ob diejenigen Xsten sind, die sich davor ausgeben."[25] Im selben Jahr schrieb er sein Lustspiel in einem Akt „Die Juden". Es sollte demonstrieren, daß selbst bei einem Volk, welches die Christen so lange als Feinde Jesu verleumdet hatten, ein „ehrlicher Mann" gefunden werden könnte.[26] Das Stück handelt von einem namenlosen Reisenden. Er rettet einem Baron bei einem Überfall durch Straßenräuber, die jener irrtümlich für Juden hält, das Leben.[27] Im Lauf der Handlung tritt der vornehme, edelmütige Charakter des Reisenden immer mehr zutage. Am Ende, als der Baron nahe daran ist, dem Fremden seine Tochter zur Frau zu geben, offenbart der großherzige Reisende, daß er Jude ist. Natürlich kann die Heirat jetzt nicht mehr stattfinden, aber die Dankbarkeit des Barons bleibt grenzenlos. Leidenschaftlich ruft er aus: „O wie achtungswürdig wären die Juden, wenn sie alle Ihnen glichen!" Worauf der Jude nur antworten kann: „Und wie liebenswürdig die Christen, wenn sie alle Ihre Eigenschaften besäßen!" (22. Auftritt)

Es ist wichtig zu wissen, daß Lessing zum Zeitpunkt der Niederschrift seines Stücks Moses Mendelssohn noch nicht kannte; und man muß daran zweifeln, daß er bis dahin überhaupt engere Beziehungen zu Juden gehabt hatte.[28] Der edle Jude in Lessings Komödie war ein Ergebnis seines Wunsches zu zeigen, daß ein solches Wesen möglich war, noch bevor er ein konkretes Beispiel vor Augen hatte. Zu der Zeit freilich, da das Stück erschien (1754) und die Kritik des Göttinger Theologen Johann David Michaelis auf sich zog, hatte er dieses Beispiel in der Wirklichkeit gefunden.[29]

Michaelis betonte in seiner Rezension des Stücks, wie unwahrscheinlich es sei, daß man einen so edlen Charakter unter den Juden fände. Die Unwahrscheinlichkeit störe ihn um so mehr, schrieb er, als er „dem edlen und schönen Bilde Wahrheit und Daseyn" wünschte.[30] Lessing reagierte darauf im ersten Stück seiner „Theatralischen Bibliothek" mit dem Abdruck eines Briefes, den Mendelssohn an seinen Freund und Mentor Dr. Aron Gumpertz gegen Michaelis' Rezension geschrieben hatte. Lessing sandte das Stück an Michaelis mit einem persönlichen Brief. „Er ist wirklich ein Jude", schrieb er, „ein Mensch von etliche zwanzig Jahren, welcher, ohne alle Anweisung, in Sprachen, in der Mathematik, in der Weltweisheit, in der Poesie, eine große Stärke erlangt hat. Ich sehe ihn im voraus als Ehre seiner Nation an ..."[31]

Lessing pflegte die Freundschaft zu diesem edlen Juden, in dem nicht nur er, in dem vielmehr die Aufklärung insgesamt einen konkreten Beweis dafür finden sollte, daß die universalen Ideale der Epoche gültig waren. Mendelssohn wurde die einzigartige Chance zuteil, Anerkennung in der nichtjüdischen Welt zu finden wie kein Jude zuvor. Der Kreis seiner Freunde und Bekannten wurde in dem Maße größer, in dem der Ruhm des jüdischen Gelehrten sich auch außerhalb Berlins verbreitete. Reisende, die in die preußische Hauptstadt kamen, suchten ihn jetzt wohl auf, um sich von ihm etwas in ihr Stammbuch schreiben zu lassen.[32] Sie alle waren begierig, seine Bekanntschaft zu machen und mit ihm zu sprechen, diese bemerkenswerte Erscheinung mit eigenen Augen zu sehen. Nicht nur die Aufklärer waren darauf bedacht, ihn zu einem Beispiel zu machen, vielmehr war das auch sein eigenes Ziel. Obwohl er als gesetzestreuer Jude aufgewachsen war und es sein Leben lang blieb, galt doch in seinen frühen Mannesjahren sein Interesse vornehmlich der Welt außerhalb des Judentums. Er wollte zeigen, daß ein Jude Philosoph, Liebhaber der schönen Künste, ja selbst preußischer Patriot zu werden vermochte. Am meisten aber lag Mendelssohn an dem Beweis dafür, daß ein Jude – entgegen Michaelis' Meinung – tugendhaft sein konnte.

Um die Mitte des 18. Jahrhunderts machte sich im geistigen Leben Deutschlands ein wachsendes Interesse für die natürliche Theologie bemerkbar. Angeregt von dem Zustrom deistischer Vorstellungen aus England entstand eine starke Bewegung, deren Ziel es war, etwas anderes an die Stelle der alten christlichen Orthodoxie und des inbrünstigen Pietismus zu setzen, der ein paar Jahrzehnte früher aufgekommen war. Im Jahre 1748 präsentierte der aufgeklärte Berliner Theologe Johann Joachim Spalding seinen Mitchristen eine Religionsphilosophie des gesunden Menschenverstandes – ohne Hinweis auf die Offenbarung, ohne die leiseste Erwähnung der Bibel und ohne verworrene philosophische Spekulation („Gedanken über die Bestimmung des Menschen"). Nur die Logik führte ihn vom Sinnlichen zum Geistigen, zu Gott und schließlich zur Unsterblichkeit. Gott hatte den Menschen dazu bestimmt, so betonte Spalding, rechtschaffen und in der Rechtschaffenheit glückselig zu sein.[33] Sieben Jahre später veröffentlichte Hermann Samuel Reimarus, Professor in Hamburg, sein Buch „Die vornehmsten Wahrheiten der natürlichen Religion".[34] Es war das Ergebnis seines Nachdenkens über die Grundwahrheiten, die allen Religionen gemeinsam waren. Diese Vernunftwahrheiten mußten als Voraussetzung aller individuellen Offenbarungsreligionen gedacht werden. „Denn, wie kann einer mit Grunde glauben, daß die Offenbarung von Gott komme, wenn er nicht vorher überführet ist, daß ein Gott sey?"[35]

Die Tradition der *theologia naturalis* ging zurück auf den großen Leibniz und seinen Popularisator Christian Wolff. Sie hatte eine unwiderstehliche Anziehungskraft auf den jungen Mendelssohn, der bald ein Wolff-Anhänger werden und es für immer bleiben sollte. Seine bereitwillige Anerkennung der natürlichen Religion findet ihre Erklärung durch das, was er in die natürliche Theologie einbrachte, wie durch das, was sie ihm bot.

Mendelssohn entdeckte früh seine Liebe zur Philosophie. Noch in Dessau lernte der Zwölfjährige Maimonides' „Führer der Verwirrten" kennen, und bis an sein Lebensende fühlte er sich zu diesem mittelalterlichen Philosophen hingezogen.[36] Maimonides' Philosophie diente Mendelssohn, obwohl sie in ihrer Anlage mittelalterlich war, als Brücke vom talmudischen Judentum zu der Vernunftreligion, der er einige Jahre später in Berlin begegnen sollte.[37] Der Rambam (Rabbi Mose ben Maimon) bejahte die göttliche Offenbarung auf dem Sinai – und gab ihr eine viel weitergehende Bedeutung, als es Mendelssohn in seinem Buch „Jerusalem" tun sollte –, aber wie Locke, Toland und die aufgeklärten deutschen Theologen einer späteren Zeit baute er den Konflikt zwischen Vernunft und Offenbarung ab und war darum bemüht, von seinem Glauben auf vernunftgemäße Weise Rechenschaft abzulegen. In Berlin fand Mendelssohn dieselbe Hingabe an das Ideal der Vernunft vor, vor allem freilich außerhalb der jüdischen Gemeinschaft, die im allgemeinen keine intellektuellen Interessen hatte.[38] Der rationale Diskurs wurde sein größtes Glück, und nach ihm sehnte er sich, wenn Geschäfte oder private Angelegenheiten ihn zeitweilig vom gelehrten Gespräch oder vom Schreiben abhielten.[39]

Die natürliche Theologie, die Mendelssohn sich so schnell zu eigen machte, war von Anfang an darauf aus, die religiösen Grundwahrheiten zu entdecken, die die Menschheit vereinen könnten.[40] Christian Wolff untergrub die traditionelle Behauptung der Theologen, daß das Christentum nur ihm eigene Wahrheiten habe, indem er religiöse Wahrheiten aus Vernunftwahrheiten ableitete. Seine Schüler, die in der Offenbarung das Streit auslösende Thema sahen, beschränkten sie auf die biblische Offenbarung und stutzten sie dann so zurecht, daß sie den Ansprüchen der Vernunft genügte. Allerdings blieb die Theologie der Aufklärung in Deutschland sehr viel konservativer als anderswo; ihr war die radikale Religionskritik fremd, die in Frankreich und, wenn auch in geringerem Umfang, in England sich durchgesetzt hatte. Nur ein paar radikale Geister leugneten die Offenbarung gänzlich. Die meisten Aufklärungstheologen (wie Spalding, Reimarus,

Jerusalem) zogen es vor, die Offenbarung – zumindest in ihren Veröffentlichungen – nicht zu bestreiten, wobei sie überhaupt eher einer „humanen, heiteren, diesseitigen, praktischen, einfachen, verständigen und modernen Religion des gesunden Menschenverstandes“[41] zugewandt waren. Diese Theologie formulierte als die „vornehmsten Wahrheiten“ aller Religionen Gott, die Vorsehung und die Unsterblichkeit, und sie schloß nur die Atheisten von ihrer „Humanitätsreligion“ aus. Daher konnte Mendelssohn in der natürlichen Religion nichts finden, das dem Judentum zu widersprechen schien, und umgekehrt nahmen aufgeklärte Christen aus diesem Grunde den rechtschaffenen Juden in den Kreis derer auf, die wegen ihres Festhaltens an den drei Grundsätzen des gemeinsamen Glaubens der Erlösung würdig waren. Ein Brief Thomas Abbts an Mendelssohn vom Oktober 1765 bringt die innere Verwandtschaft zum Ausdruck, die ein Christ für einen Juden empfinden konnte:

„Leben Sie wohl, mein liebster Mendelssohn. Unser gemeinschaftlicher Gott, der nicht der Gott der Juden, oder der Christen; sondern der Gott aller Menschen und aller Geister ist, lasse es Ihnen so wohl gehen, als es Ihnen mein Herz wünschet, das nicht anders als in der Brust Ihres treuen Freundes schlagen wird.“[42]

Mendelssohn konnte daher das Gefühl haben, in der tiefsten Schicht der Religion gebe es keine Differenzen zwischen ihm und seinen christlichen Freunden. Das Ideal eines tugendhaften Lebens, das die bloße Vernunft aufstellen konnte und dessen Verwirklichung den sichersten Weg zur Glückseligkeit in diesem und im jenseitigen Leben bot, war allen guten Menschen gemeinsam. Schon 1766, zwanzig Jahre vor der Niederschrift von „Jerusalem“, behauptete Mendelssohn, daß Tugendhaftigkeit der Offenbarung nicht bedürfe. In einer Predigt, die er aus Anlaß des Hubertusburger Friedens verfaßte, sagte er: „Lasset uns, meine geliebte Brüder, unserm Gott dienen, und unsere Nächsten lieben wie uns selbst. Dieses ist alles, was der Herr von uns fordert; und dieses sollten wir thun, wenn es auch Gott nicht von uns forderte: denn dieses sind die wahren Mittel zu unserer Glückseligkeit.“[43]

Obwohl Mendelssohn in der jüdischen Gemeinde Berlins hohes Ansehen genoß – 1763 wurde er sogar von allen Gemeindesteuern befreit –, hatte er selber für die Schutzjuden in der preußischen Hauptstadt nicht viel übrig. Seiner Verlobten Fromet Guggenheim schrieb er, sie habe wenig gemein mit den reichen Berliner Juden, die charakterlich keinen Vergleich mit ihr aushielten. Juden der Mittelschicht, die ihm sozial näherstanden, bedeuteten ihm mehr.[44] Aber offenbar hatte er die Gabe, mit allen Gruppen der jüdischen Gemeinde vorzüglich auszukommen. Ein Christ, der ihn 1763 zu Hause besucht hatte, bemerkte in dem Brief an einen Freund: Er ist ein „Bruder seiner Brüder, der Juden, gefällig und ehrerbietig gegen sie, auch von ihnen geliebt und geehrt".[45]

Mendelssohn korrespondierte mit den großen Rabbinern seiner Zeit: Jonathan Eybeschütz und Jacob Emden. Der eine schrieb ihm einen überaus schmeichelhaften Brief, der andere teilte mit ihm ein nicht geringes Interesse an nichtjüdischer Wissenschaft.[46] Als Mendelssohns Ansehen weiter wuchs, schrieben jüdische Gemeinden aus ganz Deutschland an ihn mit der Bitte um Rat oder um Vermittlung bei lokalen Regierungsvertretern.

Selbst in der frühen Phase seines Lebens, in der deutsche Literatur und Philosophie seine Zeit und seine Aufmerksamkeit stark in Anspruch nahmen, widmete Mendelssohn einen Teil seiner Kraft jüdischen Angelegenheiten. Besonders war er darauf bedacht, Moral und Vernunft in der jüdischen Gemeinde durch das Medium der traditionellen Literatur zu verbreiten. Im Jahre 1755/56 veröffentlichte er gemeinsam mit einem Freund die hebräische Wochenschrift „Kohelet Musar",[47] die unter anderem Auslegungen von Abschnitten des Talmud enthielt und vor allem zum Gebrauch der heiligen Sprache anhalten wollte. Es überrascht, daß diese ziemlich harmlosen Schriften den Widerstand der Berliner Rabbiner hervorriefen; sie unterdrückten die Zeitschrift nach dem Erscheinen von zwei Ausgaben.[48] Ein Jahrzehnt später schrieb Mendelssohn einen hebräischen Kommentar zur Logik des Maimonides, „Milot ha-higajon", der eine etwas günstigere Aufnahme fand. Der Kommentar erlebte drei Auflagen zu Mendelssohns Lebzeiten und einige weitere nach seinem Tode.[49] Mendelssohn versuchte der jüdischen Gemeinschaft wie der Außenwelt den Wert und die Weisheit der jüdischen Tradition zu vermitteln. Seinem Vetter, Elkan Herz, versicherte er, er sei weit davon entfernt, die rabbinische Literatur für sinnlos zu halten; sich selber betrachtete er als einen Vertreter des rabbinischen, nicht des karäischen Judentums.[50] Als im Jahre 1759 der erste Teil einer deutschen Übersetzung der Mischna – die von dem Christen Johann Jacob Rabe stammte – angekündigt wurde, nutzte Mendelssohn die Gelegenheit, das Studium des Talmud zu verteidigen. Anonym schrieb er in den „Briefen, die neueste Litteratur betreffend":

„Ich kann mich unmöglich bereden, daß die besten Köpfe eines

Volks (und gewiß das Jüdische hat keinen Mangel an sehr guten Köpfen) sich seit so vielen Jahrhunderten einzig und allein mit einem Werke sollten beschäftigt haben, das aus lauter abgeschmackten Possen zusammengesetzt ist. Der ungemeine Fleiß, mit welchem sie diesem Studio obliegen, und die orientalische Hitze, mit der ich sie so oft über gewisse Materien habe streiten sehen, scheinen mir zu beweisen, daß ein Genie in dieser Art von Wissenschaft seine völlige Nahrung finden könne."[51]

Einige Jahre später übersetzte Mendelssohn selber ausgewählte Stücke aus Talmud und Midrasch, die dann unter dem Titel „Proben rabbinischer Weisheit" erschienen.[52]

Nicht einmal die mystische Tradition der Kabbalah wurde von ihm unbedingt verworfen. In einem Gespräch mit aufgeklärten Nichtjuden verteidigte Mendelssohn die kabbalistische Philosophie als ihrem ureigensten Wesen nach durchaus vernunftgemäß. Nur wo sie verfälscht wurde, indem man die Allegorie wörtlich nahm und darauf dann phantasievolle Kommentare häufte, ging sie in Unsinn und Schwärmerei über.[53] Seine Einstellung zum Talmud war ähnlich: Setzte man sich mit ihm in angemessener Weise auseinander, so war er nützlich. Er brachte jene „Subtiligkeit des Geistes" hervor, die – wie Mendelssohn am 23. Dezember 1770 an Kant schrieb – „der Nation natürlich zu seyn scheint".[54] Aber die übertrieben raffinierte Methode des Pilpul beim Talmudstudium war ihm ebenso zuwider wie jegliche Ausartung der Kabbalah. Beide stellten eine Verwilderung dar; beide machten deutlich, daß ein Graben bestand zwischen Judentum und gesundem Menschenverstand, ein Graben, den er gerne übersehen hätte. An Jacob Emden schrieb er, er habe eine Abneigung gegen den Pilpul der meisten Rabbiner, die sich dabei auch noch gescheit vorkämen; seit seiner Jugend habe er diese Methode der Talmuderklärung verachtet.[55]

Obwohl Mendelssohn einen gründlichen Unterricht in den rabbinischen Schriften empfangen hatte und diese nie – wie die folgende Generation – zugunsten der Bibel verwarf, besaß der Talmud doch nicht genügend Anziehungskraft für diesen Lernenden, der ein unersättliches Verlangen hatte, sich auf allen Gebieten menschlichen Wissens und geistigen Schaffens zu vervollkommnen. Ohne Klage fügte er sich den Zwängen, denen er als gesetzestreuer Jude unterlag, aber er wollte zugleich Deutscher sein – und das zu einer Zeit, da die Vorstellung von einer deutschen nationalen Kultur erst die Vision einiger wenigen Intellektuellen war.

Es mag als ein Paradox erscheinen, daß ein Jude für die entstehende deutsche Kultur eintrat. Was konnte es Ironischeres geben als den jungen, einen jüdischen Bart tragenden Moses, der nur „geduldet" war in Berlin und doch Friedrich II. kühn dafür tadelte, daß er Gedichte auf französisch statt auf deutsch schrieb?[56] Und doch war das so seltsam nicht. Mendelssohns Freunde, vor allem Lessing, wollten der Vergötzung der französischen Literatur entgegentreten, deren Herrschaft in Deutschland unumschränkt war. Der Ausgang des Kampfes war zu diesem Zeitpunkt noch offen, ihre Sache hatte sich keineswegs schon durchgesetzt. Als Meister deutscher Prosa[57] – und als solcher galt Mendelssohn bald überall – war er ein willkommener Bundesgenosse, mochte er Jude sein oder nicht. So konnte denn der Sohn eines armen Toraschreibers die Deutschen im Gebrauch ihrer eigenen Sprache unterweisen.[58]

Mendelssohns Beherrschung des Deutschen, sein Wunsch, sich die Freundschaft Lessings und seines Kreises zu erhalten, und sein jugendliches Verlangen nach Identifikation mit einer guten Sache – all das trug bei zu seinem kulturellen Nationalismus. Er wurde noch verstärkt durch seine Hochschätzung der deutschen Philosophie. Sein Leben lang war er ein Gegner des französischen Atheismus und des Skeptizismus, der ihm im Werk des schottischen Philosophen David Hume entgegentrat. Obwohl er John Locke, Samuel Clarke und Anthony Shaftesbury als „wahre Weltweisen" ansah, gab er der deutschen Philosophie – die allein „kaltes Blut genug" habe, „mit dem Verstande zu philosophiren" – den Vorzug.[59]

Aber während Mendelssohn sich ganz mit den Bestrebungen der jetzt entstehenden deutschen Kultur identifizieren konnte, war es für ihn als Juden sehr viel schwieriger, einzustimmen in den preußischen Patriotismus, der während des Siebenjährigen Krieges in allen Gruppen der Gesellschaft aufkam. Dieses preußische Nationalgefühl entstand wesentlich aus persönlicher Begeisterung für Friedrich II., dessen Mut und dessen Pflichttreue gegenüber dem Staat in Zeiten des Krieges eine bis dahin unbekannte Hingabe an das preußische „Vaterland" hervorgerufen hatten. Zum Preis der Taten Friedrichs schrieb der Dichter Johann Ludwig Wilhelm Gleim begeisterte „Schlachtgesänge", die „Preußischen Kriegslieder"; sie waren erfüllt von einer großen Erfahrung, die das Volk jetzt mit seinem „Helden-König" teilte.[60] Selbst der kosmopolitisch denkende Goethe gab später zu, daß der „erste wahre und höhere eigentliche Lebensgehalt" durch „Friedrich den Großen und die Taten des Siebenjährigen Kriegs in die deutsche Poesie" gekommen sei.[61]

Aber konnte die jüdische Gemeinschaft an dieser gewaltigen Begeisterung teilhaben? Blickt man auf ihren gesetzlichen und politischen Status, so sprach alles dagegen. Im Deutschland des 18. Jahrhunderts wurde der Ausdruck „Nation" auf jede sprachliche und kulturelle Gemeinschaft angewandt,[62] und die Juden waren eine solche Nation sowohl aus ihrer Sicht als auch aus der der Christen.[63] Es gab für sie als Gruppe eine besondere Gesetzgebung; sie waren anders in Verhaltensweisen und Gebräuchen; nur wenige sprachen deutsch. Im Jahre 1671 waren Juden lediglich aus wirtschaftlichen Gründen wieder in Brandenburg aufgenommen worden: „zu Beforderung Handels und Wandels". Sie waren ausgeschlossen von den staatsbürgerlichen Rechten und Pflichten; im Einzelfall waren sie abhängig von Schutzbriefen; die Gesamtheit der jüdischen Gemeinschaft unterlag General-Reglements. Wirtschaftlich waren sie beschränkt auf diejenigen Handwerke, Industriezweige und Handelssparten, in denen sie nicht in Wettbewerb traten mit Christen. Schließlich wurde ihre Zahl in Preußen streng von der Regierung kontrolliert, die keine Anstrengung scheute, diejenigen auszuweisen, die die Grenzen illegal überschritten hatten.

Friedrich der Große brachte den Juden nicht mehr Zuneigung entgegen als seine Vorgänger. Sein „General-Privilegium und Reglement vor die Judenschaft im Königreiche Preußen" von 1750 war in mancher Hinsicht sogar strenger als frühere Edikte. Aber er erkannte die Bedeutung religiöser Toleranz für die politischen und wirtschaftlichen Ziele des preußischen Staates und war sich klar darüber, daß Preußen beträchtlichen Reichtum ansammeln konnte, wenn es unternehmende Juden dazu ermutigte, in vernachlässigte Handelszweige zu investieren und neue Industrien zu gründen.[64] Trotz erhöhter Steuerlasten war die jüdische Gemeinschaft unter Friedrich dem Großen in ihrer Mehrheit wirtschaftlich erfolgreich, und es gab in ihrer Mitte etliche außerordentlich reiche Leute.

Es ist verständlich, daß die preußische Judenschaft bei jeder sich bietenden Gelegenheit versuchte, sich beim König in Gunst zu setzen, und daß sie daher die Siege Friedrichs des Großen im Siebenjährigen Krieg mit eigenen Predigten und Lobgesängen bedachte.[65] Es ist indessen schwer auszumachen, ob die jüdische Gemeinschaft, die so wenig teilhatte am öffentlichen Leben des Staates, tatsächlich ergriffen war von der Woge preußischen Nationalgefühls oder ob sie lediglich äußerlich einer Pflicht nachkam. Auf der einen Seite gibt es die Epigramme des jüdischen Dichters Ephraim Kuh mit ihrer Begeisterung für Friedrich, die der Gleims ähnlich ist und die übrigens von dem polnisch-jüdischen

Dichter Issachar Falkensohn Behr geteilt wird.[66] Auf der anderen Seite steht die sich diesem Enthusiasmus entziehende, nachdenkliche Haltung Mendelssohns, wie sie sich in einem Brief an Lessing vom Januar 1757 ausdrückt. Darin bittet er seinen Freund, zu dem Kreis in Berlin zurückzukehren:

„Kommen Sie zu uns! wir wollen in unserm einsamen Gartenhause vergessen, daß die Leidenschaften der Menschen den Erdball verwüsten. Wie leicht wird es uns seyn, die nichtswürdigen Streitigkeiten der Habsucht zu vergessen, wenn wir unsern Streit über die wichtigsten Materien, den wir schriftlich angefangen, mündlich fortsetzen werden!“[67]

In diesem Briefabschnitt scheint Mendelssohn, obwohl er möglicherweise nur eine Philosophenrolle übernimmt, dem Krieg allenfalls gleichgültig gegenüberzustehen. Da drückt sich kein preußischer Patriotismus aus, und es kann sehr wohl sein, daß seine Haltung in dieser Zeit repräsentativ war für die Mehrheit der Berliner Juden.[68]

Gegen Ende dieses Jahres indessen schrieb Mendelssohn zwei deutsche Dankpredigten auf die Siege, die der preußische König bei Roßbach und Leuthen errungen hatte, und übersetzte hebräische Dankgedichte auf beide Ereignisse. Da Mendelssohn von den Leitern der jüdischen Gemeinde um diese Arbeiten gebeten worden war, wissen wir nicht mit Sicherheit, ob er die Aufgabe mit Zurückhaltung oder mit Begeisterung übernommen hatte. Nach der Fertigstellung der Dankpredigt auf den Sieg von Roßbach schrieb er verlegen an Lessing: „Was Sie von dieser Predigt denken, brauchen Sie gar nicht zu schreiben. Ich kann mir es so ungefähr schon vorstellen.“[69] Lessing, kein Preuße, sondern Sachse, hatte kein rechtes Verhältnis zum Patriotismus; er tat ihn ab als eine „heroische Schwachheit, die ich recht gern entbehre“.[70] Es ist daher sehr wohl möglich, daß Mendelssohn sich seiner Predigt nicht schämte, aber genau wußte, Lessing würde für sie nur ein nachsichtiges Lächeln übrig haben.

Aber selbst wenn Mendelssohn nicht begeistert war von der Aufgabe, patriotische Predigten zu schreiben, und seine Hervorbringungen auf diesem Gebiet – wenn auch vielleicht aus Bescheidenheit – eher geringschätzte,[71] wird aus einer anderen Quelle, seinen Rezensionen, ersichtlich, daß im Laufe des Siebenjährigen Krieges patriotische Gefühle ihm zunehmend etwas bedeuteten. Indem er anonym in der „Bibliothek der schönen Wissenschaften“ und später in den „Literaturbriefen“ als Autor auftrat, konnte er vergessen, daß er Jude war, und auf die patriotischen Ideale blicken wie ein mit allen politischen Rechten ausgestatteter Bürger eines Nationalstaates. Als Johann Georg Zimmermanns „Vom Nationalstolze“ zum ersten Male im Jahre 1758 erschien, besprach Mendelssohn das Buch recht günstig, wandte sich aber dagegen, daß der Autor den Patrioten über den Philosophen stellte.[72] Drei Jahre später hatte er für eine Neuausgabe dieses Werks größeres Lob. In die Neuausgabe hatte der Schweizer Zimmermann jetzt zusätzlich einen Abschnitt über den Nationalstolz in einer Monarchie mit deutlichem Bezug auf Preußen aufgenommen. Mendelssohns Rezension ließ keinen Zweifel daran, daß er nunmehr die größte Sympathie für die Nation und ihren Monarchen hatte. Der jüdische Paria, der sich einen Augenblick lang ganz als Preußen empfand, konnte jetzt über Zimmermanns Werk schreiben:

„Hierauf folgt eine Beschreibung des Fürsten, auf welchen die Nation stolz zu seyn Ursache hat. Diese geht uns so nahe an, daß ich mir ein Vergnügen mache, sie ganz abzuschreiben. Sie schmeichelt unserer Eigenliebe auf die angenehmste Weise, indem sie uns berechtigt, an der Größe eines Monarchen Theil zu nehmen, da Andere sich begnügen müssen, sie in der Ferne zu bewundern.“[73]

Etwas später im selben Jahr warf Mendelssohn in einer Besprechung von Thomas Abbts „Vom Tode für das Vaterland“ den neueren Nationen vor, sie hätten nicht mehr die Liebe für das Vaterland,[74] die die „Denkungsart“ der alten Griechen und Römer bestimmt habe. Solche Ermahnungen, die bei einem Abbt verständlich waren, bekommen einen bitter ironischen Aspekt, wenn sie von einem politisch ausgegrenzten Juden vorgebracht werden. In der Besprechung von Abbts Werk konnte der anonyme Rezensent, der seine Besprechung nur mit einem Buchstaben unterschrieb, Preußen als „unser Vaterland“ bezeichnen. Aber der Jude Mendelssohn, dessen Aufenthaltsrecht in Berlin ganz von seiner Stellung als Buchhalter bei dem reichen Seidenfabrikanten Isaac Bernhard abhing, vermochte in Wahrheit nur in einem Akt der Einfühlung die Empfindungen seines Freundes Abbt zu teilen. „Was die *Bestimmung meiner Landsleute* seyn wird, fragen Sie?“ – so heißt es in einem Brief vom 20. Juli 1764 an Abbt – „Welcher Landsleute? der Dessauer? oder der Bürger zu Jerusalem?“ In einem späteren Brief (22. Juli 1766) bestreitet er ganz und gar, daß er ein Vaterland habe.[75] Mendelssohn war sich – das wird deutlich sichtbar – schmerzlich bewußt, daß er nur wenig Grund hatte, ein Patriot zu sein, auch wenn er dem Ideal aus innerer Überzeugung anhing.

Zum Glück waren politische Rechte nicht das Wichtigste für den jungen Mendelssohn: Man mußte ihn dazu überreden, daß er die Regierung um den Status eines Schutzjuden ersuchte. Weit wichtiger war ihm, daß die geistige Elite Deutschlands ihn anerkannte. Seinen „Umgang mit den besten Köpfen Deutschlands" betrachtete er als eine „der süßesten Belohnungen" seines Lebens.[76] Sie wiederum waren bereit, Mendelssohn als den Ausnahmejuden par excellence zu akzeptieren, ohne daß sie im allgemeinen ihre Einstellung zum jüdischen Volk in seiner Gesamtheit änderten.[77] Sie luden ihn ein in das „Gelehrte Kaffeehaus", eine Gesellschaft, in der sich die Intellektuellen Berlins jetzt trafen; sie besuchten ihn, lasen seine Veröffentlichungen und eröffneten mit ihm eine Korrespondenz. Einer von ihnen, der junge Thomas Abbt, sehnte sich nach einer engen Freundschaft mit ihm und breitete vor dem mitfühlenden Mendelssohn die tiefsten Gedanken einer bedrängten Seele aus.[78]

Es ist erstaunlich, welch nachhaltigen Eindruck Mendelssohn in seinen frühen Mannesjahren auf die intellektuelle Welt machte. Durch Vermittlung Lessings lernte er den entschiedenen Aufklärer Nicolai kennen, der ein Leben lang sein Freund und Bewunderer blieb. Wenige Monate nachdem Nicolai mit diesem außerordentlich begabten Juden bekannt geworden war, schrieb er über ihn an Lessing: „Ich habe ihm die vergnügtesten Stunden des vergangenen Winters und Sommers zu danken, und bin, so oft wir auch zusammen gewesen sind, niemals von ihm gegangen, ohne entweder besser oder gelehrter zu werden."[79] Und Nicolai war mitnichten der einzige, der so empfand.[80]

Diejenigen, die Mendelssohn persönlich kannten, waren mehr noch beeindruckt von seinem Charakter, seiner Tugend, als von seiner Philosophie oder seiner Literaturkritik.[81] Das Tugendideal, das der Aufklärung so teuer war,[82] wurde der Angelpunkt von Mendelssohns Religionsphilosophie. Wie für Leibniz[83] und für Lessing[84] war für ihn moralisches Leben – nicht die Unterwerfung unter ein Dogma – das Wesentliche der Religion. In seinen populären Dialogen über Unsterblichkeit, die er in seinem „Phädon" vorlegte, behauptete Mendelssohn in durchaus traditioneller Weise, daß alle tugendhaften Menschen ihren Lohn in der künftigen Welt empfangen würden. Selbst das Suchen nach metaphysischer Wahrheit betrachtete er nur als Mittel zu dem Endziel eines moralischen Lebens. „Die höchste Stufe der Weisheit ist unstreitig *Gutes thun.*" So schrieb er 1777 an Baron von Ferber. „Speculation ist eine niedrigere Stufe, die zu jener führt."[85]

Obwohl es keine Veranlassung gibt, Mendelssohns charakterliche Integrität, seine Tugend, anzuzweifeln, steht doch fest, daß er wußte, welchen unschätzbaren Wert sie für ihn bei seinem Bemühen hatte, in die geistige Welt außerhalb des Judentums aufgenommen zu werden. Michaelis' Kritik an dem Stück „Die Juden" versetzte Mendelssohn gerade deswegen einen so heftigen Schlag, weil sie bestritt, daß ein Jude tugendhaft sein könnte. Kein anderer Angriff hätte ihn so tief verletzen können. An Aron Gumpertz schrieb er:

„Man fahre fort, uns zu unterdrücken, man lasse uns beständig mitten unter freien und glückseligen Bürgern eingeschränkt leben, ja man setze uns ferner dem Spotte und der Verachtung aller Welt aus; nur die Tugend, den einzigen Trost bedrängter Seelen, die einzige Zuflucht der Verlassenen, suche man uns nicht gänzlich abzusprechen."[86]

Mendelssohn wußte ebenso wie Lessing, daß die nichtjüdische Gesellschaft ihr Bild von den Juden weitgehend nach den Eindrücken formte, die sie auf den Märkten gewonnen hatte. Dort verhökerten die ärmeren Juden ihre Waren, feilschten heftig und stießen die Christen ab durch ihre seltsamen Manieren und ihre eigenartige Sprache. Mendelssohn war bereit zuzugeben, daß ein „unersättlicher Geiz" bei dem „gemeinen jüdischen Haufen" zu finden sei – obwohl er unterstellte, daß die Christen daran nicht unschuldig waren –, aber er wandte sich gegen den Schluß, daß alle Juden so seien.[87] Gumpertz betrachtete er als lebende Verwirklichung von Lessings Reisenden, dessen Tugend ganz gewiß Mendelssohns eigenem Ideal entsprach.[88] Die Ausbildung der Tugend schien ihm die wirkungsvollste Gegenwehr gegen das Stereotyp des habgierigen Geldverleihers zu sein, das immer noch selbst unter Intellektuellen vorherrschte. Besonders bestürzt machte ihn, daß die Leugnung jüdischer Fähigkeit zur Tugend von einem angesehenen Professor kam. „Das gemeine Volk der Christen hat uns von jeher als den Auswurf der Natur, als Geschwüre der menschlichen Gesellschaft angesehen", schrieb er. „Allein von gelehrten Leuten erwartete ich jederzeit eine billigere Beurtheilung ..."[89]

In den fünfzehn Jahren, die auf Mendelssohns Brief an Gumpertz aus dem Jahre 1754 folgten, verbreitete sich sein Ruf als eines deutschen Intellektuellen rasch. Nachdem er 1767 „Phädon" veröffentlicht hatte, war er weithin anerkannt als einer der Hauptvertreter der deutschen Aufklärung.[90] Es war nicht mehr möglich, ihn nur als Kuriosität zu betrachten, als lebenden Beweis dafür, daß selbst ein Jude einige Kenntnisse auf dem Gebiet der Philosophie und der Literatur haben konnte. Solange ein aufgeklärter Jude nicht eine Hauptrolle in der intellektuellen Öffentlichkeit spielte, wurde er selbst von denen freundlich aufgenommen, die nicht gerade eine universalistische Weltanschauung hatten. Aber konnte ein Jude einer der führenden Geister der westeuropäischen Kultur sein und dennoch Jude bleiben? Für diejenigen, die unter einer oberflächlichen Sympathie für die Aufklärung eine tiefe Bindung an ein orthodoxes Christentum verbargen, war es unvorstellbar, daß der edle Mendelssohn nicht ihren Glauben annähme.

Johann Caspar Lavater, der Schweizer Theologe, gab solchen Gefühlen Ausdruck, als er 1769 Mendelssohn in einer Schrift aufforderte, entweder das Christentum öffentlich zu widerlegen oder es anzunehmen. Seine Herausforderung zwang den aufgeklärten Juden, der in zwei Welten lebte, beide miteinander zu versöhnen, für sich selbst und seine christlichen Zeitgenossen den Grund seines fortdauernden Festhaltens am Judentum zu bestimmen. Lessings Reisender hatte lediglich mitgeteilt, daß er Jude sei, und Mendelssohn hatte seinerseits versucht, es dabei zu belassen. „Die verächtliche Meinung, die man von einem Juden hat, wünschte ich durch Tugend und nicht durch Streitschriften widerlegen zu können."[91] Jetzt machte Lavaters offene Herausforderung das unmöglich, und damit eröffnete er eine neue Phase in Mendelssohns Leben: Er war gezwungen, das beharrliche Festhalten am Glauben seiner Väter zu erklären. Im Angesicht der intellektuellen Welt stand der Philosoph Mendelssohn dem Juden Mendelssohn gegenüber.

2 Eine Übergangslösung

Lange hatte Mendelssohn es aus praktischer Klugheit vermieden, sich auf Diskussionen mit Nichtjuden über geoffenbarte Religion einzulassen. In seinen philosophischen Schriften handelte er von der natürlichen, nicht von einer „positiven" Religion, und dabei beschränkte er sich auf die Erörterung solcher „Warheiten..., die allen Religionen gleich wichtig seyn müssen".[1] Als er sich zum Thema Unsterblichkeit äußerte, drückte er seine weitgehend an Leibniz orientierten Gedanken in einem sokratischen Dialog aus, wählte also die Rolle eines großen vorchristlichen Denkers, um auf diese Weise den Kontroversen über die Frage der Offenbarung aus dem Wege zu gehen.[2] Er wußte sehr wohl, daß er viel verlieren und nur wenig gewinnen konnte, wenn er seine Gedanken über Judentum und Christentum öffentlich äußerte. Nahm er allzu entschieden Partei für seinen Glauben, so entfremdete er sich den Christen, die gerne glauben wollten, er sei anders als die übrigen Juden. Zeigte sich andererseits, daß er vom traditionellen Judentum abwich, so erregte er den Zorn der meisten Glieder der jüdischen Gemeinde.

Hinter dem Wunsch von Christen, mit Mendelssohn über Religionsfragen zu debattieren, verbarg sich nicht selten das Verlangen, ihn zum Übertritt zu veranlassen. Die Gesprächspartner mußten schon vollkommen vorurteilslos sein, oder es kam unweigerlich die Frage auf: Wie können Sie, ein Gelehrter, ein Philosoph, Jude bleiben? Es war besser, die Diskussion auf ein angenehmeres Thema zu lenken. Thomas Abbt schrieb einmal an Mendelssohn, Johann Arnold Ebert, Professor am Carolinum in Braunschweig, habe ihm gegenüber vor kurzem seine hohe Meinung von „Hrn. M.[oses]" zum Ausdruck gebracht. Aber bei Ebert, wie zweifellos bei vielen anderen, zog die Bewunderung eine nicht zu unterdrückende Frage nach sich – und Abbt mußte den Gesprächsgegenstand wechseln: „Als er mir die Frage vorlegte, ob man keine Hofnung hätte, daß Sie ein Christ würden", berichtet er, „bat ich ihn, mir seine engländischen Bücher zu zeigen, wovon er eine vortreffliche Sammlung besitzt."[3] Wäre die Frage direkt an Mendelssohn gerichtet worden, so hätte der zweifellos eine ähnliche Ausflucht gesucht.[4]

Als Lavater Mendelssohn 1763 in Berlin besuchte und ihn in ein Gespräch über das Christentum ziehen wollte, gelang ihm das nur nach heftigem Drängen und nachdem er vollkommenes Stillschweigen darüber versprochen hatte.[5] Im Verlauf des Gesprächs jedoch gewann er aus Mendelssohns achtungsvollen Worten über Jesus irrigerweise den Eindruck, daß der jüdische Philosoph gleichsam reif sei für die Konversion. Dieses Gespräch war in seiner Erinnerung immer noch gegenwärtig, als er sechs Jahre später den spezifisch christlichen Teil eines religionsphilosophischen Werks übersetzte, das der Genfer Naturwissenschaftler und Philosoph Charles Bonnet verfaßt hatte: „Philosophische Untersuchung der Beweise für das Christentum" lautete der Titel von Lavaters Teilübersetzung. Er schickte ein noch ungebundenes Exemplar frisch aus der Presse an Mendelssohn; dieser entdeckte zu seinem nicht geringen Erstaunen, daß die Schrift ihm gewidmet war. Das Zueignungsschreiben forderte ihn auf, entweder die Bonnetschen „Argumentationen" zugunsten des Christentums öffentlich zu widerlegen, oder, falls er das nicht vermöchte, „zu thun, was Klugheit, Wahrheitsliebe, Redlichkeit Sie thun heißen: – was *Socrates* gethan hätte, wenn er diese Schrift gelesen, und unwiderleglich gefunden hätte".[6] Mendelssohn hatte keine Wahl: Er mußte auf diese öffentliche Herausforderung antworten. Hätte er geschwiegen, so wäre das als Eingeständnis gedeutet worden, daß er Bonnet in der Tat für unwiderlegbar halte, die Konsequenzen daraus jedoch nicht ziehen wolle. Und doch war er nicht bereit, das Christentum öffentlich einer Kritik zu unterziehen, denn er wußte – mit Nicolai –, daß er damit in ein Hornissennest stechen und selber schmerzvolle Verletzungen davontragen würde.[7]

In seinem „Schreiben an den Herrn Diaconus Lavater zu Zürich" nahm er Zuflucht zu einer von der Aufklärung besonders hoch gehaltenen Idealvorstellung: derjenigen, daß die Gerechten aller Glaubensrichtungen der Erlösung teilhaftig würden. Er stellte fest, das Judentum vertrete diese Lehre mit Nachdruck und versuche daher niemanden zu bekehren. Mendelssohn bestand gegenüber Lavater darauf, daß die Differenz zwischen Juden und Christen nicht wirklich entscheidend sei, weil sie keine Bedeutung habe für die höchste Bestimmung des Menschen, das, worauf die Religion eigentlich gerichtet sei. Wenn aber die Seligkeit abhing von einer Tugend, der sie beide nacheiferten, warum konnte dann nicht alles andere, was ein Jude oder ein Christ glaubte oder im Namen seiner Religion tat, Privatsache bleiben? In einem an John Locke erinnernden Abschnitt vertrat Mendelssohn die Ansicht, daß nur eine Religion, deren Lehren den Frieden der Gesellschaft störten, öffentlich bestritten werden müsse. Dagegen könne es zu keinem guten Ende führen, wenn man die religiöse Grundlage einer echten Sittlichkeit zerstöre. Er schloß daraus:

„Ich kann also gar wohl bey meinen Mitbürgern Nationalvorurtheile und irrige Religionsmeinungen zu erkennen glauben, und dennoch *verbunden* seyn, *zu* schweigen, wenn diese Irrthümer weder die *natürliche* Religion, noch das *natürliche* Gesetz *unmittelbar* zu Grunde richten, und vielmehr *zufälligerweise* mit der Beförderung des Guten verknüpft sind.“[8]

So sollte man nach Mendelssohn das Christentum betrachten; und auf eben diese Weise, hoffte er, würden die Christen das Judentum ansehen.

Seine Gedanken entsprachen den Vorstellungen eines Lessing, denen eines Lavater waren sie fremd.[9] Denn Lavaters Beziehung zur Aufklärung war nur oberflächlich, im Innersten war er ein glühender und eifernder Christ. Rawidowicz hat ihn zu Recht als einen Vertreter des Sturm und Drang auf dem Gebiete des Religiösen bezeichnet.[10] Für diesen leidenschaftlichen Anhänger des Christentums konnte selbst der tugendhafteste Jude, solange er Christus nicht anhing, schwerlich die Seligkeit erlangen. Gegenüber einem Juden mit dem edlen Charakter eines Moses Mendelssohn vermochte Lavater nur die Haltung einzunehmen, die das Judentum, nach Mendelssohn, verwarf und die sich in dem Satz ausdrückte: „*Schade für die schöne Seele!*“[11]

In seiner „Antwort an den Herrn Moses Mendelssohn zu Berlin“[12] bedauerte Lavater zwar seine Zudringlichkeit, äußerte aber erneut den ernsthaften Wunsch zu erfahren, wie Mendelssohn als Philosoph die Göttlichkeit der jüdischen Religion verteidigen und doch eine Auseinandersetzung mit Bonnets Argumenten für das Christentum ablehnen konnte. Lavater war nicht so leicht zufriedenzustellen. Er versuchte Mendelssohn aus seiner Zurückhaltung herauszuholen, indem er zu verstehen gab, die zu erwartende philosophische Ernsthaftigkeit und Unparteilichkeit seiner Äußerungen über Religion machten es unwahrscheinlich, daß er dadurch Irritationen gegen sich selbst oder seine jüdischen Mitbürger hervorrufen würde. Er gab sogar zu verstehen, daß ein Buch über das Judentum bei den Christen zu einem besseren Verständnis der Religion führen würde, von der die ihre abstammte. Gegen Ende der „Antwort“ jedoch überwältigt ihn der Eifer für seinen Glauben: „*Wolte Gott, daß Sie ein Christ wären!*“ ruft er aus.[13] Will Mendelssohn die Sache nicht weiter verfolgen, so verspricht Lavater, ihn nicht länger zu bedrängen. Er gibt jedoch die Hoffnung nicht auf, daß er ihn eines Tages unter den „glücklichen Anbetern“ seines „Herren und Meisters *Jesus Christus*“ finden wird.

Lavaters „Antwort“ wurde gemeinsam mit einer „Nacherinnerung“ Moses Mendelssohns im Jahre 1770 von Nicolai in Berlin veröffentlicht. Obgleich Mendelssohn anfangs beteuert, er wolle alle Religionsstreitigkeiten vermeiden, übt er hier in knapper Form Kritik an Bonnet und gibt zum ersten Mal in der Öffentlichkeit den Blick frei auf einen kleinen Ausschnitt seiner Philosophie des Judentums. Für ihn ist das Judentum eine geoffenbarte Religion.[14] Sie stützt sich nicht auf Wunder, für die es nur wenige Zeugen gibt – wie im Falle Jesu –, sondern, wie Juda Halevi es dargelegt hatte, auf das Zeugnis des ganzen Volkes. Mendelssohn geht nicht weiter. Er möchte vielmehr Lavaters Vorschlag annehmen, den Vorhang vor dem Publikum fallen zu lassen, und kommt, wie schon am Anfang, auf die „heiligen Wahrheiten“ zurück, „die die *besten Christen* und die *besten Juden* gemein haben“.[15]

In den folgenden zwölf Jahren veröffentlichte Mendelssohn keine weitere apologetische oder polemische Schrift. Aber während des Streits mit Lavater schrieb er eine Reihe von Briefen und Notizen, die bis zu seinem Tode unveröffentlicht blieben. Sie vermitteln ein sehr viel vollständigeres Bild von seinen Gedanken und Empfindungen als die veröffentlichten Texte, und sie machen deutlich, wie sehr er darum bemüht war, die Beziehungen zur nichtjüdischen Welt zu erhalten und dabei doch seine Zugehörigkeit zum Judentum nicht aufzugeben. Ein sorgfältiges Studium dieser Dokumente offenbart auch, welch tiefe Wirkung der Streit auf Mendelssohn hatte. Seine Überzeugung, daß enge, von wechselseitiger Achtung getragene Beziehungen zwischen den gebildeten und edlen Vertretern beider Religionen bestehen könnten, war mächtig ins Wanken geraten durch die schweren Enttäuschungen, die ihm die Mehrheit der gelehrten Christen zugefügt hatte. Innerlich war er hin und her gerissen: zwischen der Identifikation mit der universalen Gemeinschaft aller Menschen, die freilich jetzt nur noch als ein Traum erschien, und der mit der viel begrenzteren Gemeinschaft der Juden, die viele Jahre lang nicht im Mittelpunkt seiner Interessen gestanden und in der es stets bittere Ressentiments gegen die Christen gegeben hatte.

Mendelssohn hatte irrtümlich aus dem Lavaterschen Zueignungsschreiben herausgelesen, Bonnet habe seine Schrift an die Juden gerichtet und die öffentliche Herausforderung des Übersetzers gebilligt. In seinem „Schreiben an den Herrn Diaconus Lavater" griff er daher Bonnet an, indem er bemerkte, seine Argumente seien nicht geeignet, einen Juden zu überzeugen; allenfalls könnten sie einen Christen in seinem Glauben bestärken. Am 12. Januar 1770 schrieb Bonnet an Mendelssohn, daß Lavater ihn nicht über die Absicht unterrichtet habe, Mendelssohn die Übersetzung zu widmen, daß er Lavaters Handeln mißbillige und daß sein Buch nicht gegen das „ehrwürdige Haus Jakobs" („point addressé à la venerable Maison de JACOB") gerichtet sei.[16] Bonnets Brief rührte Mendelssohn zutiefst. Es schien jetzt, als sei allein Lavater der Übeltäter und als gebe es zwischen Bonnet und ihm keinen Grund zur Verstimmung. Er war dankbar dafür, daß ihm der hochangesehene Schweizer Gelehrte seine Freundschaft antrug, und gab der Überzeugung Ausdruck, sie stimmten in allen wesentlichen Fragen überein. Diese Gemeinsamkeiten galt es zu betonen; die wenigen „Punkte, die uns etwa noch trennen", ließ man dagegen, „der Glükseeligkeit des menschlichen Geschlechts unbeschadet", einstweilen besser beiseite:

„Noch sind die Warheiten, die wir gemeinschaftlich erkennen, nicht ausgebreitet genug, daß wir der guten Sache von der Erörterung dieser streitigen Punkte großen Nutzen versprechen könten. Sind mit diesen besonderen Sätzen die Benennungen von Christenthum und Judenthum verbunden? Was thut dieses? In unseren Ohren werden diese Namen nichts feindseeligeres haben, als etwa Cartesianer und Leibnitzianer. In welcher glükseeligen Welt würden wir leben, wenn alle Menschen die Warheiten *annähmen*, und *ausübten*, die die *besten* Christen und die *besten* Juden gemein haben."[17]

Mendelssohn äußerte denselben Gedanken, wie wir gesehen haben, kurze Zeit darauf öffentlich in seiner „Nacherinnerung". Im Grunde gab er dabei dem tief verwurzelten Gefühl Ausdruck, daß er einem aufgeklärten Christen – als der Bonnet ihm damals erschien – näherstand als dem ganz normalen ungebildeten Berliner Juden. Mendelssohn dachte immer noch, es gebe für außergewöhnliche Persönlichkeiten beider Religionsparteien eine Sphäre wechselseitigen Verstehens.

Anfangs hatte er nicht auf eine vergleichbare Annäherung an Lavater gehofft, den Mann, von dem der Streit ausgegangen war. Auf einem Blatt mit knapp formulierten Gedanken über Lavaters Herausforderung, das vor Mendelssohns „Schreiben" datiert werden muß,[18] artikuliert er das sichere Gefühl, daß Lavater keine freundschaftlichen Motive hatte. In seinem „Schreiben" indessen unterdrückte er seine Bitterkeit, um die Angelegenheit rascher zu einem Ende zu bringen. Später dann vermittelte Lavaters „Antwort" ihm ein gewisses Vertrauen in die Integrität seines Opponenten. In einem Brief aus den ersten Märztagen des Jahres 1770[19] bietet Mendelssohn Lavater seine Freundschaft an, in demselben Geist der Aufklärung, der einige Wochen zuvor seinen Brief an Bonnet inspiriert hatte: „Kommen Sie, wir wollen uns in Gedanken umarmen! Sie sind ein christl. Prediger, ich ein jüdischer Buchhalter. Was thut dieses? Wenn wir dem Schafe und dem Seidenwurm wiedergeben, was sie uns geschenkt haben; so sind wir beide *Menschen.*"[20]

Anfang März 1770 also lebte Mendelssohn im Gefühl einer geistigen Verwandtschaft mit Lavater wie mit Bonnet, und er hatte Grund dazu. Beide Christen hatten ihm höchste Achtung erwiesen. Es schien, als sei Bonnet nicht an der Bekehrung von Juden interessiert, und Lavater hatte öffentlich sein Bedauern über seine Zudringlichkeit erklärt. Dann aber, nachdem Lavaters „Antwort" und Mendelssohns „Nacherinnerung" bereits in die Druckerei gegangen waren, kamen von Lavater „Zusätze" zu der „Antwort". Diese Zusätze, die leider nicht erhalten sind, brachten Mendelssohn auf, denn er sah in ihnen den Anfang neuer Streitigkeiten.[21] Seine Enttäuschung über die christliche Welt wurde in eben dieser Zeit verstärkt durch die vielen Schriften, die nach seinem „Schreiben" in rascher Folge erschienen. Einige waren mäßig im Ton, andere weniger, und die eines gewissen Johann Balthasar Kölbele war entschieden bösartig in ihren Unterstellungen.

Mendelssohn begriff allmählich, was er eigentlich schon vor dem Lavater-Streit geahnt haben mußte, aber selbst nach dessen Ausbruch eine Zeitlang nicht hatte wahrhaben wollen: Die große Mehrheit der Christen, unter Einschluß selbst der Hochgebildeten, brachte es nicht über sich, einen edlen Juden – gar einen, der in der geistigen Welt zu Ansehen gekommen war – zu bewundern und zu achten, ohne daß bei ihr der Wunsch aufkam, ihn zu bekehren. Mendelssohn fühlte sich zurückgestoßen. Er scheute jetzt nicht mehr vor weiteren Auseinandersetzungen zurück, weil er einzusehen begann, daß ein Brückenschlag nicht wirklich möglich war. Die Änderung in seiner Einstellung zeigt sich am deutlichsten in einem Brief, den er auf hebräisch am 30. März 1770 an seinen Freund Avigdor Levi schrieb. Er hatte gehofft, sagte er darin, er könnte einen Streit vermeiden, aber da er nun einmal da war, wollte er nicht wanken:

„Ich gebrauchte stets die größte Vorsicht, religiöse und dogmatische Streitigkeiten zu meiden, da sie ja zu nichts führen, wie wir es öfter aus so manchen derartigem [!] Partheikämpfen zur Genüge ersehen... Nachdem ich nun dem übereilten Theologen sein Sendschreiben öffentlich beantwortet, bestürmen mich seine Glaubensgenossen von allen Seiten; die Einen greifen mich in heftigen und ungestümen, die Andern in sanften und schmeichlerischen Worten an; die Einen lachen, die Andern spotten: denn das ist ihre Weise; jedenfalls aber belästigen mich ihre Worte und Träumereien, und machen mir viel zu schaffen. Ich vertraue jedoch dem göttlichen Beistande, daß er mir die Kraft verleihen wird, standhaft meinen Streit zu Ende zu führen, und daß er mir auch die rechten Gedanken und Worte dazu geben wird; ich bin fest überzeugt, ich werde nicht beschämt zurückstehen."[22]

Mendelssohn wurde in seinem Argwohn bestätigt, als er im Juli 1770 eine neue französische Ausgabe der „Beweise für das Christentum" erhielt, die im zweiten Teil des Bonnetschen Werks enthalten gewesen waren.[23] Der Autor selbst hatte sie herausgegeben und ein Exemplar an Mendelssohn gesandt. Die Neuausgabe enthielt eine Reihe von Anmerkungen, die Mendelssohn so aufbrachten, daß er für immer den Kontakt mit Bonnet abbrach. Die Anmerkungen erzürnten ihn aus zwei Gründen: Einige wandten sich direkt an die Juden, und zwar in einer Form, die Bonnet – trotz der Beteuerung des Gegenteils – in Mendelssohns Augen als Proselytenmacher genau wie Lavater auch erscheinen ließ; zum anderen aber zielte eine bestimmte Anmerkung darauf ab, Einwände gegen das Christentum zu widerlegen, die Mendelssohn in seiner „Nacherinnerung" erhoben hatte, ohne daß Bonnet seinen Namen nannte. Mendelssohn nahm irrtümlich an,[24] Bonnet habe sein Vorwort zu der Ausgabe vordatiert, um den Eindruck zu erwecken, Mendelssohn habe seine Einwände, wie sie dann in der „Nacherinnerung" standen, aus den „Recherches" übernommen, in denen sie doch bereits widerlegt worden waren. Das verletzte Mendelssohns Stolz, und wahrscheinlich wäre es ihm jetzt lieber gewesen, die Einwände wären korrekt als die seinen gekennzeichnet worden, mit gehöriger Nennung der „Nacherinnerung" als Quelle.[25]

In einer früheren Phase des Streits hatte Mendelssohn damit begonnen, ausführliche „Gegenbetrachtungen" gegen Bonnet zu formulieren, aber er veröffentlichte sie nicht. Die Frage ist, ob er sie gerne an die Öffentlichkeit gebracht und so Lavaters Herausforderung angenommen hätte, oder ob er sie nur für den Fall anlegte, daß ihm keine andere Wahl als die der Publikation blieb. Alles in allem sprechen die Zeugnisse dafür, daß im Laufe des Streits wachsende Enttäuschung und zunehmender Unwille Mendelssohns Haltung veränderten: An die Stelle des zunächst zweifellos vorherrschenden Wunsches, den Frieden zu wahren, trat, freilich zu spät, das Bedauern darüber, daß er dem Kampf ausgewichen war. Am 16. November 1770 schrieb Mendelssohn einen Brief an seinen Verwandten Elkan Herz, zu dem er auch geschäftliche Beziehungen hatte. Dieser Brief weicht in einem Abschnitt vollkommen ab von seiner früheren Einstellung zu Nichtjuden. Er hat den Historikern Rätsel aufgegeben, weil er scheinbar einen ganz anderen Mendelssohn zeigt. Aber der Schreiber des Briefes an Elkan Herz ist weder ein sich verstellender Mendelssohn, der eifernde jüdische Glaubensgenossen versöhnen will,[26] noch ein hartnäckiger Christengegner,[27] der, als er dem Gefühl geistiger Verwandtschaft mit Lavater und Bonnet Ausdruck gab, seine wahren Empfindungen verschwieg. Hier spricht vielmehr ein gewandelter Mendelssohn, jemand, der – zumindest in diesem Augenblick – den Glauben an eine Christen und Juden umfassende Gemeinschaft verloren hat und der jetzt, als Jude wie als Aufklärer, bereut, nicht mehr getan zu haben für den Umsturz des „abscheulichsten Gebäudes von Unsinn", wie Lessing das orthodoxe Christentum nannte.[28] Anfangs war Mendelssohn selber für Zurückhaltung gewesen, aber nach seiner Desillusionierung zweifelte er daran, daß diese Haltung klug gewesen sei. Er machte jetzt geltend, sein Stillhalten sei von Beginn an nur durch die Wünsche anderer verursacht gewesen; seine furchtsamen jüdischen Mitbürger hätten ihn aus Angst vor den möglichen Auswirkungen zurückgehalten. So schrieb er an Elkan Herz:

„Warum ich mich in Disput eingelassen, fragen Sie mich? Ich wollte nur, ich hätte mich etwas mehr eingelassen. Noch habe ich Gottlob keine Reue darauf. Ich kehre mich an die Scharteken alle nicht, die wider mich herausgegeben werden. ‚Wer nur ein Hirn in seinem Schädel hat', begreift wohl, daß es abgeschmackte Reden sind. Wollte nur Gott, ich bekäme wieder eine solche Gelegenheit! So thue ich wieder, was ich dieses Mal gethan habe. Hat mancher geglaubt, zu allem stillschweigen zu müssen; ich glaube es nicht. Wenn ich bedenke, was man zur Heiligung des göttlichen Namens zu thun schuldig ist, so begreife ich garnicht, wie so manche unseres Volkes immer schreien, ich solle um des Himmels willen nicht mehr davon schreiben. Auch habe ich es, Gott weiß es, nicht gern gethan, daß [ich] mich vom Disput losgemacht habe; mein eigener Wille trat gegen den Willen Anderer zurück. Wäre es mir nachgegangen, so hätte [ich] eine ganz andere Antwort geben wollen."[29]

Diese „ganz andere Antwort", die Mendelssohn, wie er jetzt behauptet, gerne öffentlich gegeben hätte, kann man am besten aus einem Brief vom 25. Januar 1770 an den Erbprinzen von Braunschweig-Wolfenbüttel und aus den schon erwähnten „Gegenbetrachtungen" gegen Bonnet erschließen. Gemeinsam bilden sie die erste vollständige Fassung von Mendelssohns Religionsphilosophie. Sie nehmen seine Schrift „Jerusalem", die erst 13 Jahre später erscheinen sollte, in beinahe jedem wichtigen Punkt vorweg.

Der Erbprinz von Braunschweig-Wolfenbüttel, ein aufgeklärter junger Fürst mit einer Neigung zur Philosophie, war, wie viele andere, beeindruckt von Mendelssohns „Phädon". Als er im Oktober 1769 nach Berlin kam, suchte er die Gesellschaft des jüdischen Philosophen und erwies ihm große Achtung. Kurze Zeit darauf erhielt der Prinz ein Exemplar von Mendelssohns „Schreiben" an Lavater und wollte nun gerne wissen, warum Mendelssohn die Göttlichkeit des Judentums bekräftigen, die des Christentums dagegen verwerfen konnte. Er schrieb daher an Mendelssohn und bat ihn um Einsicht in seine „Gegenbetrachtungen" zu Bonnet. Mendelssohn antwortete am 25. Januar 1770, die Gegenbetrachtungen seien eher in seinem Kopf als auf dem Papier. Er gab dem Prinzen dann aber eine ziemlich ausführliche Antwort auf seine Fragen.

Mendelssohns Brief ist meisterhaft aufgebaut und in einem ruhigen, freundlichen und gänzlich unpolemischen Ton abgefaßt.[30] Er wirkt nicht wie ein ernsthafter Angriff auf das Christentum, und doch ist er genau das. Er stellt ein Kriterium auf für jede religiöse Wahrheit, das der Prinz, ein Schüler des Aufklärungstheologen J. F. W. Jerusalem, nicht verwerfen kann: Übereinstimmung mit der Vernunft. „Ich kann es nicht genug wiederholen", schreibt Mendelssohn, „es kömmt Alles auf die logische Wahrheit der Lehre, nicht auf die historische Wahrheit der Gesandtschaft an." Alles, was offensichtlich „mit der Vernunft streitet", kann nicht von Gott kommen. Gemessen an diesem Kriterium schneidet das Christentum ziemlich schlecht ab. Kühn zählt Mendelssohn die christlichen Dogmen auf, die er nicht als Jude, die er als vernünftiges Wesen zurückweisen muß. Aber es zeichnet Mendelssohn aus, daß er sich nicht auf eine Kritik des Christentums beschränkt – denn das könnte den Eindruck erwecken, als wollte er eine unüberbrückbare Kluft zwischen sich selbst und dem christlichen Prinzen aufreißen. Er macht nicht nur die Unterschiede zwischen Christentum und Judentum, wie sie sich ihm darstellen, deutlich, vielmehr unterbreitet er zugleich Vorschläge für ihre Aufhebung. Es könnte eine Religion geben, „daran Christen und Juden gleichen Antheil" zu nehmen vermöchten! Würde das Christentum sich seiner widervernünftigen Dogmen entledigen und zugleich zugeben, daß sein Gründer die Juden nie vom mosaischen Gesetz befreit habe, dann könnte das Judentum auf der anderen Seite Jesus als „Propheten und Gesandten Gottes" anerkennen, der „den Beruf gehabt", „dem gesunkenen menschlichen Geschlechte die heiligen Lehren von der Tugend und ihrer Belohnung in jenem Leben zu predigen".

Es gibt keinen Grund für die Annahme, Mendelssohn habe eine solche vollständige Annäherung ernsthaft erwartet. Aber der Vorschlag ließ die Kluft als nicht unüberbrückbar erscheinen, ohne daß er die vernünftige Kritik am Christentum abmilderte. Mendelssohn brachte es fertig, seinen Standpunkt ohne Einschränkungen zu formulieren, und doch machte er sich dabei den Prinzen nicht zum Feind. Die freundschaftliche Beziehung der beiden blieb bestehen, ja wurde eher noch enger.

Wie der Brief an den Prinzen setzten die „Gegenbetrachtungen" zu Bonnet das Christentum der Vernunftkritik aus und deckten auf, daß es ihr nicht standhielt.[31] Die Bedeutung der Gegenbetrachtungen liegt jedoch vor allem darin, daß Mendelssohn in ihnen zum ersten Male seine Philosophie des Judentums vollständig entfaltete.

Mendelssohns Gottesbegriff scheint sich auf den ersten Blick nicht von dem der Anhänger der natürlichen Religion zu unterscheiden. Gott ist nicht geheimnisvoll; seine Eigenschaften sind nicht qualitativ unterschieden von denen des Menschen: Gottes Güte ist nichts als die höchste Steigerung menschlicher Güte. Es bedarf keiner Offenbarung zum Erweis der göttlichen Absichten, vielmehr hat der Mensch selber durch die Vernunft einen vollkommen ausreichenden Zugang zu Gott: Sie macht ihn fähig, Gottes Beziehung zu ihm aus einem einzigen Motiv zu erklären: seiner Absicht, die gesamte Menschheit glückselig zu machen. Da Gott nur das Beste für die Menschen will, kann er unmöglich, wie die christliche Theologie behauptet, die ewige Glückseligkeit von einer Offenbarung abhängig machen, die nur einem kleinen Teil der Menschheit zuteil wurde. Das Judentum zieht den logisch viel stärker überzeugenden Schluß, daß die gesamte Menschheit Glückseligkeit und Erlösung erlangen kann, wenn sie nur ein tugendhaftes Leben führt. – Mendelssohn sah deutlich, daß die Christenheit, solange sie den Zugang zur Erlösung nur für sich in Anspruch nahm, die Juden immer als Ausgeschlossene betrachten, sie nur als mögliche Konvertiten ansehen würde. Wenn die Christen dagegen die Lehre von der allgemeinen Erlösung der Gerechten übernahmen, dann mochte sich diese Einstellung gegenüber den Juden ändern.

Eine Schwierigkeit taucht freilich da auf, wo Mendelssohn die Offenbarung auf dem Sinai zu erklären versucht. Warum sollte ein vernünftiger Gott einem kleinen asiatischen Volk eine Offenbarung gewähren, wenn doch schon alle Menschen des moralischen Sinnes teilhaftig waren, der die einzige Voraussetzung für die Erlangung der Seligkeit ist? Wie kann eine solche besondere Offenbarung in Übereinstimmung gebracht werden mit der Idee eines der Menschheit insgesamt gnädig zugewandten Gottes? – Es gelang Mendelssohn nicht, dieses Problem auf befriedigende Weise zu lösen. Führte er seine Gedanken konsequent zu Ende, so mußte er zum Deisten werden. Aber das tat er nicht. Gott habe sich, so sein Argument, dem Volk Israel einmal offenbart, nicht um es als einziges für die Erlösung auszuwählen, sondern um ihm bestimmte Gesetze als besondere „Gnade" „aus ganz besondern Absichten" zu geben. Die Juden könnten ihrerseits, wenn sie diesen Gesetzen folgten, eine „besondere Belohnung" erwarten, denn Gott habe ihnen solche beschwerlichen Pflichten wohl „nicht umsonst" auferlegt. Worin die „besonderen Absichten" Gottes bei seiner Offenbarung lagen oder worin die „besondere Belohnung" bestand, das sagte Mendelssohn nicht.

Indem Mendelssohn sich zu der Offenbarung auf dem Sinai bekannte, entging er dem Vorwurf, er sei Deist, setzte sich aber zugleich dem Einwand der Christen aus, daß Gott, wenn er durch Mose zu Israel gesprochen hatte, sehr wohl noch einmal durch Jesus gesprochen haben konnte. Mendelssohn mußte daher zwangsläufig eine strenge Unterscheidung zwischen der Autorität Moses und der Jesu treffen. Die Autorität Moses, so behauptete er, beruhte nicht auf den von ihm verrichteten Wundern, sondern auf der Offenbarung selbst, deren Zeuge das ganze Volk geworden war. Etwas Vergleichbares war weder vorher noch nachher geschehen; die Autorität dieser Offenbarung war unbezweifelbar und unvergleichlich. Gegen das Christentum ließ sich das zweifache Argument vorbringen, nur einige wenige Menschen hätten Zeugnis abgelegt von den Wundertaten seines Gründers, während doch eine viel größere Menge die Wunder falscher Propheten bezeugt habe. Das Judentum dagegen hatte keinen so unsicheren Boden.

Da die göttliche Offenbarung auf dem Sinai jenseits allen Zweifels und ganz einzigartig war, konnte kein Jude, den diese Offenbarung nun einmal verpflichtete, sich von den Gesetzen frei machen, die sie ihm auferlegte, selbst wenn er in Einzelfällen deren Absicht nicht mehr kannte. Gott allein als der Urheber des Gesetzes konnte es aufheben; aber er hatte das nun einmal nicht getan. „Was die Gesetze Moses betrift; so glauben wir, daß sie in Absicht auf uns in dem strengsten Verstande verbindlich sind, so lange sie Gott nicht mit eben der öffentlichen Feyerlichkeit ausdrüklich widerrufet, mit welcher sie von *Ihm* gegeben worden sind." Bis ein solches Ereignis eintritt, muß der Jude, nicht aber der Christ, weiterhin den göttlichen Gesetzen gehorchen.

Das mosaische Gesetz, der Inhalt dieser besonderen Offenbarung, sowie zwei Wahrheiten der natürlichen Religion, das Dasein Gottes und die Existenz der Vorsehung, bilden für Mendelssohn, wie einst für den mittelalterlichen jüdischen Philosophen Josef Albo, die drei „Hauptgrundsätze" des Judentums. In der mosaischen Gesetzgebung findet Mendelssohn das Mittel zur Erhaltung der beiden anderen:

„... so scheinen die Zeremonialgesetze der Juden, unter andern uns unergründlichen Ursachen, zur Nebeneinsicht zu haben, diese Nation von allen übrigen sichtbarlich auszusondern, und sie durch viele religiöse Thathandlungen unaufhörlich an jene heilige Warheiten zu erinnern, die uns allen unvergeßlich seyn sollten."[32]

Zusammenfassend läßt sich sagen, daß sich in Mendelssohns Judentum, wie er es im Jahre 1770 formulierte, die Grundsätze der natürlichen Religion mit der Vorstellung von einer einmaligen Offenbarung verbanden, die nur den Juden zugedacht war und nur sie verpflichtete. Im Gegensatz zum Christentum verlangt das Judentum keinen Glauben an ein Dogma, das der menschlichen Vernunft widerstreitet. Obwohl Mendelssohn es nicht einmal gegenüber dem Erbprinzen zugeben konnte, war er davon überzeugt, daß das Judentum wegen seiner größeren Übereinstimmung mit der Vernunft dem Christentum weit überlegen sei. Was in dem Brief an den Erbprinzen und in den „Gegenbetrachtungen" nur implizit gesagt wurde, sprach Mendelssohn deutlich in einem Brief an einen jüdischen Glaubensgenossen aus. Am 22. Juli 1771 schrieb er an Elkan Herz:

„Wir haben keine Glaubenssätze, die gegen die Vernunft oder über dieselbe seien. Wir thun nichts mehr zu der natürlichen Religion hinzu, als Gebote, Satzungen und gerade Vorschriften (Gott sei Dank!), aber die Grund- und Glaubenssätze unserer Religion beruhen auf dem Fundamente des Verstandes, sie stimmen mit der Forschung nach jeder Seite hin, ohne jeden Widerspruch und Widerstreit, überein. Und das ist *der* Vorzug unserer Religion, der wahren und göttlichen, vor allen übrigen (lügenhaften)[33] Glaubensbekenntnissen. Die Christen werden alle unsere Glaubenssätze des Deismus oder Naturalismus beschuldigen... Unsere Glaubensgenossen sollten billig dies alles von selbst einsehen, denn das ist unser Ruhm und unser Stolz, und alle Schriften unserer Weisen sind voll davon."[34]

Als Mendelssohn diese Worte schrieb, war der Streit vorbei. Von einem langandauernden und schwächenden Nervenleiden befallen, konnte er sich viele Jahre lang nicht der Philosophie widmen. Aber er hatte jetzt einen festen Stand gewonnen; seine Zugehörigkeit zum Judentum war nunmehr außer Zweifel. In der „Nacherinnerung" hatte er sich öffentlich zu der Offenbarung auf dem Sinai bekannt; für sich selbst hatte er dem Judentum eine Deutung gegeben, wonach es vollständig mit der Vernunftreligion übereinstimmte. Das Judentum war ganz einfach die Summe aus natürlicher Religion und besonderer Gesetzesoffenbarung – und das machte seine Größe aus.

Die eigentliche Bedeutung des Streits mit Lavater lag für Mendelssohn jedoch darin, daß er ihn zwang, zur Kenntnis zu nehmen, wie wenig es ausreichte, ein Vorbild zu sein. Er hatte Ruhm erlangt als Philosoph und als ein Mann von großer persönlicher Rechtschaffenheit. Aber 15 Jahre nach Michaelis' Rezension des Stücks „Die Juden" wollte die Mehrheit der Christen immer noch nicht glauben, daß ein Mann wie er aus voller Überzeugung ein Jude sein könnte.[35] Jetzt hatte er hinreichend deutlich gemacht, daß er Jude war und willens, sein Judentum mit den Grundsätzen der Aufklärung zu rechtfertigen. Obwohl er an Lavater schrieb, er habe seine Religion „nicht erst seit gestern zu untersuchen angefangen", war ihm sein Judentum in seiner Bedeutung nie so sichtbar geworden wie zu dem Zeitpunkt, da er dafür Rechenschaft ablegen mußte. Danach stand seine Zugehörigkeit zum Judentum stets im Zentrum seines Bewußtseins. In den folgenden Jahren wandte er seine Aufmerksamkeit dann zwei Fragen zu, die er als Schriftsteller und Philosoph bisher vernachlässigt hatte: Wie mußte eine Gesellschaft aussehen, deren politische und religiöse Institutionen es dem Juden möglich machten, sich in sie zu integrieren und doch Jude zu bleiben? Und: Wodurch verhinderte die jüdische Welt ihrerseits die volle Freiheit des einzelnen und zugleich seine Eingliederung – als Jude – in das Ganze der Gesellschaft?

Nach dem Streit hielt Mendelssohn weiterhin an seinen beiden Idealen fest: dem einer Gemeinschaft von Juden und Christen, mit uneingeschränkter Toleranz und gegenseitiger Achtung auf der Grundlage einer gemeinsamen natürlichen Religion; und dem einer aufgeklärten, gesitteten, nicht fanatischen jüdischen Gemeinschaft. Aber nunmehr befaßte er sich auch mit der Wirklichkeit, die vor seinen Augen lag, und die verbleibenden Jahre seines Lebens waren weitgehend dem Bemühen gewidmet, die Realität dem Ideal näherzubringen.

Die Verhältnisse in der jüdischen Gemeinschaft im Deutschland der siebziger und achtziger Jahre müssen Mendelssohn mit großer Sorge erfüllt haben. Gewiß achteten und ehrten die Berliner Juden ihren berühmten Philosophen, aber unter den fanatischeren Orthodoxen gab es einen engherzigen Argwohn gegen ihn. Einige von ihnen waren durchaus bereit, der Anschuldigung Kölbeles Glauben zu schenken, Mendelssohn sei im Innersten ein Deist;[36] und mitten im Streit mit Lavater hielt es das Berliner Rabbinat für angebracht, Mendelssohn zu einem Rechenschaftsbericht vorzuladen.[37] Zur gleichen Zeit jedoch stieg die Zahl der Juden rasch an, die sich vom traditionellen Judentum lossagten. Im Jahre 1783 beschrieb der Maler Chodowiecki in einem Brief an die Gräfin von Solms-Laubach die Lage in der Berliner Judenschaft: „Es scheint, daß in Ihren Gegenden die Juden noch *orthodox* sind, hier sind die, die nicht zu dem Pöbel gehören es keinesweges; sie Kaufen und verkaufen am Sonnabend, Essen alle verbothenen Speisen, halten keine Fasttage u. s. w." [38] Selbst wenn Chodowiecki hier übertrieben haben sollte, so belegt er doch, daß der Riß, der durch die jüdische Gemeinschaft ging, immer mehr zutage trat.

Mendelssohn, stets auf Vermittlung bedacht, bemühte sich, den Exzessen beider Parteien Einhalt zu gebieten. Er hatte in seinem „Schreiben" an Lavater zugegeben, er könne nicht alles, was man dem Judentum zurechnete, als ihm wesentlich ansehen. „Ich werde es nicht leugnen", schrieb er, „daß ich bey meiner Religion menschliche Zusätze und Misbräuche wargenommen, die leider! ihren Glanz nur zu sehr verdunkeln." Er gab sogar zu, daß einige der dunkleren rabbinischen Schriften wertlose „Scharteken" seien.[39] Aber er blieb ein gesetzestreuer Jude, bewahrte seine Achtung vor Talmud und Bibel und widersetzte sich scharfen Angriffen auf die Orthodoxen.[40]

Mendelssohn war weder als Denker noch als Handelnder ein Revolutionär. So wie er sich in der Philosophie den deutschen Rationalisten und den englischen Empiristen anschloß, ohne auf ein eigenes System hinzuarbeiten, zögerte er in Angelegenheiten der jüdischen Gemeinde, sich auf radikale Reformen einzulassen. Noch ehe die Krankheit ihn schwächte, gestand er ein, daß ihm der Mut und die Beharrlichkeit fehlten, die man zum Begehen neuer Wege brauche:

„Wer Neuerungen machen will, muß sie mit großem Herzen durchsetzen, die Folgen geduldig ertragen, seinen Muth verdoppeln, und lieber von Sinnen kommen, als sich zum Schweigen bringen lassen.... Meine Gemüthsart ist nicht für die Neuerungen ..."[41]

Und doch: trotz seiner großen Achtung vor der Tradition und trotz seiner Neigung zum Konservatismus war Mendelssohn fraglos in mancher Hinsicht ein Reformer des jüdischen Lebens – gewiß ein gemäßigter, aber ein Reformer gleichwohl.

Es war ein althergebrachter und weitverbreiteter Brauch der Juden, ihre Toten möglichst bald nach dem Ableben zu begraben. Im Jahre 1772 wurde das Fortbestehen dieses Brauchs in Frage gestellt, als der Herzog von Mecklenburg-Schwerin ein Edikt erließ mit der Bestimmung, seine jüdischen Untertanen sollten die Beisetzung zumindest drei Tage aufschieben, weil der Tod nicht mit Sicherheit sofort festgestellt werden könne. Am 18. Mai des Jahres wandte sich die jüdische Gemeinde Schwerins an Mendelssohn und bedrängte ihn als einen Mann von einigem Einfluß, er solle sich für sie mit einem Gesuch an den Herzog ins Mittel legen.

Zwar ging Mendelssohn auf das Ansinnen ein und arbeitete die erbetene Stellungnahme aus,[42] schickte sie jedoch an die jüdische Gemeinde mit einem Brief, der Stellung nahm zugunsten des Herzogs. Unter Berufung auf das jüdische Gesetz wie auf die Ansichten der Ärzte vertrat er die Auffassung, eine spätere Beerdigung sei eindeutig vorzuziehen. Ihm war freilich klar, daß seine Argumente wohl kaum die Zustimmung der Schweriner Gemeinde finden würden, denn ein Widerstand gegen jegliche Veränderung der bestehenden Verhältnisse war hier vorauszusehen. Sein Brief an die Gemeinde schloß mit den Sätzen: „Ich weiß zwar auch, daß Sie mir nicht folgen werden, denn die Macht der Gewohnheit ist stark, ja vielleicht werde ich Ihnen gar als ein Irrlehrer durch meinen Vorschlag erscheinen. Immerhin! Habe ich doch mein Gewissen von der Schuld befreit." Mendelssohns Auffassung erregte nicht nur den Widerspruch von Mordechai Jaffe, dem Rabbiner der Schweriner Gemeinde, sondern auch den Jacob Emdens, der in dem Edikt des Herzogs nur einen Versuch sehen konnte, die Juden zur Übernahme christlicher Bräuche zu zwingen und auf diese Weise die durch Gott verordnete Absonderung der Juden von der christlichen Gemeinschaft und ihren Gesetzen aufzuheben.[43]

Auch Mendelssohn war für das Fortbestehen einer eigenständigen jüdischen Gemeinschaft und sah in den Zeremonialgesetzen die wichtigste Voraussetzung dafür.[44] Aber was ihm als Realität entgegentrat, war ganz und gar nicht nach seinem Sinn; denn nur wenige seiner jüdischen Glaubensgenossen waren seinem Beispiel gefolgt. Die Orthodoxen hielten beim Talmudstudium an der Methode des Pilpul fest und sprachen weiterhin ihren jüdischdeutschen Jargon, während in den Häusern der Reichen allmählich die französische und die deutsche Kultur sich ausbreiteten, ohne daß das freilich mit ernsthaften geistigen Anstrengungen verbunden war. Ungezügeltes Streben nach wirtschaftlichem Erfolg bestimmte das Klima in einer jüdischen Gemeinde, die zunehmend reicher wurde.[45] Mit nur wenigen jüdischen Glaubensgenossen in seiner Umgebung konnte Mendelssohn sich über schwierige philosophische Probleme unterhalten. Gegenüber Herz Homberg, der zeitweilig bei ihm als Hauslehrer tätig gewesen war, beklagte er sich: „Hinzu kommt, daß ich keinen Freund unsrer Nation um mich habe, der sich in speculative Sachen mit mir recht einlassen will ...“[46]

Aus der Erfahrung der eigenen Isoliertheit erwuchs bei ihm der Wunsch, eine modernere, gleichwohl jüdisch geprägte Erziehung der kommenden Generation zu befördern. Der kleine Kreis lernbegieriger junger Bewunderer, der sich jede Woche in Mendelssohns Wohnung zu Diskussionen und Streitgesprächen versammelte, muß für den jüdischen Philosophen eine Quelle großer Freude gewesen sein. Einer von ihnen, David Friedländer, berichtet, daß in Mendelssohns Haus „Erziehungs- und Bildungsanstalten“ bevorzugter „Gegenstand der Unterredung waren“. „Verbesserung des Unterrichts und Empfehlung der deutschen Muttersprache waren Mendelssohns Lieblings-Themata.“[47]

Obwohl Joachim Heinrich Campes Einladung an jüdische Schüler und Lehrer, zu ihm an das Dessauer Philanthropin zu kommen, auf Mendelssohn keinen großen Eindruck machte, wird in seiner aktiven Förderung der Berliner Freischule doch deutlich sichtbar, wie sehr er sich wünschte, daß das jüdische Erziehungswesen durch praktische Maßnahmen[48] verbessert würde. Diese Freischule, 1778 gegründet und zunächst für jüdische Kinder bestimmt, deren Eltern sich keine

Privatlehrer leisten konnten, hatte einen Lehrplan, der Hebräisch-, Deutsch- und Französischunterricht vorsah, ferner Bruchrechnen und Mechanik sowie Geographie, Geschichte und Naturwissenschaft.[49] Für den Gebrauch an dieser Schule stellte Friedländer ein Lesebuch[50] zusammen, zu dem Mendelssohn unter anderem eine Übersetzung von Maimonides' 13 Glaubensartikeln und ein Gebet mit der Überschrift „Andachtsübung eines Weltweisen" beisteuerte. Das Gebet ruft Gott als den „Urheber der Weißheit" an und spricht im Geist der Aufklärung den Wunsch aus: „Laß uns weyse seyn, damit wir glücklich seyn mögen."

Genau diese „Weißheit", die sich aus der Verbindung von Wissen und Frömmigkeit ergab, vermißte Mendelssohn in der jüdischen Gemeinschaft. Das Studium der überlieferten religiösen Schriften hatte nie aufgehört, und nun breitete sich allmählich auch eine Beschäftigung mit weltlichen Gegenständen aus. Aber nach Ansicht seiner jüdischen Glaubensgenossen gab es zwischen diesen beiden Dingen keinerlei Zusammenhang. Mit keinem geringeren Ziel als dem, diesen Graben zu überbrücken, verwirklichte Mendelssohn seinen am heftigsten umstrittenen Plan: den einer Übersetzung des Pentateuch ins Hochdeutsche. Den Orthodoxen sollte sie den Zugang zur modernen Kultur eröffnen, den Assimilierten eine Rückkehr zur Tora ermöglichen.

Es ist wahrscheinlich, daß Mendelssohn – obwohl er das Gegenteil behauptete – von Anfang an mit dem Gedanken spielte, aus seiner Übersetzung ein Mittel zur Verbreitung der Kultur unter seinen jüdischen Glaubensgenossen zu machen. Freilich wollte er – wie immer, wenn es nicht ausschließlich um geistige Fragen ging – es gerne vermeiden, sich in eine Kontroverse zu verwickeln. Er wußte sehr wohl, daß die Übersetzung heftigen Widerstand hervorrufen würde, und nur Salomon Dubnos Drängen konnte ihn zur Veröffentlichung veranlassen.[51] Nachdem er sich aber einmal dazu entschieden hatte, weigerte er sich, einen Rückzug anzutreten, obwohl er sofort auf wütenden Widerstand stieß. Gerade die Opposition bestimmter Rabbiner ließ ihn deutlicher als vorher erkennen, wie notwendig seine Übersetzung war. Ohne Zweifel gibt sein Brief vom 29. Juni 1779 an seinen christlichen Freund, den dänischen Staatsrat August von Hennings, seine Beweggründe besonders unverfälscht wieder. Er teilt darin mit, seine Krankheit habe ihn weitgehend um die Fähigkeit gebracht, Philosophie zu treiben. Aber, so fährt er fort:

„Nach einiger Untersuchung fand ich, daß der Überrest meiner Kräfte noch hinreichen könne, meinen Kindern und vielleicht einem ansehnlichen Theil meiner Nation einen guten Dienst zu erzeigen, wenn ich ihnen eine bessere Übersetzung und Erklärung der heiligen Bücher in die Hände gebe, als sie bisher gehabt. Dieses ist der erste Schritt zur Cultur, von welcher meine Nation leider! in einer solchen Entfernung gehalten wird, daß man an der Möglichkeit einer Verbesserung beynahe verzweifeln möchte. Ich hielt mich indessen für verbunden, das Wenige zu thun, was in meinem Vermögen stehet, und das Übrige der Vorsehung zu überlassen, die sich zur Ausführung ihres Plans mehrentheils mehr Zeit nimmt, als wir übersehen können. Je mehr Widerstand nun dieser schwache Versuch findet, desto nothwendiger scheint er mir und desto eifriger werde ich ihn auszuführen suchen."[52]

In der Einleitung der Übersetzung konnte Mendelssohn selbstverständlich nicht die Absicht zum Ausdruck bringen, Kultur zu verbreiten. Denn obgleich die Förderung von „Cultur" für ihn nur eine Verbesserung der Moral, der Sitten und des Geschmacks bedeutete – und ganz gewiß keinen Angriff gegen die Orthodoxie –, konnte eine so offene Kundgabe der Absicht den Erfolg des Vorhabens nur beeinträchtigen.

Kulturelle Verbesserung – die Erziehung einer neuen Generation von Juden, die traditionsverhaftet waren und dennoch imstande, sich verständig und würdig in der gebildeten nichtjüdischen Welt zu bewegen – war indessen nicht das einzige Ziel der Übersetzung und des ihr beigegebenen Kommentars. Ein zunehmender Teil der jüdischen Jugend war unfähig, den hebräischen Text ohne Übersetzung zu lesen.[53] Er mußte sich also einer Übersetzung ins Judendeutsch oder der Übertragung eines Christen bedienen.

Der jüdischdeutsche Jargon symbolisierte für Mendelssohn wie für die ihm nachfolgende Generation der Maskilim die Fremdartigkeit und die Nichtzugehörigkeit, die das traurige Zeichen des Paria sind. Es beschwor die Vorstellung von dem „lüderlichen Gesindel" herauf, „welches auf den Jahrmärkten herumschweift" – so hatte Lessing von diesen seltsamen, unkultivierten Trödlern gesprochen. Vielleicht kam ihm auch, wenn er an den Jargon dachte, sein brillanter, aber sehr impulsiver Freund Salomon Maimon in den Sinn. Maimon, ein sehr viel einfallsreicherer Denker als Mendelssohn, hatte nicht den Gleichmut seines Freundes. Man wußte, daß er sich bei der Erörterung noch so belangloser Dinge schrecklich erregen konnte und dann unbeherrscht in das Jiddisch zurückfiel, das er in seinen jungen Jahren in Polen gesprochen hatte. Der im allgemeinen kontrolliert-logisch denkende Mendelssohn war so sehr eingenommen gegen den Jargon, daß er ihn als Teil eines – freilich kaum aufdeckbaren – Systems von Ursache und Wirkung sah: „Ich fürchte", schrieb er 1782, „dieser Jargon hat nicht wenig zur Unsittlichkeit des gemeinen Mannes beigetragen; und verspreche mir sehr gute Wirkung von dem unter meinen Brüdern seit einiger Zeit aufkommenden Gebrauch der reinen deutschen Mundart."[54] Sieht man das psychologisch, so mag man eine Andeutung von Selbsthaß oder einfach von Scham in Mendelssohns eigenartigen Überlegungen entdecken; deutet man sie ideologisch, so zeigt sich: Die alte Sprache repräsentierte für ihn die Vergangenheit, die überwunden werden mußte, ja, die das Gegenteil jener Kultur war, die es zu erreichen galt.

Die christlichen Übersetzungen, deren bemerkenswerteste das epochemachende Meisterwerk Luthers war, waren ebenso anfechtbar wie die Übertragungen ins Judendeutsch, wenn auch aus anderen Gründen: Sie waren so zurechtgemacht, daß man das Neue Testament aus dem Alten herauslesen konnte. In der hebräischen Vorrede zu seinem Pentateuch lenkte Mendelssohn die Aufmerksamkeit auf die von christlichen Gelehrten immer wieder verschuldeten Entstellungen: Mit der jüdischen Tradition der Auslegung nicht vertraut, mißdeuteten sie oftmals den Text.[55] Auch wenn Mendelssohns Übersetzung keineswegs wörtlich war, hielt sie sich streng an die überkommenen jüdischen Auslegungen.[56] Im Gegensatz zu einigen der christlichen Gelehrten seiner Zeit war er kein Anhänger der Bibelkritik. Er verurteilte Eingriffe in den Text und hoffte, sie seien nur die Auswirkung einer vorübergehenden Mode. Mendelssohn war der Meinung, daß der große englische Bibelgelehrte Benjamin Kennicott und sein Kreis „gar zu eigenmächtig mit der Schrift" umgingen,[57] und der jüdische Kommentar von Avigdor Levi, der die orthodoxe Interpretation herabsetzte, erregte sein uneingeschränktes Mißfallen.[58] Angesichts seines konservativen Verhältnisses zur Bibel ist die Annahme unwahrscheinlich, die überraschend traditionellen Auffassungen in der Einleitung zu seiner Pentateuch-Übersetzung seien das Ergebnis einer Verstellung. Hier versichert er, Mose habe die gesamte Tora einschließlich der letzten acht Verse geschrieben, die von seinem eigenen Tod handeln: Sie sei so getreulich über alle Generationen weitergegeben worden, daß der Pentateuch blieb, wie er war, als Gott ihn diktierte, bis hin zu den Vokalen und Akzenten.[59]

Daher war es den jüdischen Gegnern von Mendelssohns Pentateuch nicht möglich, überzeugend zu behaupten, seine Übertragung tue der überkommenen Auslegung Gewalt an oder setze sie der Kritik aus. Auch der die Übersetzung begleitende hebräische Kommentar, den Mendelssohn gemeinsam mit anderen verfaßt hatte, deutete keinerlei radikale Einstellung an. Tatsächlich erregte auch nicht der Kommentar, sondern die Übersetzung als solche den Zorn seiner Gegner.[60]

Man kann die Feindseligkeit, die der Übersetzung in bestimmten Kreisen von Anfang an entgegenschlug, nur als Ausdruck einer tiefsitzenden Angst der stärker traditionsverhafteten jüdischen Gruppen verstehen, die – nicht ganz zu Unrecht – unterstellten, wer ein reines Deutsch lerne, der werde auch das Joch der Gebote abwerfen. Die Berliner Judenschaft – die die Übersetzung offiziell billigte – stand im Ruf einer Laxheit, die der sogenannten *religion de Berlin* unter den Christen entsprach.[61] Und man muß zugeben, daß Mendelssohn, auch wenn sein eigenes Verhalten unangreifbar war, sich mit nicht gesetzestreuen Juden verbunden hatte; einer von ihnen, Herz Homberg, war sogar an der Abfassung des Kommentars beteiligt.

Als der Widerstand nicht nachlassen wollte, ja noch wuchs, schlug der sonst so gleichmütige Mendelssohn immer härter zurück. Im Streit mit Lavater hatte er auf schmerzliche Weise erkennen müssen, wieviel ihn von den Führern des orthodoxen Christentums trennte; jetzt machte er die Erfahrung einer zunehmenden inneren Entfremdung von den Führern des orthodoxen Judentums. Hennings hatte sich erboten, Raphael Kohen, den Rabbiner aus Altona und Lautstärksten unter den frühen Gegnern der Übersetzung, durch seinen Einfluß zum Schweigen zu bringen. Zunächst wandte Mendelssohn sich dagegen. „Ich wünschte, daß er sich selbst überlassen bliebe", schrieb er am 29. Juni 1779 aus Strelitz an Hennings, „und daß von außen her durch nichts auf ihn gewirkt würde, um zu sehen, was die Wahrheit selbst, frey von aller andern Rücksicht, bei meiner Nation auszurichten vermag.... Vielleicht daß eine kleine Gährung zum Besten der Sache, die mir eigentlich am Herzen liegt, dienlich sey, und ich würde dieser schaden, wenn ich jene zu stören suchte." Zwei Wochen später jedoch hatte er, nunmehr nach Berlin zurückgekehrt, seine Meinung geändert. Jetzt schrieb er an Hennings: Wenn der dänische König oder einige Große des Reichs auf die Übersetzung subskribierten, „so wäre dieses ein Wink für den Rabbiner zu Altona, in der Folge regelmäßiger zu verfahren".[62] Hennings brachte die Subskriptionen zustande, und Raphael Kohen war endlich still.[63] Der heftige Widerstand indessen überzeugte Mendelssohn davon, daß die Übersetzung, ursprünglich für den gemeinen Mann bestimmt, für Rabbiner noch viel notwendiger war.[64]

An diese Rabbiner dachte Mendelssohn, als er Anfang 1782 das Vorwort zur deutschen Ausgabe der „Vindiciae Judaeorum" („Rettung der Juden") schrieb. Das war ein apologetisches Werk des berühmten Amsterdamer Rabbiners Manasse ben Israel. Mendelssohn beschloß seine einleitenden Bemerkungen mit einem Appell an die Führer der Judenschaft. Die Juden durften so lange nicht darauf rechnen, von der nichtjüdischen Gesellschaft toleriert zu werden, wie sie selber intolerant waren. Zuerst einmal mußte Gewissensfreiheit in der jüdischen Gemeinschaft gewährleistet sein, dann konnten die Juden auch von den Nichtjuden Toleranz verlangen:

„Ach, meine Brüder! Ihr habt das drückende Joch der Intoleranz bisher allzu hart gefühlt, und vielleicht eine Art von Genugthuung darin zu finden geglaubt, wenn Euch die Macht eingeräumt würde, Euern Untergebenen ein gleich hartes Joch aufzudrücken.... Wollet Ihr gehegt, geduldet und von Andern verschont sein, so heget und duldet und verschonet Euch unter einander!"[65]

Mendelssohns alte Philosophie des tugendhaften Juden, die im Streit mit Lavater so heftig erschüttert worden war, wurde hier in neuer Form wieder in ihr Recht gesetzt. Nicht nur bei dem einzelnen Juden, sondern auch innerhalb der jüdischen Gemeinschaft in ihrer Gesamtheit mußte eine innere Reform gesellschaftlicher Anerkennung und politischer Gleichstellung vorangehen und sie auf diese Weise überhaupt erst ermöglichen.

Der Kampf um die Rechte der Juden, so meinte Mendelssohn, konnte sehr viel wirkungsvoller von Christen als von Juden geführt werden, denn deren Plädoyers ließen sich nicht ohne weiteres als eigennützig abtun. Als die Juden des Elsaß an ihn die Bitte richteten, er sollte eine Denkschrift zur Beförderung ihrer Emanzipation verfassen, zog er es vor, die Aufgabe an den aufgeklärten preußischen Kriegsrat Christian Wilhelm Dohm weiterzugeben. Mendelssohn wußte sehr genau, daß der Durchschnittsleser mehr durch den Rang eines Schreibers als durch die Überzeugungskraft seiner Argumente beeindruckt wird. Und fraglos hätte Dohms Schrift „Über die bürgerliche Verbesserung der Juden" nicht dieselbe tiefe und nachhaltige Wirkung gehabt, wäre sie von einem Juden geschrieben worden. Einige Jahre nach dem

Erscheinen von Dohms Buch schrieb Mendelssohn an den Baron Hirschen:

„Aber bei Leuten vom gemeinen Schlage wirken die Gründe nur etwas, und das Mehreste muß die anerkannte Autorität des Schriftstellers und seine Uneigennützigkeit thun. Aus dieser Ursache habe ich es jederzeit mit größerm Vergnügen gesehen, wenn das Vorurtheil der Christen wider die Juden von einem christlichen Schriftsteller bestritten wird ..."

Die Juden sollten nicht so sehr gegen ihre rechtliche Benachteiligung kämpfen, als vielmehr ihren eigenen Wert zeigen. Dann würden die Christen schließlich ihren Irrtum erkennen. „Je größere Schwierigkeiten", schrieb er an Herz Homberg, „desto mehr Kräfte müssen wir anstrengen. Es müssen Mehrere und immer Mehrere unter uns aufstehen, die sich ohne Geräusch hervorthun, und Verdienste zeigen, ohne lauten Anspruch zu machen."[66]

Für Mendelssohn war also die politische Emanzipation der Juden ein langwieriger Prozeß, bei dem vor allem die Christen als Befürworter auftreten mußten; die Juden aber dienten ihrer Sache am besten durch eine Lebensführung, die das Eintreten ihrer christlichen Verteidiger für sie rechtfertigte. Nur wenn eine jüdische Gemeinde in äußerster Bedrängnis war, wie zum Beispiel die Dresdener Judenschaft im Jahre 1777, machte Mendelssohn seinen beträchtlichen Einfluß bei Christen zugunsten eines politischen Ziels geltend.[67] Grandiose Pläne für einen jüdischen Staat in Palästina, die einige Christen ihm gegenüber entwickelten, oder für eine ganz neue Gesellschaft, in der Juden und Christen in vollkommener Gleichheit leben würden, vermochten bei ihm keine Begeisterung zu wecken.[68] Auch das für Österreich erlassene Toleranzedikt Josephs II. erregte in Mendelssohn nicht dieselben Hoffnungen wie bei den meisten anderen Maskilim.[69] Zwar versuchte er seinen Freund Wessely vor dem Zorn der Rabbiner zu schützen, die seine „Worte des Friedens und der Wahrheit" verurteilten, ein Werk, in dem dieser für die Josephinischen Reformen eintrat, selber aber zweifelte er zunehmend an der Redlichkeit von Josephs Absichten. Er fürchtete, daß sich hinter der vorgeblichen Tolerierung ein ganz anderes Ziel der österreichischen Regierung verbarg: nämlich die Assimilation und schließlich die Bekehrung.[70]

Mendelssohns Vorwort zu Manasse ben Israels Werk wurde von den meisten Juden und aufgeklärten Christen beifällig aufgenommen.[71] Daß er wieder für das deutsche Publikum schrieb,[72] fand den

Beifall der nichtjüdischen Öffentlichkeit, während der größere Teil des Vorworts – ein Werben um Verständnis für die berufliche Situation der Juden und ihre „Verbesserung" – dazu angetan war, ihm die Zustimmung seines eigenen Volkes einzubringen. Der kompromißlose Widerstand jedoch, den er im letzten Abschnitt jeglicher geistlichen Autorität entgegensetzte, war unannehmbar für die religiösen Führer der Juden wie auch für einige Christen.[73] Die bezeichnendste Antwort wurde in einer anonym veröffentlichten Schrift gegeben: „Das Forschen nach Licht und Recht".[74] Der Autor war August Friedrich Cranz, während Mendelssohn vermutete, es sei der vom Judentum zum Katholizismus übergetretene Joseph von Sonnenfels.[75] Cranz verurteilte Lavater als einen zudringlichen Eiferer, aber dann ging er selber dazu über, eine Herausforderung zu formulieren. Mendelssohn hatte sich in dem Vorwort öffentlich und aus eigenem Antrieb gegen die Autorität der Rabbiner gewandt. Wie konnte man das tun, ohne dann das Judentum selbst aufzugeben? Die Schrift brachte Mendelssohn in ein Dilemma: Entweder war eine geistliche Autorität für das Judentum nicht wesentlich und konnte abgeschafft werden, oder aber sie war – wie der Verfasser der Schrift glaubte – doch wesentlich, und dann konnte man ihm entgegenhalten: „... in diesem Fal... haben sie, mein wertester Herr Mendelssohn, den Glauben ihrer Väter verlassen und – nur noch ein Schrit, so sind Sie einer der unsrigen geworden!"[76]

Wie Lavaters Widmungsvorrede 13 Jahre früher verlangte diese offene Herausforderung eine Antwort.[77] Dieses Mal jedoch antwortete Mendelssohn nicht, indem er sein Recht auf Schweigen einforderte, vielmehr reagierte er mit der Veröffentlichung desjenigen seiner Werke, das am längsten in der Erinnerung der Nachwelt geblieben ist. Er gab ihm den Titel „Jerusalem" und spielte damit auf die utopischen Vorstellungen an, die sich für einen Juden mit diesem Namen verbinden, denn es enthielt seine Vision idealer Religionsverhältnisse und eines idealen Judentums.[78] In dieses Werk nahm er das meiste von dem auf, was er Jahre zuvor für sich als „Gegenbetrachtungen über Bonnets Palingenesie" zu Papier gebracht hatte.

Im ersten Teil von „Jerusalem" entwarf Mendelssohn die Grundzüge einer idealen Gesellschaft, in der Religion und Duldung eng miteinander verschwistert waren. Nicht in „Jerusalem" selbst, sondern in einem Stammbucheintrag hat Mendelssohn indessen das Hauptthema des ersten Teils der Schrift am bündigsten wiedergegeben:

„Die Staatskunst *spricht*:
Wer einen Gott erkennt, der muß geduldet werden;
Die Religion *lehrt*:
Wer ihn nicht dulden will, *erkennet keinen Gott*."[79]

Das Buch war der Ruf nach einer pluralistischen Gesellschaft mit der Garantie vollständiger Gewissensfreiheit für alle, die die Postulate der natürlichen Religion akzeptierten: Gott, Vorsehung und Unsterblichkeit. Weder Staat noch Kirche sollten die Macht haben, die Freiheit des Denkens und der Meinungsäußerung zu beeinträchtigen. Die wahre Religion, so meinte Mendelssohn, belehre durch Gründe und setze sich nicht mit Zwangsmitteln durch. Religiöses Empfinden konnte nicht durch Druck herbeigeführt werden; es mußte von selbst aus dem Innern kommen. Bann und Ausschließung durch Kirche und Synagoge hatten nie Gutes bewirkt: Sie stießen die Aufrichtigen zurück und waren den Religionsverächtern ein Anlaß zum Spott. Immer wieder wurden gerade die größten Männer der Häresie bezichtigt:

„Gehet die Unglücklichen alle durch, die von jeher durch Bann und Verdamniß haben gebessert werden sollen; Leser! welcher äußerlichen Kirche, Synagoge oder Moschee Du auch anhängest! untersuche, ob Du nicht in dem Haufen der Verbannten mehr wahre Religion antreffen wirst, als in dem ungleich größern Haufen ihrer Verbanner?"[80]

Im ersten Teil von „Jerusalem" bestritt Mendelssohn die Machtansprüche der Rabbiner ebenso wie die aller anderen kirchlichen Amtsträger. Ausschließungen, Verbote ketzerischer Werke, jegliche Anwendung von Zwangsmitteln widersprachen dem wahren Geist der Religion. Im Judentum waren dies die „Mißbräuche", auf die Mendelssohn in seinem Schreiben an Lavater angespielt hatte. Im zweiten Teil des Werks entwarf er dann ein Judentum, das frei war von kirchlicher Autorität, ein Judentum freilich, das der empirischen Wirklichkeit nicht entsprach. Viele Juden, gestand er selber ein, betrachteten ihre Religion mehr oder weniger so wie der anonyme Verfasser der Streitschrift – er indessen vermochte das nicht.[81]

Das ideale Judentum, das Mendelssohn im zweiten Teil von „Jerusalem" entwarf, sollte der idealen Gesellschaft im ersten Teil entsprechen. Dieser zweite Teil enthält seine Religionsphilosophie, das Ergebnis seiner lebenslangen Bemühung, die zweifache geistige Bindung, welche sein Leben bestimmte, zu erhalten. Als vernunftbestimmtes menschliches Wesen fühlte er sich der universalen Welt des Geistes verbunden, die alle Schranken von Zeit, Ort und religiöser Zugehörigkeit überwand; als Jude war er durch die Offenbarung auf dem Sinai an ein besonderes Gesetz gebunden: Gott hatte es einem Volk gegeben, in das er, Mendelssohn, hineingeboren war. „Jerusalem" war für Mendelssohn vor allem eine persönliche Verteidigung seiner besonderen Existenz und seiner Lebensziele. Er suchte den universalen Bund der Vernunft gegen den verderblichen Einfluß eines verengenden und Zwang ausübenden Dogmas stark zu machen, und zugleich erhielt er den auf Sinai gestifteten Bund gegen die Zweifler unter Christen wie unter Juden aufrecht.

Für Mendelssohn konnte es keinen Konflikt zwischen dem universalen Reich der Vernunft und der besonderen Sphäre des jüdischen Gesetzes geben. Anders als das orthodoxe Christentum mit seinen undurchdringlichen Mysterien konnte das Judentum ganz auf Grundsätze der Vernunft zurückgeführt werden. Es war für ihn, um es mit dem treffenden Bild von Rawidowicz zu sagen,[82] der zweite Stock eines geistigen Hauses, dessen unteres Stockwerk, die den Menschen gemeinsame Religion, von allen geteilt wurde, während ein kleiner Teil der Menschheit auserwählt war, auch das zweite Stockwerk zu bewohnen. Mendelssohn konnte recht gut auf beiden Stockwerken leben, weil das Judentum, so wie er es verstand, die natürliche Religion der Menschheit in sich aufnahm und sie zugleich ergänzte durch die geoffenbarte Gesetzgebung, die fortdauernde praktische Erinnerung an die universale religiöse Wahrheit. „Alle [jüdischen] Gesetze beziehen, oder gründen sich auf ewige Vernunftwahrheiten, oder erinnern und erwecken zum Nachdenken über dieselben, so daß unsere Rabbinen mit Recht sagen: Die Gesetze und Lehren verhalten sich gegen einander, wie Körper und Seele."[83] Und bei Mendelssohn selbst gab es eine solche organische Wechselbeziehung in der Tat, wenn auch gelegentlich unter Spannungen.

Seine christlichen und jüdischen Zeitgenossen hatten Schwierigkeiten bei dem Versuch, die beiden Teile von „Jerusalem" miteinander in Einklang zu bringen.[84] Im ersten Teil sprach Mendelssohn als Philosoph der Aufklärung, und zwar ganz aus dem Geiste John Lockes. Im zweiten Teil sprach er als Jude, indem er die fortdauernde abgesonderte Existenz seines Volkes lediglich mit dem nicht überzeugenden Argument rechtfertigte, das göttliche Gesetz könnte nur durch die ausdrückliche Zurücknahme des Gesetzgebers aufgehoben werden. Seine Vorstellung, wonach das Einzigartige am Judentum das geoffenbarte Gesetz war, ähnelte auf bezeichnende Weise der Spinozas in seinem „Tractatus theologico-politicus". Aber im Gegensatz zu Spinoza[85] sah Mendelssohn das Zeremonialgesetz nicht untrennbar verbunden mit dem Schicksal der alten Theokratie. Nur die Gesetze, die mit dem Land Palästina zusammenhingen, waren nicht mehr verbindlich.

Obwohl christliche Bibelgelehrte die Achtung vor dem mosaischen Gesetz teilten, erschien ihnen sein Fortbestehen nach der Zerstörung des jüdischen Staates als eine ungeheuerliche Abnormität,[86] und nach und nach breitete sich die christliche Auffassung vom zeitgebundenen Charakter des mosaischen Gesetzes auch in jüdischen Kreisen aus. Nachdem Herz Homberg „Jerusalem" gelesen hatte, bedrängte er Mendelssohn, mehr über diesen Gegenstand zu sagen. In seiner Antwort an Homberg gab Mendelssohn seine theoretische Rechtfertigung des Gesetzes (Nichtaufhebung) zugunsten einer praktischen auf: Seine Bedeutung liege darin, daß es die Juden als eigene Nation erhalte. Denn nur das Judentum sei ein reiner Theismus und müsse daher vor Verfälschungen bewahrt werden.

„Über die Nothwendigkeit der Ritualgesetze sind wir nicht einerlei Meinung. Wenn auch ihre Bedeutung als Schriftart oder Zeichensprache ihren Nutzen verloren hätte, so hört doch ihre Nothwendigkeit als Band der Vereinigung nicht auf; und diese Vereinigung selbst wird in dem Plane der Vorsehung nach meiner Meinung so lange erhalten werden müssen, so lange noch Polytheismus, Anthropomorphismus und religiöse Usurpation den Erdball beherrschen. So lange diese Plagegeister der Vernunft vereinigt sind, müssen auch die ächten Theisten eine Art von Verbindung unter sich stattfinden lassen, wenn jene nicht alles unter den Fuß bringen sollen. Und worin soll diese Verbindung bestehen? In Grundsätzen und Meinungen? da haben wir Glaubensartikel, Symbole, Formeln, die Vernunft in Fesseln. Also Handlungen, und zwar bedeutende Handlungen – d.i. Ceremonien."[87]

Eben dieses Argument hatte Mendelssohn in seine „Gegenbetrachtungen über Bonnets Palingenesie" aufgenommen.[88] Um unnötige Streitigkeiten zu vermeiden, hatte er sich dazu entschieden, es in „Jerusalem" nicht vorzubringen.

Aber selbst wenn man das pragmatische Argument zu dem theoretischen fügt, verlangt Mendelssohns eigenes Festhalten am Gesetz doch noch eine weitere Erklärung. Wir wissen, daß er – auch wenn er in der Befolgung des Gesetzes nicht übermäßig streng war – einen Bart trug, die Speisegebote einhielt und am Sabbat weder ausfuhr noch schrieb.[89] Fraglos ist zur Erklärung seiner orthodoxen religiösen

Praxis über das hinaus, was er in „Jerusalem“ und in dem Brief an Homberg schrieb, noch etwas mehr zu sagen. Obwohl seine sachlichen Argumente für die Befolgung des Gesetzes nicht etwa nur Rationalisierungen sind,[90] müssen persönliche Umstände ihm Rechtfertigungsgründe geliefert haben. Mendelssohns Vorfahr war der große Talmudist und Gesetzeslehrer Moses Isserles. In jungen Jahren hatte er in Dessau und Berlin eine sorgfältige traditionelle Erziehung erfahren und war erwachsen geworden, noch ehe es im Judentum irgendeine Bewegung gab, die die Aufhebung der Ritualgesetze anstrebte. Und schließlich neigte er von Natur aus dazu, die Tradition zu achten:

„So lange wir noch nicht völlige Gewißheit erlangt haben, müssen wir uns, was das practische betrifft, an die Grundsätze halten, nach welchen wir erzogen worden und die wir von andern, für uns verehrungswürdigen Männern erhalten haben. Wir dürfen nicht die geringste Neuerung oder Änderung wagen, bevor wir nicht mit Sicherheit festen Fuß setzen können.“[91]

Zu der persönlichen Neigung traten praktische Rücksichten. Mendelssohn muß gewußt haben, daß er jede Wirkung als Erzieher und kultureller Erneuerer seines Volkes verlieren würde, sobald er sich von dem Gesetz löste. Der durch die Pentateuch-Übersetzung heraufbeschworene Widerstand war zwar störend genug, aber er wäre ohne Zweifel sehr viel heftiger und wirkungsvoller gewesen, hätte Mendelssohn nicht die Gebote eingehalten. Wäre Mendelssohns orthodoxe religiöse Praxis dem geringsten Zweifel ausgesetzt gewesen, so hätte sich der Schlußfolgerung seiner Widersacher, daß die Kultur wegführe von der Tora, nichts entgegensetzen lassen.

Im Gegensatz zu seiner eigenen Hingabe an die jüdische Tradition war seine Haltung bei der jüdischen Erziehung seiner Kinder eher nachgiebig als engagiert. An Homberg schrieb er: „Mein *Joseph* hat sein hebräisches Studium so gut als an den Nagel gehängt.“ Und etwa ein Jahr später: „Er... hat im Hebräischen fast alles vergessen, was Sie ihm beigebracht haben. Ich lasse ihn seinen eigenen Weg gehen. Ich bin, wie Sie wissen, kein Freund vom Zwange...“[92]

In der jüngeren Generation der gebildeten Juden gab es eine neue Einstellung zum Judentum. Sie sammelten sich um Mendelssohn, bewunderten, ehrten und respektierten ihn. Aber sie nahmen sein Verhältnis zur Tradition eher hin, als daß sie ihm nacheiferten. Mit Rücksicht auf seine Gefühle machten sie es sich zur Regel, in seinem Hause nicht über Kontroversen in der Talmud-Exegese oder über „unscheinbar gewordene Ritualgesetze“ zu sprechen. David Friedländer erinnert sich: „Die Sophistereien der ersteren, die Geringfügigkeit und Kleinlichkeit der letzteren waren im gewöhnlichen Leben schon Gegenstände des Spöttlens [!] geworden, aber dem ungeachtet in Mendelssohns Gegenwart enthielt man sich, ihrer im Ernst oder Scherz zu erwähnen.“[93]

Das Ritualgesetz, das Mendelssohn zum einzigen Merkmal des Judentums gemacht hatte, verfiel der Geringschätzung. Obwohl Mendelssohns Bewunderer versuchten, ihm gegenüber ihre Einstellung zu verbergen, muß sie für ihn doch auf schmerzliche Weise sichtbar geworden sein.[94] Dennoch hätte Mendelssohn seine Tage in Frieden beschließen können, wäre nicht zusammen mit dem oberen Stockwerk seines geistigen Hauses das untere bedroht worden. Denn in den letzten Jahren seines Lebens wurde die Aufklärungsphilosophie von der ersten Welle der Romantik erschüttert, wurde die Leibnizsche Metaphysik von Kant angegriffen und, das war das am meisten Verstörende, wurde die Vorstellung von einer ewig gültigen Vernunft verdrängt durch Lessings Idee der Entwicklung.

Mendelssohn war kein Aufklärer in dem engen und abschätzigen Sinn, den die Kritiker des 19. Jahrhunderts dem Begriff mit Ausdrükken wie „Erzaufklärer“ gaben. Er lehnte religiöse Empfindungen und religiösen Enthusiasmus nicht ab.[95] Seine Philosophie gab die in der älteren Aufklärung vorherrschende Unterordnung der Ästhetik unter die Metaphysik auf und begründete ein eigenes ästhetisches Vermögen.[96] Nur wo das Gefühl sich gänzlich aus den Banden der Vernunft löste oder wo man meinte, mit seiner Hilfe tiefer in die Wirklichkeit einzudringen als mit dem gesunden Menschenverstand, verhielt er sich ablehnend.[97]

Fast das ganze 18. Jahrhundert hindurch beherrschte der strikte, konservative Rationalismus der Leibniz-Wolff-Schule das Denken und geistige Schaffen in Deutschland. Erst in den siebziger Jahren entstand eine mächtige Reaktion gegen die unbeschränkte Herrschaft der Vernunft. Literarisch manifestierte sie sich in der Bewegung des Sturm und Drang, zu deren wichtigsten Werken Goethes „Leiden des jungen Werthers“ (1774) gehört. Mendelssohn, der sich sein lebhaftes Interesse für Literatur bewahrt hatte, las diesen im höchsten Maße persönlichen Ausdruck von Gefühlen und war davon beeindruckt, aber Goethes Werk riß ihn nicht zur Begeisterung hin. Im Gegenteil, er war in gewisser Hinsicht abgestoßen und schrieb: „Was wollen die

Leute, die nichts als Glut erregen, und der erhitzten Phantasie keinen Führer lassen, um sicher hindurch zu kommen?"[98]

Mit dem Entstehen eines Gefühlskults in der Literatur ging im religiösen Leben die Wiedergeburt der „Schwärmerei" einher.[99] Männer wie Johann Georg Hamann und Friedrich Heinrich Jacobi, Vorläufer der Romantik, wechselten gleichsam aus dem Lager der Vernunft in das des Glaubens. Den Aufklärern kam es so vor, als beginne das Licht der Vernunft zu erlöschen und ein neues Zeitalter der Dunkelheit bemächtige sich der Geister. Mendelssohn blickte auf diese Entwicklung mit größter Sorge. An seinen langjährigen Schweizer Freund Johann Georg Zimmermann schrieb er 1784:

„Wir träumten von nichts als Aufklärung und glaubten durch das Licht der Vernunft die Gegend so aufgehellt zu finden, daß die Schwärmerei sich gewiß nicht mehr zeigen werde. Allein wie wir sehen, steiget schon von der andern Seite des Horizonts die Nacht mit allen ihren Gespenstern wieder empor. Das Fürchterlichste dabei ist, daß das Übel so thätig, so wirksam ist. Die Schwärmerei *thut*, und die Vernunft begnügt sich zu *sprechen*."[100]

In seinen beiden letzten Werken, „Morgenstunden" und „An die Freunde Lessings", unternahm Mendelssohn den Versuch, die Breschen in der belagerten Festung der Vernunft zu schließen. Er versicherte Jacobi, daß er „keine andere Überzeugung kenne, als die Überzeugung durch Vernunftgründe".[101] Aber alle Anstrengungen des Philosophen waren vergeblich; außer für ein paar unverbesserliche Kämpen war die Zeit der natürlichen Religion sichtlich zu Ende.

Die Religion der Vernunft wurde von zwei Seiten angegriffen. Auf der einen wurde sie heftig bedrängt von der religiösen Schwärmerei, auf der anderen von den Materialisten – vom Aberglauben also und vom Unglauben.[102] Der Atheismus eines Hume mißfiel Mendelssohn ebenso wie die mystischen Ideen eines Jacobi. Als er Humes „Dialoge über natürliche Religion" las, war er heftig aufgebracht,[103] und später sagte er von ihnen mit deutlicher Geringschätzung, sie seien einer Widerlegung nicht wert.[104] Aber Schwärmer wie Atheisten konnte man noch als Radikale abtun. Viel verstörender, weil auf Vernunft wie auf Moral gegründet, war das Werk des „alles zermalmenden" Kant.

Im Gegensatz zu den Vorromantikern war Kant kein Gegner der Aufklärung; eher überwand er sie, und doch war sein Werk „zugleich ihre letzte Verklärung und ihre tiefste Rechtfertigung".[105] Mendelssohn konnte ihm weder mangelnde Ernsthaftigkeit noch übertriebene Emotionen zum Vorwurf machen. Er wünschte sich sogar, er hätte

Kant besser kennengelernt, als er noch jung war und empfänglich für neue Ideen.[106] Aber als 1781 die „Kritik der reinen Vernunft" erschien, war er außerstande, sie zu verstehen, was er übrigens ohne Scham zugab.[107] Es ist fast ergreifend zu sehen, wie sehr er sich darum bemühte, die „Kritik" wegzuerklären, wie wenig er imstande war, die epochale Bedeutung dieses Werks zu erkennen. Zunächst war er offensichtlich davon überzeugt, daß Kant nicht wirklich die Absicht hatte, die Vernunft einer radikalen, ihren Gebrauch auf dem Gebiet der Metaphysik einschränkenden Kritik zu unterziehen. Als er 1783 eine Schaumünze zu Ehren des Königsberger Philosophen entwarf, schlug er allen Ernstes vor, sie sollte auf der Rückseite den Schiefen Turm von Pisa, als Abbild der Vernunft, zeigen, die Unterschrift „Critik der reinen Vernunft" und die Umschrift „Drohet, aber fällt nicht" aufweisen. Noch kurz vor seinem Tode dachte er, Kant habe nur den Versuch machen wollen, eine unkritische Anerkennung von Autoritäten aus der Philosophie zu verbannen.[108] Dennoch spürte er, daß seine eigene Philosophie überholt war, und ihm war bewußt, daß Alter und Hinfälligkeit ihm einen Neuanfang unmöglich machten. Wann immer er von jemandem hörte, er sei wie er selber ein Anhänger Wolffs, erfüllte ihn das mit Freude.[109] Was Kant anging, so hoffte er, daß er „mit demselben Geiste wieder aufbauen wird, mit dem er niedergerissen hat".[110]

In dem Augenblick, da die kritische Philosophie den metaphysischen Rationalismus aufhob, führte der Historismus die ersten Schläge gegen die statische Vorstellung von der Welt, die auf die Annahme der ewigen Unveränderbarkeit der Vernunft gegründet war. Kritiker Mendelssohns haben oft betont, daß er wenig Geschichtskenntnis und noch weniger historischen Sinn gehabt habe. Aus Mitteilungen Nicolais wissen wir, daß Mendelssohn in jungen Jahren nur an philosophischen Spekulationen interessiert war;[111] er verstand nicht, daß ein Mann vom Range Lessings seine Aufmerksamkeit historischen Details zuwenden konnte.[112] Bekannt sind die abschätzigen Bemerkungen in seinem Brief an Abbt vom 16. Februar 1765:

„... was weiß ich von der Geschichte? Was nur den Namen von Geschichte hat: Naturgeschichte, Erdgeschichte, Staatsgeschichte, gelehrte Geschichte, hat mir niemals in den Kopf kommen wollen, und ich gähne allezeit, wenn ich etwas historisches lesen muß, es müßte mich denn die Schreibart aufmuntern."[113]

Weniger bekannt ist, daß sich Mendelssohn später seiner Unkenntnis schämte und ein beträchtliches historisches Wissen erwarb.[114]

Aber zweifellos fehlte ihm ein Sinn für die philosophische Dimension von Geschichte. An Herder, den großen Wegbereiter historischen Denkens, schrieb er, er könne ihm nicht auf der Bahn folgen, auf der er so rasch voranschreite.[115] Und ebensowenig vermochte er den Weg zu gehen, den sein Freund Lessing erst kurz vor seinem Tode entdeckt hatte – und darin liegt die letzte Tragik von Mendelssohns Leben.

Im April 1779, 30 Jahre nach der Niederschrift von „Die Juden", veröffentlichte Lessing sein berühmt gewordenes Schauspiel „Nathan der Weise", eine Apotheose der aufklärerischen Toleranz und der Humanitätsreligion. Da man ihm verboten hatte, weiterhin theologische Polemiken zu veröffentlichen, machte er noch einmal die Bühne zur Kanzel. Die Gestalt des Nathan, so nimmt man allgemein an, war ein Abbild Mendelssohns, freilich eher ein Abbild des „jüdischen Plato", den die Öffentlichkeit in ihm sah, als des Menschen aus Fleisch und Blut.[116] Mendelssohn hielt das Stück für die Krönung des Lebenswerks, das sein Freund hervorgebracht hatte: Er hätte unmöglich darüber hinausgelangen können. An Lessings Bruder Karl schrieb er im Februar 1781: „*Fontenelle* sagt von *Kopernikus*: er machte sein neues System bekannt, und starb. Der Biograph Ihres Bruders wird mit eben dem Anstande sagen können: er schrieb *Nathan den Weisen*, und starb."[117]

In Wahrheit hatte er das nicht getan. Nach dem „Nathan", ein Jahr vor seinem Tode, veröffentlichte Lessing 1780 sein bedeutendstes theologisches Werk: „Die Erziehung des Menschengeschlechts". Wie revolutionär diese Schrift war, kann man heute kaum noch verstehen. In 100 knappen Paragraphen eröffnete sie einen völlig neuen Zugang zum Problem der Offenbarung: Gott hatte sie als sein Mittel gewählt, um das Menschengeschlecht zu erziehen. Die Schriften des Alten Testaments waren „Elementarbücher"; ihnen folgten die des Neuen Testaments, und auch sie wurden vielleicht am Ende überholt. Offenbarung und Vernunft standen in einer Wechselbeziehung unter der Führung einer göttlichen Vorsehung, die die Menschheit der „Vollkommenheit" näherbrachte (§ 12). Die Vernunft, die vom 18. Jahrhundert bis dahin als die immer gleiche angesehen worden war, unberührt vom historischen Wandel, wurde hier hereingenommen in den Gang der Geschichte.[118] Jede Generation verfügte über eine höhere religiöse Wahrheit als die vorangegangene.[119]

So wie Mendelssohn unfähig war, Kants „Kritik der reinen Vernunft" zu begreifen, weil sie die Grundannahmen der dogmatischen Metaphysik gänzlich aufhob, konnte er Lessings Vorstellung von einem Fortschritt der Religion nicht nachvollziehen. In „Jerusalem" schrieb er:

„Ich für meinen Theil habe keinen Begriff von der Erziehung des Menschengeschlechtes, die sich mein verewigter Freund Lessing... hat einbilden lassen... Der Fortgang ist für den einzelnen Menschen, dem die Vorsehung beschieden, einen Theil seiner Ewigkeit hier auf Erden zuzubringen... Aber daß auch das Ganze, die Menschheit hinieden, in der Folge der Zeiten immer vorwärts rücken und sich vervollkommnen soll. Dieses scheint mir der Zweck der Vorsehung nicht gewesen zu sein..."[120]

Daß Mendelssohn Lessings Werk zurückweisen mußte, ist evident. Wenn eine Offenbarung der anderen folgte und dabei immer einen höheren Grad der Wahrheit vermittelte, so war der zeitüberdauernde Wert der Tora, und damit das Judentum, aufgehoben. Die Bewahrung der Zeremonialgesetze war dann ein Zurückbleiben hinter dem von Gott gelenkten historischen Prozeß; sie bedeutete, daß man noch im Elementarbuch las, wenn der Rest der Klasse schon zu einem fortgeschritteneren Text übergegangen war. Lessing sprach deutlich aus, daß die Rabbiner genau das taten. Sie lasen in den Text des Alten Testaments mehr hinein, als er fassen konnte, und hatten so einen schädlichen Einfluß auf die religiöse Erziehung.

Lessings kleines Buch hob Mendelssohns Philosophie des Judentums vollständiger und nachhaltiger auf als jedes andere Einzelwerk und als jede historische Bewegung, von denen bisher die Rede war, obwohl es drei Jahre vor der endgültigen Ausformung dieser Philosophie in „Jerusalem" erschien. Auf der einen Seite gab es die Angriffe von Juden und Christen gegen das Zeremonialgesetz, auf der anderen Seite die Attacken der kritischen Philosophie, des Atheismus und der Schwärmerei gegen die auf die Vernunft gegründete Metaphysik; aber Lessings „Erziehung des Menschengeschlechts" griff beide zugleich an. Lessing verwies das Judentum in die Vergangenheit und brachte die einstmals statische Vernunft gleichsam in Bewegung. Das war eine ganz neue Sicht der Welt, und Mendelssohn vermochte sie nicht zu teilen.

Mendelssohns große synthetische Leistung war die Verbindung des Judentums mit der Aufklärung gewesen, jener Philosophie unwandelbarer Vernunft, die kraft ihrer universalen Geltung dem Juden einen Platz in der Welt verschaffen mußte, weil auch er ein menschliches Wesen war. Tragischerweise erschien diese Synthese erst, als das Licht der Vernunft schon getrübt wurde durch eine stürmisch heraufziehende Romantik und man das Judentum zu einem historischen Anachronismus erklärte.

In den letzten Lebensjahren vermied Mendelssohn einen Blick in die Zukunft. Seine Aufgabe als Philosoph und als Jude sah er jetzt in einer Bereicherung der Gegenwart. Aus Philosophie und Religion wählte er das aus, was nach seiner Einschätzung zum Glück und zur Tugend beitrug. Im letzten Brief vor seinem Tode schrieb er an seine enge Freundin und Bewunderin Sophie Becker:

„Ich wähle auch aus den Systemen der Weltweisen immer dasjenige, was mich glücklicher und zugleich besser machen kann... Ich freue mich mit jedem Religionsgebrauch, der nicht zu Intoleranz und Menschenhaß führt; freue mich, wie meine Kinder, mit jeder Ceremonie, die etwas wahres und gutes zum Grunde hat, suche das Unwahre so viel möglich abzusondern, und schaffe nichts ab, bevor ich dessen gute Wirkung nicht durch etwas besseres zu ersetzen im Stande bin."[121]

Mendelssohn empfand es als Glück, mit dem Gesetz zu leben, und gab es nicht auf. In ihm wurden der Rationalismus Wolffs und das mosaische Gesetz, auch wenn sie am Ende seines Lebens herausgefordert und angefochten wurden, in einer vorübergehenden Einheit zusammengehalten durch die Kraft seiner Persönlichkeit. Nach seinem Tode jedoch wurde offenkundig, daß das eine Übergangslösung gewesen war.

3 David Friedländer
Das Dilemma eines Schülers

Am Morgen des 4. Januar 1786 starb der jüdische Philosoph Berlins in seinem siebenundfünfzigsten Lebensjahr. Sein Tod wurde von Juden und Nichtjuden gleichermaßen betrauert.[1] Die Berliner jüdische Gemeinde schloß am Tage der Beerdigung Läden und Geschäfte, und Ramler, damals einer der populärsten deutschen Schriftsteller, schrieb eine Trauerkantate zum Gedächtnis des toten jüdischen Freundes. Das waren verdiente Ehrungen, denn Mendelssohns Stellung war einzigartig gewesen, hochangesehen innerhalb wie außerhalb der jüdischen Gemeinde. Er war ein Vermittler zwischen zwei Welten gewesen und hatte beider Respekt und Verehrung erworben.

Nach seinem Tode gab es niemanden unter den deutschen Juden, der so ungewöhnliche geistige Fähigkeiten hatte und der zugleich eine so einzigartige Philosophie des Judentums vertrat. Zwar gab es brillante junge jüdische Philosophen, einige der begabtesten Schüler Kants: Salomon Maimon, Lazarus Bendavid, Marcus Herz, aber sie alle standen in einem Spannungsverhältnis zum traditionellen Judentum. Maimon, ein Anhänger der „Religion der Philosophie", sah sich als jemand, der die „Grundgesetze der Jüdischen Religion" aufgegeben und sich damit von ihrem „Staat" getrennt habe;[2] Bendavid erkannte nur die „reine Lehre Mosis" an, die gereinigt war von allen sinnlosen Zeremonialgesetzen;[3] Herz schließlich, der dem traditionellen Judentum ebenfalls entfremdet war, widmete sich lieber der Medizin, der Naturwissenschaft und der Kantschen Philosophie. Andere Freunde und Schüler Mendelssohns, der Kreis der Measfim – so wurden die Mitarbeiter der Zeitschrift „Ha-Measef" genannt –, waren wie er bemüht um eine Förderung der jüdischen Aufklärung, aber diese Nachfolger hatten nicht den Rang ihres Mentors.

Es war eigentlich nicht nötig, daß man einen Nachfolger für Mendelssohn suchte. Eine Generation zuvor hatte das Denken der Aufklärung die Rolle des außergewöhnlichen Juden entworfen, eine Rolle, die Mendelssohn so überaus gut ausgefüllt hatte – zu gut in den Augen Lavaters. Aber diese Rolle war jetzt zu Ende gespielt. In Berlin hatten Christen aus der Bildungsschicht und aus der Oberklasse soziale Kontakte zu aufgeklärten Juden geknüpft. Mendelssohns Leben hatte jeden Zweifel daran ausgeräumt, daß selbst ein Jude ein Philosoph und ein Mann von Tugend sein konnte. Dennoch fragte sich mancher nach dem Tode des großen Mannes, wer wohl sein Werk der Aufklärung unter den Juden fortsetzen würde. Diejenigen, die sich diese Frage stellten, kamen zwangsläufig zu dem Schluß, dafür eigne sich nur einer: ein reicher junger Fabrikant, der offen Mendelssohns Führungsrolle anstrebte: David Friedländer.

Sein Anspruch auf die Mendelssohn-Nachfolge war nicht unbegründet. Seit seiner Ankunft in Berlin im Jahre 1771 hatte er eine enge, ununterbrochene Beziehung zu Mendelssohn gehabt. Er begleitete ihn auf Reisen, ergriff seine Partei in einem unerfreulichen Streit mit Salomon Dubno über die Pentateuch-Übersetzung[4] und war einer der wichtigsten Förderer eben dieser Übertragung.[5] Wenn man Friedländers Aussagen glauben darf, verging kaum ein Tag, an dem er nicht einige Zeit mit seinem Lehrer verbrachte.[6] Im Jahre 1778 hatte sich Friedländer mit Mendelssohn und einigen anderen zusammengetan, um die Jüdische Freischule zu gründen. Er wurde alsbald einer der Direktoren dieser Anstalt und des gemeinsam mit ihr gegründeten hebräischen Verlages (der „orientalischen Buchdruckrei und Buchhandlung").[7] Das „Lesebuch für jüdische Kinder" (1779), das Friedländer für die Schule zusammenstellte, erregte großes Aufsehen und bewirkte zusammen mit seinen anderen Bemühungen um eine Verbreiterung und Modernisierung der jüdischen Erziehung, daß er als Fortsetzer der kulturellen Erneuerung anerkannt wurde, die Mendelssohn in Gang gesetzt hatte.[8] Die hebräische Zeitschrift „Ha-Measef", deren Aufgabe die Verbreitung der jüdischen Aufklärung aus dem Geiste Mendelssohns war, veröffentlichte einen Porträt-Stich Friedländers mit der Unterschrift „Stifter der jüdischen Freyschule zu Berlin".

Unter den Christen hatte sich Friedländer gleichfalls bald einen Namen gemacht, und auch von ihnen wurde er als Mendelssohns Erbe angesehen. Kurz nach dem Tode seines Lehrers erhielt Friedländer einen Brief des preußischen Generals von Scholten, der ein großer Verehrer Mendelssohns gewesen war. Darin hieß es:

„Fahren Sie fort, mein werther Herr F., neben den nützlichen Geschäften, womit Sie Ihrem Vaterlande und Ihren Nächsten dienen, und wie ich weiß, oft großmüthig dienen, auch die Wissenschaften zu kultiviren, wozu Sie bisher an der Hand eines so großen Meisters angeführet worden sind... Mendelssohn hat seine ganze Nation mit ihnen [den Musen und den Grazien] ausgesöhnt. Sein Geist wird auf Ihnen ruhen, und mit ihm auch sein Ruhm, und der Beifall der Welt!"[9]

Als getreuer Schüler Mendelssohns hatte Friedländer einige der besten Köpfe unter den europäischen Intellektuellen kennengelernt. Als sein Jünger veröffentlichte er nun seine ersten Artikel in der „Berlinischen Monatsschrift", einer Zeitschrift der Berliner Aufklärung, für die auch schon Mendelssohn einige kurze Beiträge verfaßt hatte. Hier erschien der Brief von Scholtens, mit einiger Wahrscheinlichkeit auf Friedländers Betreiben; und hier veröffentlichte er im Dezember 1786 einen Kommentar zum 110. Psalm, wie er ihn „aus dem Munde" seines „unvergeßlichen Lehrers" gehört hatte und den er vor dem Vergessen bewahren wollte.[10] In gleicher Weise bemühte er sich in der jüdischen Gemeinde darum, den Namen Mendelssohns zu verewigen und seinem Werk fortdauernde Geltung zu verschaffen. Er übersetzte das überkommene Gebetbuch ins Hochdeutsche – das mit hebräischen Lettern gedruckt wurde – und dehnte so die Pläne, die hinter der Pentateuch-Übersetzung gestanden hatten, auf das Gebiet der Liturgie aus.[11] Diese Übersetzung, die kurz nach Mendelssohns Tod im Jahre 1786 erschien, hatte er noch unter den Augen seines Lehrers vorbereitet. Wie Mendelssohns Werk veränderte sie die Form, nicht den Inhalt. Alle überkommenen Gebete wurden bewahrt, einschließlich derer, die der Rückkehr nach Jerusalem und der Wiederherstellung des Opferdienstes im Tempel galten. Das Wort *Tora* wurde, ungeachtet seiner hebräischen Grundbedeutung (Lehre, Unterweisung), durchgängig mit „Gesetz" wiedergegeben. In der Einleitung zu der Übersetzung sprach Friedländer von der Aufgabe des Gebets weitgehend im Sinne von Mendelssohns natürlicher Theologie: Im Gebet sollte der einzelne seiner menschlichen Bestimmung eingedenk sein, sich in Zeiten der Betrübnis aufrichten, in Augenblikken des Glücks zur Demut stimmen lassen. Der Gedanke, daß das Gebet auch Bitte sein könnte, wurde gar nicht erst erwogen.

Der Widerspruch zwischen der deistischen Haltung der Einleitung und der in der Übersetzung bewahrten traditionellen Liturgie wiederholte die Gegensätze im Werk Mendelssohns. Bei Friedländer aber geschah das hier zum letzten Mal. Nach 1786 ging er über seinen Lehrer hinaus, und zwar in zweierlei Hinsicht: Er wies das Dogma eines geoffenbarten Zeremonialgesetzes zurück, das doch für Mendelssohn das eigentliche jüdische Element seiner Weltanschauung gewesen war, und beschränkte sich auf die natürliche Religion, und er kämpfte dafür, daß die kulturelle Emanzipation der Juden auf die politische Sphäre ausgedehnt wurde. Friedländer widmete jetzt einen großen Teil seines Lebens der theoretischen und praktischen Ausbreitung von religiöser und politischer Reform des Judentums. Sein jüdisches Selbstverständnis mit all seinen Wandlungen muß im Zusammenhang mit Erfolg und Scheitern dieser Bemühungen gesehen werden und zugleich im Licht der Veränderungen der – jüdischen wie nichtjüdischen – Welt, in der er lebte.

Anders als Mendelssohn war Friedländer in eine reiche Familie hineingeboren worden. Nach dem Siebenjährigen Krieg stand sein Vater, Joachim Moses, als der reichste Jude Königsbergs da. 1764 kam er bei der preußischen Regierung mit Erfolg um die Gewährung des Generalprivilegs ein; es wurde 1775 ausgedehnt, so daß das Familienunternehmen nunmehr auf wirtschaftlichem Gebiet Rechte hatte, die ganz und gar denen christlicher Bankiers und Kaufleute entsprachen. Joachim Friedländer gab seinen Söhnen eine jüdische wie eine weltliche Erziehung, nahm sie in sein Unternehmen auf und sicherte seinen Kindern die Einheirat in die reichsten jüdischen Familien. Sein Sohn David, geboren am 6. Dezember 1750, kam im Alter von 21 Jahren nach Berlin und heiratete dort bald die Tochter von Daniel Itzig, dem reichsten Juden der preußischen Hauptstadt. Um 1776 hatte Friedländer hinreichende Mittel zusammengebracht, um als Partner in eine neugegründete Berliner Seidenfabrik eintreten zu können; im Jahre 1783 verfügte sie über 80 Webstühle. Später wurde Friedländer Assessor beim Manufaktur- und Commercien-Collegium und ebenso Lehrer, schließlich sogar Kurator an der Handelsschule. Als Mittfünfziger konnte er sich unbeschwert aus allen geschäftlichen Aktivitäten zurückziehen. Sein Haus war prachtvoll eingerichtet, mit Ölgemälden und guten Bildhauerarbeiten geschmückt. Er besaß Manuskripte und Erstausgaben von Werken Lessings und eine wertvolle Sammlung von Miniaturen und alten Münzen.[12] Innerhalb der jüdischen Gemeinde Berlins, in der Positionen von Macht und Ansehen den Reichen vorbehalten waren, hatte er schon früh die Stellung eines Buchprüfers eingenommen, und als Mendelssohn starb, war er bereits Mitglied des Gemeindevorstands.[13] Bedenkt man seine Vermögensumstände und seine engen Beziehungen zu den reichsten Berliner Juden (die Mendelssohn eher gemieden hatte), wundert man sich nicht darüber, daß er immer wieder ein gewisses Klassenbewußtsein an den Tag legte und daß dieses Bewußtsein deutlich seine Auffassungen von Juden und Judentum mitbestimmte.[14]

Schon Mendelssohn hatte einen Unterschied gemacht zwischen Juden und Juden. Aber da er selber einer mittellosen Familie entstammte und an der traditionellen Praxis festhielt, bestand immer noch eine Verbindung zwischen ihm und den verarmten, strenggläubigen Juden, die legal oder heimlich über die polnische Grenze gingen und manchmal auch die preußische Hauptstadt erreichten. Auch er war schließlich ohne Geld und sonstige Unterstützung in Berlin angekommen. Friedländer dagegen hatte so gut wie nichts mit diesen gewöhnlichen Juden gemeinsam. Seine Welt war die des Handels- und Industriekapitalismus, nicht die des kümmerlichen Geldverleihs; der Literatur, Kunst, Philosophie, nicht des Talmud. Er teilte die Neigungen der Oberklasse und der Intelligenzschicht Berlins, nicht die des polnischen Juden.

Friedländers Klassenbewußtsein tritt klar hervor in einem Artikel, den er für die „Berlinische Monatschrift" vom Juni 1790 verfaßte. Darin antwortet er auf einen kurz vorher publizierten Vorschlag, die Juden sollten das Purimfest abschaffen, weil es der moralischen Verderbnis Vorschub leiste: Wo der Jude aufgefordert werde, sich über die Rache an den Persern zu freuen, sei es kaum zu vermeiden, daß er den Wunsch habe, „seine jetzigen Feinde [die Christen] eben so zu behandeln". In seiner anonym veröffentlichten Antwort verteidigt Friedländer das Purimfest unter anderem mit dem Hinweis auf seine wohltätige Wirkung: Juden, die sonst kaum milde Gaben machten, würden anläßlich des Purimfestes etwas hergeben, denn das gehöre zur Tradition dieses Feiertages. Was den Vorwurf des anonymen Schreibers angehe, so müsse man die preußischen Juden – die ihre christlichen „Nebenbürger für keine Feinde" hielten – von den Juden im allgemeinen unterscheiden. Friedländer räumt bereitwillig ein, daß die Art, in der der Durchschnittsjude Purim feiere, beschämend, wenn auch nicht unmoralisch sei. Er sitze in der Synagoge und denke einzig „an den Schmauß, der seiner erwartet"; er stampfe wohl auch mit den Füßen bei dem Namen Haman, „weil es sein Vater auch gethan hat..., ohne daß dies im mindesten auf seine Gesinnungen irgend einen Einfluß hätte". Das sei aber nur eine Sache der Gewohnheit. Da Friedländer weiß, daß die „Monatsschrift" vor allem die höheren Schichten anspricht, betont er, ein solches Verhalten sei charakteristisch für die Massen – und zwar in jeder religiösen Gemeinschaft. „Der große Hauffe der Juden charakterisirt sich durch Herplaudern von Gebeten, gewissenhafte Beobachtung religiöser Zeremonien, und andre Werkheiligkeit, wie der Pöbel der andern Religionsparteien."[15]

Aber trotz aller Distanz zu sozial niedrigerstehenden, orthodoxen und osteuropäischen Juden konnte Friedländer sich doch nicht ganz von ihnen abwenden. Sie trugen wie er den Namen „Jude". Es gab nur zwei Antworten auf dieses Problem: Entweder mußte er alles aufgeben, was ihn an das Judentum band, und Christ werden, oder er mußte seine jüdischen Glaubensgenossen möglichst nahe an den eigenen Status und die eigene Weltanschauung heranführen. Friedländers Antwort fiel in den verschiedenen Lebensphasen unterschiedlich aus: zugunsten der einen oder auch der anderen Lösung. Als Nachfolger Mendelssohns fühlte er sich verpflichtet, den Reformprozeß fortzusetzen, den sein Lehrer in Gang gebracht hatte und den er immer in seinem Geist voranzutreiben meinte. Aber gleichzeitig machte er eine in unregelmäßigen Schüben wachsende Entfremdung von den Juden und vom Judentum durch.

Friedländer redete sich selber ein, Mendelssohn habe nur deshalb am jüdischen Gesetz festgehalten, weil er den Erfolg der kulturellen Emanzipation sicherstellen wollte; er habe zugleich auch religiöse Reformen angestrebt, habe dieses Ziel aber nicht mit Nachdruck verfolgt.[16] In Wahrheit jedoch hatte Mendelssohn nie an eine Aufhebung des Gesetzes gedacht. Allenfalls wollte er Mißbräuche abschaffen und den Zeremonien eine „ächte, gediegene Bedeutung" verleihen.[17] Aber die meisten Mendelssohn-Schüler konnten sich eine neue Interpretation des Gesetzes nicht vorstellen; in ihm vermochten sie nicht den geringsten Wert zu entdecken. Sie machten sich den Standpunkt der christlichen Welt zu eigen, die nicht einsah, weshalb aufgeklärte Juden an der orthodoxen religiösen Praxis festhalten sollten. Auch stellten sie fest, daß die Befolgung des Gesetzes eine Barriere war auf dem Weg zur politischen Emanzipation, und sie waren eher bereit, das Gesetz als die Emanzipation preiszugeben. Mendelssohn hatte keine praktischen Maßnahmen zur Gewinnung politischer Rechte getroffen, weil für ihn persönlich die bürgerliche Gleichstellung mit Nichtjuden keine ausschlaggebende Bedeutung hatte, solange er mit ihnen teilhaben konnte an einer gemeinsamen Kultur. Aber die Juden der nachfolgenden Generation, die sich kulturell bereits als Deutsche betrachteten, wollten nun anerkannt wissen, daß sie auch politisch Deutsche – oder Preußen – waren.

Nach der Übersetzung des Gebetbuches ging Friedländer rasch über die eher gemäßigten Zielsetzungen Mendelssohns hinaus. Das Eintreten für eine weltliche Kultur unter den Juden schlug um in Agitation für eine religiöse Reform; das Werben um christliche Toleranz wurde zum Kampf für gleiche Rechte. Diese religiösen und politischen Ziele waren eng miteinander verbunden. Der durchschnittliche christliche Geistliche bestand darauf, daß die Grundsätze des Judentums in direkter Beziehung stünden zu moralischer Verkommenheit: Wucher und Betrug waren das Ergebnis der Hingabe an eine verwerfliche Religion. Aufgeklärtere Geister vertraten die Ansicht, eine bessere Behandlung durch die Nichtjuden werde eine günstige Wirkung auf die Juden haben und sie zur Aufgabe enger Vorurteile veranlassen. Aber selbst ihre besten Freunde stritten nicht ab, daß sie eine Neigung zur Schwindelei und zum Betrug hätten, und den orthodoxen Juden sprachen sie die Fähigkeit ab, wirkliche Bürger zu werden.[18] Sobald es um die Frage ging, ob man den Juden uneingeschränkte politische Gleichberechtigung einräumen sollte, war das Zögern allgemein. Sollten nicht die Juden zuerst einmal zeigen, daß sie der politischen Rechte würdig und zur Erfüllung ihrer bürgerlichen Pflichten fähig waren? Vielleicht durfte man sie nicht tadeln für das, was sie nun einmal waren; aber – wie Biester, der Herausgeber der „Monatsschrift", es ausdrückte –: das Ergebnis der politischen Emanzipation hing davon ab, was aus den Juden werden *konnte* und was sie selber werden *wollten*.[19]

Die Frage war, wer den Anfang machen sollte. Friedländer drängte beide Seiten zum Handeln. Den Nichtjuden gegenüber argumentierte er, das Bürgerrecht müßte gewährt werden, noch ehe man ernsthaft eine Reform erwarten konnte. Seit Jahrhunderten verachtet, waren die Juden nun wirklich verachtenswert geworden; jetzt war es an den Christen, die sie dazu gemacht hatten, ihnen ihre Würde zurückzugeben. Gleichzeitig jedoch drängte er seine jüdischen Glaubensbrüder, ihrerseits aktiv zu werden und durch ihr Handeln zu beweisen, daß sie der Emanzipation würdig seien. Mendelssohn hatte sich dem Ideal des gebildeten und aufgeklärten, jedoch gesetzestreuen Juden verschrieben. Um es zu verwirklichen, war er bemüht gewesen, den geistig isolierten Orthodoxen die deutsche Kultur nahezubringen, den Assimilierten die Bibel zurückzugeben. Sein Schüler hatte nur die Idealvorstellung vom preußischen Bürger jüdischer Abstammung, der ein Anhänger des aufgeklärten Vernunftglaubens war. Seine Anstrengung war darauf gerichtet, Staat und Gesellschaft in Preußen zur

Anerkennung der Juden als Bürger und allen anderen rechtlich Gleichgestellte zu veranlassen und die Juden ihrerseits so weit zu assimilieren, daß man sie anerkennen konnte.

Man weiß nicht genau, wann Friedländer die strikte Befolgung des jüdischen Gesetzes aufgegeben hat, doch den Anfang muß er schon zu Mendelssohns Lebzeiten gemacht haben. Nach dem Tode seines Lehrers machte er sich offen zum Anwalt religiöser wie kultureller Reform. Als im Jahre 1786 die Rabbiner Einspruch erhoben gegen die Übersetzung des Gebetbuchs, erklärte Friedländer, Übertragungen ins gegenwärtige Deutsch zwängen die Juden, endlich wahrzunehmen, welche Elemente der Tradition ihren Sinn verloren hätten.[20] Er wurde zum erbitterten Gegner der Rabbiner, die hartnäckig ihren ganzen Einfluß gegen die Aufklärung geltend machten. Es sei ihre Aufgabe, so sagte er, die Nation voranzubringen; statt dessen aber hielten sie sie zurück. Friedländer fühlte sich verpflichtet, der Außenwelt mitzuteilen, die Rabbiner sprächen nicht wirklich für die jüdische Gemeinschaft; im Gegensatz zur christlichen Geistlichkeit hätten sie außerhalb der begrenzten Sphäre, in der es um die richtige Ausführung der Ritualgesetze ging, keinerlei Machtanspruch.[21]

Ein sprechendes Zeugnis für Friedländers Verhältnis zum Judentum in den Jahren nach Mendelssohns Tod ist sein Briefwechsel mit Meir Eger aus Glogau, einem Freund und Geschäftspartner – und einem orthodoxen Juden.[22] Ernst, Ironie und Geringschätzung wechseln hier in Friedländers Gedanken über das Judentum seiner Zeit miteinander ab oder vermischen sich. Als 1789 in Glogau ein großes Feuer ausbrach, blieben wunderbarerweise Häuser von Juden und auch die Synagoge stehen. Meir Eger konnte sich ein solches Ereignis nur als einen Akt der besonderen Gnade Gottes für Israel erklären, der den Verdiensten früherer Generationen zu danken war. Friedländer, Rationalist, Deist, Vertreter einer natürlichen Religion, tadelte seinen Freund für diesen Mangel an Aufgeklärtheit; ein Gott, der in die Geschichte eingriff, war nicht der seine, nicht der Gott der Philosophie. In Königsberg hatte er ein Feuer miterlebt, bei dem das einzige in der Straße verschonte Haus einem dem Judentum Abtrünnigen gehörte. Wie wollte Meir Eger das wohl erklären? Und was die Synagoge betraf, war sie wirklich der Rettung wert – die Synagoge, in der seit ihrer Erbauung kein Gottesdienstbesucher wisse, was er bete, und in der Dreiviertel aller Gebete voller Gotteslästerung und Götzendienerei seien?[23]

In seinen Briefen an Eger überschüttete Friedländer die Rabbiner mit Hohn: Sie lebten immer noch im Mittelalter und seien nicht bereit anzuerkennen, was um sie herum geschah. Zwar sähen sie den wachsenden Riß, der quer durch die jüdische Gemeinschaft ging, aber sie weigerten sich, seine Existenz zuzugeben. Anstatt zwischen dem Alten und dem Neuen zu vermitteln, klammerten sie sich an die überholte Tradition und verdammten jede Neuerung. Da ihr Zeremonialgesetz nicht die geringste Bedeutung für die Gegenwart habe, sei eine religiöse Revolution innerhalb der Judenschaft unausweichlich. Die Rabbiner verlören ihre Macht; die Rücksicht auf das Gesetz schwinde dahin. In zehn Jahren würde sich in Berlin keiner mehr für die Feinheiten der Auslegung von Ritualgesetzen interessieren. Von Berlin würde sich die Reformbewegung nach Breslau, ja selbst nach Glogau ausbreiten. Und darauf setzte er, Friedländer, seine Wünsche und Hoffnungen, mehr als auf alles andere, und er hatte gelobt, für die Durchsetzung dieser Reform zu wirken. Zeigten sich zu seinen Lebzeiten auch nur die Anfänge einer religiösen Verbesserung, so wollte er – wie er sagte – glücklich und zufrieden ins Grab steigen. Aber die Zeit für eine umfassende religiöse Reform war noch nicht gekommen. Unterdessen konzentrierte Friedländer seine Kräfte gleichsam an der zweiten Front: dort, wo es um die Bürgerrechte für die Juden in Preußen ging.

Schon zu Mendelssohns Zeiten hatte man sich Gedanken gemacht über die politische Emanzipation der Juden. Dohms offenes Eintreten im Jahre 1781 für ihre „bürgerliche Verbesserung“ hatte die Dinge auf der theoretischen Ebene in Gang gebracht. Er argumentierte aus dem Geist der Aufklärung, daß der Jude mehr war als nur Jude und daß er, gerecht behandelt, vollkommen in der Lage wäre, ein nützlicher Staatsbürger zu sein. Dohm muß besonders an seinen Freund Mendelssohn gedacht haben, als er – anders als die meisten, die sich später zugunsten der Juden äußerten – in der Befolgung des jüdischen Gesetzes kein Hindernis für die Emanzipation sah.[24] Sittliche Verderbnis unter den Juden war nicht etwa ein Ergebnis ihres Glaubens, sondern Resultat der Unterdrückung, die sie erlitten hatten, und der schädlichen beruflichen Beschränkung auf den Handel. Ähnliche Ansichten vertrat dann im Jahre 1787 der französische Graf Mirabeau, der Dohms optimistische Erwartungen teilte: „Die Juden werden in jedem Staate so gut seyn als andere Bürger, wenn man ihnen eben die Rechte bewilligt, eben die Pflichten auflegt.“[25]

Solange indessen Friedrich der Große auf dem preußischen Königsthron saß, bestand wenig Hoffnung, daß die aufgeklärte Theorie in konkrete politische Reformen umgesetzt würde. Einigen auserwählten Juden gewährte man weitreichende, nur für sie geltende Privilegien, aber niemand rechnete damit, daß der „Alte Fritz" die ständische Verfassung des politischen und wirtschaftlichen Systems Preußens den Forderungen anpassen und der „jüdischen Nation" Gleichberechtigung einräumen würde. Wie die anderen Gruppen der preußischen Gesellschaft wurden die Juden als eine für sich bestehende Einheit angesehen, die besondere wirtschaftliche Aufgaben erfüllte. Als Juden waren sie geduldet, zugleich aber von den meisten Berufen ausgeschlossen, in denen sie mit Christen hätten in Konkurrenz treten oder einen ihnen sonst nicht zukommenden Status erringen können. Sie wurden hoch besteuert, hatten keinen Zugang zur Armee, und ihre Zahl wurde durch besondere Bestimmungen niedrig gehalten. Freilich, als dann Friedrich Wilhelm II. 1786 die Thronfolge antrat, lebte unter den Juden die Hoffnung auf, daß die lästigen Einschränkungen wenigstens gelockert, die beschwerlichen Steuern gesenkt würden. Bald nach der Thronbesteigung erzeigte der neue König einzelnen Juden sein Wohlwollen. So gewährte er auch der Witwe und den Kindern Mendelssohns ein Generalprivileg, das sein Vorgänger noch verweigert hatte.[26] Die jüdische Gemeinde Berlins, vertreten durch ihre Ältesten, beeilte sich, eine Petition an den jungen König zu richten. Dieser willigte ein in ihren Antrag, eine Regierungskommission möge damit beauftragt werden, die Lage der Juden zu untersuchen. Die Kommission sollte mit Vertretern der jüdischen Gemeinde zusammenarbeiten und einen Plan für eine durchgreifende rechtliche, wirtschaftliche und politische Reform ausarbeiten.

Für die aufgeklärten Juden in den größeren Städten Preußens war die Spannung zwischen dem, was sie wirtschaftlich und kulturell erreicht hatten, und ihrer Rechtsstellung unerträglich geworden.[27] Sie gehörten zu den reichsten Untertanen des Staates, pflegten ungehindert Umgang mit den glänzendsten Geistern Deutschlands und verstanden sich eher als Preußen denn als Juden. Rechtlich aber waren sie eine besondere, in sich abgeschlossene Gruppe, eine Gemeinschaft, die sich einer speziellen, demütigenden Gesetzgebung unterworfen sah. Schmerzlich waren sie sich der Kluft bewußt, die zwischen ihrer Selbsteinschätzung und der Bewertung durch den Staat bestand.

In dem jetzt beginnenden Kampf um politische Gleichberechtigung nahm Friedländer von Anfang an die Führungsposition ein. Er wurde als einer der Abgeordneten der preußischen Juden gewählt, die im

Mai 1787 der vom König ernannten Kommission ein Memorandum vorlegten. Sie beantragten, daß das 1750 erlassene „General-Privilegium und Reglement" durch ein neues Reglement ersetzt werde, das sich auf die Prinzipien menschlicher Achtung und Toleranz gründen und in angemessener Weise sowohl „den Flor des Staats" als auch die „Talente und Kräfte der [jüdischen] Kolonie" im Auge haben sollte.[28] Es ist bemerkenswert, daß die jüdische Vertretung nicht die vollständige Befreiung von Sondergesetzen anstrebte – das wäre ein viel zu kühnes Unterfangen gewesen. Sie bemühte sich nur um einen verbesserten Status der Juden durch Aufhebung wirtschaftlicher Beschränkungen und um die Gewährung bestimmter Rechte. Das Memorandum betonte besonders den größeren Nutzen, den der Staat aus einer humaneren, stärker auf Gleichberechtigung abgestellten Behandlung seiner Juden ziehen könnte. Es appellierte nicht so sehr an abstrakte Idealvorstellungen von menschlicher Gleichheit als vielmehr an Nützlichkeitserwägungen.

Zusammen mit dem Memorandum wurde eine Darstellung der wirtschaftlichen Behinderungen eingereicht, unter denen die preußischen Juden litten. Da gab es die normalen Steuerleistungen an Staat, Provinz und Gemeinde, die Sondersteuern bei bestimmten Gelegenheiten und schließlich den geringen, aber demütigenden Leibzoll, den selbst privilegierte Juden bei Reisen in eine andere Provinz zu entrichten hatten. Juden waren ferner gezwungen, Porzellan von der königlichen Manufaktur zu erwerben und außer Landes zu verkaufen (was fast immer zu beträchtlichen Verlusten führte); sie waren von allen Staatsdiensten sowie von der Betätigung in der Landwirtschaft und im zünftigen Handwerk ausgeschlossen. Selbst im Handel waren sie zahlreichen besonderen Einschränkungen unterworfen.

Bei der Beschreibung der jüdischen Beschwernisse wählten die Abgeordneten zwei Sachverhalte als besonders verbesserungsbedürftig aus: die kollektive Haftung der Juden und die Einschränkung wirtschaftlicher Betätigung. Nach den damals geltenden Bestimmungen waren die preußischen Juden in ihrer Gesamtheit verpflichtet, die Steuern eines zahlungsunfähigen und die Schulden eines bankrott gegangenen Juden zu bezahlen sowie das von einem jüdischen Dieb gestohlene Gut zu ersetzen. Daß die Abgeordneten diesem einen Punkt besondere Wichtigkeit beimaßen, ist angesichts ihrer Position in der Gemeinde vollkommen verständlich. Sie, die Reichsten, trugen die Hauptlast, wenn es galt, für die weniger begünstigten Brüder einzustehen; als die am stärksten Assimilierten litten sie unter dem

Band, das diese Bestimmung zwischen ihnen und den weniger respektablen Juden knüpfte. Ihr Verlangen nach Befreiung von der Kollektivhaftung rechtfertigten sie, indem sie sie als moralisch verderblich verdammten. Sie führe zum Haß innerhalb der jüdischen Gemeinde, zum Verbergen von Straftaten und halte den einzelnen Juden ständig in Angst vor dem finanziellen Schaden, den die Handlungen eines anderen ihm bringen könnten.

Gleich wichtig waren den Abgeordneten die besonderen Einschränkungen der wirtschaftlichen Betätigung. Dohms Ausführungen folgend brachten sie vor, der Abscheu vor den Juden sei das Ergebnis beruflicher Restriktionen: Der Jude werde als Händler, nicht als Jude verachtet. Sie sprachen sich für eine Zulassung der Juden zu den Zünften und zur Landwirtschaft aus und zugleich für die Aufhebung spezieller Steuern und Beschränkungen, denen jüdische Händler unterworfen waren. Das Argument, die Juden könnten mit ihren besonderen Fähigkeiten den preußischen Handel ganz an sich reißen, taten sie als Vorwand ab; aber selbst wenn das zuträfe, wäre es für den Staat nur von Vorteil, einen noch stärker blühenden Handel zu haben.

Die Hoffnungen der Abgeordneten sollten bitter enttäuscht werden. Nach einer langen Frist präsentierte die Regierung schließlich am 4. Januar 1790 ihren Reformplan. Obwohl er auf einige Forderungen der Abgeordneten einging, waren die Zugeständnisse durch eine Vielzahl besonderer Bedingungen und Zusatzbestimmungen derart eingeschränkt, daß er praktisch nicht den geringsten Fortschritt brachte. Darüber hinaus bestand der Regierungsvorschlag darauf, daß die Juden sich der Militärdienstpflicht unterwarfen; diese Pflicht anzuerkennen waren die Abgeordneten selber wohl bereit, aber sie waren nicht ermächtigt, dazu im Namen der preußischen Judenschaft ihre Zustimmung zu geben.[29]

Die Juden antworteten auf den Vorschlag, sprachen aber nur für sich selber. Zweifellos sahen sie, daß die preußische Regierung durch die revolutionären Ereignisse in Frankreich tief beunruhigt war. Deshalb machten sie erneut deutlich, daß sie ihre Forderungen im Interesse des Staates, nicht etwa als Folgerungen aus abstrakten Prinzipien erhoben:

„Nicht mit leeren Deklamationen, nicht mit Berufungen auf Rechte der Menschheit, haben wir unsern geliebten Landesvater behelliget, sondern mit der demüthigen Bitte, durch Verbesserung unserer bürgerlichen Verhältnisse, den ungebrauchten Kräften getreuer, arbeitsamer, durch Dankbarkeit verpflichteter Unterthanen neue Spannung zu ertheilen, damit sie den Flor und die Glückseligkeit des Staates mitbewirken können."[30]

Die Antwort der Abgeordneten rückte nachdrücklicher als die ursprüngliche Petition von den weniger erwünschten jüdischen Gruppen ab.[31] Sie betonte, die Juden in Preußen stünden auf einem höheren kulturellen Niveau als die Juden andernorts, und die meisten von ihnen würden den Dienst in der Armee nicht verweigern. Kranke und bettelnde Juden aus anderen Ländern, die nur eine Last wären, sollten nach ihrer Meinung zwangsweise an den Staatsgrenzen zurückgewiesen werden. Gleichwohl sagten die Abgeordneten sich nicht vollständig von solchen Juden los. Da die Regierung nicht bereit war, die wirtschaftlichen Beschränkungen und die kollektive Haftung für Steuern aufzuheben, lehnten die Abgeordneten die Beseitigung der gemeindlichen Solidarhaftung für die eigenen Armen ab. Sie waren nach wie vor besorgt um das Wohlergehen der jüdischen Unterschicht, aus der schließlich die Handwerker oder Bauern kommen mußten. Deutlich äußerten die Abgeordneten ihre Enttäuschung und stellten fest, sie müßten dann, wenn der Vorschlag nicht wesentlich verbessert würde, die Regierung schlichtweg ersuchen, den Status quo aufrechtzuerhalten.

Wiederum ließ die Antwort lange auf sich warten. Am Ende gab der König dem Vorschlag des Generaldirektoriums nach (das in jeder Hinsicht ein Gegner der jüdischen Emanzipation gewesen war): Die ganze Angelegenheit sei aufzuschieben, bis man den vorauszusehenden Krieg gegen Frankreich hinter sich habe. Schließlich ließ auch das Engagement des Königs für eine Reform nach.[32] Eine neue Initiative für eine umfassende Veränderung der Stellung der Juden kam erst wieder nach etwa 15 Jahren in Gang, und dann unter ganz anderen Umständen. Die Bemühungen hatten nicht zu einer umfassenden Reform, sondern zu Einzelergebnissen in Gestalt besonderer Edikte geführt. Der verhaßte Leibzoll wurde im Jahre 1787 aufgehoben, desgleichen ein Jahr später, gegen eine einmalige Zahlung von 40 000 Reichstalern, der aufgezwungene Export von Porzellan; und im Jahre 1792 wurde die Solidarhaftung für staatliche und kommunale Steuern (nicht jedoch für Diebstähle und Konkurse) beseitigt. Aber Beschränkungen und Sondersteuern blieben bestehen. Politisch waren die Juden immer noch in jeder Hinsicht Außenseiter, ein Fremdkörper im Innern des preußischen Staates.

Zweifellos war David Friedländer, die treibende Kraft hinter den ersten Reformanstrengungen der Jahre 1787 bis 1792, verantwortlich für die Formulierung der verschiedenen Memoranden und „Betrachtungen“.[33] Im Jahre 1793 veröffentlichte er in Berlin die einschlägigen Dokumente mit einer ausführlichen Einleitung, die Erklärungen und Rechtfertigungen enthielt. Damit legte er den Fall der Öffentlichkeit vor. Diese Einleitung ist überaus wichtig für ein Verständnis Friedländers, denn sie trägt mit Nachdruck zwei seiner Hauptargumente vor: Die Juden seien nicht verantwortlich für das, was sie seien; hätten sie die Möglichkeit zur Veränderung, so verschwände alles, was sie von den anderen unterschied.

Für Friedländer war die Geschichte der Juden etwas, das mit ihnen geschah: Gegen seinen Willen war der Jude zu einem menschlichen Wesen mit Charakterfehlern geformt worden, die die erlittene Behandlung widerspiegelten; seine Religion hatte der messianischen Erlösung und der Rückkehr nach Palästina deshalb soviel Bedeutung beigemessen, weil man ihm in Europa kein Zuhause gönnen wollte. Natürlich hatten Dohm und andere Christen das gleiche gesagt; wichtig war, daß Friedländer und Juden wie er diese These sich zu eigen machten und so den gegenwärtigen Zustand von Juden und Judentum als ein geschichtliches Unglück begriffen, als etwas, das man beseitigen oder doch zumindest radikal verbessern mußte. Jahrhunderte der Barbarei hatten aus dem Juden das gemacht, was er jetzt war; ein aufgeklärtes, humanes Verhalten ihm gegenüber würde diesen Prozeß rückgängig machen und ihn zurückbringen in die menschliche Gemeinschaft.[34] In den letzten Jahren war es einzelnen Juden gelungen, die Wirkungen der jüdischen Geschichte aufzuheben: Damit antworteten sie nur auf das, was man ihnen ermöglichte. Gewährte man den Juden vollkommen gleiche Rechte und Privilegien, so würden sie genauso werden wie alle anderen, nämlich „dümmer und stärker“.[35] Der Anstoß mußte vom Staat und von der Gesellschaft ausgehen, in denen die Juden lebten, und erst dann konnte man innerjüdische Veränderungen erwarten. Aber wären die Juden nur erst einmal auf dem Weg, so würden sie sich solcher Vorgaben würdig erweisen. Sie würden sich von den Fesseln einer Tradition befreien, die nur eine sklavische Bindung an die Vergangenheit bedeuteten.

Im Laufe der Jahrhunderte hatte das Wort „Jude“ eine abschätzige Bedeutung angenommen. Es war zur Bezeichnung für einen nichtswürdigen Charakter geworden, zu einem Wort, das die Massen als Spottnamen gebrauchten. Friedländer wollte es ganz loswerden. Wie alle anderen Juden war er bekümmert über den allgemeinen Gebrauch des Wortes, aber bezogen auf ihn war es in doppelter Hinsicht falsch.

Nach seiner Selbsteinschätzung war er frei von den Charakterzügen, die mit diesem Namen in Verbindung gebracht wurden, und gehörte auch nicht zu der Gruppe, der er seiner Meinung nach zu Recht galt: den nichtassimilierten Orthodoxen. Er konnte sich keinen neuen, unbelasteten Gebrauch des Wortes vorstellen: Man mußte es aufgeben. Die Antwort auf den Vorschlag der Regierung empfahl, amtliche Urkunden sollten von jetzt an die Juden nur noch mit ihrem Namen nennen und lediglich dort, wo das von Belang war, hinzufügen „N. N. Alt-Testamentarischen Glaubens“. Er war naiv genug zu glauben, ein neuer Name könnte das alte Vorurteil aufheben.[36]

Der Einleitung fügte Friedländer drei Beilagen an. Die letzte sollte zeigen, wie gering die Kriminalitätsrate unter den Juden tatsächlich war. Die beiden anderen sollten bezeugen, daß wenigstens gewisse Familien in Preußen bereit und auch fähig zur Wahrnehmung der Bürgerrechte seien – und ihrer würdig. Das erste dieser Dokumente war ein Brief, den die Familie Itzig nach der Verleihung des königlichen Naturalisationspatents an das Generaldirektorium gerichtet hatte. Es brachte ihren Willen zum Ausdruck, sich in jeder Hinsicht den Gesetzen des Staates zu unterwerfen, mit Ausnahme derer, die nur Zeremonien betrafen. Die zweite Beilage war ein Ersuchen der Nachkommen Joachim Moses Friedländers um Naturalisierung. Es betonte, die Mitglieder der Familie seien niemals des Wuchers oder zweifelhafter Geschäfte beschuldigt worden; sie seien von großem Nutzen für den Staat gewesen und könnten es weiterhin sein. In der Veröffentlichung dieser beiden Dokumente in Buchform trat erneut die Vorstellung zutage, daß es „einige Juden und andere Juden“ gab. Selbst wenn nicht alle Juden der Emanzipation würdig waren, so hatten einige sie doch mit Sicherheit verdient. Zumindest auf diese galt es Rücksicht zu nehmen.

Während des Kampfes um Emanzipation erschien eine Reihe von Schriften, die Friedländer entmutigt haben müssen. Im Jahre 1792/1793 veröffentlichte Salomon Maimon, der jüdische Anhänger Kants, seine bemerkenswerte Autobiographie. Sie wurde von deutschen Intellektuellen, die daraus ihre Vorstellung vom orthodoxen Judentum gewannen, begierig gelesen.[37] In seinem weitverbreiteten Buch übernahm Maimon Mendelssohns Fazit, Judentum bedeute das Festhalten am Gesetz. Er verurteilte die Juden, die wegen familiärer Beziehungen oder um ihres Vorteils willen in der jüdischen Gemeinschaft verblieben, während sie gleichzeitig gegen deren Gesetze verstießen. Das Judentum war für ihn ein theokratischer „Staat“, der seinen Untertanen Gesetze auferlegte. Nur der einzelne, der diesen Staat verließ und sich dem Heidentum oder der Religion der Philosophie (wie Maimon) verschrieb, war frei von dem Gesetz. Maimons Darlegungen schlossen die Möglichkeit eines nicht gesetzestreuen, lediglich konfessionellen Judentums aus.[38]

Im Jahre 1793 kam Johann Gottlieb Fichte, einer der Begründer des deutschen Nationalismus, zu demselben Schluß und zog daraus politische Konsequenzen: Da die Juden ein Staat im Staat waren, konnte man ihnen das preußische Bürgerrecht nicht gewähren.[39] Von der Französischen Revolution verstört und voller Sorge, die jüdischen Emanzipationsbemühungen könnten erfolgreich sein, erhoben andere judenfeindliche Autoren ihre Stimme. Selbst im jüdischen Lager gab es unter den Orthodoxen solche, die wenig Neigung hatten, die Pflichten eines Staatsbürgers auf sich zu nehmen.[40]

Als das 18. Jahrhundert sich seinem Ende zuneigte, hatte Friedländer eine zweifache Enttäuschung erlebt. Eine innere Reform erschien nur noch als vage Möglichkeit.[41] Außerhalb der großen Städte hielten die Juden hartnäckig an der Orthodoxie fest; in Zentren wie Berlin wurden sie nicht selten Atheisten oder Scheinchristen. Auf der anderen Seite war die große Bemühung um eine politische Emanzipation inzwischen erlahmt. Es gab keine Aussicht für ihr Wiedererstarken in naher Zukunft. Friedländer selbst hatte das Bürgerrecht durch das Naturalisationspatent für seinen Schwiegervater, Daniel Itzig, erworben; aber sein Gesuch um Verleihung derselben Rechte an die gesamte Familie Friedländer war abschlägig beschieden worden. Im Laufe der Jahre war seine Entfremdung vom Judentum noch gewachsen. Im Jahre 1799 brach er dann beide Unternehmungen ab. Gemeinsam mit einigen gleichgesinnten Freunden, Häuptern jüdischer Familien, schrieb er anonym einen offenen Brief an Wilhelm Abraham Teller, Oberkonsistorialrat und Propst der protestantischen Kirche Berlins.[42] Der Schüler Mendelssohns bot jetzt an, Christ zu werden, nachdem er zu dem Schluß gekommen war, einen anderen Weg gebe es nicht.

Friedländers Brief an Teller ist gemeinhin als Absage an das Judentum gelesen worden; in Wahrheit ist er weitgehend eine Apologie. Das Judentum, so stellt er zwar fest, hat keinen einzigartigen Wert, der seine Bewahrung sinnvoll machte. Gleichwohl bewahrt er einen Rest von Identifikation mit ihm, ein Bedürfnis, es zu verteidigen, und ein tiefes Widerstreben gegen seine Aufgabe zugunsten des Christentums. Paradoxerweise enthält dieses Zeugnis der Bereitschaft, das Judentum zu verlassen, zugleich vielfältige Belege für ein fortdauerndes, unauslöschbares jüdisches Selbstbewußtsein.

Gewiß vermochte Friedländer in den Zeremonialgesetzen und in der Idee eines persönlich erscheinenden Messias keinen Sinn zu sehen, aber er fühlte sich doch genötigt zu erklären, daß diese beiden für die jüdische Religion charakteristischen Züge einer ursprünglich reinen Urvätertradition aufgeprägt worden seien, und selbst solche Hinzufügungen hätten die wahre Religion sehr viel weniger beeinträchtigt, als es das christliche Dogma getan habe. Friedländer war eifrig bemüht darzulegen, daß nichts im traditionellen Judentum im Widerspruch stehe zu wahrer Sittlichkeit. Die Pflichten eines Menschen gegenüber dem andern seien dem gesetzestreuen Juden so heilig wie jedem aufgeklärten Sittenlehrer. Die Haupttexte des Judentums – die Bibel, „viele Fragmente aus dem Talmud" und die Werke des Maimonides – seien für den einzelnen reiche Quellen der Tugend und des Pflichtgefühls.[43] Das moralische Bewußtsein sei bei den Juden mindestens so ausgeprägt wie bei den Christen; zurückgeblieben seien sie nur in der Ausbildung schöpferischer Fähigkeiten. Unmoral unter den Juden entstehe nicht selten daraus, daß sie die jüdische Tradition verließen, wobei dann der Kern der für ein sittliches Leben notwendigen ewigen Wahrheiten zusammen mit der Schale der Zeremonialgesetze weggeworfen werde.

Die Verteidigung des Judentums als einer der Sittlichkeit förderlichen Religion wurde eingeschränkt durch Friedländers Feststellung, die orthodoxe Gesetzestreue hindere den Juden an der Ausübung der bürgerlichen Pflichten. In diesem Punkt wich er ab von dem, was er in dem Dokumentenband des Jahres 1793 gesagt hatte; seine persönliche Meinung war das indessen immer gewesen. Ganz gewiß hatten die Gesetze des orthodoxen Judentums für ihn und den Kreis, der ihn umgab, jeglichen religiösen Sinn verloren. Als Kenner von Mendelssohns Werk und als sein anerkannter Nachfolger muß Friedländer sehr genau gewußt haben, daß sein Lehrer in „Jerusalem" behauptet hatte, die Gesetze seien von Gott selbst auf dem Sinai geoffenbarte Gebote. Aber der Schüler gestand freimütig ein, daß sie ein Hindernis seien für das Leben in der zeitgenössischen Gesellschaft und sogar eine Ursache von Irritationen im Umgang mit Nichtjuden. Freilich: Wollte man ihre Verwerfung begründen, so mußte man dafür ein rationales Argument vorbringen. Um seine Auffassung zu rechtfertigen, nahm Friedländer Zuflucht zu einem Gedanken, den Lessing geäußert, Mendelssohn indessen zurückgewiesen hatte: dem der geschichtlichen Entwicklung. Er band das Gesetz an die Zeit. Trotz seiner Prägung durch die Aufklärungsphilosophie war ihm die Vorstellung einer Aufeinanderfolge der Ideen in der Weltgeschichte sympathisch, und darin war er eher Schüler Lessings als Mendelssohns.

In deutlichem, wenn auch unausgesprochenem Gegensatz zu Mendelssohn stellte Friedländer fest, das Zeremonialgesetz sei nicht von Gott, sondern von Mose gegeben worden. Der weise Gesetzgeber, der die reinen Lehren der Religion von den „Stammeltern" übernommen hatte, sah die Notwendigkeit, ein Mittel zu finden, mit dessen Hilfe sie im Volk lebendig gehalten werden könnten. Es war ein „sinnliches" Volk und brauchte ein strenges System von Geboten, sollte es nicht in Abgötterei verfallen. In Friedländers Worten hört man ein Echo auf Lessing: „Jeder andern Art von Bildung war es auf der Stufe, auf welcher es stand, noch nicht fähig."[44] Das Zeremonialgesetz hatte seinen Sinn zu einem bestimmten Zeitpunkt und für ein bestimmtes Volk. Mose hatte weise Gesetze ersonnen, um das Wohlergehen und die Sittlichkeit des Alten Israel zu befördern. Aber sie waren Mittel zum Zweck gewesen, nicht Selbstzweck; war die Gesellschaft, in der sie ihre Wirkung getan hatten, untergegangen, so war es an der Zeit, sie aufzuheben. Als die Gesetze gleichwohl außerhalb ihres ursprünglichen Zusammenhangs weiterhin bewahrt wurden, verloren sie den ihnen zugedachten Sinn und wurden vollständig inhaltsleer. Für Mendelssohn hatte noch eine lebendige Beziehung zwischen Zeremonialgesetz und religiöser Wahrheit bestanden; für Friedländer hatte diese Beziehung mit der Zerstörung des Tempels ein Ende gefunden: „Die Gebräuche sind der Körper, dessen Geist die Lehre ist. Ist die Seele entflohen, was nutzt nun die abgestreifte Hülle? Der Schmetterling ist entwischt, die leere Larve liegt da."[45]

Über die Jahrhunderte hinweg hatten die Zwänge, denen die Juden ausgesetzt waren, sie dazu geführt, an den Zeremonien und an der Hoffnung auf Erlösung durch den Messias festzuhalten. Jetzt minderte eine bessere Behandlung, besonders in Mittel- und Westeuropa, deren Anziehungskraft. Friedländer erklärte für die kleine Gruppe der Hausväter, sie hätten die Zeremonialgesetze und den Glauben an einen persönlich erscheinenden Messias vollständig aufgegeben. Hatten sie deswegen auch das Judentum hinter sich gelassen? Ja und nein. Sie hatten sich vollkommen dem Judentum ihrer Zeit entfremdet; mit dem Abscheu des Aufklärers nannten sie es „mystisch". Aber immer wieder betont Friedländer: Indem sie an den religiösen Grundwahrheiten festhielten, Wahrheiten, die für die Menschheit insgesamt gültig seien, blieben sie dem ursprünglichen Judentum treu. In dieser Hinsicht stimmt sein Denken ganz und gar mit dem Mendelssohns überein, der behauptet hatte, zwischen Judentum und natürlicher Religion bestehe kein Gegensatz.[46] Die Hausväter betonten, das Wesentliche ihrer Religion sei ihnen so heilig wie ihr eigenes Leben. Aber das Gesetz war nicht wesentlich; Mose, der Gesetzgeber selber, wäre für seine Aufhebung eingetreten, hätte er in jetzigen Zeiten gelebt. So klingt Friedländers Brief immer wieder wie ein Reformvorschlag, wie ein Ruf nach Rückkehr zum unverfälschten Judentum, nicht wie eine Absage an das, was er für dessen eigentlichen Geist hält. Am Schluß seines Briefes jedoch bittet er nachdrücklich um Aufnahme in die christliche Kirche.

An keiner Stelle des Briefes wird das Christentum als Religion beschrieben, die edler wäre als der ursprüngliche Glaube Israels. Im Mittelalter, so stellt Friedländer fest, war es auf eine niedrigere geistige Stufe gesunken als die Religion der Juden in dieser Zeit. Seine übersinnlichen Dogmen waren damals eine Herausforderung an die menschliche Vernunft und die Moral. Aber in neueren Zeiten begannen aufgeklärte Christen das Dogma aufzugeben, während gleichzeitig aufgeklärte Juden die Zeremonialgesetze hinter sich ließen. Die beiden Glaubensrichtungen bewegten sich aufeinander zu; was sie verband, war die natürliche Religion. Mendelssohn hatte die Existenz dieser gemeinsamen Grundlage betont, aber sein Festhalten an den Zeremonialgesetzen und das Beharren der Christen auf der Gültigkeit der Dogmen hatten jede Bemühung um eine Vereinigung der Religionen vereitelt. Jetzt meinte Friedländer in Teller einen undogmatischen Christen zu erkennen; er selber war ein nichtpraktizierender Jude. Er war realitätsnah genug einzusehen, daß eine für sich bestehende Sekte der Aufgeklärten weder realisierbar noch wünschenswert sei. Andererseits verkannte er nicht, daß eine Religion Ausdrucksformen wie auch einen geistigen Inhalt brauchte. Solche Einsichten schlossen nicht die Möglichkeit aus, daß reformwillige, aufgeklärte Persönlichkeiten im Rahmen der jeweiligen religiösen Gruppe verblieben. Es gab nicht wirklich einen religiösen oder moralischen Grund für einen aufgeklärten Juden, ein aufgeklärter Christ zu werden. Aber es gab ein praktisches Motiv: die politische und wirtschaftliche Benachteiligung der Juden. Da es zwischen ihnen keine Gegensätze in der Lehre gab – war es da recht, daß der eine unter mannigfachen Behinderungen litt, während der andere sich aller bürgerlichen Rechte erfreute?

Friedländer verneinte das. Der Übertritt würde nur ein Namens-, kein Glaubenswechsel sein. Er fragte nun Teller, wie sich ein solcher Übertritt bewerkstelligen ließe. Obwohl Friedländer es strikt ablehnte, irgendein christliches Dogma anzuerkennen oder sich einem Ritual zu unterwerfen, das eine Beeinträchtigung seiner moralischen Integrität mit sich brachte, bat er doch um Aufnahme in die Kirche. Das Christentum sollte dabei nur eine Sache der Form, nicht des Glaubens sein. Die Zeremonien des Judentums hatte er als für die religiöse Wahrheit ungeeignete Behältnisse verworfen, im Christentum hoffte er edlere Gefäße, wenn auch keine edleren Wahrheiten zu finden.

In einem tieferen Sinne schlug Friedländer daher keineswegs die Konversion vor. Er wünschte nur eine Namensänderung im Austausch gegen die Anerkennung einiger Rituale. Das war insofern ein Schritt im Sinne Mendelssohns, als er damit der alle Menschen verbindenden natürlichen Religion eine entscheidende Bedeutung zusprach. Bei Friedländer wurde Mendelssohns Denken, nachdem einmal die Bindung an das Zeremonialgesetz aufgegeben worden war, zu seiner letzten Konsequenz geführt. Die Aufgabe des Gesetzes wurde damit gerechtfertigt, daß sie die Religion humaner mache, und wurde begründet mit der Idee des historischen Fortschritts. Für Mendelssohn war es das Gesetz gewesen, das dem Judentum seine Eigenart verlieh und die Grundlage war für seine abgesonderte Daseinsform. Friedländer fand keinen neuen, eigenen Inhalt, der an die Stelle des Gesetzes hätte treten können. So fehlte ihm die Voraussetzung für eine religiöse Fundierung jüdischer Identität, aber ebensowenig hatte er – schon aufgrund seiner sozialen Stellung – eine ethnische Begründung, die sich etwa in der Idee jüdischer Solidarität ausgedrückt hätte. Wenn es aber keinen guten Grund für die Bewahrung des Judentums gab, warum sollten dann die Juden um seinetwillen noch länger alle möglichen Behinderungen auf sich nehmen? Alle politischen und wirtschaftlichen Rechte waren nur durch die Konversion zu erlangen; konnte man diesen Schritt tun ohne Verlust der Integrität, so war der Weg dafür frei.

Die Gedankenführung, wie sie in Friedländers Brief sichtbar wurde, war nicht neu. Schon 1793 hatte ein anderes Mitglied des Mendelssohn-Kreises, Lazarus Bendavid, ein Werk über das Judentum seiner Zeit geschrieben, in dem er – obgleich er den Übertritt nicht nahelegte – eine sehr ähnliche Auffassung vertrat. Bendavid wollte an die Stelle des überholten gesetzestreuen Judentums ein anderes setzen, das sich auf die Lehre der Bibel gründete, und dieses Judentum hielt er für identisch mit der natürlichen Religion.[47] Ein anonymer Rezensent von Bendavids Schrift ging sogar noch weiter. Er sah keinen Grund dafür, daß die Juden weiterhin eine abgeschlossene Gruppe blieben. Sie sollten sich unter die Einheimischen mischen und sich innerlich wie äußerlich assimilieren. Der Rezensent zog die Religion Jesu der Moses vor, weil jene nach seiner Meinung unauflöslich mit dem Zeremonialgesetz verknüpft war.[48] Vielleicht stellte Bendavid selber schließlich Jesus über Mose, oder aber – was wahrscheinlicher ist – Kant verwechselte Autor und Rezensenten, als er 1798 im „Streit der Fakultäten" Bendavid für seinen Vorschlag pries, man sollte die Religion Jesu annehmen, und als er erklärte, daß „die reine, moralische Religion" „mit Verlassung aller alten Satzungslehren" das Ende des Judentums bedeute.[49] Wie Mendelssohn – und Friedländer – sah Kant das dem Judentum unverwechselbar Eigene lediglich im Zeremonialgesetz. Mendelssohns Vorstellung vom Judentum hatte das Denken über diesen Gegenstand bei Christen wie bei Juden gleichermaßen geprägt.[50]

Im Jahr vor dem Erscheinen des Briefes veröffentlichte Wolf Davidson, ein Arzt in Berlin, über den wir sonst sehr wenig wissen – der aber durchaus einer der Miturheber des Briefes an Teller gewesen sein kann –, eine Schrift über die Verbesserung des bürgerlichen Status der Juden.[51] Er verteidigte die Juden gegen den Vorwurf von Wucher und Betrug und führte stolz diejenigen auf, die auf dem Gebiet von Kunst und Wissenschaft Berühmtheit erlangt hätten. In Preußen waren seine Glaubensbrüder, dank der Aufklärung, weit vorangekommen und hatten dabei ihre überlebte Tradition hinter sich gelassen. Als Ziel dieses bemerkenswerten Fortschritts faßte Davidson eine vollständige Vereinigung von Christen und Juden ins Auge. Um diesen Vorgang zu fördern, sollte der Staat uneingeschränkt Heiraten ohne Konversion zulassen. Würden die Christen, so war seine Meinung, nur ihren fortdauernden Haß auf die Juden aufgeben, so könnte am Ende eine vollständige Vereinigung beider religiösen Gruppen zustande kommen.[52] Obwohl Davidson nicht genau erkennen läßt, wie diese Vereinigung erreicht werden soll, wird doch bereits hier – wie auch in anderen früher erschienenen Schriften – der Gedankengang Friedländers sichtbar.[53]

Die Wahl des Adressaten für den Brief der Hausväter war leicht und naheliegend. Wilhelm Abraham Teller war ein Theologe von höchst aufgeklärten Ansichten. Er schrieb Artikel für die „Monatsschrift", war ein Freund Mendelssohns, und Juden schätzten ihn und vertrauten ihm. Er hatte am Rationalismus in der Theologie festgehalten, selbst als das – einige Jahre nach dem Tode Friedrichs des Großen – riskant geworden war. Im Jahre 1792 veröffentlichte er zwei religiöse Werke, die Friedländer kannte; und in keinem der beiden erwähnte er Jesus als Gottessohn. Teller erschien so als der ideale Empfänger des Briefs.

Die öffentliche Antwort des Berliner Propstes[54] ist unterschiedlich gedeutet worden. Man hat auf der einen Seite entschiedene Ablehnung, auf der anderen Seite den herzlichen Beifall eines Missionars[55] entdecken wollen. In Wahrheit trifft keine von beiden Interpretationen zu. Der Aufklärer Teller wollte die Hausväter nicht entmutigen, aber er sah sich auch nicht aufgerufen, sie für die Kirche zu gewinnen. Propst Teller war kein Lavater. 30 Jahre früher, als der Zürcher Theologe seine Aufforderung an Mendelssohn veröffentlicht hatte, war das für Teller ein Akt der Intoleranz gewesen. Er war nicht der Meinung, jeder edle Jude müsse Christ werden. Daß Mendelssohn nicht konvertiert war, hatte sich – aus seiner Sicht – als gut erwiesen, weil das den jüdischen Philosophen in die Lage versetzte, für die „Verbesserung" seines eigenen Volkes zu wirken. Hätte Mendelssohn seine Religion geändert, so wäre ihm jeder Einfluß abhanden gekommen. Angesichts der wohltätigen Wirkungen Mendelssohns und seiner Schüler – auch Friedländers – auf die jüdische Gemeinschaft fragte sich Teller jetzt, warum die aufgeklärten Juden sich nicht damit zufriedengäben, die begonnene Arbeit fortzusetzen. Sie hätten ihr Judentum schon von seinen Schlacken befreit und nur das reine Gold der ursprünglichen israelitischen Religion zurückbehalten. Teller fragte sie mit Nachdruck, warum sie nicht das Judentum weiter reformierten, anstatt sich ins Christentum zu flüchten; denn für ihn war die Reform des Judentums ebensosehr im Geiste Christi wie die Bekehrung. Er konnte ihnen nicht zusichern, daß sie die Bürgerrechte erlangten, nur weil sie das jüdische Gesetz aufgegeben hätten, aber er war davon überzeugt, daß damit das größte Hindernis aus dem Wege geräumt worden sei. Bis zu diesem Punkt ist der Brief sicher eine Zurückweisung, aber Teller geht weiter: Wenn sie dennoch zu einem geläuterten Christentum übertreten wollten, dann werde er ihnen freudig die Hand entgegenstrecken.

Teller verlangte nicht, daß die Verfasser des Sendschreibens das Christentum in seiner Ganzheit übernähmen. Seine Religion bestehe aus Grundwahrheiten (oder Grundlehren) und aus Dogmen; die Juden brauchten nur die Grundwahrheiten anzuerkennen. Die Dogmen enthielten theologische Lehrsätze über die Dreieinigkeit und über die Sohnschaft Christi. Die Wahrheiten dagegen ließen sich in einem einzigen Satz zusammenfassen, den – darauf bestand Teller freilich – die Hausväter anerkennen müßten, sollten sie Christen genannt werden: „... *daß Christus der von Gott erkohrne und gesandte Stifter einer bessern Religion sei, als Ihr bisheriger ganzer Ceremoniendienst war und seyn konnte; der Herr, das Haupt Aller,* die sich ihn zum Vorgänger in der wahren Anbetung Gottes wählen und seiner Anweisung folgen ...“[56]

Teller war nicht bereit zuzulassen, daß die jüdischen Hausväter nur das Zeremonialgesetz aufgäben und Deisten unter einem neuen Namen blieben. Er bestand darauf, sie müßten anerkennen, daß das Christentum sich geschichtlich als überlegen erwiesen habe und daß es im Vergleich zum Judentum die höherentwickelte Religion sei. Akzeptierten sie das, so war er seinerseits bereit, bestimmte Zugeständnisse zu machen. Ein eigenes Glaubensbekenntnis konnte an die Stelle der üblichen trinitarischen Taufformel treten. Sie hatten die Freiheit, die christlichen Riten für sich neu zu interpretieren – wie das aufgeklärte Christentum es seinerseits getan hatte. Aber, so räumte Teller ein, einen Zusammenhang zwischen ihrer Konversion und der Erteilung der Bürgerrechte herzustellen lag jenseits seiner Zuständigkeit.

Tellers Erwiderung war keine Zurückweisung des Sendschreibens. Sie war eine aufrichtige Antwort auf die von Friedländer gestellte Frage: Was verlangte er von ihnen, wenn sie Christen werden wollten? Seine Forderung indessen war zu hoch.[57] Friedländer und seine Freunde strebten nicht nach einer *religiös* begründeten Konversion, sondern nur nach einer nominellen, und selbst der aufgeklärteste unter den christlichen Theologen war nicht bereit, das hinzunehmen.

Das Sendschreiben an Teller und dessen Antwort riefen ein lebhaftes öffentliches Interesse hervor. Beide erlebten im Erscheinungsjahr zwei Nachdrucke. Andere Schriften und Aufsätze, die meisten ohne Verfasserangabe, wurden in Umlauf gebracht; sie wiesen alle Meinungsschattierungen und alle Nuancen der Reaktion auf.[58] Ihr Ton reichte von großer Ernsthaftigkeit bis zu sarkastischem Humor; sie erschienen in der Form von Essays, Briefen, Dialogen – in einem Fall sogar als Roman. Obwohl diese Schriften Friedländer nicht nannten, war seine Autorschaft doch weithin bekannt.[59] Mit Sicherheit wußte

Teller, der auch das Amt des Zensors in Berlin innehatte, wem er antwortete. Im großen und ganzen war die Reaktion ungünstig. Orthodoxe Christen nutzten die Gelegenheit, die Vernunftreligion in beiden Lagern zu verdammen.[60] Andere setzten den Vorschlag des Sendschreibens als einen selbstsüchtigen Akt herab, der nur darauf abzielte, den Verfassern wirtschaftliche und politische Privilegien zu sichern.[61]

Bei weitem die interessanteste Reaktion und neben Tellers Antwort vermutlich diejenige, die den tiefsten Einfluß auf Friedländer ausübte, war eine Schrift in Briefform, die der junge Theologe Friedrich Schleiermacher anonym herausbrachte.[62] Dieser Vertreter einer romantischen Theologie – der im selben Jahr dem christlichen Rationalismus mit seinem Buch „Über die Religion" einen mächtigen Schlag versetzen sollte – war überhaupt nicht darauf versessen, für seinen Glauben weitere gleichgültige Anhänger zu gewinnen. Er erkannte deutlich, daß das Sendschreiben nicht Ausdruck eines tiefen religiösen Empfindens war und daß seine Verfasser nie überzeugte Christen werden würden. Ja, es war unvermeidlich, daß sie etwas vom Judentum mit einschleppten. Da für Schleiermacher die Religion tiefer reichte als der Verstand, nahm er etwas wahr, was die meisten Zeitgenossen nicht bemerkten: daß das Sendschreiben in der moralischen Verteidigung des orthodoxen Judentums und in der Polemik gegen das christliche Dogma einen Rest jüdischen Selbstbewußtseins offenbarte. Und das würden die Juden in das Christentum mit hinübernehmen. Hatte man einmal einem Glauben angehangen – und das Sendschreiben wies ja ausdrücklich darauf hin, daß die hinter ihm Stehenden alle aus orthodoxem Milieu kamen –, so konnte sein Einfluß niemals ganz ausgelöscht werden. Schleiermacher sprach sich für eine Zurückweisung des Briefes nicht deshalb aus, weil seine Urheber durch den Übertritt Bürger würden, sondern weil ein „halber Übergang" nicht im Interesse des Christentums lag. Indem der Staat den Juden willkürlich die Bürgerrechte vorenthielt, handelte er ihnen gegenüber nicht nur unmenschlich, vielmehr schadete er auch der Kirche, denn er trieb die Ausgeschlossenen zu einer unaufrichtigen Bekehrung. Schleiermachers Schlußfolgerung war, der Staat sollte volle bürgerliche Gleichberechtigung jedem Juden gewähren, der den Glauben an den Messias sowie alle Zeremonialgesetze aufgäbe, die im Widerspruch zu den staatsbürgerlichen Pflichten stünden. Da die Absender des Briefes zu verstehen gegeben hatten, sie seien genau dazu bereit, sollten sie also Juden bleiben, aber innerhalb des Judentums „eine besondere Kirchengesellschaft" bilden.

Ein solcher Vorschlag muß Friedländer zu denken gegeben haben. Aber die größte Wirkung ging zweifellos aus von Schleiermachers Bemerkung am Anfang seiner Schrift über den Gegensatz zwischen diesem Versuch des Zugangs zu den Bürgerrechten und den achtungswürdigen Bemühungen des vergangenen Jahrzehnts. Seine Ironie muß den Streiter für die jüdische Emanzipation verletzt und den Schüler Mendelssohns sehr beschämt haben:

„Wie tief verwundet muß besonders der treffliche Friedländer sein! Ich bin begierig darauf ob er nicht aufstehen wird, um seine Stimme zu erheben gegen diesen Verrath der besseren Sache; er der damals mit so guten Hoffnungen, so schien es wenigstens, vom Kampfplaze schied, der – ein ächterer Anhänger Mendelssohns als dieser hier – nicht einmal von einer Abschaffung des Ceremonialgesezes etwas wissen wollte, sondern entschieden behauptete daß auch die Orthodoxie des Judenthums die Einbürgerung seines Volkes nicht hindern dürfe.... Die Vernunft fordert, daß alle Bürger sein sollen, aber sie weiß nichts davon, daß alle Christen sein müssen, und es muß also auf vielerlei Art möglich sein Bürger und Nichtchrist zu sein ...“ [63]

Die jüdische Reaktion auf das Sendschreiben war nicht günstiger.[64] Natürlich waren die Orthodoxen dagegen, aber auch aufgeklärte Juden schlossen sich der Kritik an. In der „Neuen Berlinischen Monatsschrift“ vom Dezember 1800 erschien ein Brief an die Verfasser des Sendschreibens von einem „Hrn. Dr. Schönemann, jüdischer Nazion“.[65] Es war die erste (und einzige) öffentliche Antwort eines erklärten Juden.[66] Schönemann beschuldigte die Hausväter, sie hätten die Folgen ihrer Handlung nicht bedacht. Sie dächten nur an sich selbst, ohne sich klarzumachen, welche Wirkung ihr Schritt auf jene hätte, die Juden blieben. Die Orthodoxen würden triumphierend auf die Konvertiten weisen als auf das zwangsläufig sich einstellende Ergebnis jeglicher Aufklärung. Gebildete Juden, die allein fähig wären, „einiges Licht unter die Nazion zu verbreiten“, würden dem Beispiel der Hausväter folgen. Der Verlust ihrer Führerschaft würde die Juden kulturell um Jahrhunderte zurückwerfen. „... kann man sich wohl schwerer an einer Nazion versündigen, als wenn man ihr ihre Lehrer, ihre Wegweiser nimmt?“

Angesichts einer solchen Reaktion zog sich Friedländer auf das Judentum zurück. Er konnte sich nicht dazu durchringen, die von dem aufgeklärten Teller, geschweige denn die von anderen vorgeschlagene Form der Konversion zu akzeptieren. Teller, Schleiermacher und Schönemann hatten die quälende Frage gestellt, warum er nicht die edle Tradition seines Lehrers fortsetzte, indem er von Innen an der religiösen und politischen „Verbesserung" seiner jüdischen Glaubensgenossen arbeitete. Friedländer hatte es einst unternommen, genau das zu tun, aber, der Verzweiflung nahe, hatte er dann den Weg verlassen, der zu keinem Ziel zu führen schien; die unerwartete negative Reaktion auf das Sendschreiben brachte ihn jetzt dahin zurück.[67]

Nach dem Scheitern der Anfangsbemühungen waren die Hoffnungen auf eine Emanzipation der Juden in Preußen lange Zeit getrübt. Von 1803 bis 1805 war sie Gegenstand einer häßlichen öffentlichen Auseinandersetzung. Feinde der Gleichstellung verunglimpften die Juden als Fremdlinge, als eine Kaste von Wucherern und als Träger einer verabscheuungswürdigen Tradition. Aber dann kam es im Oktober 1806 zu der vernichtenden preußischen Niederlage bei Jena; ihr folgte im nächsten Jahr der demütigende Frieden von Tilsit. Große Gebiete wurden an den Sieger Napoleon abgetreten. Jetzt endlich erkannte die preußische Führung die Notwendigkeit einer durchgreifenden Reform von Gesellschaft, Wirtschaft und Verwaltung. Stein, Hardenberg und ihre Mitstreiter brachten Preußen auf den Weg zu einer nationalen Erneuerung. Bis dahin ungenutzte Kräfte wurden nun in den Dienst der Nation gestellt. Die Bauern wurden befreit, eine moderne Verwaltung wurde eingerichtet. Die Zeit für eine Wiederaufnahme der jüdischen Frage war ebenfalls gekommen.

Der Anstoß ging jetzt nicht von der jüdischen Gemeinschaft, sondern von der Regierung aus.[68] Die Emanzipation der Juden wurde ein Bestandteil der gesamten Reform. Die preußische Beamtenschaft sah jetzt, daß das nationale Interesse zusammenfiel mit dem, was die Juden so sehr herbeisehnten. Wiederum war Friedländer der Mittler zwischen der Regierung und der preußischen Judenschaft. Er blieb deren anerkannter Repräsentant, wenn auch seine Rolle in diesem letzten, erfolgreichen Kampf um die Emanzipation nicht mehr so bedeutend war wie früher. Während das Edikt ausgearbeitet wurde, machte Friedländer seine Ansichten auf vielfältige Weise geltend. Zweimal wurde ihm der Text zur Stellungnahme vorgelegt.[69]

Noch immer erfreute sich Friedländer eines großen Einflusses. Der Brief an Teller hatte ihn nicht um die Achtung der jüdischen Gemeinde Berlins gebracht. Im Jahre 1806 ernannte sie ihn zum Ältesten, und in dieser Stellung blieb er sechs Jahre.[70] Gleichzeitig hatte er ein einflußreiches politisches Amt in Berlin inne. Die Steinsche Städteordnung von 1808 räumte den preußischen Kommunen erhebliche Selbstverwaltungsrechte ein. Friedländer, der schon seit 1792 das Bürgerrecht in Berlin hatte, wurde jetzt als Stadtrat in den Magistrat gewählt. Da er auf diese Weise gleichzeitig zwei angesehene, einflußreiche Ämter innehatte, lag es nahe, ihn zum Vertreter der Juden gegenüber der Regierung zu machen.

Die verschiedenen von der Regierung ausgearbeiteten Vorschläge gingen mehr als drei Jahre lang zwischen den einzelnen Behörden hin und her; dann fanden sie ihren Abschluß in dem bekannten Edikt vom 11. März 1812.[71] In seiner Schlußfassung übernahm das Edikt unter dem Einfluß Hardenbergs das französische Konzept vollständiger Gleichheit.[72] Es erklärte die Juden zu „Einländern" und preußischen Staatsbürgern. Sondersteuern und wirtschaftliche Beschränkungen wurden aufgehoben. Juden hatten Zugang zu akademischen Positionen und unterlagen der Militärpflicht. Nur die Frage ihrer Zulassung zu Staatsämtern blieb einer späteren Regelung vorbehalten. Mit einem Schlag war der rechtliche und politische Status der preußischen Judenschaft radikal verändert. Die jüdischen Gemeindeältesten Berlins beeilten sich denn auch, dem Kanzler Hardenberg ihren untertänigen Dank für die Gewährung der Bürgerrechte auszusprechen, auf die man so lange hatte warten müssen.

Aber dieser neue Status, der den Juden von der Regierung verliehen wurde, mußte mit ihren Religionsverhältnissen und ihrem Erziehungssystem in Einklang gebracht werden. Der letzte Paragraph des Edikts sah Beratungen über die Entscheidungen vor, die im Hinblick auf eine Anpassung der religiösen Praxis der Juden und die Verbesserung ihrer Erziehung zu treffen wären. Dazu sollte man führende Vertreter der jüdischen Gemeinschaft, die das Vertrauen der Öffentlichkeit hätten, berufen und anhören.

Hier bot sich Friedländer endlich eine Gelegenheit, seine Ansichten von jüdischer Religion und Erziehung öffentlich mitzuteilen. Unverzüglich gab er Vorschläge in Druck, die nach seiner Meinung auf die neue Situation antworteten,[73] und sandte sogleich Exemplare seiner Schrift an den König, an Hardenberg und an das Departement für Cultus und öffentlichen Unterricht. Die Schrift – die ohne Verfassernamen erschien – behandelte an erster Stelle die Erneuerung des Gottesdienstes. Da die Juden nunmehr Anerkennung als Bürger erlangt hatten, waren – so Friedländers Meinung – Gebete, die der Rückkehr nach Palästina galten, in jeder Hinsicht unangebracht. Solange man die Juden unterdrückt, solange man sie als Fremde behandelt hatte, war die Hoffnung auf Rückkehr in das Land ihrer Väter von Bedeutung gewesen. Jetzt aber, da sie preußische Staatsbürger waren, sollte man auf solche Gebete verzichten. Am Anfang gab Friedländer der Änderung des Status sinnbildlich Ausdruck durch eine Änderung des Sprachgebrauchs: Es sollte jetzt nicht mehr die Rede sein von einem „Gottesdienst in der Synagoge", sondern von einer „Gottesverehrung im Tempel der Israeliten".

Friedländer beschrieb den Verfall, dem die Liturgie nach seiner Ansicht über Jahrhunderte hinweg in Inhalt und Form ausgesetzt gewesen war. Weil der Gottesdienst überhaupt keinen Bezug mehr zur Gegenwart hatte, waren die Synagogen leer. Wenige Juden konnten noch genug Hebräisch, um die Gebete zu verstehen. Gleichwohl war ein jüdischer Gottesdienst nötig, freilich einer, der zu dem vernunftgeleiteten Menschen der Gegenwart paßte: eine „vernünftige Gottesverehrung" in einer Sprache, die jedermann verstand. Friedländer schlug eine Liturgie vor, die sich auf die Bibel gründete, und einen Gottesdienst, der nur auf Deutsch abgehalten wurde, mit Ausnahme weniger hebräischer Texte, die der Vorbeter auszuwählen hatte. Die Ausarbeitung seiner Vorschläge wollte er jemandem überlassen, der über ein größeres Fachwissen verfügte.

Die neue Erziehung sollte eng verbunden sein mit dem neuen Gottesdienst. Friedländer sah keinen Grund mehr für die Mehrheit der jüdischen Kinder, Hebräisch zu lernen, geschweige denn mit dem Talmud ein Gesetzessystem zu studieren, das bedeutungslos geworden war. Dagegen bestand nach seiner Meinung ein großer Bedarf an einem Lehrbuch, das in die erneuerte jüdische Religion einführte. Ein solches Buch sollte die auf die Bibel gegründeten Glaubenswahrheiten zusammenstellen und in systematischer Form darbieten. Die heiligen Schriften waren für Friedländer eine Art „Fundgrube", aus der man die Lehrsätze des Buches gewinnen und die Liturgie schaffen konnte.

Friedländer drängte die gleichgesinnten Juden, an der Reform mitzuarbeiten. Da ihm die Abneigung des Königs gegen religiöse Neuerungen bewußt war, betonte er, alle Mitglieder der jüdischen Gemeinschaft – auch die mit seinen Vorschlägen nicht einverstandenen – seien einig in ihrer Ehrfurcht vor den heiligen Schriften. Ein Sektierertum werde nicht entstehen.

Die knapp gefaßte Schrift war angelegt als Vorlage für die Regierung, gerichtet indessen war sie an die jüdische Gemeinschaft. Geschrieben wurde sie in dem hoffnungsvollen Augenblick, in dem Friedländer den Eindruck hatte, die Emanzipation werde endlich die innerjüdische Reform herbeiführen. Er verwarf jetzt die Wahlmöglichkeiten „Jude" oder „Christ" und artikulierte sein Selbstverständnis in einem neuen Begriff: dem des Israeliten. Alle anderen Juden, so wünschte er sich nun, sollten gleichfalls Israeliten werden. Das bedeutete vollständige Assimilation außer im Gottesdienst und in der religiösen Erziehung, welche sich ausschließlich auf das Alte Testament gründen sollte. Aber wie sollte der reformierte Glaube aussehen? Obwohl Friedländer die Schaffung des Gebetbuchs wie des Lehrbuchs den Fachleuten überließ, war deutlich: Israelit zu sein hieß, die natürliche Religion – eine Religion der Menschheit – aus der reinen Quelle des alten Israel zu schöpfen.

Es war Friedländer nicht vergönnt, seinen Vorschlag in die Tat umzusetzen. Obgleich seine Überlegungen den Beifall Hardenbergs und sogar einiger jüdischen Glaubensgenossen fanden,[74] war doch die Mehrheit der Juden dagegen.[75] Die Assimilationswilligen waren schon großenteils konvertiert, jene, die am Judentum festhielten, waren konservativer. Sie widersetzten sich dem Vorschlag, das Hebräische sollte aus Kult und jüdischem Unterricht verbannt werden, und sie äußerten die Sorge, es könnte zu einem Riß durch die jüdische Gemeinschaft kommen. Im Januar 1813 hielt die jüdische Gemeinde Berlins eine Wahl ab: Zu bestimmen waren zwei Vertreter, die der Regierung bei der Ausarbeitung eines Plans für die Reform von Religion und Erziehung zur Seite stehen würden.[76] Natürlich war Friedländer unter den Kandidaten, aber dieses Mal wurde er nicht gewählt. Die Gewählten erhielten 230 bzw. 229 Stimmen, Friedländer bekam nur 84. 13 Jahre zuvor hatte der Brief Friedländers an Teller ihn nicht um seine herausgehobene Stellung in der jüdischen Gemeinde gebracht. Der Brief war letzten Endes eine Privatangelegenheit gewesen. Aber sein rückhaltloses Eintreten für die Assimilation ging für die Mehrzahl derer zu weit, die doch noch Juden bleiben wollten.

Friedländers Aufgaben als Repräsentant der preußischen Judenschaft waren beendet. Die Emanzipation war erreicht; über die Reform war man uneins. Er verbündete sich nunmehr mit dem Teil der jüdischen Gemeinschaft, der mit seinen Meinungen übereinstimmte. Er schrieb Predigten,[77] die von jüngeren Männern im reformierten Gottesdienst vorgetragen wurden, wie ihn Israel Jacobson[78] und Jacob Beer damals in Berlin eingerichtet hatten. Die meisten dieser Predigten hatten nicht den geringsten jüdischen Gehalt; sie hätten auch in einer Kirche vorgetragen werden können. Eine dieser Predigten ist eine Lektion über natürliche Religion: hoch abstrakt, ohne Bildlichkeit, eine Versicherung an die Gemeinde, daß des Menschen Seele unsterblich, seine Bestimmung Vollkommenheit sei. Die Vernunft ist hier der letzte Prüfstein der Wahrheit, durch sie spricht Gott zu den Menschen.

Die Besucher dieser Gottesdienste kamen vornehmlich aus der jüdischen Oberschicht Berlins, aus dem Kreis der Kaufleute und Fabrikanten. Friedländer bot dieser Schicht eine kapitalistische Ideologie in religiöser Begrifflichkeit. In einer Predigt mit dem Titel „Handel und Reichtum" verteidigte er das Streben nach materiellem Gewinn als edles Unterfangen, wenn seine Früchte klug und freigebig genutzt würden. In beinahe kalvinistischem Geist predigte er gegen die sinnlose Verwendung der Zeit und stimmte ein Loblied auf den Mann an, der jede Minute in gewinnbringende Tätigkeit umsetzte. Selbstverständlich verband er mit dieser Rechtfertigung des Reichtums die Devise, daß Adel verpflichte. Hatte der tugendhafte Mann geleistet, was er sich selbst und seiner Familie schuldete, so mußte er danach seine Pflichten gegenüber den Mitmenschen erfüllen.[79]

Die Einstellung dieser Predigten zum Judentum ist zweideutig. Wie früher schon vermag Friedländer immer noch keinen Wert in den meisten jüdischen Gebräuchen und Zeremonien zu erkennen – zumindest nicht in ihrer gegenwärtigen Form. Während religiöse Wahrheit sich auf ewige Grundsätze stütze, seien die Gesetze zeitgebunden. „Wer jene aufgiebt hört auf, ein Israelit und ein tugendhafter Mensch zu seyn; wer diese unbeachtet läßt, kann vielleicht ein Israelit in höherem Sinne und ein besserer Mensch werden." Zugleich aber empfindet Friedländer, der sich jetzt für ein Verbleiben in der jüdischen Gemeinschaft entschieden hat, nichts als Verachtung für die Konvertiten. Vielleicht verbergen die folgenden Sätze einen gewissen Neid; auf jeden Fall aber müssen sie eigenartig geklungen haben in den Ohren derer, die sich an den 15 Jahre früher von Friedländer veröffentlichten Brief erinnerten:

„Aber wir wollen auch nicht durch kindischen Spott, Hohn und Verachtung der Leichtsinnigen, uns in unsrer Religion irre machen lassen; nicht die Lehren unsrer Väter deswegen verlassen, weil man Sitte, Sprache und Manieren an uns verhöhnt –. Welcher Mann, welche Frau von Gewissen, von Gefühl *wahrer* Ehre kann seine Religion, ohne Überzeugung, aus Modesucht und Eitelkeit oder niedrigem Eigennutz wechseln, wie man Kleid und Stunde der Mahlzeit wechselt;

wechseln um einiger Bequemlichkeit oder um Vortheile willen, die vergänglich und eitel sind. Nein! so wollen wir nicht das Heiligste entweihen, was der Mensch besitzt: *Gewissensruhe, Redlichkeit, Wahrheitsliebe.*" [80]

Die Reformgottesdienste in Berlin sollten indessen nicht viel bewirken. Nach dem Bericht des Historikers Jost, der selber Mitglied des Direktoriums war, wurde die „Flachheit und Verwässerung des eigentlichen Religions-Elements" auch einigen der führenden Persönlichkeiten bewußt.[81] Im Jahre 1823 brachten die Orthodoxen die Regierung schließlich dahin, daß sie die Gottesdienste unter dem Vorwand verbot, sie förderten Sektiererei. Im selben Jahr veröffentlichte Friedländer ein Buch, in dem er die Aufmerksamkeit auf das Scheitern der Reform unter seinen jüdischen Glaubensgenossen lenkte.[82] Vier Jahre vorher hatte er schon die Grundgedanken seines Briefes an Teller erneut bekannt; jetzt kehrte er ganz zu ihnen zurück. So war denn auch diese letzte Veröffentlichung an die Schüler und Freunde des Propstes Teller und die anderen christlichen Theologen der Aufklärung gerichtet. Wiederum konnte Friedländer nichts im Judentum finden, das seine Bewahrung als eigenen Glauben rechtfertigte. Er sprach sich jetzt für eine „völlige Verschmelzung" von Judentum und Christentum aus, bei der seine eigene Religion ihre Identität gänzlich aufgeben würde. Jüdische Gottesdienste sollten nach christlichen Vorbildern eingerichtet werden, „denn woher sollten meine Mitbrüder sonst ihre Muster nehmen?" In den letzten Jahren seines Lebens hielt Friedländer standhaft an der Auffassung fest, das reformierte Judentum[83] sei eine Zwischenstufe auf dem Weg zu einem aufgeklärten Christentum.

Friedländer wurde 84 Jahre alt, ein lebendes Relikt aus dem 18. Jahrhundert. Er trat dem Verein für Cultur und Wissenschaft der Juden bei, aber in diesem Kreise junger Männer, die von einem neuen Geiste erfüllt waren, klang seine Stimme wie der leere Nachhall eines vergangenen Zeitalters. Von Zeit zu Zeit schrieb er einen Artikel oder ein kleines Buch: Vorschläge zur Emanzipation der Juden in Polen,[84] eine Verteidigung der Juden gegen Verleumdungen,[85] Gedanken über die Lektüre und die Übersetzung der heiligen Schriften.[86] Aber seine aktiven Jahre waren vorüber. Von der Gicht geplagt, war er oft an sein Haus gebunden. Er verbrachte seine Tage mit ein paar Freunden aus seiner Generation in sehnsüchtiger Erinnerung an die Aufklärung, das Zeitalter Lessings und Mendelssohns. Im Laufe seines Lebens hatte er die Bekanntschaft einiger der großen Männer seiner Zeit gemacht: Kants, der Brüder Humboldt, des Kanzlers Hardenberg. Der deutsche Popularphilosoph Johann Jakob Engel widmete Friedländer, seinem „edlen Freunde“,[87] sogar die Ausgabe seiner Schriften. Durch seine Neigung zum Sammeln von Münzen und Miniaturen kam er in brieflichen Kontakt mit Goethe,[88] aber er war nicht fähig, dessen schriftstellerische Größe zu erkennen.

Friedländer hatte seine Zeit überlebt. Der deutsche Nationalismus war an die Stelle des Kosmopolitismus der Aufklärung getreten; die Romantik hatte jetzt das Wort in Literatur und Theologie; der Historismus hatte, seitdem diese Bewegung von Herder eine Generation zuvor in Gang gebracht worden war, zunehmend an Bedeutung gewonnen; und in der Politik hatte die Niederlage Napoleons eine Zeit finsterster politischer Reaktion eingeleitet. Friedländer mochte in einer ihm so gänzlich unvertraut gewordenen Welt nicht länger leben. Im Jahre 1825 gestand er seinem jungen Freunde Leopold Zunz, er sei bereit zum Sterben.[89]

Aufrechterhalten wurde er in den letzten Jahren seines Lebens durch die noch stärker gewordene Überzeugung, daß er der wahre Schüler Mendelssohns sei.[90] Er brachte eine Neuausgabe des „Phädon“ heraus[91] und empfahl seinen berühmten Lehrer der Jugend als Vorbild an.[92] Er wolle, so schrieb er noch 1823, nur für die Verbreitung der Lehren Mendelssohns wirken.[93] Überschwenglich schrieb der alte Friedländer in sein Tagebuch:

„*Mendelssohn*, Palme Israels, Ceder Libanons! so wuchsest Du empor, so überwandest Du tausendfältige Hindernisse, welche Körperbau, Religion Deiner Väter, Staatsverfassung Deinem Wachsthum entgegenstellten. Unter Deinem milden Schatten hast Du auch mich winzige Pflanze geduldet, gehegt und gepflegt. Es ist ein herrliches Gefühl, einem Weisen nahe gewesen zu sein, wahre Seelenwonne der Erinnerung, daß der Edle meine kindliche Anhänglichkeit würdigte und mich väterlich liebte. Selbst im Greisenalter ist Dein Andenken in mir so lebendig wie vor funfzig Jahren!“[94]

Nach dem Tode Friedländers am 25. Dezember 1834 setzte man auf seinen Grabstein, seinem Willen entsprechend, diese Worte:

„Grabstätte
David Friedländer's, geb. in Königsberg, 6. Dezbr. 5511 (1750),
Des edlen Joachim Friedländer's Sohn
Treuer Schüler und Freund des Weltweisen
Moses Mendelssohn
gest. den 25. Dezbr. 5595 (1834).“[95]

Für seine Zeitgenossen war er der gute alte, ehrliche Friedländer geworden. Für spätere Generationen sollte er zum Gegenstand heftiger Verachtung wie auch maßlosen Lobes werden.[96] Seiner Selbsteinschätzung nach war er immer nur der getreue Schüler Mendelssohns gewesen, der das von dem Lehrer begonnene Werk fortgesetzt hatte. Er strebte nicht nach der Bewahrung des Judentums, sondern nach der Veredlung der Juden, der Juden als Menschen – wie Lessing sie gesehen hatte. Unfähig, im Judentum eine nur ihm eigene Botschaft wahrzunehmen, trug er es wie eine unerwünschte Last. Fliehend, zurückkehrend, wiederum fliehend, ohne jemals ein Ziel für seine Flucht zu finden, mühte sich Friedländer ab mit seinem eigenen Judentum, bis er schließlich, hochbetagt, den Blick nur noch zurück auf Mendelssohn und die Vergangenheit wandte. Stets ambivalent in seiner Identifikation mit dem Judentum, hatte Friedländer die tiefe Verehrung seines Lehrers für ein von der Tradition geleitetes Leben verloren; er starb, ohne im Judentum etwas zu finden, das an die Stelle eines solchen Lebens treten konnte.

4 Rationalismus und Romantik
Zwei Wege zur Konversion

Im März 1797 schrieb Sarah Grotthuss geborene Meyer, die Tochter eines reichen jüdischen Kaufmanns in Berlin, einen Brief an den von ihr abgöttisch verehrten Goethe. Sie fügte eine Jugenderinnerung ein, für deren Wahrheit sie sich verbürgte:

„Ich war im 13ten Jahre als ich einen empfindsamen Roman, mit einem Hamburger Kaufmannssohn, einem sehr hübschen guten und unterrichteten jungen Menschen hatte. Einst schickte er mir den Trost der unglücklich Liebenden, den göttlichen Werther; nachdem ich ihn verschlungen, schickte ich ihn mit 1000 unterstrichenen Stellen und einem sehr glühenden Billet zurück. Diese Depesche ward von meinem theuren Vater aufgefangen, ich bekam Stubenarrest und Mendelssohn der mein Mentor war, erschien und machte mir bittre Vorwürfen, ob ich Gott und Religion vergessen könnte und was der Alfanserei mehr war, nahm den lieben W., das unschuldige Corpus Delicti und warf ihn (nachdem er mir über jede angestrichene Stelle wacker den Text gelesen) aus dem Fenster.“[1]

Ob sich die Episode genau so abgespielt hat, wie Sarah Grotthuss sie hier erzählt, oder auch nicht – das Bild von Mendelssohn als einem entschiedenen Gegner des Gefühlskults im Sturm und Drang ist zutreffend. Der Mann, der sein Leben lang mit Nicolai und Lessing befreundet war, konnte Goethes „Leiden des jungen Werthers“ nur als Dokument sittlichen und literarischen Verfalls ansehen. Mit dieser Meinung stand er nicht allein; in Berlin und in Norddeutschland gab es für „Werther“ zunächst mehr Verachtung und Spott als Bewunderung.[2] Die aufgeklärten Juden seiner Generation, seine Schüler und der größere Teil der nachfolgenden Generation stimmten in Mendelssohns Verurteilung ein. Die Werke Lessings gehörten weiterhin zum festen Bestand ihrer Bibliotheken; ihn zu lesen fühlten sie sich geradezu verpflichtet. „Nathan der Weise“ war nach den Worten des jungen Börne das Buch, das „jeder Jude der auf Bildung anspruch macht ein paar Dutzend mal liest und es als das schönste Kunstwerk bis in den Himmel erhebt, wenn er auch kein Wort davon versteht, und sich noch so sehr dabei ennuyirt“.[3]

Während Mendelssohns Eintreten für Vernunft und Klarheit in Philosophie und Literatur sich weitgehend erklärt durch das intellektuelle Klima, in dem er heranwuchs und zu dessen Verbreitung er seinerseits beitrug, verlangt die Tatsache, daß die nachfolgende jüdische Generation so hartnäckig die Denk- und Ausdrucksformen der Aufklärung bevorzugte, eine zusätzliche Deutung. Als die Aufklärung gegen Ende des 18. Jahrhunderts zunehmend Angriffen ausgesetzt war, gehörten führende Geister unter den Juden zu ihren standhaftesten Verteidigern. Einige, wie Friedländer, hielten nicht nur an der älteren Literatur fest, sie blieben sogar Anhänger der Philosophie von Leibniz und Wolff. Häufiger freilich gewannen die Jüngeren die Überzeugung, diese ältere Schule der Philosophie habe sich überlebt, und taten den Schritt von Leibniz zu Kant. Dabei vertauschten sie allerdings nur einen überholten dogmatischen mit einem jetzt eher vertretbaren kritischen Rationalismus. Wer Kantianer wurde, setzte die Tradition der Aufklärung fort. Die metaphysische Grundlage der einstigen natürlichen Religion zerfiel, aber sie wurde ersetzt durch den moralischen Imperativ, auf den sich jetzt ein neuer Vernunftglaube gründete. Ebenso wie die Aufklärung verbannte Kant Gefühl und Phantasie aus der Religion.[4]

Die jüdische Bindung an die Aufklärung hatte ihre Wurzeln in der rabbinischen Literatur und in der jüdischen Philosophie des Mittelalters, die Mendelssohn und Salomon Maimon so sehr bewundert hatten. Sie mag darüber hinaus gefördert worden sein durch die Jahrhunderte währende Betätigung der Juden als Kaufleute und Geldverleiher, bei der sie bedachtsam und nüchtern ihren eigenen Vorteil berechneten. Der jüdische Geschäftsmann, der von Steuern und Reglements geplagt war, mußte rational denken, wenn er Erfolg haben wollte. Der wichtigste Grund dafür, daß die Juden philosophischen Rationalismus und literarische Klarheit bevorzugten, lag jedoch in ihrer Überzeugung, die politische Emanzipation könne nur aus einer universalistischen Weltanschauung hervorgehen, die die eingeborene Gleichheit der Menschen statt ihrer Verschiedenheit betonte. Ob sie sich offen zu den Prinzipien der Französischen Revolution bekannten oder ob sie, wie Friedländer, auf den preußischen Paternalismus setzten – die Wortführer jener Juden, die sich nach Möglichkeit assimilieren wollten, wiesen einmütig jeden Versuch zurück, dem jüdischen Volk eine immer gleichbleibende Eigenart zuzuschreiben. Es gab kein jüdisches Wesen, keine der Vernunft unzugängliche Stammesbindung, die die Juden vereinte. Mit Mendelssohn und den christlichen Intellektuellen, die sich seiner Meinung anschlossen, betrachteten sie das Judentum als Gesetz. Wie Bendavid erwarteten sie von ihren jüdischen Glaubensbrüdern, daß sie schließlich das jüdische Gesetz aufgäben und Anhänger der Vernunftreligion in ihrer kantischen Ausprägung würden. Das Judentum hatte seine Existenzberechtigung verloren, weil es keinen nur ihm eigenen, zeitüberdauernden Gehalt hatte. Für den gebildeten Juden war der Glaube, in den er hineingeboren war, nur etwas Überholtes, Äußerliches, das ihn auf unerfreuliche und unnötige Weise von der nichtjüdischen Welt trennte.

Die Vorstellung vom Judentum als einem dahinsterbenden Überbleibsel der Vergangenheit führte die jüdischen Rationalisten auf unterschiedliche Wege: zum Eintreten für einen Gottesdienst nach dem Muster des christlichen, zur Gleichgültigkeit gegenüber jeder organisierten Form von Religiosität oder zu einer äußerlichen Übernahme des Christentums. Die Unentschiedenheit Friedländers, ob man das Judentum reformieren oder aufgeben solle, ist hier in allen Einzelheiten beschrieben worden. Ganz ähnlich wie Friedländer verhielten sich die drei Söhne Mendelssohns. Nur Joseph, der Älteste, blieb sein Leben lang Jude. Sein Vater hatte bei seiner Erziehung besondere Sorgfalt walten lassen, aber er hatte in ihm eher ein Interesse für Philosophie und Literatur geweckt als die Neigung zur Beschäftigung mit dem Judentum. Dabei hatte er anfänglich gerade mit dem Blick auf Joseph sein letztes philosophisches Werk, „Morgenstunden", in Angriff genommen.

Obwohl Joseph niemals ein ernsthaftes Interesse für das Judentum entwickelte, identifizierte er sich nachdrücklich mit dem fortschrittlichen Teil der jüdischen Gemeinde. Gegen Ende des Jahrhunderts gehörte er zu den Gründern der „Gesellschaft der Freunde" in Berlin. Ihre Mitglieder waren junge Männer, die die Aufklärung unter den Juden fördern, einander beistehen und eine freundschaftliche Geselligkeit pflegen wollten.[5] Joseph war der Hauptredner bei der ersten Zusammenkunft der Gesellschaft im Jahre 1792. In seiner Ansprache verwies er auf die Wohltaten, die der jüdischen Gemeinschaft aus dreißig Jahren Aufklärung erwachsen seien. Wie zu erwarten, pries er die Vernunft in Religionssachen und verwarf die Autorität der kompromißlosen Orthodoxen. Obwohl die Gesellschaft von Anfang an nur jüdische Mitglieder hatte, setzte sie sich keineswegs für spezifisch jüdische Projekte ein, wenn man davon absieht, daß sie der Jüdischen

Freischule zu Berlin Geldzuwendungen machte. Immerhin hielt sie es in den ersten Jahren ihres Bestehens für angebracht, einen großen Teil ihrer Energie für den Kampf gegen die Orthodoxen in der Streitfrage einzusetzen, ob die Bestattung rasch oder nach einer gewissen Frist erfolgen sollte.

In seinen späteren Jahren widmete Joseph Mendelssohn, nunmehr Bankier von beachtlichem Reichtum, seine Mußestunden weitreichenden geistigen Beschäftigungen. Er trieb Mathematik und schrieb Arbeiten über Literatur und Wirtschaft. Sein nachdrückliches Interesse an Leben und Werk seines Vaters veranlaßte ihn, eine biographische Einleitung zur ersten großen Ausgabe von Mendelssohns Schriften zu verfassen, die von seinem, Josephs, Sohn, Professor Georg Benjamin Mendelssohn, herausgegeben wurde. Nie aber entwickelte Joseph eine Neigung zur jüdischen Literatur oder eine enge Beziehung zur jüdischen Religion. Sein jüngerer Sohn Alexander blieb als letzter der Familie Jude, während der ältere, Georg Benjamin, der zunächst dem Katholizismus zugeneigt hatte, 1823 aus voller Überzeugung zum Protestantismus übertrat.[6] Wir wissen nicht, wie Joseph auf diese Konversion reagierte; dem Anschein nach hat sie die freundlichen Beziehungen zwischen Vater und Sohn nicht beeinträchtigt.

Mendelssohns zweiter Sohn, Abraham, der beim Tode seines Vaters erst neun Jahre alt war, kann kaum sehr stark von ihm beeinflußt worden sein. Wie sein älterer Bruder Joseph wurde er Bankier, war Vorstandsmitglied der „Gesellschaft der Freunde“ und hatte weite geistige Interessen. Im Gegensatz zu Joseph ließ er seine vier Kinder taufen, fügte seinem Namen den Zusatz Bartholdy an, um seinen Familienzweig von der übrigen Familie zu unterscheiden, und wurde schließlich gemeinsam mit seiner Frau, Lea Salomon, getauft. In seinen Anschauungen ein religiöser Skeptiker, vermochte Abraham ebensowenig wie Friedländer die christlichen Dogmen zu bejahen, aber im Gegensatz zu dem Schüler Mendelssohns kam der Sohn offenbar besser mit seinen Gewissensskrupeln zurecht. Er gab unumwunden seinen Agnostizismus zu und ebenso seine Auffassung, das Christentum sei – wie auch das Judentum – eine zeitgebundene Glaubensform. In einem christlichen Zeitalter verlangte die Gesellschaft die Annahme der christlichen Glaubensform, wie sie es auch hinsichtlich der Sprache, der Sitten und der Gewohnheiten der Mehrheit tat. Im Jahre 1820, zwei Jahre vor seiner Konversion, legte Abraham diese Auffassungen in dem bekannten Brief an seine Tochter Fanny aus Anlaß ihrer Einsegnung dar.[7] Abraham, der sich zu diesem Zeitpunkt noch nicht zum Übertritt entschlossen hatte, äußerte die Ansicht, daß Religion in ihrem Gehalt im wesentlichen übereinstimme mit Sittlichkeit. Kinder und Eltern schuldeten einander, auch wenn sie unterschiedlichen Glaubensrichtungen angehörten, die ihrem Wesen nach religiösen Pflichten des kindlichen Gehorsams bzw. der Treue.

Es ist eine seltsame Ironie, daß Abrahams berühmter Sohn Felix dann das tiefe religiöse Empfinden hatte, das seinem skeptischen, oftmals pedantischen Vater fehlte. Während Abraham versuchte, seine Herkunft durch einen Namens- und Konfessionswechsel zu verbergen, ohne zu dem neuen Glauben eine tiefere religiöse Beziehung zu entwickeln als zu dem alten, schämte sich der Sohn seiner jüdischen Abstammung sehr viel weniger und war zugleich ein sehr viel aufrichtigerer Christ. Als Felix 1829 bei einer Konzertreise in England abgeneigt schien, den Namen Bartholdy zu verwenden, hielt es der Vater – nunmehr längst konvertiert – noch einmal für nötig zu rechtfertigen, daß er seine Kinder als Christen erzogen hatte:

„... ich mußte für Euch wählen. Daß ich keinen innern Beruf fühlte, bei meiner Geringschätzung aller Form überhaupt die jüdische als die veraltetste, verdorbenste, zweckwidrigste für Euch zu wählen, versteht sich von selbst. So erzog ich Euch in der christlichen als der gereinigteren von der größten Zahl civilisirter Menschen angenommenen und bekannte mich auch zu derselben, weil ich für mich thun mußte, was ich für Euch als das bessere erkannte.“[8]

Indem er Namen und Religion wechselte, so behauptete Abraham sogar, folgte er dem Beispiel seines Vaters, der vermutlich seinen Namen Moses Dessau in Moses Mendelssohn abgeändert hatte, um den Bruch mit der ihm eingepflanzten Orthodoxie zum Ausdruck zu bringen. So wie Moses *Dessau* kein Philosoph sein konnte, lautete Abrahams Argument, konnten Abraham – oder Felix – *Mendelssohn* keine Christen sein. „Heißt du Mendelssohn so bist du eo ipso ein Jude, und das taugt dir nichts, schon weil es nicht wahr ist.“ Wie Friedländer sah Abraham seinen Vater als Initiator einer Bewegung, die notwendigerweise über ihn hinausgehen mußte. Moses hatte die Juden aus ihrer geistigen Abgeschlossenheit herausgeführt. Als jemand, der sich die Kultur der Mehrheit angeeignet hatte, war Abraham jetzt darauf aus, sich ganz von seiner Herkunft freizumachen.

Von Nathan, dem jüngsten Sohn Moses Mendelssohns, weiß man verhältnismäßig wenig. Wie Abraham konvertierte auch er, und wahrscheinlich aus ähnlichen Gründen. Keiner der drei Söhne leistete irgendeinen Beitrag zum Judentum. Alle drei waren sehr gebildet und hochintelligent, aber keiner – nicht einmal Joseph – brachte nach unserer Kenntnis der jüdischen Tradition auch nur ein intellektuelles Interesse entgegen. Sie waren typisch für viele gebildete und reiche Juden der Generation nach Mendelssohn. Sie waren fleißige Geschäftsleute, Männer von herausragenden geistigen Fähigkeiten und hingen einer ausgeprägt rationalistischen Philosophie an, die Judentum und Christentum als bloße Ausprägungen einer universalen Sittlichkeit betrachtete. Keiner hatte eine tiefere Religiosität, die die eisernen Regeln des Verstandes hätte sprengen können. Im Gegensatz zu ihnen wurden zwei ihrer drei Schwestern, Dorothea und Henriette, aufrichtige und tiefgläubige Christinnen. Diese beiden Töchter Moses Mendelssohns sollten zusammen mit anderen bedeutenden Jüdinnen der Zeit – man denke vor allem an Henriette Herz und Rahel Varnhagen – wie ihre Brüder Abraham und Nathan das Judentum aufgeben, allerdings nicht aus religiöser Gleichgültigkeit. Die gebildeten Berliner Jüdinnen fanden im protestantischen oder katholischen Christentum nicht nur eine neue Glaubensform, sondern einen lebendigen Glaubensinhalt. Ihr religiöses Empfinden verwarf den Rationalismus der Aufklärung zugunsten der Gefühlstiefe der Romantik.

Im Gegensatz zur Spätaufklärung kam die Romantik dem Judentum und dem jüdischen Emanzipationsstreben keineswegs entgegen. Die Philosophie Kants hatte einen pflichtsetzenden, moralischen Imperativ formuliert, der – betrachtete man ihn gleichsam von den menschlichen Bedürfnissen und Leidenschaften her – ihnen ebenso äußerlich war und ihnen ebenso fordernd gegenübertrat wie die Gebote einer Offenbarungsreligion.[9] Ein Jude, der mit religiösen Geboten aufgewachsen war, konnte sich in der Religionsphilosophie und Ethik Kants durchaus zu Hause fühlen. Die Romantiker indessen verwarfen nachdrücklich jede von außen auferlegte Pflicht. Sie bestanden darauf, daß Religion von Moral und Metaphysik zu trennen sei. Der Glaube war – wie Schleiermacher sagte – „etwas eigenes", das aus den Gefühlen des Menschen entsprang und in den Tiefen seiner Persönlichkeit gebildet wurde. Religion war keine Kraft, die zur moralischen Besserung und zur Aufklärung der Menschheit antrieb, und schon gar nicht ließ sie sich auf philosophische Grundsätze zurückführen. Religion entstand anders: Sie kam aus der inneren, subjektiven Erfahrung der Einzelperson. Da die romantische Religion nicht rational begründet und infolgedessen nicht uneingeschränkt übertragbar war, taugte sie nicht als Mittel für den Kampf um jüdische Gleichberechtigung.

Es gab hier nicht mehr die drei Prinzipien – Gott, Vorsehung und Unsterblichkeit –, die unter allen ihren Anhängern eine religiöse Einheit stifteten. Jedes menschliche Wesen, jedes Volk hatte einen unzerstörbaren Genius, jedes repräsentierte auf seine eigene Weise die Menschheit. Eine einzige, für die gesamte Menschenwelt verbindliche Norm gab es nicht. In den Augen des an der Frömmigkeitspraxis festhaltenden, das mosaische Gesetz befolgenden Juden war die personenbezogene romantische Religion das Gegenteil eines Glaubens, der sich auf äußere, von Gott gesetzte Gebote gründete. Dem sich assimilierenden, aber nicht zur Konversion bereiten Juden mußte eine Weltanschauung, die individuelle Unterschiede und nicht so sehr die Gleichheit betonte, als ein großes Hindernis für die vollständige gesellschaftliche Integration erscheinen. Die Juden, die von der Romantik angezogen wurden – fast alle waren Frauen –, sahen in ihr zu Recht einen Gegensatz zu dem alten, sich am Gesetz orientierenden Judentum, aber auch zu seiner Neufassung durch Friedländer. Wie die jüdischen Rationalisten wollten sie sich assimilieren, aber keiner von ihnen vermochte im Christentum nur ein Gewand zu sehen, das man anlegte, weil die Gesellschaft das so forderte. Religion war etwas, wonach ihr Inneres verlangte und was offenbar gerade das Judentum ihnen nicht zu geben vermochte.

Unter den jungen Männern, die Moses Mendelssohn gegen Ende seines Lebens jeweils in den frühen Morgenstunden mit den Prinzipien der natürlichen Religion vertraut machte, war sein Schwiegersohn Simon Veit. Veit, von Beruf Bankier, war ein überaus gutmütiger, charakterfester, großherziger junger Mann. Sein bescheidener Wohlstand und seine angenehmen Eigenschaften machten ihn in den Augen Mendelssohns zu einem idealen Partner für seine älteste Tochter Brendel. Einige Monate nach der Eheschließung im Jahre 1783 schrieb Mendelssohn an Herz Homberg: „Sie lebt mit ihrem unvergleichlichen Veit in einer glücklichen Ehe, glücklicher als wenn der Sohn des reichsten Mannes sich großmüthig entschlossen, sich zu ihr herabzulassen.“[10] Aber das Glück des Paares – wenn es denn jemals existierte – währte nicht lang. Begabt mit einem jugendlichen, unabhängigen Geist, einem scharfen Verstand und mit heftigen Gefühlen, fand Dorothea – wie sie sich bereits seit 1794 nannte –, daß ihrer Ehe mit dem liebenswürdigen, aber nicht gerade geistsprühenden Veit jedes innere Band fehlte. Die bürgerlichen Werte und der bürgerliche Lebenszuschnitt des Geschäftmannes waren ihr zuwider. Ihre Mutter, Fromet, war mit der Rolle einer Hausfrau und Mutter zufrieden gewesen. Dorothea wollte mehr vom Leben. Sie fühlte sich angezogen von der Frauenrolle, wie sie die jungen Romantiker entwarfen, einer Rolle, die sich radikal von jener der Aufklärung und des traditionellen Judentums unterschied. Nach den Wertvorstellungen der Romantik sollte eine Frau seelisch und geistig unabhängig sein von ihrem Mann, sollte ihn fordern, anspornen, seine charakterliche Entwicklung steigern und zur Vollendung bringen. Die Frau war gleichberechtigte Partnerin des Mannes und sollte ebenso Sorge tragen für die Bildung ihrer eigenen Persönlichkeit wie er für die seine. Die Bewunderung galt der reifen, begabten, gebildeten Frau, nicht dem unfertigen, hübschen jungen Mädchen. Für all das hatte Veit schlichtweg kein Verständnis, aber er ließ doch seiner Frau die Freiheit, ihren Neigungen nachzugehen.

Dorothea war schon früh darauf bedacht gewesen, ihre Persönlichkeit zu entwickeln, ihre Gedanken und Gefühle zu analysieren. Tätigsein in der Welt stand an Bedeutung zurück hinter der Erforschung des eigenen Inneren. Welche Seligkeit war es, wenn man in seinem Zimmer saß, „den Kopf kalt und ruhig", das „Herz warm und empfänglich für jedes Gefühl".[11] Nur wenige Jahre nach ihrer Eheschließung hatte Dorothea für ihre jüngere Schwester Henriette diesen Rat:

„Höre nie auf, Dich selbst zu vervollkommnen, bessere beständig und werde nicht müde, Fehler, die Du an Dir bemerkst, auszurotten; glaub mir, der einzige Weg zur Glückseligkeit ist – immer besser werden; alles übrige ist ausser uns und kann uns nur so lange beglükken, als es uns neu ist. Gewöhne Dir an, jeden Abend getreu aufzuschreiben, nicht allein, was Du gethan und Dir begegnet, sondern auch was Du gedacht und gefühlt hast."[12]

Da nichts in ihrem Mann auf ihre Seelenregungen antwortete, wandte sich Dorothea den empfindsamen, brillanten jungen Männern zu, die im Hause ihres Vaters verkehrt hatten oder die sie im Kreis um Henriette Herz und Rahel Lewin traf. Eine Zeitlang war sie verliebt in den geistreichen Abenteurer Eduard d'Alton.[13] Später wandte sie sich dem jugendlichen Wilhelm von Humboldt zu, dessen Vernarrtheit in Henriette Herz gerade nachließ. Humboldt schätzte diese *femme incomprise* hoch und brachte ihr auch Sympathie entgegen, konnte aber, schon seiner künftigen Frau, Caroline von Dacheröden, verbunden, ihre Neigung nicht erwidern. 1790 schrieb er an Caroline:

„Sie ist unbeschreiblich unglücklich. Wenn du den Mann kenntest, es gibt dafür keinen Ausdruck, für diese Plattheit und Hohlheit und

Härte und Weibischheit! Und mit diesem Mann wachsen nun noch die Gefühle für mich. Sie liebt mich in jedem Verstande des Worts.... sie ist mir das lebhafteste Bild mutwilliger Zerstörung einer schönen, herrlichen Blüte, so oft ich sie sehe, und so wechselt Bewunderung und Bedauern in mir."[14]

Anders als ihre enge Freundin Henriette Herz war die rothaarige Dorothea Veit weder schön noch anmutig. Ihre ganze Erscheinung hatte etwas Männliches. Sie war untersetzt, ziemlich grobknochig, und ihr Gesicht hatte, wenn man einem Pastellbild von ihr trauen darf, eine bemerkenswerte Ähnlichkeit mit dem ihres Vaters. Caroline Schlegel fand, sie sehe ziemlich jüdisch aus:

„Sie hat ein nazionales, c'est à dire jüdisches Ansehn, Haltung und so weiter. Hübsch kommt sie mir nicht vor, die Augen sind groß und brennend, der Untertheil des Gesichts aber zu abgespannt, zu stark. Größer wie ich ist sie nicht, ein wenig breiter. Die Stimme ist das sanfteste, weiblichste an ihr."[15]

Aber in Wahrheit gab es kaum etwas, was Dorothea mit dem Judentum verband. Wie jüdische Mädchen auch sonst in dieser Zeit hatte sie offensichtlich keine umfassende jüdische Erziehung empfangen, obwohl ihr Vater nach dem Bericht von Henriette Herz sich persönlich um ihre Ausbildung gekümmert hatte. Im Hause Veit wurden die hohen jüdischen Festtage begangen,[16] aber nichts deutet darauf hin, daß Dorothea die jüdische Tradition mehr als nur äußerlich befolgte, wenn sie sie nicht schon geringschätzte. Die Definition ihres Vaters, das Judentum sei geoffenbartes Gesetz, war dazu angetan, es für sie zu einer Nichtreligion zu machen. Dieser jungen Frau, die aus sich selbst heraus dachte, handelte und fühlte, mußte ein von außen auferlegtes System von Vorschriften, ähnlich wie eine Ehe ohne Liebe, als ein schweres, sinnloses Joch, als eine Art Sklaverei erscheinen. In einem ganz anderen, romantischen Sinne freilich war Dorothea religiös: voller Innerlichkeit, seelischer Phantasie und Ehrfurcht vor dem Universum. In diesem Sinne konnte Friedrich Schlegel über Dorothea kurz nach ihrer ersten Begegnung schreiben: „Ihr ganzes Wesen ist Religion – obgleich sie nichts davon weiß."[17]

Dorothea begegnete Friedrich Schlegel, dem begeisterten Vertreter der Romantik, im Salon ihrer Freundin Henriette Herz. Er hatte für sie alle Eigenschaften, die Veit fehlten: einen durch nichts begrenzten männlichen Geist, Intensität, Originalität, jugendliche Kraft – und unzählbare Zukunftspläne. Schlegel seinerseits fand in Dorothea sein Ideal von Weiblichkeit: Sie war gebildet und reif, fähig zur Liebe, zur

Poesie, zum Witz, zur Philosophie. Die Bekanntschaft mit Schlegel versetzte der Ehe mit Veit den entscheidenden Schlag. Dorothea hatte ihrem Mann vier Kinder geboren; zwei Söhne waren am Leben geblieben. Trotz ihrer intellektuellen und emotionalen Energie war sie eine gute, fürsorgliche Mutter, voller Liebe für ihre Kinder. Aber die Anziehungskraft Schlegels erwies sich als zu stark; sie beschloß, sich von Veit scheiden zu lassen, obwohl damit ihm das Sorgerecht für die Kinder zufallen mußte. Bei ihren Bemühungen, die Scheidung durchzusetzen, traten Henriette Herz und der protestantische Theologe Schleiermacher als Vermittler auf. Nach den Moralvorstellungen des Kreises junger Romantiker, dem Schlegel und Schleiermacher angehörten, war eine nicht auf Liebe gegründete Ehe ungültig und mußte notfalls aufgelöst werden. Ließ man sich von solchen Auffassungen leiten, so war Dorotheas Scheidung von ihrem Mann vollkommen gerechtfertigt, obwohl Veits Schuld einzig in seiner persönlichen Begrenztheit bestand.[18]

Im Januar 1799 wurde die Scheidung vollzogen. Veit erlaubte Dorothea großherzig, ihren jüngeren Sohn Philipp zu sich zu nehmen, in ein Haus am Stadtrand Berlins, das sie jetzt bezog; dort empfing sie regelmäßig den jungen Schlegel. Dieser „göttliche Friedrich", mit „dieser reichen üppigen Fülle von Geist, Seele und Leben" war ihr Idol.[19] In den ersten Jahren der Freiheit nahm die Liebe zu Friedrich ihr ganzes Leben ein; nichts anderes hatte daneben Platz. Ihr größter Lebenswunsch war, dem Geliebten zu dienen. „... außer ihm giebt es keinen Mann", schrieb sie an Rahel, „den [!] man so seine Seele und Seeligkeit anvertrauen könnte!"[20]

Schlegel gab seiner Beziehung zu Dorothea dichterisch Ausdruck in einem Roman, der im Jahr der Scheidung erschien: „Lucinde". Seine Absage an alle Regeln der literarischen Form und des inneren Zusammenhangs und seine freie Darstellung der Sexualität verursachten beträchtliche Aufregung. Er wurde in weiten Kreisen als Antiroman und als Gipfel der Unmoral verurteilt. In dieser Odyssee der Gefühle wollte Schlegel die Suche eines jungen Mannes nach der Vereinigung sinnlicher und seelischer Liebe darstellen. In extrem aufgelöster Form schildert er die hie und da nicht eben harmlosen Liebesgeschichten eines gewissen Julius, die ihr Ziel und ihre Erfüllung in der reinen Liebe zu Lucinde, in der wechselseitigen Liebe der beiden finden. Die Heldin symbolisiert die romantische Frau, deren ganzes Leben Liebe ist und in der sich alle Weiblichkeit spiegelt. Schlegel nannte „Lucinde" ein „religiöses Buch" trotz oder eigentlich wegen seiner Sinnlichkeit. Religion war für ihn nicht sittliches Verhalten im üblichen Sinne, bei dem man einen moralischen Kodex befolgte. Religion war auch nicht Metaphysik; die „Untersuchung, ob es einen Gott gebe", war für ihn „ein ziemlich uninteressantes Gedankenspiel". Religion war Freiheit, innere Entfaltung, Treue zu sich selbst. Sie stand in enger Beziehung zum romantischen Ideal der Bildung, der Entwicklung der Persönlichkeit. In der Zeitschrift „Athenaeum", die Schlegel gemeinsam mit seinem Bruder August Wilhelm herausgab, veröffentlichte er eine Definition von Religion, die der jüdischen Vorstellung so fern war wie der Kants. Sie erschien in einem Essay mit dem Titel „Über die Philosophie", der Dorothea gewidmet war.

Er könne, schrieb Schlegel, „im strengen Sinne nur das für Religion gelten lassen, wenn man göttlich denkt, und dichtet, und lebt, wenn man voll von Gott ist; wenn ein Hauch von Andacht und Begeisterung über unser ganzes Seyn ausgegossen ist; wenn man nichts mehr um der Pflicht, sondern alles aus Liebe thut, bloß weil man es will, und wenn man es nur darum will, weil Gott es sagt, nämlich Gott in uns." [21]

Im Herbst 1799 zog Dorothea mit ihrem Sohn Philipp nach Jena um; die Stadt war zu dieser Zeit ein Zentrum der romantischen Bewegung. Sie lebte mit Friedrich im Hause seines Bruders, dessen begabte, temperamentvolle Frau Caroline die Berliner Jüdin zunächst willkommen hieß. Hier half Dorothea Friedrich bei seiner literarischen Arbeit und veröffentlichte 1801 ihren eigenen Roman „Florentin".[22] Mit charakteristischer Bescheidenheit und einer Art Selbstauslöschung vor ihrem geliebten Friedrich ließ sie das Buch anonym erscheinen; nur Friedrichs Name als der des Herausgebers erschien auf dem Titelblatt. Obwohl der Antrieb zum Schreiben des Romans ursprünglich finanzieller Natur gewesen war, zeigte sich, daß er beachtliche literarische Qualitäten hatte, und die spätere Literaturkritik erkannte ihm mehr schöpferische Kraft zu als den dichterischen Werken Schlegels.[23] „Florentin", sowohl von Goethe als auch von Ludwig Tieck beeinflußt, ist weitaus konventioneller als „Lucinde" und hat weder die Sinnlichkeit noch die Formlosigkeit des Schlegelschen Werks. Das Buch spielt in einer lieblichen, idyllischen ländlichen Gegend und handelt von den Gefühlen eines empfindsamen, kunstergebenen jungen Mannes, der unglücklich liebt. Liebe und Ehe, sagt Dorothea in diesem Roman, der auf ihre eigenen Erfahrungen zurückgeht, sind nicht notwendig eins; das gleiche gilt für das religiöse

Empfinden und die institutionalisierte Religion. Charakteristisch für ihre Geringschätzung aller äußeren Formen der Religion in dieser Lebensphase ist, daß ihr Held für Institutionen der katholischen Kirche nur Verachtung übrig hat: Mönche sind für ihn nichts mehr als eine „verhaßte Klasse".

Nach ihrer Scheidung lebte Dorothea mehr als fünf Jahre lang – in Berlin, Jena und Paris – mit Schlegel zusammen, wenn auch nicht mit ihm verheiratet. Formell war sie immer noch Jüdin. Als Priesterin an seinem Altar ließ sie allmählich ihr ganzes Wesen in seinem aufgehen. Ihr einst so unabhängiger Geist unterwarf sich der geistsprühenden, „fragmentarischen Genialität" Friedrichs. Er füllte ihr Leben vollkommen aus. Schlegel, sieben Jahre jünger als sie, war von Anfang an gewillt gewesen, sie zu heiraten, wenn er auch unsicher war, ob er ihr treu bleiben könnte. Die Eheschließung war indessen unmöglich gemacht worden durch Veits Bedingung, Dorothea dürfe ihren Sohn nur so lange behalten, wie sie Schlegel nicht heiratete. Erst am 6. April 1804, nachdem die beiden zwei Jahre in Paris verbracht hatten, trat Dorothea zum Protestantismus über, und am selben Tag schloß sie mit Schlegel die Ehe. Dieser Übertritt, den Dorothea knapp in ihrem Tagebuch festhielt, hatte keine nachhaltige Wirkung; seltsamerweise aber meinte sie sich später daran zu erinnern, im Augenblick der Taufe sei ihr der Vater erschienen.[24]

Mendelssohns älteste Tochter hatte bereits seit einiger Zeit daran gedacht, die Religion zu wechseln. Freilich: Noch in den ersten Jenenser Tagen, als Friedrich ihr Leben ganz ausfüllte, hatte sie das Christentum wegwerfend als Modeerscheinung innerhalb des romantischen Zirkels betrachtet. Es war „à l'ordre du jour", und sie nahm es nicht übermäßig ernst.[25] Zwar spielte Dorothea, von katholischer Malerei und Musik beeindruckt, mit dem Gedanken an einen Übertritt zum Katholizismus, aber es gibt keinen Beleg dafür, daß sie zu jener Zeit ein wirkliches Verlangen nach einem Glaubenswechsel verspürt hätte. Erst im nachrevolutionären Paris fing sie an, ernsthaft an das Christentum zu denken. Nie hatte sie einen Sinn für Libertinage gehabt, und die Sittenlosigkeit, die sie hier antraf, stieß sie ab. Sie hatte das Bedürfnis, ihre eigene unerlaubte Beziehung zu Schlegel abzusetzen von dem, was sie in ihrem Umkreis sah. Es scheint auch so, als habe sie in Paris zum ersten Male Schuldgefühle gegenüber Veit gehabt und die Billigung einer höheren Macht gesucht. Die französische Gesellschaft erschien ihr als unmoralisch. „*Liberté*? Nein; dafür *Libertinage*."[26] Als Gegenmittel gegen das, was sie umgab, begann sie die Bibel in Luthers Übersetzung zu lesen. Weil die Mitglieder ihrer Familie nicht bereit waren, ihre Beziehung zu Schlegel hinzunehmen – vielleicht auch, weil sie nicht willens waren, sie finanziell zu unterstützen –, wurden sie von ihr als jüdische Philister gebrandmarkt. Ihr Bruder Abraham war für sie ein „gefühlloser Barbar, um nicht ein Haar besser als jeder junge Berliner Jude, nur daß er noch feinere Wäsche, und noch gröbere Arroganz besitzt...“[27] Ihrem alten Freunde Schleiermacher schrieb sie ein Glaubensbekenntnis, das Zurückweisung des Judentums und zugleich Bekenntnis zum Christentum war:

„Ich lese mit Aufmerksamkeit beide Testamente; und finde nach meinem Gefühl jetzt das protestantische Christenthum doch reiner und dem Katholischen weit vorzuziehen; dieses hat mir zu viel Ähnlichkeit mit dem alten Judenthum, das ich sehr verabscheue. Der Protestantismus dünkt mich aber ganz die Religion Jesu zu sein und die Religion der Bildung; im Herzen bin ich ganz, so viel ich aus der Bibel verstehen kann, Protestantin...“[28]

Aber trotz dieser an Schleiermacher gerichteten Worte blieb der Protestantismus für Dorothea nur eine Zwischenstation. Ein großer Teil der Romantiker bewegte sich unaufhaltsam auf den Katholizismus zu. Der hochbegabte Novalis hatte auf diesem Wege ein Zeichen gesetzt mit seiner Idealisierung des Mittelalters und seinem Angriff auf den Protestantismus als Quelle allen Übels in der modernen Welt. Dann trat Ludwig Tieck im Jahre 1805 in Rom zum Katholizismus über; andere folgten ihm. In Paris neigte sich Schlegels Denken gleichfalls dem Katholizismus zu. Seit einiger Zeit schon war er zu der Ansicht gekommen, im mittelalterlichen Deutschland hätten die Künste geblüht, seien aber dann durch die Reformation in Verfall geraten. In Paris erfreuten er und Dorothea sich der Gesellschaft von Katholiken, besonders der Brüder Sulpiz und Melchior Boisserée, die in ihrem Hause wohnten. Sie waren beeindruckt von diesen beiden intelligenten und gläubigen Katholiken aus Köln, und im Jahre 1804 folgten sie ihrer Einladung, ins Rheinland umzuziehen.

Im Bannkreis des Kölner Doms, in Gesellschaft katholischer Freunde, die liebenswürdig auf sie eingingen, häufig allein, weil ihr Mann verreist war, fühlte sich Dorothea unwiderstehlich vom Katholizismus angezogen. Vieles trug dazu bei, ihr die Kirche verehrungswürdig zu machen: ihre enge Verbindung mit den Künsten, der ästhetische Reiz des Gottesdienstes, ihr ehrwürdiges Alter, ihr Widerstand gegen alles, was sie als bürgerlich, eigensüchtig, frivol – und als jüdisch – ansah. Sie war der Gegenpol zur Aufklärung und deren vermessenes Vertrauen auf die Vernunft. Im Jahre 1806 schrieb sie: „Ich hasse diese Aufklärung unserer Zeit recht von Herzen; es ist *noch nichts gutes, nein nichts* von ihr hergekommen. *Schon, weil er so uralt ist, zieh' ich den Katholizismus vor. Alles Neue taugt nichts.*"[29] Aber es scheint doch, daß der entscheidende Antrieb für ihre immer stärkere Hinwendung zur katholischen Kirche das ungestillte Verlangen nach einer überirdischen Autorität und nach einer Rechtfertigung ihres Lebens war. Ihre Zuneigung zu Schlegel war nicht erloschen, aber er war nicht mehr ihr Gott. Um den Schrecken der Einsamkeit zu entgehen, besuchte sie jetzt regelmäßig die Messe im Dom. Ihr Leben, so erschien es ihr nun, war einem von Gott festgelegten Muster gefolgt: erst der Bruch mit Veit, dann die unstatthafte Liebesbeziehung zu Schlegel – und das alles gipfelnd in einer Hingabe an die Kirche. So wie ihr Selbst früher ganz eins gewesen war mit dem Genius des jungen Schlegel, konnte es jetzt aufgehen in der Schönheit der Messe. Ohne Glauben an eine höhere Macht erschien ihr die Welt als eine Wüste. Das war es, wonach es sie verlangte: Glauben. „*Ob ich glaube?* – Das wage ich noch nicht zu behaupten; aber ich weiß, daß ich wahrhaftig an den Glauben glaube."[30]

Der Katholizismus vermittelte Dorothea eine neue, über sie selbst hinausweisende Perspektive auf ihr Leben und auf die Geschichte ihrer Zeit. Während die Napoleonischen Kriege allenthalben einen starken Patriotismus weckten, konnte sie sich davon ganz freihalten.[31] Kategorien wie „mein Land", „dein Land" existierten für sie nicht; es gab nur Gottes von der Vorsehung bestimmtes Handeln und das seiner universalen Kirche. Wo Katholiken lebten, da war ihr Vaterland.[32] Wer immer diese Sicht nicht hatte, wurde verurteilt. Erneut brandmarkte sie ihre reichen Brüder als krasse Materialisten. „Anch'egli è filistri!" sagte sie in einem Brief über Abraham.[33] Über Schleiermacher, der ein glühender preußischer Patriot geworden war, schrieb sie jetzt: „... ich hatte nie rechtes Zutrauen zu diesem hochmüthigen Calviner".[34] Und Goethe, den sie einst bewundert und dem sie nachgeeifert hatte, nannte sie jetzt einen Heiden.[35] Sie war es, die, zwei Jahre nach ihrer Ankunft in Köln, den unschlüssigen Friedrich Schlegel dazu drängte, den Übertritt nicht länger hinauszuzögern. Vier Jahre nach Dorotheas Konversion zum Protestantismus und ihrer Eheschließung mit Schlegel wurden beide in die katholische Kirche aufgenommen. Ein neues Leben tat sich für Dorothea auf: Sie richtete in einer Ecke ihres Zimmers eine kleine Gebetsnische mit

Kruzifixen, Rosenkränzen, Reliquien und Heiligenbildern ein. Täglich vertraute sie sich den Heiligen an. „Wie soll ich den unermeßlichen Reichthum beschreiben, der sich mir in den Schätzen des katholischen Glaubens eröffnet hat?" schrieb sie einige Monate nach ihrem Übertritt an ihren Mann.[36]

Dorothea machte es sich jetzt zur Lebensaufgabe, ihre Freunde und Verwandten dem wahren Glauben zuzuführen. Besonders besorgt war sie um ihre beiden Söhne, von denen Veit mit ungewohnter Willensstärke verlangte, daß sie Juden blieben. Es galt vor allem sie, die Kinder, zu retten. Mit fanatischer Zielstrebigkeit setzte sie alle Mittel ein, um ihre Söhne für die Kirche zu gewinnen. Der ältere Sohn Jonas war bei Abraham Mendelssohn in die Lehre gegangen, um Kaufmann zu werden, und war von ihm vermutlich in der Tradition des Rationalismus erzogen worden. Philipp, der jüngere, war in der Obhut der Mutter herangewachsen und hatte sich rasch deren Sympathie für den Katholizismus zu eigen gemacht. Aber selbst Jonas, der die Neigung seines Bruders zur bildenden Kunst teilte, war nach einer kurzen Zeit des Zusammenseins mit ihm für den Katholizismus gewonnen. Im Jahre 1810 reisten sie nach Wien, wo Dorothea und Friedrich nunmehr lebten, und noch im Sommer des Jahres ließen sie sich taufen. In den folgenden Jahren sollten diese Enkel Mendelssohns dann zu den führenden Vertretern der Kunstschule der Nazarener gehören.[37] Simon Veit, den die Konversion seiner Söhne tief getroffen hatte, nahm sie doch mit der ihm eigenen gutherzigen Nachgiebigkeit hin. Er sorgte weiterhin für ihren Lebensunterhalt und hörte nicht auf, um ihre Freundschaft zu werben. In einem Brief an Philipp vom 25. Oktober 1810 brachte er seine Gefühle zum Ausdruck. Er ist, ähnlich wie der Brief, den Abraham Mendelssohn zehn Jahre später an seine Tochter Fanny schrieb, charakteristisch für die von der Aufklärung bestimmte jüdische Tradition, charakteristisch für eine Welt, die im Gegensatz steht zu der Dorotheas und ihrer Söhne.

„Über das Vorgefallene zwischen uns wollen wir einen Schleier ziehen und es der Vergessenheit übergeben. Ich werde Euch beide nicht aufhören zu lieben und das Mögliche thun, wenn wir auch in Rücksicht der Religion nicht einerlei Meinung sind. Moral und Religion, bürgerliche Rechte und bürgerliche Pflichten sollten zwar immer Hand in Hand gehen, allein mit dem Unterschied, daß die Moral und alle bürgerliche Pflicht für alle Menschen nur die eine und die nämliche ist; ihr Wesen ist in der Natur des Menschen gegründet, abgesondert von allem Ewigen und Göttlichen. Die Moral ist für den

Menschen im praktischen Leben, was die Logik für den Verstand ist. Die Moral ist der Wegzeiger, durch ihre Grundsätze werden wir sanft und glücklich durch die Welt geführt, ihre Grundsätze sind einfach und allgemein. Es giebt nur *eine* Moral für alle Nationen, für alle Menschen von Anbeginn der Welt bis zum jüngsten Tag, und diese kann mit den Worten ausgedrückt werden: ‚*Liebe deinen Nächsten wie dich selbst.*' Religionen hat es aber von Beginn der Welt bis jetzo viele gegeben, und werden wahrscheinlich noch viele zwar nur anders modificirt folgen. Wenn indessen die Religion von der Toleranz beleuchtet wird, wenn sie mit der Moral Hand in Hand gehen darf und gehen kann, so thun sie sich unter einander nicht nur keinen Schaden, sondern sie nähern sich so lange gegen einander, bis sie fast neben einander fortlaufen. Also, mein lieber Sohn, so lange wir nur verschieden in der Religion, in unsern moralischen Grundsätzen eins sind, so wird nie eine Trennung zwischen uns vorfallen. Glaube nur nicht, wenn Du zu einer andern Religion übergegangen, daß die Millionen Menschen, die andere religiöse Grundsätze haben, arme Sünder und Gott verhaßte Menschen sind, die an der ewigen Seligkeit nicht Theil haben können. Dieser Glaube hat schon öfter den Freund vom Freunde, den Vater vom Kinde, den glücklichen Gatten von seiner geliebten Frau getrennt und hat nichts wie Unheil angerichtet."[38]

In seinen späteren Lebensjahren unternahm Veit große Anstrengungen, seine Bildungslücken zu schließen. Um seine Söhne besser zu verstehen, bemühte er sich, seinen Kunstsinn zu entwickeln, und befaßte sich hingebungsvoll mit Poesie und Prosaliteratur. Veit – das wurde immer deutlicher sichtbar – war nicht länger ein Mann begrenzter praktischer Interessen. Daß er sich im Laufe der Jahre zunehmend geistig, mehr aber noch charakterlich als eine eindrucksvolle Persönlichkeit erwies, wurde für Dorothea zu einem ernsten Problem. Wäre er ein ganz und gar ungehobelter Kerl gewesen, hätte er grausam oder doch wenigstens kleinlich gehandelt, so wäre Dorothea die Rechtfertigung dafür leichtgefallen, daß sie ihn verlassen und ihre Söhne seinem Einfluß entzogen hatte. Unbegreiflich blieb ihr im übrigen, daß er standhaft ein Jude blieb, während er sich doch wie ein „Christ" verhielt. So nahm sie denn die Last der Sünde auf sich, demütigte sich vor ihm und bat ihn um Vergebung. Sie glaubte jetzt mit unumstößlicher Festigkeit daran, daß der Menschheit in ihrer Gesamtheit die Sünde eingeboren sei.[39] Im Jahre 1819, kurz vor Veits Tod, schrieb sie an ihn mit der ganzen Lust einer Märtyrerin: „Eins nur: klage Du Dich doch ja über nichts an! Du kannst wohl ganz ruhig sein und Dich in Deinen ohnehin großen Schmerzen und körperlichen Leiden des innern Friedens im Bewußtsein Dich erfreuen, *daß Du an Nichts Schuld bist!*" Sie hatte geirrt und war schuldig, aber hatte doch schließlich „das Licht des wahren Glaubens" gefunden.[40]

Nach Dorotheas Übertritt zum Katholizismus wurde ihre Frömmigkeit immer tiefer. Einst hatte die Romantikerin die Fesseln abgestreift, die das jüdische Gesetz und ein enger Rationalismus um das Innere legten, jetzt empfahl sie, nach einem genau einzuhaltenden Plan, auch dann das Gebet, wenn man dazu nicht gestimmt war, und die Unterwerfung der Seele unter einen höheren – nicht den eigenen – Willen. Ihre Rettung und die anderer wurde ihre Hauptsorge. Dennoch hatte sie nicht die abstoßenden Züge einer Frömmlerin. Rahel und Henriette Herz, die beide nach Dorotheas Übertritt zum Katholizismus mit ihr eine gewisse Zeit verbrachten, waren durchaus von ihr eingenommen. Rahel schrieb über sie im Jahre 1817: „Sie ist voller Aufrichtigkeit, heiterer Güte, und auf eine Art in ihrem Glauben befangen, die ehrlich ist, und die man gerne respektirt: durchaus liebenswürdig, und ganz klug dabei; ich liebe sie sehr! –" [41]

Mit zunehmendem Alter suchte Dorothea die Nähe ihrer Familie. Sie korrespondierte mit allen nahen Verwandten und war besorgt um deren Glück in dieser und in der künftigen Welt. Als ihre Mutter, die ihr nie vergeben hatte, 1812 als Jüdin starb, bat Dorothea ihren Sohn Jonas, nunmehr Johannes, für die Seele seiner Großmutter zu beten. Ihre jüngere Schwester Recha wurde ein besonderer Gegenstand ihrer Aufmerksamkeit. Die mittlere der drei Töchter Mendelssohns[42] hatte sich als einzige dem Kreis der Romantiker gegenüber abweisend verhalten – und allein sie blieb Jüdin. Schlegel nannte sie die „unsäglich gemeine Schwester", als sie sich gegen sein Liebesverhältnis mit Dorothea wandte.[43] Sie war mit Mendel Meier, dem Sohn des Hoffaktors in Mecklenburg-Strelitz, verheiratet gewesen, aber nach dem Scheitern ihrer Ehe nach Berlin zurückgekehrt, wo ihre Tochter Betty mit dem Bankier Beer verheiratet war. Diese Schwester und ihre Familie gehörten offenbar zum Kreis der Rationalisten um Friedländer, Simon Veit und die Brüder Mendelssohn. Im Jahre 1821 schrieb Henriette Herz spöttisch über Recha und ihre Tochter an ihren jungen Freund August Twesten:

„Sie ist, wie Sie sie kennen, nur daß sie die äußere Welt natürlich mehr verliert, ohne an innerer zu gewinnen. Betty ist Mutter eines Sohnes, den sie zu dem hat machen lassen, was er doch nie sein wird,

d. h. zum Juden. Die ‚vernünftige' Erziehung, die er erhalten wird, soll ihn nach der Meinung innerlich auch schützen vor dem Christwerden und ihn also zum Heiden bilden."[44]

Nach Rechas Tod im April 1831 schrieb Dorothea, ihre Schwester sei „ganz plötzlich" gestorben, „aber doch nach vieljähriger Krankheit und großen körperlichen Leiden – leider, leider ohne ein Kind der h. Kirche zu sein."[45]

Die jüngste Schwester Henriette war die am wenigsten anziehende der drei. Wie ihr Vater war sie klein und leicht verwachsen, aber wie er war sie begabt mit einem scharfen Verstand. Als einziges der Kinder Mendelssohns blieb sie unverheiratet, aber sie hatte im Laufe ihres Lebens enge Beziehungen zu Bernhard Eskeles, Varnhagen von Ense und vor allem zu August Wilhelm Schlegel, dem Bruder Friedrichs und einem der Hauptvertreter der Romantik in Deutschland. Als Erzieherin arbeitete sie in Wien und später in Paris. Zunächst teilte sie eher die Neigung ihres Vaters zum Rationalismus als die Frömmigkeit ihrer älteren Schwester. Varnhagen, der sie während seines Pariser Aufenthalts im Jahre 1810 häufig besuchte, schrieb später: „Fräulein Mendelssohn huldigte durchaus der Vernunft, und wies alle andern Quellen der Erkenntnis entschieden zurück. Ihre Liebe zu Frau von Schlegel war getrübt, seit diese mit ihrem Manne katholisch geworden war..."[46] In Paris verkehrte sie mit einigen hervorragenden Zeitgenossen, und sie alle bewunderten die gebildete, liebenswürdige Berliner Jüdin. Frau von Staël, Benjamin Constant und Wilhelm von Humboldt gehörten zu ihren regelmäßigen Gästen. Aber Henriette war zunehmend unzufrieden mit ihrem Leben. Um 1810 geriet sie in eine tiefe Krise. Chamisso schrieb über sie: „Ich habe Jette Mendelssohn gesehen; ihr geht's so weit wohl, bis auf eine große Dosis von Verzweiflung, die sie in den Knochen hat und vermöge deren sie weder glaubt noch hofft, irgend etwas in dieser Zeitlichkeit und den ganzen Bettel vom Leben für nichts Großes achtet."[47] In eben diesem Jahr erwog sie, zum Christentum überzutreten. Die Rituale und Dogmen der katholischen Kirche waren ihr immer noch zuwider, aber, wie sie an August Wilhelm schrieb:

„... ich bin bis jezt keinem fremden Lichte gefolgt, ja ich habe die Augen verschloßen, und doch ist in meinem Innern entstanden, was ich als Christenthum und als Christus Wesen betrachte, Ergebung, Muth und Glaube, nicht an jenen äußerlichen Dingen, aber an einer göttlichen Liebe und Gerechtigkeit. – Mit den Ceremonien der Kirche kann ich mich nicht versöhnen..."[48]

Ein Jahr später wurde sie wie ihre Schwester Dorothea ein Glied der katholischen Kirche. Obwohl sie nach ihrem Übertritt zeitweilig zwischen Zweifel und Glauben schwankte, wurde sie schließlich genauso fromm. Wie Dorothea ergab sie sich einer höheren Autorität. Rahel Varnhagen, die ihr ganzes Leben darauf bedacht war, ihr Selbst zu bewahren, durchschaute die falsche Sicherheit solcher Selbstaufgabe, als sie in ihr Tagebuch schrieb: „Wer sich ganz aufgiebt, der wird gelobt: so wollen sie uns. So wird es J.[ette Mendelssohn] gehn. Wenn sie nur wird ahnden lassen, daß es doch noch eine J. giebt, so ist die Herrlichkeit vorbei. –“[49]

Kurz vor ihrem Tode im Jahre 1838 traf Henriette ihre Schwester Dorothea nach vielen Jahren der Trennung in Dresden wieder, und die beiden waren jetzt ganz miteinander im Einklang. Bei ihrem Tode hinterließ Henriette ein Testament, das deutlich macht, wie weit sie den einstigen universalistischen Rationalismus hinter sich gelassen hatte. Sie dankte ihren Verwandten „für alle Hilfe und Freundschaft“, die sie ihr erwiesen hätten, und dafür, „daß sie mich auf keine Weise in der Ausübung meiner Religion gehindert und keine Gehässigkeiten gegen dieselbe an den Tag gelegt haben, so daß ich es mir selbst zuschreiben muß, wenn Gott der Herr mich nicht der Gnade gewürdigt hat, meine Geschwister zur katholischen, wirklich seligmachenden Kirche hinüberzuziehen. Möge der Herr Jesus Christus mein Gebet erhören und sie alle mit dem Licht seiner Gnade erleuchten! Amen!“[50]

Das waren die Wege der Kinder Moses Mendelssohns: Zwei blieben jüdisch, zwei wurden protestantisch, zwei katholisch. Von Recha und Nathan wissen wir wenig. Joseph und Abraham, die beide die Religion der Vernunft unterwarfen, waren nominell Jude bzw. Protestant. Dorothea, die die Bande der Vernunft als Fesseln empfand, wurde in die romantische Bewegung und dann schließlich in die Kirche hineingezogen, während Henriette sich mit einem Sprung aus dem Rationalismus direkt in den Katholizismus begab. – Die Gegenposition der Romantik zum Judentum wird uns weiter beschäftigen, wenn wir uns jetzt zwei außergewöhnlichen Berliner Frauen, zwei „Salonjüdinnen“, zuwenden: Henriette Herz und Rahel Varnhagen.

Marcus Herz war bereits 32 Jahre alt, als er Henriette de Lemos, die schöne fünfzehnjährige Tochter des leitenden Arztes am Berliner jüdischen Krankenhaus, heiratete. Anders als Simon Veit war Marcus kein Geschäftsmann, sondern Arzt wie sein Schwiegervater. Er war umfassend gebildet auf dem Gebiet der Naturwissenschaften und der Philosophie. Die kinderlose Ehe der beiden war glücklicher als die Simons und Dorotheas, obwohl auch ihr ein innerer Einklang fehlte. Henriette beschrieb sie später als „ein glückliches Verhältniß…, wenn auch vielleicht nicht eigentlich eine glückliche Ehe".[51] Die 17 Jahre, die Marcus und Henriette Herz trennten, waren mehr als nur eine Altersdifferenz: Er war ganz und gar ein Kind der Aufklärung, sie eines der Romantik. Keiner der beiden war in der Lage, den andern ganz zu verstehen oder sich ganz auf ihn einzustellen.

In ihrem schön eingerichteten Haus in der Neuen Friedrichstraße empfingen die Herzens als Gastgeber beinahe täglich Mitglieder des Geburts- wie des Geistesadels, die in der preußischen Hauptstadt lebten oder zu Besuch waren. Zu den häufig geladenen Gästen gehörte in den frühen 1780er Jahren der Bildhauer Gottfried Schadow, der eine bemerkenswerte Büste von Henriette schuf. In einer Erinnerung an seine Besuche schrieb er, der Salon der Herzens habe im Grunde aus zwei Salons bestanden. In einem Zimmer saß Marcus, ein leidenschaftlicher Raucher, mit jungen Ärzten und durchreisenden Gelehrten. In einem anderen war seine schöne Frau, umgeben von jungen Männern ganz anderer Art: Künstlern, Schriftstellern, Dichtern; hier wurden die literarischen Neuerscheinungen rezitiert, besprochen und kritisiert.[52]

Die Welt des Marcus Herz war die des älteren Berlin, die Stadt Biesters und Nicolais, Engels, Tellers und Mendelssohns. Als Sohn armer Eltern hatte er zunächst „gelernt" mit dem Ziel, Rabbiner zu werden, und fing dann eine Kaufmannslehre an. Aber diese frühen Orientierungen wichen einem zunehmenden Interesse für Medizin und Philosophie. Er besuchte Vorlesungen Kants in Königsberg, konnte – nicht zuletzt dank der Unterstützung David Friedländers – Medizin studieren und kam schließlich nach Berlin ins jüdische Krankenhaus als Assistent und späterer Nachfolger von de Lemos. Er wurde ein enger Freund Moses Mendelssohns und seines Kreises, und er hatte die gleichen geistigen und literarischen Vorurteile. Bezeichnenderweise verwarf er jeden Schriftsteller, der nicht die Klarheit Lessings hatte. Als David Friedländer ihn einmal darum bat, ihm einen Abschnitt in einem Goethe-Gedicht zu erklären, verwies ihn Herz prompt an seine Frau. In Schlegels „Lucinde" sah er eine Verquickung von Schmutz und Unsinn, und er war überzeugt davon, daß Novalis, die Personifikation der Romantik, selber nicht begriff, was er drucken ließ.[53] Herz war durch und durch Rationalist: geistreich, aber niemals gefühlvoll. Seine Frau klagte später darüber, er habe ihre Versuche, ihm ihre Liebe zu zeigen, als kindisch abgetan.

Henriette dagegen entwuchs der aufgeklärten jüdischen Atmosphäre ihres Elternhauses und trat ein in eine Welt, die ganz anders war als die ihres Vaters oder ihres Mannes. Als junges Mädchen begeisterte sie sich für Theater, Musik und Tanz, und gemeinsam mit ihrer Freundin Dorothea Mendelssohn las sie hingebungsvoll die sentimentalen Romane der Zeit, die auf sie eine große Wirkung hatten. Später, als Ehefrau von Herz, zog sie die jüngere Generation in ihren Zirkel, die gegen die immer noch herrschenden Traditionen aufbegehrte: gegen Ramler in der Dichtung, Mendelssohn oder Kant in der Philosophie, Nicolai in der Kritik, Iffland oder Kotzebue auf der Bühne. Die jungen Leute, die mit ihr in Verbindung traten, betrachteten die Aufklärung als trocken und fade. Zwar verehrten auch sie noch Lessing, aber sie huldigten ihm nicht wegen seiner Dramen, sondern wegen seiner Wendung gegen die Tradition. Er hatte den Schutt der Vergangenheit beiseite geräumt, aber über der Klarheit seiner Vision hatte er den Sinn für das Nichtverstehbare verloren.[54]

Der Salon der Henriette Herz galt als der glänzendste und attraktivste Berlins. Zu einer Zeit, da die offiziellen Tätigkeiten der Aristokratie unerträglich langweilig waren und die Bürgerschicht nur einen engen kulturellen Horizont hatte, boten die jüdischen Häuser etwas Einzigartiges: Dort traf man sich zu zwangloser Geselligkeit und zu anregenden geistigen Auseinandersetzungen. Wie ein Zeitgenosse bemerkte, wurde nur dort wirklich über Literatur gesprochen.[55] Gesellige Unterhaltung gab der Gesellschaft dieser Epoche der preußischen Geschichte ihr besonderes Gepräge, bevor die durch Frankreich erlittene Niederlage das Gespräch in Handlung überführte und die kosmopolitische Einstellung in einen glühenden Patriotismus verwandelte.

Von den jungen jüdischen Frauen ging eine eigenartige Faszination aus. Sie waren kultiviert, vorurteilslos, manchmal von etwas lockeren Sitten, oft intelligent und gelegentlich, wie Henriette Herz, sehr schön. Aufgewachsen in bürgerlichen jüdischen Familien, aber aufbegehrend gegen die oberflächliche Religiosität der älteren Generation und deren praktische Ausrichtung des Lebens auf das Geschäft, waren sie besonders aufgeschlossen für den neuen Kult der Innerlichkeit, in den die jungen Romantiker sie einführten. Ihre Begeisterung für Shakespeare und für den noch umstrittenen Goethe, ihre Unabhängigkeit von Konventionen und ihre Stellung als Jüdinnen am Rande der „guten" Gesellschaft gaben ihnen eine Anziehungskraft, denen die stärker der Konvention verhafteten Frauen des christlichen Milieus nur selten etwas entgegenzusetzen hatten. Verglichen mit Berlin war daher das Leben in einer Stadt wie Jena, wo wenige Juden lebten, öde: „Lauter platte Christen, nichts Piquantes, kein schwarzes Haar."[56]

Da Henriette über eine Dienerschaft verfügte und kinderlos war, nahmen die Pflichten als Hausherrin nur wenig von ihrer Zeit in Anspruch. Sie konnte sich der Lektüre widmen, Sprachen erlernen und ihre Empfindungen kultivieren. Da Marcus nicht viel für ihre Sentimentalitäten übrig hatte, wandte sie sich den jungen Männern in ihrem Bekanntenkreis zu. Henriette schloß sich mit Dorothea und anderen jungen Frauen sowie mit Männern wie Carl von La Roche und Wilhelm von Humboldt zu einem „Tugendbund" zusammen. Die Mitglieder verpflichteten sich, einander ihr Inneres zu öffnen, kein Geheimnis für sich zu behalten. Ob man Jude war oder Christ, das spielte in diesem rebellischen, aber keuschen Bund keine Rolle. Das Ziel war, einander durch Liebe glücklich zu machen. Man verwarf alle Einschränkungen durch gesellschaftliche Konventionen und suchte an jedem Vergnügen teilzuhaben, das nicht im Widerspruch stand zum Streben nach moralischer Vervollkommnung.

Wilhelm von Humboldt, damals noch nicht einmal 20 Jahre alt, war von der schönen Henriette besonders angezogen. Er verfiel in eine leidenschaftliche Liebe zu ihr und sandte ihr gefühlvolle Briefe, die er um der Geheimhaltung willen mit hebräischen Schriftzeichen schrieb, wie sie es ihn gelehrt hatte. Bald jedoch entdeckte er in Henriettes Briefen einen Zug, den die Zeitgenossen immer wieder erwähnt haben: eine gewisse Affektiertheit, ein Zurschaustellen von Gefühlen, die nicht wirklich echt waren.[57] Er tat schließlich ihre gekünstelten Empfindungen als ein wenig lächerlich ab und sah auch den Bund in diesem Licht.[58] Denn Humboldt war im Geist der Aufklärung erzogen worden: Johann Jakob Engel war sein Philosophielehrer gewesen, und Mendelssohn hatte er noch persönlich gekannt.[59] Doch obwohl er in späteren Jahren kritisch über Henriette urteilte, bewahrte er seiner Jugendliebe eine gewisse Anhänglichkeit. Als preußischer Staatsmann wurde er einer der entschiedensten und uneigennützigsten Verfechter der jüdischen Gleichstellung. Einmal, nach seinem Eintreten für die Juden in einer besonderen Angelegenheit, bemerkte er, das seien „die letzten Funken" seiner „Pietät gegen die Herz" gewesen, die freilich jetzt – im Jahre 1814 – „fast auch christlich" geworden sei.[60]

Henriettes religiöse Neuorientierung begann 1796 mit der Ankunft eines bedeutenden jungen Theologen, der zum Prediger an der Berliner Charité ernannt worden war: Friedrich Schleiermacher. Zwei Jahre vorher war er von seinem engen Freund Alexander Graf Dohna anläßlich eines kurzen Besuchs in das Haus Herz eingeführt worden; jetzt wurde er dort regelmäßiger Gast. Er entwickelte eine enge, aber vollkommen leidenschaftslose Beziehung zur Herrin des Hauses; sie hielt an bis ans Ende seines Lebens. Sie lasen gemeinsam Shakespeare; sie lehrte ihn Italienisch, er sie Griechisch. Und sie redeten „recht aus dem innersten des Gemüths miteinander über die wichtigsten Dinge".[61] Daß sie Jüdin war, hatte für den jungen Prediger keine Bedeutung, zumal er jenseits dieses äußerlichen Unterschieds eine Seelenverwandtschaft auszumachen glaubte, die sie für seine geistige Entwicklung wichtig machte: In ihr fand er die notwendige Ergänzung seines Inneren. Es sei etwas in seiner Natur, so gestand Schleiermacher in einem Brief an seine Schwester, das ihn eher die Gesellschaft von Frauen als die von Männern suchen lasse; diese verstünden ihn selten ganz. Im Gegensatz zu Schlegel zog ihn nicht die beinahe maskuline geistige Sicherheit der jungen Dorothea an, sondern das passive weibliche Verstehen, das Henriette eigen war. In der Zeit ihrer engsten Beziehung schrieb Schleiermacher sein erstes bedeutendes Werk: „Über die Religion. Reden an die Gebildeten unter ihren Verächtern",[62] das er im Frühjahr 1799 vollendete. Sobald Abschnitte davon fertig waren, schickte er sie an Henriette, um Kommentare und Gegenvorschläge zu bekommen; beide standen beinahe täglich miteinander in Kontakt. Für Henriette wurde diese Begegnung mit Schleiermacher zum großen Glück ihres Lebens. Sie bewunderte und achtete ihn, sie liebte ihn auf ihre Weise – und sie wurde eine Anhängerin seiner Lehre von der Religion.

Schleiermacher wandte sich an die Intellektuellen seiner Zeit und konfrontierte sie mit einem Begriff von Religion, der das von ihnen so verachtete Dogma der Orthodoxie beiseite schob, aber doch nicht Zuflucht nahm zu den Postulaten der natürlichen Religion. Er trennte die Religion strikt von der Moral und der Metaphysik, in deren Dienst sie gestellt worden war, und erkannte ihr eine autonome Existenz zu. Religion wurde definiert als Erleben, Gefühl, Disposition der Seele, eine Hingabe des Selbst an das Unendliche und Ewige. In entschiedenem Gegensatz zur Aufklärung entfernte Schleiermacher auf diese Weise die Religion aus dem Gebiet der Erkenntnis und machte aus Wissen und Religion zwei verschiedene Bereiche menschlicher Aktivität. Wahre Frömmigkeit konnte nicht gelernt oder in ein System gebracht werden; sie konnte nur aus der persönlichen Erfahrung des einzelnen Menschen erwachsen. Hauptgegenstand seines Angriffs war die Anwendung rationaler Kategorien auf die Religion und die dadurch hervorgebrachte Gleichförmigkeit: jene universale Vernunftreligion, die er überhaupt nicht als Religion anerkennen konnte. Mit Blick auf Mendelssohn – oder vielleicht auch auf Kant – schrieb er: „mit dem seienden und gebietenden Gott hat sie nichts zu schaffen".[63] Im Gegensatz zur Orthodoxie betrachtete er die heiligen Schriften als Denkmäler aus der heroischen Zeit der Religion, die nicht unbezweifelbar verbindlich waren. Sie repräsentierten lediglich die religiöse Erfahrung eines vergangenen Zeitalters; Gott offenbarte sich jeder Generation und jeder Person von neuem. Das wahre Wesen der Religion lag im Bewußtsein des einzelnen, daß das Göttliche in ihm selbst und in der Welt sei.

Für Schleiermacher war das Christentum der höchste, reinste Ausdruck dieser wahren Religion. Im Gegensatz dazu war das Judentum, einst ein lebendiger Glaube, seit langem tot, „und diejenigen, welche jezt noch seine Farbe tragen, sizen [!] eigentlich klagend bei der unverweslichen Mumie, und weinen über sein Hinscheiden und seine traurige Verlaßenschaft". Seine Begriffe waren primitiv und kindlich, der Glaube an den Messias seine „lezte mit großer Anstrengung erzeugte Frucht". Diese Religion „starb, als ihre heiligen Bücher geschloßen wurden", und es blieb nur „die unangenehme Erscheinung einer mechanischen Bewegung nachdem Leben und Geist längst gewichen" waren.[64]

Henriette machte sich die Auffassung ihres Freundes zu eigen, daß das Judentum keine Religion mehr im strengen Sinne des Wortes sei, wenn sie sich solchen Gedanken nicht schon früher zugewandt hatte. In ihren Kindheitserinnerungen, die sie 1823, einige Jahre nach ihrer Konversion, aufzeichnete, beschrieb sie ihre gesetzestreue Familie und ihre jüdische Erziehung, die in ihrem Fall – das war ungewöhnlich bei einem Mädchen – sich immerhin auf die Lektüre der hebräischen Bibel sowie einiger Kommentare erstreckt hatte. In einem bezeichnenden Abschnitt, der freilich den Charakter einer Selbstrechtfertigung annehmen mußte, skizzierte sie den Übergang von leeren Formen religiösen Lebens zu einem ebenso leeren Rationalismus, wie ihn das Judentum durchgemacht habe:

„Das Kind, besonders aber die Mädchen, wurden gar nicht eigentlich im Glauben ihrer Eltern unterrichtet, wurden aber angehalten, die *Formen* desselben zu beachten, d. h. sie mußten alle die unzähligen Gebräuche beobachten, welche er oder vielmehr die Rabbiner vorschrieben. Das Mädchen mußte in hebräischer Sprache beten, ohne daß es verstand, was es betete, und ich erinnere mich wohl, mit Andacht und Inbrunst zuweilen so gebetet zu haben, besonders aber, wenn es gewitterte, was mich immer sehr ängstigte, dann sagte ich geschwind viele, irgendwelche Gebete hintereinander her. Jetzt tun die Judenkinder dies freilich nicht mehr, denn die Gebete sind ins Deutsche übersetzt worden, aber – frömmer sind sie deshalb nicht: ihre Eltern, die noch auf jene Weise erzogen worden, warfen die ihnen lästigen Beobachtungen der jüdischen Gebräuche, worin allein die Religion bestand, beiseite, sobald sie ihre eignen Herren wurden, es trat nichts an die Stelle, und so lebten sie fort ohne Gedanken an Gott, als höchstens in Zeiten der Not. Die Kinder wurden nun auf dieselbe Weise erzogen, man wollte sie nicht lehren, was man selbst nicht glaubte, und so wurden und werden sie in keinem Glauben erzogen – keine Andacht erfüllt ihr Gemüt, und sie können nicht beten zu Gott, wenn ihr Herz gedrückt ist und geängstigt von unendlicher Qual. – Die Vernunft, welche die Gebildeteren sich zur Stütze und Hilfe nehmen, reicht nicht hin, sie zu tragen in schweren Leiden. Glücklich der, dem später im Leben noch das schöne Licht des Glaubens im Innern aufgeht, und der nicht stirbt, ohne von jenem erhebenden, beglückenden Gefühl der Andacht durchdrungen gewesen zu sein; Gottes Gnade sei es Dank, daß auch mir dieses Glück ward."[65]

Für die junge Henriette war das Judentum nur ein System von lästigen und sinnlosen Formen. Als junge Frau war sie, wie sie selber zugab, sehr eitel, und sie bedauerte, daß sie ihr schönes schwarzes Haar unter einer Perücke verbergen mußte, wie es das jüdische Gesetz für verheiratete Frauen vorschrieb. Ihrem orthodoxen Vater indessen und Moses Mendelssohn brachte sie große Bewunderung und Achtung entgegen. Sie war der Ansicht, ihr Vater habe „die Milde und Liebe des Christentums im Herzen", so wie der großherzige Simon Veit „christliche Tugenden" hatte. Anders als Friedländer meinte sie, Mendelssohn habe die Gesetze nicht beachtet, um Einfluß auf seine jüdischen Glaubensgenossen zu behalten, vielmehr habe er sie aus Überzeugung befolgt. Ihr lag daran, Mendelssohn von seinen deistischen Schülern abzusetzen. Im Gegensatz zu ihnen habe er seinen Gott im Herzen gehabt; unzureichend vertraut mit dem Christentum, habe er Gott aufrichtig durch das Judentum gesucht.[66]

Trotz ihrer engen Beziehung zu Schleiermacher, die von 1796 an ununterbrochen anhielt, konvertierte Henriette erst mehr als 20 Jahre später. Aus kindlicher Rücksicht auf ihre orthodoxe Mutter blieb sie nominell Jüdin bis wenige Monate nach deren Tod im Jahre 1817.[67] Nachdem Marcus 1803 gestorben war, war sie eine Zeitlang Englischlehrerin in der Berliner Residenz der Herzogin von Kurland. Später wurde sie Erzieherin der Kinder Charlotte von Kathens auf der Insel Rügen, und schließlich unterrichtete sie in Berlin die Kinder armer, einst vermögender Eltern. Sie verheiratete sich nicht wieder, obwohl ihr alter Freund Graf Dohna ihr nahezu 20 Jahre lang eng verbunden blieb.

Ihr Ausweichen vor der Realität, ihre Flucht vor sich selbst wurden für die Zeitgenossen nach dem Tode ihres Mannes deutlicher sichtbar.[68] Ständig entwarf sie Zukunftspläne und ließ sich auf immer neue körperliche oder geistige Aktivitäten ein. Sie lernte eine Fremdsprache nach der anderen, bis sie nicht weniger als elf mehr oder weniger gut kannte. Humboldt besuchte sie eines Tages im Jahre 1810 überraschend und fand sie mit einer Übersetzung Voltaires aus dem Französischen ins Spanische beschäftigt.[69] Als ihre große Schönheit schwand, umgab sie sich mit jungen Leuten und kleidete sich, als wäre sie selber noch ein junges Mädchen. Stets zog sie Beziehungen wie die der „Mutter", der „Schwester", der Vertrauten solchen vor, die ihre ganze Hingabe verlangten wie etwa die der geliebten, liebenden Frau. Unsicher in ihrem Wesen, hatte sie nichts übrig für das Einfältige, das auf amüsante Weise Dumme oder das Zügellose. Sie brauchte Gesellschaft, denn an der Zustimmung anderer lag ihr am meisten. Rahel Varnhagen bewies den gewöhnlichen Scharfblick, als sie über sie notierte: „Mad. Herz lebt geputzt; ohne zu wissen, daß man sich ausziehen kann, und wie einem dann ist."[70]

Als sie nicht mehr die Junge spielen konnte und die Zukunft in dieser Welt für sie gleichsam zusammenschrumpfte, richtete Henriette ihren Blick mehr und mehr auf das Leben nach dem Tode, obwohl sie den Gedanken an den Tod selbst fürchtete. Im Jahre 1817 wurde sie schließlich als Protestantin in der kleinen Stadt Zossen von einem alten Freund, Pastor Wolff, getauft, und fast unmittelbar danach brach sie zu einer Reise nach Rom auf. Dort veranlaßte sie, voller Eifer für ihren neuen Glauben, daß der preußischen Botschaft ein protestantischer Kaplan attachiert wurde. Sie war eine ebenso glühende Protestantin geworden, wie Dorothea Katholikin war. Wie Schleiermacher hatte sie keine Achtung vor den Juden, die ohne

Glaubensüberzeugung Christen wurden. Den konvertierten Börne, der als Student und Gast im Hause der Familie Herz leidenschaftlich in sie verliebt gewesen war, fragte sie tadelnd: „Immer noch so gottlos, Louis?“[71] Schleiermacher, für sie das Ideal des wahren Christen, stand ihr in ihren langen Altersjahren bis zu ihrem Tode im Jahre 1847 immer vor Augen. Als treue Tochter der protestantischen Kirche fand sie in einer „Herzensreligion“, was ihr die Gesellschaft nicht mehr zu bieten vermochte.

Für Henriette wie für Dorothea war das Christentum eine Tröstung höherer Art, die das Einzelwesen mit seinen leeren Bemühungen um rationale Erklärungen überstieg. Beide betrachteten sich in vollem Sinne als Christinnen, und man sucht bei ihnen vergeblich nach Äußerungen eines Rests von jüdischem Selbstbewußtsein. Das war anders bei Rahel, die, auf eine viel quälendere Weise empfindend als die beiden, nie das Bewußtsein verlor, daß sie als Jüdin geboren war, und die doch wie jene eine hingebungsvolle, überzeugte, gläubige Christin wurde.

Im Gegensatz zu Dorothea Schlegel und Henriette Herz floh Rahel nie vor sich selbst. Nie lieferte sie sich an eine Kirche aus, nie verbarg sie ihr Innerstes, indem sie Rollen spielte; ihr Leben lang blieb sie immer nur die eine: Rahel. Bewahrung der persönlichen Eigenart war für sie die größte Tugend, Heuchelei oder Unterwerfung unter eine Autorität die größte Sünde. Sie nahm hin, daß sie Jüdin war, und sah in dieser Herkunft eine tiefe persönliche Tragik, aber zugleich eine großartige Möglichkeit, die unverhüllte Wahrheit wahrzunehmen. Die jüdische Religion freilich hielt sie, wie Dorothea und Henriette, für seicht und bedeutungslos; ihr Heil lag in ihrer eigenen, sehr persönlichen Ausprägung des Christentums. Darin, daß sie im Judentum keinerlei religiösen Sinn zu entdecken vermochten, stimmten die drei Frauen jedenfalls überein.

Rahels jüdische Erziehung war offensichtlich noch dürftiger als die ihrer Zeitgenössinnen. Ihr Vater, ein vergleichsweise erfolgreicher, ziemlich herrschsüchtiger Geschäftsmann, ließ sie ohne viel Unterricht auf irgendeinem Gebiet aufwachsen. „Ignorant“ nannte sie später sich selbst, wenn auch mit einer gewissen Ironie. Denn Rahel hatte es, begabt mit einem scharfen Verstand und weiten Interessen, durch ihre Lektüre dahin gebracht, daß sie sich in der Literatur ihrer Zeit gut auskannte, ja, mehr noch: tief in sie eingedrungen war und sie sich wirklich angeeignet hatte. Sie entwickelte eine besondere Vorliebe für

Goethe und sang sein Lob vor allen Freunden. Ihr Eindruck war, dieser noch nicht überall anerkannte Autor habe wie kein anderer die Antriebe der menschlichen Seele verstanden. In ihrer „Dachstube" in der Jägerstraße unterhielt sie sich mit den prominenten jungen Leuten der Berliner Gesellschaft über Literatur und Leben: mit dem schwedischen Diplomaten Karl Gustav von Brinckmann, Prinz Louis Ferdinand von Preußen und anderen. Bei Rahel fanden sie Witz, Lebhaftigkeit und Charme, vor allem aber eine seltene Frische, Aufrichtigkeit und Wahrheitsliebe.

Der Zauber, den Rahel ausstrahlte, entsprang nicht zuletzt daraus, daß sie Jüdin war. Aber wie sehr haßte sie diese „falsche Geburt"; wie sehr klagte sie gegenüber ihrem jungen Freund David Veit darüber, daß man dem Schicksal, Jude zu sein, nicht entkommen konnte.[72] Und doch dachte die junge Rahel keinen Augenblick daran, um der vollständigen Assimilation willen zu konvertieren, wie das einige ihrer Freunde taten.[73] Als Veit 1796 konvertierte, da fand seine Aufgabe des Judentums große Bewunderung, aber für jemanden mit dem Blick Humboldts war „die Beschneidung" bei ihm noch „in jeder Fingerspitze" zu erkennen.[74] Rahel wußte nur zu genau, daß die Welt, was immer sie auch täte, sie stets als Jüdin ansehen würde. Überdies machte sie in ihrer Jugend, und von Zeit zu Zeit auch in späteren Lebensphasen, die Erfahrung, daß das Judentum ein nicht aufgebbarer Teil ihres Selbst war.

Jude zu sein bedeutete für Rahel, am Rande der Gesellschaft zu leben, frei von all ihren Heucheleien und Lügen, eben weil man nicht wirklich dazugehörte. Das machte einen fähig, Dinge wahrzunehmen, für die andere blind waren. Als Christin hätte sie nur zu leicht eine Allerweltsperson werden können, als Jüdin war sie einzig. Sie wußte die Entschädigungen zu schätzen, die dem Außenseiter einen Ausgleich für seine gesellschaftliche Unerwünschtheit boten. Im Jahre 1801 schrieb sie aus Paris an ihre Familie in Amsterdam:

„Also mit den Juden steht's hier so schlecht?! Es liegt doch an ihnen. Denn ich versichre dich, ich *sage* hier allen Leuten, daß ich eine bin; *eh bien! le même empressement.* Aber nur ein Berliner Jude kann die gehörige Verachtung und Lebensart im Leibe haben; ich sage nicht: hat sie. Ich versichre dich, ordentlich eine Art *contenance* giebt's einem auch hier, aus Berlin zu sein und Jude, wenigstens mir..."[75]

Natürlich hieß Jude sein auch leiden. Es bedeutete, daß man sich stets zu rechtfertigen hatte, weil man nie eins war mit der Gesellschaft.[76] Besonders die Frauen mußten überdies befürchten, daß man sie nur benutzte, anstatt sie zu lieben, daß sie nur die Auslöser erregender Gefühle waren. Aber für Rahel war das Leiden ein Segen, der mit dem Schmerz untrennbar verbunden war. Ganz im Sinne der Romantik glaubte sie, wer nicht gelitten habe, habe nicht wirklich gelebt. Sie fand beinahe ein Ergötzen daran, sich selber seelische Qualen zu bereiten, alles, was ihr zusetzte, bis zum höchsten inneren Schmerz zu steigern. „Ich sollte mich trösten? Gott bewahre! ich *will* gar nicht. *Das wäre das Abscheulichste.* Recht außerordentlich will ich den Schmerz fühlen, wie eine große *aufgerissene* Wunde." Aus dem Feuer der Schmerzen kam man „glühender und gediegener heraus". Rahel stellte fest, jeder Mensch, von dem sie glaube, „daß er unglücklich sein" könne, interessiere sie. Und sie äußerte sich spöttisch über Henriette Herz, gerade weil ihre Freundin nie in die Tiefe wahren Unglücks gedrungen war.[77]

Gewiß hatte sie ihren Salon, ihre Bekanntschaften und romantischen Beziehungen, aber am Ende ging es ihr doch immer um ihr eigenes Erleben; im Grunde waren alle ihre Freundschaften nur Erkundungen ihres eigenen Ich. Veit meinte, sie käme gut ohne ihre Freunde aus, weil sie alle nur Modifikationen ihres Selbst seien.[78] Aber in Rahels Gefühlen war nichts Gekünsteltes; sie verfälschte sie nicht, um sie auf eine Situation abzustimmen und ihr wahres Ich sorgsam zu verbergen, wie Henriette es tat. Statt dessen ließ sie „das Leben" auf sich „regnen". Sie suchte Leben und Erleben in aller Fülle. Vor allem wahrte sie ihre Freiheit von allen gesellschaftlichen Zwängen. „Ich kann nicht heirathen; denn ich kann nicht lügen", schrieb sie 1799 an Brinckmann.

Wie Dorothea von Schlegel beeinflußt war und Henriette von Schleiermacher, wurde Rahel besonders angezogen von der Philosophie Johann Gottlieb Fichtes. In ihm fand sie einen verwandten Geist und in seiner Philosophie einen Ausdruck dessen, was sie lange schon empfunden hatte. An ihren Bruder schrieb sie im Jahre 1807: „Verehrt, verehrt Fichte'n! Mit Thränen hab' ich es gelesen, daß ihr unsern verehrten Lehrer, den rechtschaffensten Mann! in Paris leset. Er hat mein bestes Herz herausgekehrt, befruchtet, in Ehe genommen; mir zugeschrieen: ‚Du bist nicht allein!'"[79] Im Herbst jenes Jahres besuchten Rahel und ihr Bruder gemeinsam in Berlin die Vorlesungen des romantischen Philosophen.

Fichte verkündete die Lehre von dem sich selbst setzenden Ich. Dieses Ich hat die Freiheit, die sinnliche Welt nach seinen Prinzipien zu bestimmen. Nicht die Hingabe des Ich ans Unendliche, von der Schleiermacher sprach, sondern diese Fichtesche Selbstsetzung des Ich war nach dem Geschmack Rahels. Wie sehr die Welt sie auch abweisen und verwerfen mochte – es blieb ihr doch das reiche seelische Leben, auf das keine äußeren Kräfte einwirken konnten. Sie nannte Fichte ihren „lieben Herrn und Meister"[80] – und durch ihn kam sie schließlich zum Christentum. An Fouqué schrieb sie im Jahre 1812: „An welchen noch ‚Anderen' als an Fichte wollten Sie denn den Erwachsenen weisen, der Christi Lehren erfassen möchte? Der Erwachsene bin ich."[81]

Obwohl Rahel, durch und durch zwiespältig, das Judesein haßte und zugleich pries, konnte sie das jüdische Gesetz ganz einfach nicht anerkennen. „... *imaginez*" schrieb sie 1793, einige Jahre nach dem Tode ihres Vaters, an Veit, „ich bin gestern ... am hellen lichten Sabbath in einem Königlichen Wagen um halb drei Uhr nach der Opernprobe gefahren; es hat mich niemand gesehen, ich hätt's und würd', und werd' es jedem abstreiten ..."[82] Das Judentum schien ihr so abgelebt zu sein, wie die christlichen Intellektuellen es behaupteten. Im Zeitalter eines schöpferischen Aufbruchs in der Kunst und im intellektuellen Leben war es selber nichts als ein System von belanglosen Bräuchen und Einschränkungen. Selbst mit seiner Quelle, der Bibel, konnte das Judentum nicht Rahels religiöse Sehnsucht stillen, die lange Zeit eher auf das Mystische gerichtet war:

„Schneidende Messer sind es mir, wenn sie so dreist weg von Gott sprechen, wie von einem Amtsrat und gerade den Stummen, Übererfüllten von ihm (*ihm*!) abwendig glauben. Diese Empfindungen machen mir auch jetzt wieder in der Bibel alle Reden und Gesetze in der Wüste. Ich werde meiner Nation ganz abgewandt; wenn ich auch Moses die Gerechtigkeit muß widerfahren lassen, daß er's mit sechsmalhunderttausend Jungvolk nötig hatte. Gräßlich geschrieben und vorgetragen ist es gewiß. Nur bis nach Josephs Geschichte ist es schön; so weit ich bin."[83]

Rahel hatte unzweifelhaft kein religiöses Motiv für ein Festhalten am Judentum, und mit der Zeit verlor auch der besondere Status des Paria seinen Reiz. Schon 1806 schrieb sie mit dem für sie charakteristischen Scharfblick an Rebecca Friedländer: „So schadet Ihnen auch *Jüdin* sein nicht; das *hat* nur geschadet, wenn man alt ist ..."[84] Im Jahre 1810 tat sie den ersten Schritt, um ihrem Status zu entkommen: Sie vertauschte den Nachnamen Levin gegen Robert, wie ihre Brüder es getan hatten. Vier Jahre später ließ sie sich taufen und heiratete den

Diplomaten und Schriftsteller Varnhagen von Ense. In ihrer religiösen Einstellung war diese Konversion kein entscheidender Bruch; schon lange hatte sie die christlichen Festtage gefeiert und sich in einem weiten religiösen Sinne als Christin verstanden. Wenn sie jetzt konvertierte, so geschah das nur aus der praktischen Erwägung, daß das ihre Eheschließung erleichterte.

Varnhagen, 14 Jahre jünger als Rahel, empfand für sie keine leidenschaftliche Liebe, aber er bewunderte sie, respektierte ihre Eigenart und erhielt ihr ihren Freiraum. Varnhagen war eher ein Mann, der das Leben beobachtete und kommentierte, als jemand, der auf seine Selbstverwirklichung bedacht war. In Rahel sah er einen Inbegriff unverfälschten Lebens, und er machte es sich zur Aufgabe, sämtliche Zeugnisse dieses Lebens getreulich für die Nachwelt zu bewahren. Er sammelte alle ihre Briefe und notierte praktisch jeden Ausspruch, der über ihre Lippen kam. Rahel genoß seine schmeichelhafte Aufmerksamkeit. Seine Jugend ließ sie ihr zunehmendes Alter vergessen und bewahrte sie vor der Einsamkeit einer Henriette Herz.

Rahel hätte wohl alles haben wollen, was ihr die Ehe ermöglichte, und wäre doch gerne dieselbe geblieben. Hätte ihr Varnhagen nicht ausdrücklich versprochen, er würde ihr keinerlei Einschränkungen auferlegen, so hätte sie niemals in die Heirat eingewilligt: „Freiheit, Freiheit! besonders in einem geschlossenen Zustand, wie die Ehe. Aha! – die alte Rahel! Ah! –“[85] Aber trotz all der Freiheit, die Varnhagen ihr einräumte, brachte das Leben als geachtete Ehefrau eines Adligen Zwang und Überdruß mit sich. Was sie als Jüdin nie gewesen war, war sie jetzt: zum Weinen gelangweilt.[86] Sie erkannte, daß sie letztlich nur eine Rolle spielte, und das zu tun hieß nicht zu leben. Niemand konnte ihre Gefühle besser verstehen als ihre alte Freundin Pauline Wiesel, die einst schöne und bewunderte Geliebte vieler Männer, auf ihre Weise ebensosehr Außenseiterin, wie Rahel eine gewesen war. Nur sie konnte verstehen, was Rahel aufgegeben hatte. An sie schrieb Rahel, daß man nicht frei sein konnte, wenn man etwas in der Gesellschaft darzustellen hatte: eine Gattin, schlimmer noch: eine Beamtenfrau.[87] Als Jüdin hatte sie gelitten und durch ihr Leiden die Tiefe des menschlichen Herzens ausgemessen. Als Ehefrau Varnhagens war sie allzu sehr behütet, zu sehr abgeschnitten von den schmerzenden Bedrängnissen des Lebens.

Auf der Suche nach einem höheren Sinn vertiefte sie sich in ihren neuen Glauben. Von der christlichen Orthodoxie war sie, die vor allem ihre eigene Freiheit und Einzigkeit bewahren wollte, selbstverständlich abgestoßen. Im Gegensatz zu Dorothea brachte sie der Lehre von der Erbsünde wenig Sympathie entgegen, und ebensowenig vermochte sie – anders als Dorothea und Henriette – die menschliche Vernunft geringzuschätzen. Sie hatte eine tiefe Abneigung gegen eine dogmatische, autoritäre Religion; aber auch Versuche, die Wahrheit eines besonderen Glaubens logisch stringent zu beweisen, machten sie nur ärgerlich. Nach ihrem Empfinden war die „menschliche Seele... von Natur eine Christin“,[88] und die mystische Literatur des Christentums übte eine besondere Anziehungskraft auf sie aus. Sie liebte die Schriften Lavaters und Saint-Martins, weil ihr schien, sie kämen „wie aus einem religiösen Meere mit ihren Gedanken hervor“.[89] Unter den religiösen Schriftstellern verehrte sie am meisten Angelus Silesius, den Mystiker des 17. Jahrhunderts, eine bemerkenswert originelle Gestalt, die von der Aufklärung vollkommen übersehen worden war. Rahel hatte immer ein Exemplar seiner Schriften zur Hand, sandte Ausgaben an Freunde und veröffentlichte 1812 gemeinsam mit Varnhagen eine Sammlung seiner Sprüche. In Angelus Silesius fand Rahel eine kühne Gewißheit der Seele, die aktiv die *unio mystica* sucht. Im Gegensatz zu den meisten christlichen Mystikern hielt Angelus sein Innerstes nicht passiv bereit für die Aufnahme Gottes oder des Weltganzen; er fand Gott in der Seele selbst – wie Rahel es tat. In einem Kommentar zu einem seiner Reime schrieb sie: „So wie man sich recht bedenkt, findet man gleich den wahren Gott in sich; das Nichtselbstgemachte; die erdachte Kreatur; die große Pracht: das ewige Wunder.“[90]

Rahels Religion war in hohem Maße persönlich, aber sie war gefaßt in die Bildlichkeit und die Begriffe des Christentums.[91] Mit den Romantikern glaubte sie, daß Gott sich jeder Einzelperson offenbare und daß das Gebet das Ausströmen der Seele zu einem unfaßbaren göttlichen Wesen hin sei. Lange vor ihrer Konversion hatte es sie nach Gott als dem Grund ihrer Existenz verlangt. Mehrere Male in ihrem Leben träumte ihr, sie habe auf einer Ecke von Gottes Mantel ruhen dürfen.[92] Das Judentum ihrer Zeit bot Rahel nicht die Voraussetzungen für ein solch persönliches religiöses Bewußtsein. Immer mehr war sie davon überzeugt, das Judentum sei etwas für „Kindermenschen“, für Wesen mit einem schwach entwickelten religiösen Empfinden, während allein die christliche Botschaft eine Lehre für denkende Menschen enthielt. Das Reformjudentum der damaligen Zeit war ihr sogar noch mehr zuwider; ihm sprach sie jede Berechtigung ab. Religion war nichts, was man gewaltsam an die Vernunft binden konnte.

Obwohl Rahel die Rolle der Vernunft in der Religion anerkannte, hatte die kalte, würdig steife Gottesverehrung im Tempel Jacobsons keinerlei Anziehungskraft für ihr der Mystik zugeneigtes religiöses Empfinden.[93]

So wie Rahel nie irgendeine Übereinstimmung mit dem Judentum empfunden hatte, war ihr jede Identifikation mit der großen Masse ihrer jüdischen Glaubensgenossen fremd.[94] Dem Streben nach politischer Emanzipation, das so sehr von Friedländer und seinem Kreis Besitz ergriffen hatte, stand sie beinahe vollkommen gleichgültig gegenüber. Jude zu sein war für sie vor allem ein persönliches Schicksal, nicht eines, das sie als Angehörige eines Volkes erlitt. Als die Reaktion der nachnapoleonischen Ära zu Krawallen gegen die Juden führte, war Rahel entsetzt und angewidert. Aber sie reagierte nicht mit einer Parteinahme für die Juden, vielmehr schämte sie sich für Preußen und das Christentum. An ihren Bruder Ludwig schrieb sie 1819:

„Ich bin *gränzenlos* traurig: und in einer Art, wie ich es noch gar nicht war. Wegen der Juden.... Ich kenne mein Land! *Leider*!... Die gleißnerische Neu-Liebe zur christlichen Religion (Gott verzeihe mir meine Sünde!), zum Mittelalter, mit seiner Kunst, Dichtungen und Gräueln, hetzt das Volk zu dem *einzigen* Gräuel, zu dem es sich noch, an alte Erlaubnisse erinnert, aufhetzen läßt! Judensturm.... Es *ist* nicht Religionshaß: sie lieben *ihre* nicht, wie wollten sie andere hassen!... die Prediger, die Pfarrer, die Diener der Religion sollten reden...“[95]

Obwohl Rahel sich weder mit den Juden noch mit dem Judentum identifizieren konnte, bewahrte sie sich bis zum Ende ihres Lebens das Gefühl, daß die verhaßte jüdische Herkunft ein geheimer Segen gewesen war. Die Schmerzen, die dadurch über sie gekommen waren, hatten sie innerlich gesteigert. Kurz vor ihrem Tode sagte sie zu Varnhagen die später dann so oft zitierten Worte:

„Welche Geschichte!... eine aus Ägypten und Palästina Geflüchtete bin ich hier, und finde Hülfe, Liebe und Pflege von Euch! Dir, lieber August, war ich zugesandt, durch diese Fügung Gottes, und du mir! Mit erhabenem Entzücken denk' ich an diesen meinen Ursprung und diesen ganzen Zusammenhang des Geschickes, durch welches die ältesten Erinnerungen des Menschengeschlechts mit der neuesten Lage der Dinge, die weitesten Zeit- und Raumfernen verbunden sind. Was so lange Zeit meines Lebens mir die größte Schmach, das herbste Leid und Unglück war, eine Jüdin geboren zu sein, um keinen Preis möcht' ich das jetzt missen.“[96]

Rahel empfand es als Glück, daß sie als Jüdin geboren war. Aber die Interpreten, die den Versuch unternommen haben, sie als „Jüdin" zu verstehen,[97] haben gewöhnlich den Schluß eben dieser Äußerung außer acht gelassen. Dem Tode nahe sagt Rahel unter Tränen zu Varnhagen:

„Lieber August, mein Herz ist im Innersten erquickt; ich habe an Jesus gedacht, und über seine Leiden geweint; ich habe gefühlt, zum erstenmal *es so* gefühlt, daß er mein Bruder ist. Und Maria, was hat *die* gelitten! Sie sah den geliebten Sohn leiden, und erlag nicht, sie *stand* am Kreuze! *Das* hätte ich nicht gekonnt, so stark wäre ich nicht gewesen. Verzeihe mir es Gott, ich bekenne es, wie schwach ich bin."

Dorothea, Henriette, Rahel: so unterschiedlich ihre Persönlichkeit und ihr Lebensweg waren – sie glichen einander darin, daß sie das Judentum für das Christentum aufgaben. Der Glaube ihrer Väter in seiner traditionellen Form war für sie ein hinderliches, sinnloses Gesetz, in seiner modernen Abwandlung trockene, unfruchtbare Vernünftelei. Für keine der drei konnte Religion nur das Gehäuse einer universalen Morallehre sein. Es verlangte sie nach einer persönlichen religiösen Erfahrung, und die fanden sie in einem von der Romantik geprägten Christentum. Als Jüdinnen in ein romantisches Zeitalter hineingeboren, fanden sie geistliche Nahrung nur in fremden Quellen.

5 Religiöse Reform und politische Reaktion

Das Bild der Generation nach Mendelssohn wäre grob verzeichnet, würde man David Friedländer, die Kinder Mendelssohns und die Berliner Salon-Jüdinnen als typisch ausgeben. Diese außergewöhnlichen Persönlichkeiten, die sich durch überragende Intelligenz, Schönheit oder Wohlhabenheit auszeichneten, repräsentierten nur einen kleinen Teil der deutschen Judenschaft. Sie standen entweder am Rande oder schon gänzlich außerhalb der jüdischen Gemeinschaft; ihr Schicksal war, daß sie ein jüdisches Selbstbewußtsein nicht bewahren konnten, sobald sie es einem starren Rationalismus unterwarfen, so wie sie es auch aufgeben mußten, sobald sie sich auf eine von romantischer Gesetzfeindlichkeit inspirierte Selbstfindung einließen. Diese kleine Gruppe traf extreme Entscheidungen, wählte die Wege, die wegführten vom Judentum in unterschiedliche Richtungen.

Weniger bekannt außerhalb der jüdischen Gemeinschaft als etwa ein David Friedländer oder eine Rahel Varnhagen sind die zahlreichen jungen Männer, die es auf sich nahmen, die Mendelssohnsche Aufklärung weiterzuführen und ihre Generation an den Klippen der religiösen Gleichgültigkeit wie der Konversion vorbeizusteuern. Sie wurden Lehrer in reformierten jüdischen Schulen, Autoren von Bibelübersetzungen und -interpretationen, Herausgeber von Zeitungen, deren Ziel die Aufklärung ihrer Mitbrüder war, und Prediger in neu gegründeten Tempeln. Sie wollten dem Judentum eine neue Würde geben und eine neue theoretische Grundlage verschaffen; wo nötig, verteidigten sie es auch gegen die feindseligen Einstellungen, die für die nachnapoleonische Reaktion so kennzeichnend waren. Die meisten von ihnen sind nur dem Fachmann bekannt. Weder waren sie faszinierende Persönlichkeiten, noch zeichneten sie sich durch außergewöhnliche persönliche Leistungen aus. Doch müssen wir uns ihnen zuwenden, wenn wir gleichsam von den Rändern der jüdischen Gemeinschaft wieder in ihr Zentrum zurückfinden wollen.

Den Maskilim, den jungen Aufklärern, die stolz waren auf den Ruhm Mendelssohns,[1] erschien es jetzt, in den letzten Jahrzehnten des 18. Jahrhunderts, als die wichtigste Aufgabe, der geistigen und gesellschaftlichen Isolierung entgegenzuwirken, von der nur eine vergleichsweise kleine Anzahl ihrer jüdischen Mitbürger ausgenommen war. Zu ihrem Hauptinstrument machten sie dabei eine Zeitschrift in hebräischer Sprache, die den Titel „Ha-Measef" („Der Sammler") trug. In den ersten drei Jahren ihres Erscheinens in Königsberg (1784–1786) war diese Monatsschrift vornehmlich der Bibelexegese, der Wiederbelebung des Hebräischen in Poesie und Prosa und der Erziehung der jüdischen Jugend gewidmet. Sie bot kurze Biographien der Heroen der jüdischen Vergangenheit und teilte die literarischen und politischen Ereignisse der Gegenwart mit, soweit sie die Juden betrafen. Auf den Rat des verehrten Hebraisten Hartwig Wessely[2] hin vermieden es die Herausgeber peinlich, bei den Orthodoxen Anstoß zu erregen. Aber trotz ihres Konservatismus hatte die Zeitschrift doch von Anfang an einen revolutionären Zug.

Auch wenn „Ha-Measef" in diesen frühen Jahren die rabbinische Tradition nicht angriff, mußte deren Nichterwähnung doch auffallen. Dem Interesse ihrer Zeit für klassische Literatur folgend, richteten die Measfim – wie die Herausgeber nach ihrer Zeitschrift genannt wurden – ihre Aufmerksamkeit jenseits des Talmud auf die Bibel. Sie waren bemüht, das Hebräische von seinen späteren Entstellungen zu reinigen und den ursprünglichen Stil der Psalmisten und Propheten wiederzugewinnen. Das Hebräische, dem die Maskilim sich mit Hingabe widmeten, wurde für sie ein Gegenstand philologischer Analyse und zugleich ästhetischen Vergnügens. Obwohl die frühen Maskilim entschieden festhielten am masoretischen Text und alle kontroversen Themen mieden,[3] trennte sie doch vieles von der Mehrheit ihrer jüdischen Mitbürger: der Gebrauch des Hebräischen statt des Judendeutschen für alle Gegenstände, waren sie nun tiefgründig oder trivial, die Konzentration auf die Bibel statt auf den Talmud, die Einführung wissenschaftlicher und ästhetischer Kriterien in die Beschäftigung mit den überlieferten Texten.

Nachdem „Ha-Measef" 1787 nach Berlin verlegt worden war, nahm die Zeitschrift deutlich radikalere Züge an: Hebräische Sprache und Literatur standen nicht mehr im Zentrum. Bezeichnenderweise hatte der Kreis ihrer Förderer sich neben seinem Namen „Gesellschaft hebräischer Litteraturfreunde" einen weiteren gegeben: „Gesellschaft zur Beförderung des Guten und Edlen". Hatte das Interesse vorher der abgeschlossenen Welt der biblischen Literatur gegolten, so wandte es sich jetzt nach außen, neuen Gegenständen zu: der Physik und der Biologie – und dem sich verändernden Status der Juden, vor allem in Frankreich. In einem Plädoyer für eine weltliche Erziehung der jüdischen Jugend wandte sich Mendel Bresslau, einer der ersten Herausgeber, an die Rabbiner und Häupter Israels und forderte sie mit Nachdruck auf, sich den Forderungen des Tages zu stellen. Jetzt war die Zeit gekommen, so betonte er, da die Völker nach einer neuen Vereinbarung mit Israel verlangten; man dürfe bei den Nichtjuden nicht den Eindruck aufkommen lassen, als seien die Juden dafür nicht empfänglich. Er entwickelte das Konzept einer weltlichen Bildung, die fester Bestandteil des Judentums wäre. Die Naturwissenschaft sei die Leiter zwischen Himmel und Erde, und Gott wolle, daß man Ihm mit seinem Geist und seinem Denkvermögen diene.[4]

Die dritte Phase von „Ha-Measef" begann im Jahre 1794, nachdem die Veröffentlichung vier Jahre lang ausgesetzt hatte. Im Gegensatz zu ihrer früheren Politik erweiterte die Zeitschrift nicht nur ihren Horizont, sie führte jetzt auch einen heftigen Feldzug gegen die obskurantistischen Orthodoxen. Der neue Herausgeber, Aron Wolfssohn, hielt es für angebracht, ein recht wirkungsvolles Mittel zur Diskreditierung der Aufklärungsgegner unter den Rabbinern anzuwenden. Anstelle der Form des Essays wählte er die eines erdachten Gesprächs dreier Personen im Jenseits: Es treten auf Maimonides (Rambam), Mendelssohn und ein namenloser Rabbiner, der ein Gegner des Aufklärers gewesen war.[5] Die Handlung wird mit einer unergiebigen Unterhaltung zwischen Maimonides und dem Rabbiner eröffnet. Offensichtlich hat der Rationalist Rambam ebensowenig Sympathie für den Aberglauben und die mystischen Neigungen des Rabbi wie für seine übertriebene Frömmigkeit und seine Angst vor weltlichem Wissen. Schließlich murmelt er leise vor sich hin: „Mich dauert die Generation, deren Führer du bist! O, Volk Gottes, wie sehr bist du gefallen und wie schrecklich entehrt!" Sehr geschickt hat Wolfssohn Maimonides, der dank seiner Werke über das Gesetz einer der Heroen des traditionellen Judentums war, als Sprecher gegen die Orthodoxen gewählt. Als Mendelssohn, umgeben von großem Glanz und in Begleitung des Erzengels Michael, die Bühne betritt, geht ihm Maimonides zur Begrüßung entgegen, und sogleich sind sie eines Sinnes. Rambam sagt zu ihm: „Nenne mich nicht länger ‚mein Erzieher' und ‚mein Lehrer', nenne mich ‚mein Bruder', denn wir sind Brüder. Haben wir nicht eine Mutter? Wir kommen beide aus dem Schoß der Weisheit und tranken Segen aus ihren Brüsten..." Wolfssohns Absicht ist deutlich: Die eigentliche jüdische Tradition, so will er den Leser wissen lassen, verläuft in einer Linie von Maimonides zu Mendelssohn, nicht etwa zu dem namenlosen Rabbiner. Am Ende dürfen die beiden Moses vor Gott treten, während der arme, verwirrte Rabbiner, der mehrfach als kindisch, starrsinnig und ungehobelt dargestellt wird, allein zurückbleibt.

Freilich: Wolfssohns Sarkasmen wirkten sich verhängnisvoller aus für „Ha-Measef" als für das Rabbinat. Seine Aggressivität hatte die Grenze dessen überschritten, was die Leser zu dulden bereit waren. Die Zeitschrift hatte auf einmal kein Publikum mehr. Wer noch hebräisch las, gehörte zu den konservativen Gruppen der jüdischen Gemeinschaft, zu jenen also, die Wolfssohns Angriff verletzt hatte. Nachdem man schließlich nicht mehr als 120 Abonnenten zusammenbrachte, ging „Ha-Measef" im Jahre 1797 ein. Als die Zeitschrift dann im Jahre 1809 unter neuer Herausgeberschaft wiederbelebt wurde, kehrte sie zu ihrer ursprünglichen konservativen Ausrichtung zurück und beschäftigte sich vornehmlich mit der Bibelexegese. Wie die Subskribentenliste zeigt,[6] wandte man sich jetzt an eine Gruppe von Juden, die in einer neuen Welle aus dem Ghetto ausbrach und die größtenteils im Süden und im Osten lebte: in Prag, Posen und Glogau.

Lange Zeit blieben das deutsche Wort *Aufklärung* und seine hebräische Entsprechung *Haskala* die Losung der Nachfolger Mendelssohns. Der Obskurantismus der Rabbiner wurde im Namen der Haskala verurteilt. Aber allmählich wurde den Maskilim klar, daß ein Zuviel an Aufklärung ebenso verderblich war wie ihr vollständiges Fehlen. Sie konnten ihre Augen nicht davor verschließen, daß in der jüngeren Generation, vor allem in den größeren Städten, Übertritte aus Opportunismus, Verstöße gegen die alten Sitten und Verachtung für alles, was mit dem Judentum zu tun hatte, immer häufiger wurden.

Bereits 1792 oder 1793 schrieb Isaac Euchel, einer der ersten Herausgeber von „Ha-Measef", eine Komödie mit dem Titel „Reb Henoch". Darin zeigte er sehr viel eindrücklicher, als das in einem Aufsatz möglich gewesen wäre, die wachsende Kluft zwischen den Generationen und deren verhängnisvolle Auswirkungen.[7] Die Hauptfigur des Stücks, Reb Henoch, ist dargestellt als streng orthodoxer Familienvater mit all den abstoßenden Zügen, die Euchel an der älteren Generation wahrzunehmen meinte. Henoch ist abergläubisch, ein Gegner aller weltlichen Studien – einschließlich der Beschäftigung mit hebräischer Grammatik – und eifriger in der Befolgung der Zeremonialgesetze als in seinem moralischen Verhalten. Natürlich erleben er und seine Frau die verheerenden Folgen in ihren Kindern. Seine älteste Tochter, Elke (Elisabeth), ist ein grob verzeichnetes Abbild der Berliner Salonjüdinnen. Obwohl sie verheiratet ist, verliebt sie sich in einen deutschen Adligen, der es seinerseits nicht wirklich ernst mit ihr meint. So lautet denn sein Urteil über sie: „Eitelkeit, Ekel an ihrem eigenen Volk und eine Quasi-Kultur, die sie in unseren [!] Umgang zu haben wähnt, machen die ganze Existenz dieses Wesens aus. Liebe ist's ihrer so wenig wie von der meinigen." Die anderen Kinder sind nicht besser. Der älteste Sohn, Herzche (Hartwig), ist zum Glücksspieler und Betrüger geworden, während der jüngste, Schmuel (Samuel), sich als frommer Heuchler erweist, der ständig Psalmen vor sich hinmurmelt, um von seiner unerlaubten Liebesbeziehung zu der nichtjüdischen Magd abzulenken. Die Moral von Euchels Tragikomödie ist nur allzu deutlich. Eine der Figuren spricht sie auch direkt aus, wenn sie zu Reb Henoch in einem prophetischen Ton sagt: „Sie sind nicht allein ein unglücklicher Vater, es gibt deren viele, und es wird nicht lange dauern, so werden sie die traurigen Folgen sehen." Das ist Euchels Schlußfolgerung: Die strenge, aber vollkommen äußerliche Befolgung der Zeremonialgesetze durch die ältere Generation ist unmittelbar verantwortlich für die moralische Verderbnis der jüngeren.

Was not tut, ist gerade nicht eine vollständige Abwendung von der Orthodoxie. Ein scharfer Bruch kann nur eine Elke und einen Herzche hervorbringen. Es gilt, zwischen Aufklärung und „wahrer Aufklärung" zu unterscheiden. Ein Arzt, der eher unscheinbare Held des Stückes, soll diese wahre Haskala verkörpern. Ihm gesteht der schließlich reuige Herzche: „Wir hielten Leichtsinn für Aufklärung, und Üppigkeit für Freiheit... Leider nennt man bei uns Religion, was doch eigentlich nichts wie Observanz ist, wo weder Kopf noch Herz Teil daran nehmen kann." Hätte Herzche nur vorher unter dem richtigen Einfluß gestanden, so wäre er jetzt wie der Arzt im wahren Sinne aufgeklärt.

Euchels Stück zeigt die wachsende Furcht vor einer uneingeschränkten Aufklärung, sogar unter den Maskilim selbst. Bis weit ins 19. Jahrhundert hinein sind Erzieher, Reformer und Prediger darauf bedacht, sich einerseits von der „After-Aufklärung", andererseits von der religiösen Schwärmerei abzusetzen. Die Maskilim sehen sich schließlich eher als Vermittler denn als Rebellen. Schalom Kohen, der „Ha-Measef" im Jahre 1809 wieder zum Leben erweckte, stellte fest, die ältere Ausgabe der Zeitschrift sei zu radikal gewesen; die neue

Ausgabe müsse das wieder ausgleichen, indem sie zur traditionellen Literatur zurückkehre.[8] Und Jeremiah Heinemann, Herausgeber der jüdischen pädagogischen Zeitschrift „Jedidja", sagte: „Vormals hieß sie [die Aufgabe]: Wie läßt sich Aufklärung unter Israeliten bringen und befördern. Jetzt hingegen heißt sie: Wie kann man Israeliten wahre Aufklärung von der falschen unterscheiden lehren?"[9]

Vermittlung zwischen Tradition und Assimilation war das offen erklärte Ziel einer neuen jüdischen Zeitschrift – der ersten in deutscher Sprache –, die im Jahre 1806 zu erscheinen begann.[10] Sie wurde von Joseph Wolf und David Fränkel, zwei jüdischen Erziehern in Dessau, begründet und bekam bezeichnenderweise den Titel „Sulamith", nach einem Frauennamen hebräischer Herkunft, der zugleich den Sinn „Vollkommenheit" und „Frieden" in sich trug. In den langen Jahren ihres Bestehens – Fränkel führte die Zeitschrift bis 1848 fort – spielte „Sulamith" immer wieder das Thema Mäßigung und Anti-Extremismus durch. Nach der Überzeugung der Herausgeber war die Wandlung der Juden ein Vorgang, der innerhalb der jüdischen Gemeinschaft in Gang kommen mußte; daher wollten sie die jüdische „Nation in ihrem eigenen Selbst aufklären".[11] Die größte Gefahr bestand darin, daß man die Aufklärung als eine von außen wirkende Kraft ansah, die unvereinbar war mit dem Judentum wie überhaupt mit jeder eigenständigen Kultur. Wolf, der tiefere Denker unter den beiden Herausgebern, durchaus kein rabiater Anhänger der Assimilation, sah nämlich, daß jedes Volk seine eigenen Bedürfnisse, Fähigkeiten und nationalen Eigenschaften hatte, die nicht vollständig im allgemein Menschlichen aufgingen.

Die Vermittlung innerhalb der jüdischen Gemeinschaft mußte einhergehen mit der Vermittlung zwischen der Gemeinschaft und der Außenwelt. Die Titelvignette der Zeitschrift zeigte die Figur der „weisen Frau", die nach dem biblischen Bericht ihre Stadt vor der Zerstörung durch Davids General Joab verhindert (2. Samuel 20, 16–22). Um Krieg zu vermeiden, überredet sie die Einwohner der Stadt, Seba, dem Verräter, der sich in der Stadt verbirgt, den Kopf abzuschlagen und dann Joab hinzuwerfen. So sichert sie den Frieden. Nach Wolf sollte die neue Zeitschrift wie diese Figur sein: „Gleich jener tritt auch sie aus der Mitte einer bedrängten Nation hervor, und erscheinet als Vermittlerin und Friedensstifterin zwischen dieser und den Gegnern derselben, welche in dem Wahne stehen, als begünstige sie den Feind der Menschheit in ihrer Mitte."[12] Hatte man nur einmal die inneren Feinde, die „abergläubischen Zusätze und Religionsentstellungen", ausgemacht und niedergerungen, dachten die Herausgeber, so waren Friede und Harmonie mit der nichtjüdischen Welt das mit Gewißheit sich einstellende Ergebnis.

Die Zeitschrift „Sulamith" führte ihren selbstgewählten Auftrag durch, indem sie einen „goldenen Mittelweg" wählte. Einerseits wandte sie sich gegen die Juden, die aus dem Rationalismus eine Religion gemacht und dadurch bewirkt hatten, daß die Orthodoxen Aufklärung mit Religionsfeindschaft gleichsetzten.[13] Andererseits griff sie die orthodoxen Bräuche an, die das religiöse und ästhetische Empfinden der Herausgeber am meisten verletzten. Zu diesem Zweck wurde in „Sulamith" eine eigene Rubrik eingerichtet, die den Titel trug „Gallerie schädlicher Mißbräuche, unanständiger Convenienzen und absurder Ceremonien unter den Juden". Dazu gehörten die finanziellen Abmachungen bei Verlobungen, die üppigen Beschneidungsfeste und das Festhalten an der raschen Beisetzung. Als Gegensatz zum Allerwelts-Rabbiner und als nachahmungswürdiges Beispiel erkor „Sulamith" den aufgeklärten Rabbiner Joseph David Sinzheim, den Vorsitzenden des napoleonischen Sanhedrin;[14] später lenkte die Zeitschrift die Aufmerksamkeit auf die drei fortschrittlich eingestellten Rabbiner des Westfälischen Konsistoriums.

Das Ziel all dieser Vermittlungsbemühungen war natürlich die politische, wirtschaftliche und gesellschaftliche Integration der Juden. Aber nur wenige Maskilim waren bereit, die Prinzipien der Berliner Rationalisten zu akzeptieren und die religiöse Integration gleichermaßen zu befördern. Das Judentum mußte seiner „nationalen" Eigentümlichkeiten entledigt, aber es durfte nicht zum Verschwinden gebracht werden. Sollte aber der Jude seine Identität behalten, die von allen „nationalen" Merkmalen befreit war, dann mußte eine neue *religiöse* Identität entstehen. Mendelssohn, der Heros der Maskilim, hatte für eine solche Identität keinerlei Voraussetzung geschaffen, und die Konsequenzen traten nun überall zutage: „Sie haben den alten Bau zerstört und an seiner Stelle keinen neuen errichtet. Das Kind weiß die alten Sitten zu verspotten, aber es weiß nicht, wie es ein moralisches Leben führen soll..."[15] So war eine neue Generation entstanden, die sich ganz einfach nicht vorstellen konnte, was es hieß, Jude zu sein, nachdem man einmal das Zeremonialgesetz aufgegeben hatte. Vergeblich richtete die neue Generation an die alte die Bitte: „Vater, gib uns Einem [!] Glauben, auf daß wir wissen, wessen wir sind!"[16]

Jüdisches Bewußtsein war einst aus der Ganzheit des Lebens erwachsen und hatte dieses Leben eingeschlossen. Es wurde aufrechterhalten durch Bräuche, Überlieferungen, eine beachtliche rechtliche Autonomie und durch die Feindseligkeit der nichtjüdischen Welt. Als jedoch in den letzten Jahren des 18. Jahrhunderts die europäische Gesellschaft sich zunehmend bereit zeigte, die Juden zu integrieren, war der Preis stets die Aufhebung von Rechten und Eigenarten, die nunmehr als überholt erschienen. Diesen Preis zu zahlen waren die kulturell stärker angepaßten Gruppen durchaus bereit. In ihren Augen ähnelte das alte Judentum einer alles umschließenden Hülle, die man jetzt als fremd und einengend empfand. Aber was blieb, wenn man die Hülle abwarf? War man dann noch immer ein Jude? Was bedeutete es, Jude zu sein, wenn man nicht mehr jedes Gesetz und jeden Brauch als von Gott eingesetzt betrachtete?

Die Antwort der Maskilim auf solche Fragen war, das Judentum sei durch Religion, nicht durch Nationalität konstituiert – und diese Religion sei mehr als nur deistisch. Wie andere Glaubensrichtungen hatte es bestimmte Züge, die ihm ein eigenes Gepräge gaben. Nationen wurden durch Sprache, Bräuche und Verhaltensweisen voneinander geschieden, Glaubensrichtungen dagegen durch Lehren und Dogmen. Während Mendelssohn behauptet hatte, das Judentum habe keine Dogmen, bildete sich allmählich eine neue Auffassung heraus: Wenn Jude zu sein bedeutete, daß man sich zur jüdischen Religion *bekannte*, dann mußte man das Wesentliche dieses Glaubens sichtbar machen. Die Maskilim unternahmen es daher, ein alles umfassendes jüdisches Bewußtsein, für das Religion mit jeder Handlung unauflösbar verbunden war, zu verwandeln in ein religiöses Selbstverständnis, das sich in Glaubensartikeln formulieren ließ. Ein solcher Glaube konnte das Judentum für die Nichtjuden verständlich machen, und man konnte ihn einer neuen Generation vermitteln, deren Judentum nicht mehr vollständig hineinverwoben war in ihr Leben.

Bei den Versuchen, das Judentum durch Dogmenbildung umzugestalten, machte ein ungewöhnlicher Mann, dessen Bedeutung man erst in jüngster Zeit erkannt hat, den Anfang: Saul Ascher (1767–1822).[17] Er, der vielleicht in seiner Jugend Mendelssohn kennengelernt hatte, lebte als Buchhändler[18] in Berlin und widmete einen Großteil seiner Zeit dem politischen Journalismus. Ascher war ein Mann von ungewöhnlichem Mut und sprach seine Ansichten über politische Gegenstände so unverhohlen aus, daß er 1810 für einige Zeit als Unruhestifter und widersetzlicher Untertan eingesperrt wurde.[19] Bereits 1788, im Alter von 21 Jahren, veröffentlichte er seine Meinung über die allenthalben diskutierte Frage, ob Juden in der österreichischen Armee dienen sollten.[20] Die Maskilim hatten Joseph II. verherrlicht, und Wessely hatte die Juden im österreichischen Gesamtstaat gedrängt, sich in den Dienst der politischen und pädagogischen Reformen des wohlmeinenden Monarchen zu stellen. Ascher dagegen hatte keine Illusionen und dachte nicht daran, sich vor einem Monarchen zu verbeugen, dessen Motive für die Förderung der Emanzipation er für fragwürdig hielt. Joseph, so behauptete Ascher, habe verfügt, daß Juden eingezogen würden, weil er einen kräfteraubenden Krieg gegen die Türken führte, nicht etwa weil er den Juden ein besonderes bürgerliches Ehrenrecht verleihen wollte. Unter dem Einfluß der Theorie des Gesellschaftsvertrags, und zwar in ihrer Hobbesschen Fassung, argumentierte Ascher, der Kaiser habe nicht das Recht, die Juden einzuziehen, weil er die ihnen geschuldeten Pflichten nicht erfüllt habe. Da Joseph den Juden den Genuß aller staatsbürgerlichen Rechte vorenthalten hatte, konnte er von ihnen nicht die Erfüllung staatsbürgerlicher Pflichten verlangen. Anstatt einer rückständigen Gemeinschaft die Aufklärung aufzuzwingen, sollte der Kaiser sie eher durch sein eigenes aufgeklärtes Verhalten führen. Im Gegensatz zu vielen seiner Zeitgenossen erkannte Ascher, der selber alles andere war als ein orthodoxer Jude, schon sehr früh, daß eine durch Zwang herbeigeführte Assimilation keine günstigen Wirkungen haben könnte.

Ascher legte seine eigene Philosophie der Religion und des Judentums in einem Werk dar, das den Titel trug: „Leviathan, oder Ueber Religion in Rücksicht des Judenthums" (Berlin 1792). Obwohl das Werk weitschweifig und unordentlich gegliedert ist und im übrigen keinerlei sichtbaren Einfluß auf die jüdische Gemeinschaft hatte, ist es außerordentlich interessant: Es ist der erste systematische Versuch, Mendelssohns Dichotomie von natürlicher Religion und geoffenbartem Gesetz aufzuheben und eine einheitliche Grundlage für eine Neubestimmung des Judentums als einer religiösen Lehre zu schaffen. Ascher steht am Anfang der neuzeitlichen Bemühungen, einen dogmatischen Gehalt oder – um es noch weiter zu fassen – ein Wesen des Judentums ausfindig zu machen.[21]

Als erster sucht Ascher einen Ersatz für das geoffenbarte Gesetz als das Prinzip des Judentums. Gegen Kant und Fichte bringt er vor, daß das Judentum im Grunde ein ebenso reiner Glaube sei wie das Christentum und nicht etwa, wie jene es gerne hätten, lediglich eine politische Verfassung.[22] Im Gegensatz zu Friedländer, dessen Ansicht Ascher nicht teilt,[23] besteht er darauf, daß zwischen dem Judentum und einer reinen natürlichen Religion ein Unterschied bestehe. Dieser Unterschied liege in bestimmten Dogmen, die das Wesen des Judentums ausmachten und den einzigen Grund für seine Bewahrung lieferten. Nach seiner Ansicht ist die falsche Gleichsetzung von Judentum und Gesetz schuld daran, daß die aufgeklärten Geister es weithin verworfen hätten:

„Die Übertretung des Gesetzes ward als ein gänzlicher Abfall vom Judenthume betrachtet, und da diejenigen, die es wagten, es öffentlich zu überschreiten, von ihren Glaubensgenossen verachtet waren: so bekümmerten sie sich auch nicht um die übrigen wichtigen Punkte des Judenthums. Das geschieht noch täglich mit größerm Erfolg und so droht uns ein gänzlicher Verfall unsers Glaubens, eines Glaubens, dessen Form so beseeligend, so herzerhebend ist, und die Menschen so glückselig machen kann."[24]

Die Juden, die sich geweigert hätten, das Gesetz als wesensbestimmend für das Judentum anzusehen, hätten keinen Ersatz dafür zu finden vermocht. „Man frage nur den Anhänger des Judenthums: was dem Glauben seiner Religion eigenthümlich ist; die Verlegenheit wird sich bald verrathen."[25]

Der große Fehler, so Ascher, war, daß man das Gesetz als Ziel und nicht als Mittel ansah und ihm infolgedessen ewige statt zeitlich begrenzte Gültigkeit zusprach. Das führte zu einem verfehlten Begriff des Judentums, der es als unvereinbar erscheinen ließ mit der die jüdischen Gemeinden umgebenden Gesellschaft. Bevor der bürgerliche Status der Juden verbessert werden kann, so lautet Aschers Folgerung, muß das Judentum umfassend reformiert werden. Er stellt das Judentum im Bild des Hauses dar – wie das in seiner Generation häufig geschieht[26] – und fordert eine vollständige Renovierung, nicht ein hier und da ansetzendes Ausbessern. Das Judentum muß „gereinigt", der Staub der Jahrhunderte beseitigt werden, und die festen, unerschütterlichen Fundamente sind freizulegen.

Nach einer weitschweifigen theoretischen Erörterung der Frage, was Religion sei, kommt Ascher dann auf 14 Dogmen des Judentums. Zehn sind echte Dogmen, insofern sie Glaubensinhalte formulieren; die anderen vier verpflichten zur Einhaltung bestimmter Bräuche. Der Jude soll an den einen Gott der Liebe glauben, der sich den Patriarchen offenbarte, der belohnt und straft und der durch seine göttliche Vorsehung die Welt in der besten Absicht führt. Das Gesetz wird, auch wenn es auf dem Sinai offenbart worden ist, für die Gegenwart ausdrücklich verworfen: „Wir glauben, daß die Beobachtung der Gesetze unsern Vorältern heilig waren [!], und sie dadurch auf dem Wege erhalten worden, wo wir jetzt im bloßen Glauben an Gott und seine Propheten wandeln." Das letzte der Dogmen, die offensichtlich beeinflußt sind von den 13 Glaubensartikeln des Maimonides, beinhaltet die Hoffnung auf die Erlösung durch den Messias und sogar auf die Auferstehung der Toten. Schließlich werden die Praxis der Beschneidung, die Feier des Sabbath und der Festtage und das Streben nach Gottes Gunst durch Buße zu entscheidenden Äußerungsformen des Glaubens gemacht. Wie willkürlich das auch immer formuliert sein mag, es ist doch bedeutsam als Versuch, die von Mendelssohn überkommene Spannung zwischen universaler Religion und besonderer religiöser Praxis zu überwinden. In diesen Dogmen werden das Universale und das Besondere zu einer neuen Einheit verschmolzen, und diese wird als der ewige Gehalt des Judentums betrachtet.

Man darf freilich die Neuheit des Ascherschen Zugangs zum Judentum nicht überbetonen. Eine eingehende Analyse seiner Religionsphilosophie ließe wenig Zweifel daran, daß er ein Mann der Aufklärung war; mit der Romantik jedenfalls verband ihn wenig.[27] Wie Mendelssohn war er ein entschiedener Rationalist, der den Versuch unternahm, sein Festhalten am Judentum zu rechtfertigen. Die Aufgabe der Religion ist für Ascher – wie für das 18. Jahrhundert – immer noch die, dem einzelnen Glückseligkeit zu vermitteln. Ein solcher Eudämonismus macht die Religion selbst – und nicht etwa nur das geoffenbarte Gesetz – zu einem Mittel: Sie führt den Menschen zur Sittlichkeit und in deren Gefolge zu einem glückseligen Leben. Wie bei Lessing geht bei Ascher die Offenbarung dem Begreifen durch die Vernunft voran. Die auf die Offenbarung gegründete Religion ist nur deshalb notwendig, weil unsere Vernunft Schwierigkeiten hat, letzte Wahrheiten zu verstehen. Und deshalb gilt auch: „Das Judenthum ist eine Religion, und daher ebenfalls ein Mittel, in uns diejenige Lücke auszufüllen, die wir nur mit Mühe durch Spekulation oder Dialektik ersetzen können."[28] Letztendlich, so urteilt Ascher, unterscheidet sich das Judentum von anderen Religionen dadurch, daß seine Dogmen – im Gegensatz zu denen des Christentums – die Freiheit des Denkens und Handelns nicht beinträchtigen. Daher hätte Mendelssohn Aschers Dogmen – auch wenn er von ihm lautstark angegriffen wird – kaum mit der Begründung verwerfen können, sie schränkten die Vernunft ein. Aschers Judentum bildet, wie Wiener mit Recht betont hat, bloß eine Variante der Aufklärungsreligion.[29]

Fällt man ein Gesamturteil über Aschers Werk, so wird man sagen müssen, daß sein Hauptziel die Umwandlung des Judentums von einer – wie er meinte – politischen Verfassung in eine Religion war. Seine Absicht war, „das Judenthum so darzustellen, daß ein jeder aufgeklärte Mann sich dazu bekennen darf, daß es dem Mitgliede einer jeden Gesellschaft Religion seyn kann, und daß es mit einer jeden Religion gemeinschaftliche Principia hat".[30] Das Judentum sollte ein Glied in der Familie der Religionen werden, mit einigen Besonderheiten, durch die es sich von den anderen unterschied. Sein Wesen ließ sich in Dogmen fassen, von denen einige universal, andere partikular waren, von denen aber keines mit der Vernunft in Konflikt geriet. Indem der aufgeklärte Jude diese Dogmen, diese Glaubenssätze anerkannte, konnte er – das war jedenfalls die Hoffnung – die zerfallende korporative Identität durch eine nur auf die Religion gegründete ersetzen. Auch wenn die Maskilim Ascher möglicherweise nicht gelesen haben,[31] widmeten sie sich in den folgenden Jahren derselben Aufgabe, das Judentum zu konfessionalisieren und auf Glaubenssätze zu gründen. Sie taten das, indem sie es in das vorherrschende Medium religiöser Erziehung hineinpreßten: das des protestantischen Katechismus.

Im letzten Viertel des 18. Jahrhunderts wurde der Ruf nach einem Lehrbuch für die religiöse Erziehung immer häufiger laut. „Ha-Measef" kündigte im zweiten Jahre ihres Erscheinens die deutsche Übersetzung des „Lekach Tow" an, eines jüdischen Katechismus aus dem 16. Jahrhundert, verfaßt von dem italienischen Rabbiner Abraham Jagel.[32] Der Übersetzer stellte fest, es sei ein schlimmer Fehler gewesen, daß man den Weg von Maimonides und Bachja verlassen habe; sie hätten dem Judentum eine verständliche Fassung gegeben. Das jüdische Kind wisse ganz einfach nicht, wie es seine Religion erklären solle; es könne sich selber und anderen keine Rechenschaft über sie ablegen. Ein Katechismus in deutscher Sprache würde es in die Lage versetzen, über die Prinzipien seiner Religion zu jeder Zeit und mit Leichtigkeit zu sprechen. Mehr noch: Ein Nichtjude sähe sich nach der Lektüre eines solchen Katechismus zu dem Ausruf veranlaßt, wie klug und weise doch diese große Nation sei!

Um 1820 lagen zahlreiche jüdische Katechismen vor.[33] Da man so das Christentum lehrte, schien diese Form für die Verbreitung aller Religionen zwingend[34] – und das Judentum wurde ja nunmehr zur Gattung Religion gerechnet, innerhalb deren es sich von den anderen nur durch einige Merkmale unterschied. Die Katechismen wurden von den Erziehern der modernisierten jüdischen Schulen verfaßt und im Religionsunterricht verwendet; auch spielten sie eine Rolle bei der Konfirmation, die im Jahre 1807 eingeführt worden war. Sie gleichen einander auf verblüffende Weise. Sie verwenden das Schema von Frage und Antwort und legen den Schülern nicht selten religiöse Begriffe in den Mund, die ihre Verstehensmöglichkeiten überfordern. Grundlage des Katechismus sind beinahe immer die zehn Gebote und die 13 Artikel des Maimonides oder die drei des Josef Albo. Sehr beliebt ist auch die Gliederung gemäß einem dreiteiligen Pflichtenkatalog: gegenüber Gott, sich selbst und den Mitmenschen. Im letzten Abschnitt steht im allgemeinen die Beteuerung, die Juden seien dem Staat treu ergeben und nichts in Bibel oder Talmud beeinträchtige diese Loyalität.[35]

Obwohl die Katechismen die traditionellen Vorstellungen des Judentums enthalten und einige sogar ausführlich auf die Zeremonialgesetze eingehen, wollen sie nicht etwa jüdische Besonderheiten betonen. An keiner Stelle unternehmen sie den Versuch, dem Kind deutlich zu machen, warum es Jude bleiben sollte; kein Wort gilt der besonderen Frage, worin sich denn das Judentum vom Christentum unterscheide. Der Wunsch, politische Anerkennung durch den Staat und religiöse Anerkennung durch die nichtjüdische Umgebung zu erlangen, hinderte die Katechismusverfasser daran, auf irgendeinen besonderen Wert hinzuweisen, der dem Judentum eigen wäre und dem Christentum fehlte. Sie betonten nur das beiden Glaubensrichtungen Gemeinsame. Über die Auserwähltheit Israels gingen sie entweder stillschweigend hinweg, oder sie verwiesen sie in die Vergangenheit.[36] Und doch suchten sie, da sie das Judentum wenigstens als eigene Konfession erhalten wollten, angestrengt nach einem Grund für seine Bewahrung. Der folgende Abschnitt aus dem Katechismus des Frankfurter Lehrers Josef Johlson belegt indessen, daß sie nicht in der Lage waren, dem Kind Gründe für ein Festhalten am Judentum zu bieten; den einzigen lieferte ihnen die strenge Ermahnung der Bibel. Der Abschnitt trägt die Überschrift: „Kann es uns denn gleichgültig seyn, zu welcher Religion wir uns bekennen?“ Die Antwort Johlsons, die offensichtlich von Mendelssohn beeinflußt ist, konnte seine Schüler kaum zufriedenstellen:

„Nein; es ist vielmehr eines jeden Israeliten heiligste Pflicht, der Religion getreu zu bleiben, die unsere Väter für sich und ihre Nachkommen feierlichst angenommen und beschworen haben... Wir können uns demnach auf keine Weise von der Religion unserer Väter lossagen, ohne bundbrüchig zu werden, und den Fluch auf uns zu laden, den das ganze Volk vor dem Ewigen ausgesprochen. (5. Buch Mosis 27, 26.) Wir müssen daher in der Religion, in der wir geboren sind, auch sterben...“[37]

Die Katechismen und Lehrbücher veränderten die überkommene Unterrichtspraxis, bei der der Schüler sich unvermittelt in einen Text zu vertiefen hatte, ohne zu wissen, warum, und ohne eine Vorstellung von der Beschaffenheit der Religion, die sich auf ihn gründete. Im großen und ganzen erneuerten diese didaktischen Werke die natürliche Religion des 18. Jahrhunderts, wobei sie sie, so gut sie konnten, mit dem Glauben an die Offenbarung auf dem Sinai versöhnten. Ihr wichtigstes Ziel war zu beweisen, daß die Zugehörigkeit zum Judentum mit der Staatsbürgerschaft vereinbar war. Wie eines der typischen Lehrbücher es formulierte, war es die größte Aufgabe des Religionslehrers jüdischer Schüler, „vornehmlich sie zu belehren, daß die jüdische Religion in ihrer Reinheit mit den Pflichten des Menschen und des Bürgers nicht nur sehr kombinabel ist, sondern erstere den Grund der beiden letztern ausmacht“.[38]

Um den Bericht nicht zu einseitig werden zu lassen, muß man freilich darauf hinweisen, daß einige Erzieher den Katechismus als dem Judentum fremd verwarfen.[39] Während im allgemeinen nur ein Glaubensbekenntnis den Menschen zum Christen machte, war – so argumentierten sie – der Jude durch seine Abkunft Jude. Er konnte in den Grundsätzen seines Glaubens unterwiesen oder gar feierlich konfirmiert werden – die formelle Ablegung des Glaubensbekenntnisses verlieh ihm gleichwohl nicht plötzlich eine jüdische Identität.[40]

Wurde das jüdische Selbstverständnis nicht in Glaubenssätzen formuliert, so faßte man es oft in die weiten Begriffe eines allgemeinen religiösen Bewußtseins oder einfach in die einer humanistischen Einstellung. Fast immer, wenn auch nicht mit letzter Konsequenz, wurde der Ausdruck „Judentum“ durch „mosaische Religion“, der Name „Jude“ durch „Israelit“ ersetzt; auf diese Weise sagte man sich ausdrücklich von der partikularistischen rabbinischen Tradition los. Wenn auch dieser „Mosaismus“ für einige die Anerkennung der biblischen Gesetze – zumindest partiell – als göttlich implizierte,[41] war er für andere, wie etwa Peter Beer und Aron Wolfssohn, ganz einfach eine natürliche Religion.[42] Es war Gotthold Salomon, dem Prediger am reformierten Tempel in Hamburg, vorbehalten, die jüdische Identität in die denkbar allgemeinste Formel zu fassen: „Der Beruf Israelit zu seyn“, so verkündete er von der Kanzel herab, „ist der Beruf Mensch zu seyn.“[43]

Vergeblich sucht man in diesem Zeitraum nach dem Ausdruck eines wie immer gearteten jüdischen Nationalismus[44] oder nach der romantisch inspirierten Vorstellung von einem jüdischen Geist. Beide sollten sich erst später geltend machen. Sichtbar wird allenfalls eine rückwärtsgewandte Sehnsucht nach dem Gemeinsinn, der einst in der jüdischen Gemeinschaft geherrscht habe und der jetzt, im Gefolge von Aufklärung und Emanzipation, rasch untergehe. Charakteristisch ist Salomons Ausruf:

„Es ist sehr zu wünschen, daß mit der unter den Israeliten immer mehr zunehmenden (zum Theil falschen) Aufklärung der Gemeingeist nicht schwinden möge, der so viel Gutes und Gottgefälliges unter denselben zu bewirken fähig war. Leider ist dieser wohlthätige Geist von seiner Stiefschwester hier und da verdrängt worden!!!“[45]

In späteren Werken dieser Periode stößt man sogar auf den Wunsch nach Wiederherstellung der jüdischen Familie der Voraufklärungs-Zeit: Offenbar war es leichter, geistig mit der Vergangenheit zu brechen, als emotional von ihr Abschied zu nehmen.[46] Die jüdischen Erzieher begegneten jetzt Schülern aus Häusern ohne jede religiöse Prägung und konnten nur bedauern, daß das traditionsbestimmte Milieu sich so rasch auflöste. Auf einmal wurde das orthodoxe Haus nicht mehr als abstoßende Brutstätte der Heuchelei beschrieben, wie Euchel es in seinem „Reb Henoch“ getan hatte. Es wurde jetzt vielmehr in einer Gegenbewegung gegen die um sich greifende religionsfeindliche Aufklärung idealisiert, ja romantisch verklärt. Moses Philippson (1775–1814), Lehrer an der jüdischen Schule in Dessau, hatte einst in einer solchen idyllischen, von der Religion geprägten Umwelt gelebt. Sein Biograph schreibt:

„Hier, in diesem Hause, erzählte mir Philippson oft, nahm er es recht deutlich wahr, welchen beglückenden Einfluß die Religion auf ihre Verehrer zu äußern im Stande ist. Wenn der gedachte Herr Wertheimer, fuhr er fort, am Abend des Sabbaths oder eines andern Festtages aus dem Gotteshause kam, in die hell erleuchtete Stube trat und seine Familie sich liebevoll um ihn drängte und ihn, nach alt-jüdischer Sitte, um seinen Segen bat, den er ihnen auch mit freudig-gerührtem

Herzen ertheilte: so glich der Mann mehr einem Engel des Lichts, als einem irdischen Wesen; eine himmlische Freude strahlte aus seinen Augen, und er würde gewiß in diesen seligen Augenblicken mit dem Reichsten und Größten sein ihm vom Himmel beschiedenes Loos nicht vertauscht haben. Ruhe und Zufriedenheit wohnten ungestört in seinem Herzen und in seinem Hause, und in jeder Lage des Lebens fand er in seinem Glauben die mächtigste der Stützen. – Falsche sogenannte Aufklärung hat leider! diese himmlische Seligkeit aus mancher Familie vertrieben ...“[47]

Die Männer, die als Lehrer in den jetzt überall entstehenden Schulen wirkten, waren hineingeboren in solche orthodoxen Häuser. Sie alle hatten eine traditionelle Erziehung empfangen, waren aber irgendwann ausgebrochen aus dem Lebensgang, der sie zum Rabbiner oder zum Gelehrten alten Schlages gemacht hätte, und hatten – meist ganz auf sich gestellt – angefangen, sich eine weltliche Bildung anzueignen. Sie lasen die pädagogischen Schriften Campes und Pestalozzis und waren entschlossen, das jüdische Erziehungswesen an deren Theorien auszurichten. Wahrscheinlich hatten diese jungen Männer – von denen viele bei Beginn ihrer Lehrtätigkeit noch nicht einmal zwanzig Jahre alt waren – kaum eine andere Wahl als die, Lehrer zu werden. Da sie aus armen Familien kamen, hatten sie nicht das für eine Geschäftsgründung nötige Kapital, und als Juden hatten sie nur wenige andere Möglichkeiten, ihren Lebensunterhalt zu verdienen. Fast alle – selbst ein Radikaler wie Bendet Schottlaender, der seine Kinder um ihrer Karriere willen taufen ließ[48] – hielten sich streng an die Speisegebote, zum Teil wohl, weil ihre Tätigkeit es ihnen nahelegte, jeden Anstoß zu vermeiden.

Wer den Beruf des Lehrers ergriff, war nicht zu beneiden: Er brachte weder Reichtum noch Ehre ein, und selbst nach jahrelanger Arbeit blieb der gesellschaftliche und wirtschaftliche Status niedrig. Obwohl die Lehrer des neuen Typs sich deutlich von den alten polnischen Melamdim (Kinderlehrern) unterschieden, wurden sie doch vom durchschnittlichen jüdischen Familienvorstand kaum besser behandelt. Eltern waren wenig geneigt, ihnen ihre Tochter zur Frau zu geben. Die Lehrer waren ausgeschlossen vom Umgang mit den weltläufigen reichen Juden und von Kontakten mit angesehenen Christen. Ihre Gehälter waren erbärmlich niedrig,[49] und im allgemeinen mußten sie zusätzliche Arbeiten übernehmen, um ihre Einkünfte zu verbessern. Ein Besucher bei dem Dessauer Lehrer Joseph Wolf beschreibt das Leben in einer solchen Schulmeisterwohnung:

„Ein und dasselbe Zimmer umschloß die ganze Familie, in demselben war er mit Frau und Kindern zusammen, in demselben gab er Privatunterricht, arbeitete an seinen Predigten, seinen Werken, den Suppliken und andern schriftlichen Documenten für die Gemeinde vor einem großen viereckigen Tisch, der zugleich Eß-, Kaffee- und Arbeitstisch war. Das Meublement war höchst einfach, der schwächliche und immer kränkelnde Mann hatte kein Sopha, keinen Lehnstuhl, auf welchem er behaglich ausruhen konnte. Die Bett- und Leibwäsche stand größtentheils und meisthin auf dem Leihause."[50]

Auch die Erziehungsaufgabe dieser Männer war alles andere als leicht. Weil sie für weltliche Studien eintraten, wurden sie von den streng Orthodoxen als Häretiker gebrandmarkt, während auf der anderen Seite die entschiedenen Anhänger der Assimilation ganz und gar nichts mit Einrichtungen zu tun haben wollten, die für eine jüdische Erziehung sorgten. Die Lehrer wiederum führten ständig Krieg gegen die verbleibenden Chadarim (die traditionellen Kinderschulen), die nach ihrer Meinung den Prozeß der Emanzipation und der gesellschaftlichen Integration aufhielten. Hier freilich wurden sie von den einzelnen deutschen Regierungen unterstützt, die Dekrete zur Ausschaltung solcher Überbleibsel traditioneller jüdischer Erziehung erließen.[51] Gleichzeitig hatten die Lehrer Anlaß zu bitterer Klage über die Eltern, die ihren Kindern überhaupt keine jüdische Erziehung mehr zuteil werden ließen. Ein Kind aus einem solchen Hause, so stellten sie fest, werde der jüdischen Gemeinschaft entfremdet: „Der Jude ist ihm, er dem Juden ein fremdartiges Wesen. Und tritt er in eine Gesellschaft von Christen: so ist er auch oft hier am unrechten Orte, also überall ein zweideutiges Wesen, überall ein unseeliges Mittelding!"[52]

Die religiöse Erziehung jüdischer Mädchen war von orthodoxen wie von aufgeklärten Eltern besonders vernachlässigt worden. Daher war es kein Wunder, daß das weibliche Geschlecht den Sabbat und die jüdischen Festtage mit der Lektüre aufreizender Romane anstelle der Bibel verbrachte.[53] Um der wachsenden moralischen Laxheit zu wehren, bemühte man sich darum, die jüdischen Mädchen in die neuen Schulen und in die Synagogen zu bringen. Das Erziehungsideal der Lehrer lag dabei irgendwo in der Mitte zwischen der passiven, durchschnittlich gebildeten Frau Moses Mendelssohns, Fromet, und ihrer brillanten, philosophisch geschulten Tochter Dorothea. Während der eine Typ als „abgeschmackt und langweilig" angesehen wurde, galt der andere als „widrig und lästig".[54] Eine Zeitlang veröffentlichte

„Sulamith" regelmäßig eine Serie von Artikeln über die Erziehung des weiblichen Geschlechts. Ihr Verfasser war der junge Gotthold Salomon. Der Titel lautete: „Briefe an ein achtungswürdiges Frauenzimmer jüdischer Religion".[55] Aber es scheint so, als hätten die meisten dieser jungen Frauenzimmer die populäre Romanliteratur ihrer Zeit den moralisierenden und ziemlich langweiligen biblischen Geschichten Salomons vorgezogen.

Die neuen Schulen, die jetzt sehr rasch in Berlin, Dessau, Frankfurt am Main oder in anderen Städten entstanden, unterschieden sich beträchtlich von den traditionellen jüdischen Lehranstalten. Anstatt fast die ganze Zeit des Schülers für das Talmudstudium in Anspruch zu nehmen – wie es bis dahin üblich gewesen war –, beschränkten die neuen Schulen die Beschäftigung mit traditionellen Texten auf einen von Fall zu Fall variierenden, im allgemeinen aber kleinen Teil des wöchentlichen Stundenplans. Die rabbinische Literatur war jetzt nicht mehr das Herzstück der Gegenstände, mit denen sich der jüdische Schüler zu beschäftigen hatte, sondern nur noch ein Gegenstand unter anderen. Der Hauptgrund dafür, daß das Judentum überhaupt in den Stundenplan einbezogen wurde, war derselbe, der auch für die Berücksichtigung des Christentums in christlichen Schulen galt: Man glaubte, daß das Kind nur durch Religion eine ehrliche, nützliche und glückliche Persönlichkeit werden könnte. Die Worte *religiös* und *moralisch* wurden zu dem Adjektiv *religiös-moralisch* zusammengezogen, um die Erziehung zu bezeichnen, die angeblich zum Glück führte.[56] Die Stunden, die für die Unterweisung im Judentum vorgesehen waren – und in denen häufig der Katechismus als Lehrmittel eingesetzt wurde –, dienten vor allem der Vermittlung von Moral. Die Beschäftigung mit ausgewählten jüdischen Quellen sollte die Kinder zum Glauben an Gott, zur Nächstenliebe und zu dem Wunsch anleiten, ein guter Staatsbürger zu sein. Religion war die Grundlage für die menschlichen und die staatsbürgerlichen Pflichten.

Obwohl diese Generation, wie vorher Mendelssohn, noch weithin daran festhielt, daß die Vernunft die große, die Menschheit vereinende Macht sei,[57] drangen doch hier und da romantische Züge in die pädagogischen Theorien der Maskilim ein. Ihre Abneigung gegen religiöse Leidenschaften und gegen Schwärmertum hielt an, aber sie merkten doch – sosehr sie auch auf den Katechismusunterricht setzten –, daß Religion mehr war als das Auswendiglernen von Formeln. Die religiöse Erziehung, so schlugen einige vor, sollte draußen in der Natur ihren Anfang nehmen, wo das Kind leichter einen Sinn für

Gottes Schöpfung entwickeln würde als in einem muffigen, düsteren Klassenzimmer.[58] Weil der religiöse Rationalismus der Aufklärung in religiöse Gleichgültigkeit, ja selbst in einen Atheismus eingemündet war, hielt diese Generation, anders als die Mendelssohns, es manchmal für nötig, die Religion über die Vernunft zu stellen oder ihr doch wenigstens ein Reich zuzuweisen, das die Vernunft nicht auszumessen vermochte.

In einem Artikel der Zeitschrift „Sulamith", der speziell der Aufklärung galt, schrieb Salomon, damals noch Lehrer in Dessau, in einem Ton, der keinen Zweifel daran läßt, daß er die christlichen Romantiker zumindest kannte:

„*Religion* bedeutet uns die heilige Scheu und Verehrung, womit uns das Unendliche erfüllt, das uns von allen Seiten umgiebt, dem Auge offen, aber dem Verstande ewig geheim; sie bedeutet uns diejenige Gesinnung und diejenige Denkart, durch welche der Mensch die Beziehung aller endlichen Dinge, so wie seine eigene mit dem ganzen All der Schöpfung ausdrückt, mit dem er sich eng verbunden fühlt; sie bedeutet uns ein deutliches Ahnden des Allerheiligsten, des Unsichtbaren, des Unbegreiflichen, der [!] nicht *gefaßt*, nur *empfunden*, nur *gefühlt* werden kann. Daher ist der Sitz der ächten Religion in dem Herzen des Irdischen, in seinem Innern; denn sichtbare Zeichen können das Unsichtbare niemals verkünden – *Fühlen* nur können wir den Unendlichen, *glauben*, und nicht schauen: *Mich schauet kein Erdensohn, der da lebet.*"[59]

Eine solche Äußerung ist bemerkenswert, weil sie so selten ist in der jüdischen Literatur dieser Zeit; sie ist die Ausnahme von der Regel. In entschiedenem Gegensatz dazu stehen die Worte aus einer Predigt desselben Autors, die er zwölf Jahre nach der Veröffentlichung des „Sulamith"-Artikels hielt:

„Mögen Gelehrte und Ungelehrte in tausend Trugschlüssen darthun, daß die Vernunft weder das Recht noch das Vermögen habe, über Gegenstände des Glaubens ihre Stimme zu erheben – uns hat die Gottheit selbst eines Bessern belehrt! Das Wesen unsrer Religion ist kein unbegreifliches Geheimniß, sondern erkennbare Wahrheit; ist ein Gegenstand des Nachdenkens; *will* die Prüfung nicht scheuen, *braucht* das Urtheil der Vernunft nicht zu fürchten: *Vernunft ist ihr Element! Lerne* und *wisse, erkenne* und *prüfe*! rufen ihre Lehrer uns zu. Ihre größten Wahrheiten sollen *erkannt, erfaßt, verstanden* werden. Spiele nur immerhin mit dem Wort *Glauben* – *Glauben* ohne *Erkennen* giebts für uns nicht; spiele nur immerhin mit dem Worte

Gefühl – *Gefühl* ohne *Einsicht* ist uns kein sicherer Leitstern; behaupte nur immerhin: ohne *Phantasie* keine Religion, – *Phantasie* ohne Verstand bildet Träumer und Schwärmer.“[60]

Im allgemeinen war man um einen Ausgleich zwischen Glauben und Vernunft bemüht. Vor allem unter dem Einfluß Kants wies man dabei der Moral die Mittlerrolle zu. Es galt unter den meisten als ausgemacht, daß die Religion zwar nicht gänzlich von der Vernunft erfaßt werden konnte, aber doch ihrer Leitung bedurfte. Religiöses Empfinden, dem die Vernunft als Führer diente, wurde dann seinerseits als Hervorbringung des moralischen Bewußtseins verstanden,[61] und die Aufgabe des Gebets war, diese ursprüngliche Moralität zu wecken und zu steigern.[62] Mit den christlichen Theologen und Pädagogen der Spätaufklärung[63] teilten ihre jüdischen Kollegen die Ansicht, Religion müsse vor allem der Erbauung dienen. Wie für Ascher blieb für sie die Religion und folglich das Judentum als ein Mittel dem Ziel untergeordnet, ein moralisches Leben und menschliche Glückseligkeit zu fördern.[64]

Die Vorstellung vom Judentum als einer Konfession schlug sich praktisch nieder in der Umformung seiner beiden wichtigsten Einrichtungen: der Schule und der Synagoge. Es war bereits davon die Rede, daß das Judentum in den Lehrplänen der Maskilim schließlich nur noch eine Nebenrolle zugewiesen bekam und daß es nach christlichem Vorbild gelehrt wurde. Hand in Hand mit der Erneuerung des jüdischen Religionsunterrichts ging der Versuch, den Gottesdienst auf ähnliche Weise den neuen Forderungen nach Aufklärung und Emanzipation anzupassen. Das klassische Beispiel für die Bemühung um eine systematische Umformung jüdischer Institutionen ist die Arbeit des Königlich Westphälischen Konsistoriums der Israeliten, das von 1808 bis 1813 bestand.

Bereits im Jahre 1804 hatten einige Juden selber erkannt, daß die innerjüdische Reform sich nur durchführen ließ, wenn eine von der Regierung gestützte Autorität sie betrieb. Damals schrieb Wolfssohn, der Staat müsse das Geschäft der inneren Reform übernehmen, weil die Juden sich selbst niemals reformieren würden. Er hielt es für die Pflicht des Staates, die Juden nicht nur politisch zu emanzipieren, sondern auch für ihre moralische Erziehung Sorge zu tragen.[65] Nach der Schaffung eines französischen Sanhedrin durch Napoleon war David Fränkel mehr denn je davon überzeugt, daß die Reform von oben kommen müßte: „Nur eine vom Throne herab autorisirte Synode kann im Stande seyn, vermöge ihres Ansehens und ihrer innern Kraft die israelitischen Glaubensgenossen mit gutem Erfolg auf die *wahren* religiösen und politischen Pflichten aufmerksam zu machen und sie zur Erfüllung derselben anzuhalten."[66]

Im Januar 1808 kamen die Juden des neugebildeten Königreichs Westfalen unter der Regierung von Napoleons Bruder Jérôme in den Genuß der bürgerlichen Emanzipation, die die französische Judenschaft beinahe zwei Jahrzehnte früher erlangt hatte. Aber wie in Frankreich war auch hier der Preis eine zentralistische Organisation der Judenschaft unter staatlicher Kontrolle. Die Aufgabe des von Jérôme eingerichteten jüdischen Konsistoriums in Westfalen war, die jüdische Gemeinschaft zu führen und ihre gesellschaftliche Integration voranzubringen. Die Regierung machte den reichen, aufgeklärten, ein wenig autokratischen Israel Jacobson zu seinem Präsidenten; er wählte seinerseits als Mitarbeiter drei gemäßigt fortschrittliche Rabbiner und zwei Laien, David Fränkel und Jeremiah Heinemann, beide Lehrer.

Unter der Leitung des Konsistoriums wurde die jüdische Erziehung umgestellt: weg vom Talmudstudium, hin zu dem ausgewogenen Lehrplan, den die zeitgenössischen Theoretiker der Pädagogik empfahlen. Die Schule, die Jacobson vorher schon in der kleinen Stadt Seesen gegründet hatte, rühmte sich, sie könne christlichen wie jüdischen Kindern eine angemessene Erziehung vermitteln. Ebenso wie die Schulen wurde das Rabbinat in Westfalen zu einem Instrument des Konsistoriums gemacht. Man erließ Verfügungen, die die Pflichten der Rabbiner festlegten. Dazu gehörten: ein moralisch vorbildlicher Lebenswandel, der regelmäßige Vortrag erbaulicher Predigten – möglichst auf deutsch –,[67] das Eintreten für einen Militärdienst der Juden und die Abhaltung von Konfirmationen.[68] Das Konsistorium ließ keinen Zweifel daran, daß es eine strikte Befolgung seiner Verfügungen erwartete. Als es bestimmte, Hülsenfrüchte seien eine am Pessachfest erlaubte Speise, fügte es drohend hinzu, daß es jeglichen Widerstand „als die Handlung eines, seine Pflichten nicht bedenkenden Mannes betrachten würde, der dem Zutrauen des Konsistoriums zu entsprechen sich nicht befleißigen wolle".[69]

Das Konsistorium regelte die jüdischen Gottesdienste in Westfalen durch eine Verfügung vom 24. September 1810.[70] Die Änderungen und Auslassungen, die dabei angeordnet wurden, hatten mit Theologie wenig zu tun. Das Hauptziel war, Ordnung und Feierlichkeit in den Gottesdienst zu bringen; bewußt oder unbewußt ließ man sich dabei vom Beispiel des würdigen protestantischen Gottesdienstes bestimmen. Vor allem war ein angemessener Rahmen nötig: Jedermann sollte so sauber und ordentlich gekleidet sein wie möglich; Kinder unter vier Jahren waren ganz ausgeschlossen, und auf deren ältere Brüder und Schwestern mußten die Eltern ein wachsames Auge haben; jede Mitteilung weltlicher Angelegenheiten war aus dem Gottesdienst verbannt. War die richtige Atmosphäre erst einmal hergestellt, so galt es danach, jegliche übertriebene Gefühlsäußerung, alles Durcheinander und alle den ästhetischen Sinn beleidigenden Elemente aus dem Gottesdienst zu entfernen. Viele Teile der Liturgie, die vorher eine Mitwirkung der Gemeinde vorsahen, wurden jetzt ausschließlich dem Kantor zugewiesen. Bräuche, die als unwürdig erschienen, wurden entweder eingeschränkt oder ganz aufgehoben. Das Tragen des Lulaw (Palmzweig) am Laubhüttenfest und der Torarollen bei der Simchat-Tora-Feier war eine nur den Amtsträgern und Häuptern der Gemeinde zukommende Ehre. Das Lärmen während der Lesung der Esterrollen am Purimfest wurde ganz verboten: Alles mußte feierlich und ehrfürchtig zugehen, und dabei hatte man sich „des so übeltönenden *Schreiens* zu enthalten, wodurch so oft die ruhige, wahre Andacht gestört wurde". Schließlich sollte der Gottesdienst verkürzt werden durch die Entfernung unwichtiger, wenig verstandener späterer Hinzufügungen zur Liturgie. Keines der Gebete jedoch – mit Ausnahme des Gebets für den König – mußte unbedingt auf deutsch gesprochen werden. Gemäß Paragraph 43 wurde eine strikte Befolgung der Verfügung erwartet, damit das Konsistorium nicht gezwungen wäre, „unangenehme Zwangsmittel deshalb zu ergreifen".

Den Höhepunkt des fünfeinhalbjährigen Wirkens, das dem Konsistorium vergönnt war, bildete fraglos die Weihe des Jacobs-Tempels in der Nachbarschaft der Schule in Seesen. Der Bau des klassizistischen Tempels war bereits 1805 in Angriff genommen worden, aber die Einrichtung der Orgel, die erst nach mehrfachen Verzögerungen fertig wurde, hielt die Vollendung auf.[71] Wie eine Kirche hatte das Gebäude auch einen Turm und eine Glocke, die die Stunde schlug.[72] Die Weihe, die schließlich am 17. Juli 1810 stattfand, war ein feierlicher Akt von symbolischer Bedeutung. In festlicher Prozession zogen Jacobson, die Leiter des Konsistoriums, die Schulkinder und zahlreiche, als Gäste geladene protestantische und katholische Würdenträger unter dem Klang der Glocken in das neue Gebäude ein. Beim Betreten des Tempels wurden sie durch die Orgel und einen Chor von

60 bis 70 Sängern mit einem erhebenden deutschen Choral empfangen. Den Gottesdienst leitete höchst würdevoll Jacobson selber; er hielt auch die Hauptrede. Es folgte ein Festessen in der Schule mit erlesenen Speisen und mit Champagner. Die Kosten des Baus wie auch der Einweihungsfeier hatte Jacobson getragen, der hier stolz und glücklich-begeistert auftrat; es war der Höhepunkt seiner Karriere. In seiner Ansprache faßte er zusammen, was er selber und was das Westfälische Konsistorium durch ihre Reformanstrengungen bewirken wollten: eine enge Verbindung von Juden und Nichtjuden, die eher durch formale als durch inhaltliche Veränderungen des Judentums herbeigeführt wurde. Indem er sich an die anwesenden Juden wandte, stellte er fest: „... nur von dieser Annäherung hängt Eure wahre und fortschreitende Aufklärung, hängt die Bildung Eures Geistes zur ächten Religiosität, und zugleich Euer künftiges größeres politisches Wohl ab." In einem Schlußgebet faßte Jacobson seine kühnen Hoffnungen zusammen:

„Vor allem aber laß uns lebhaft erkennen, daß wir mit allen Bekennern andrer Gotteslehren *Brüder* sind, Abkömmlinge Eines Geschlechts, welches dich als seinen allgemeinen Vater verehrt, Brüder, die sich zur Liebe und sanften Duldung anleiten müssen, Brüder endlich, welche unter deiner Führung einem gemeinschaftlichen Ziele entgegenwandeln, und zuletzt, wenn alle Nebel von unsern Augen verschwunden, alle Irrthümer von unserm Geiste gewichen, alle Zweifel von unserm Verstande gelöst sind, sich auf demselben Pfade begegnen werden."[73]

Nur drei Jahre später war das Königreich Westfalen untergegangen und mit ihm das jüdische Konsistorium; all seine Verfügungen, Pläne, Hoffnungen waren zunichte gemacht. Jacobson ließ sich in Berlin nieder, wo er, freilich ohne Unterstützung der Regierung, den Versuch unternahm, ähnliche Reformen durchzuführen. Aber die große Zeit, die das Königreich Westfalen mit sich gebracht hatte, war jetzt zu Ende; noch lange sollten sich die einstigen Häupter des Konsistoriums nach ihr zurücksehnen.[74]

Die preußische Hauptstadt des Jahres 1815, in der Jacobson jetzt einen Tempel in seinem eigenen Hause eröffnete,[75] unterschied sich beträchtlich vom Westfalen des Jahres 1810. Die französische Regierung hatte gottesdienstliche Reformen ermutigt und gutgeheißen; die zunehmend reaktionär werdende preußische Regierung mißbilligte jeglichen Bruch mit der Tradition. Eine Zeitlang hatten Jacobsons

Bemühungen in Berlin beachtlichen Erfolg. Als der Raum in seinem eigenen Hause zu eng wurde, richtete man einen neuen Tempel im Hause des reichen Bankiers und Ältesten der jüdischen Gemeinde, Jacob Herz Beer, ein; zeitweilig gehörten 435 Familien und Einzelpersonen zu seinen Besuchern.[76] Wie die Reformen in Westfalen waren auch die in Berlin beschränkt auf Äußerlichkeiten; auch hier waren sie vor allem von ästhetischen Gesichtspunkten bestimmt. Die Gottesdienste dauerten an jedem Sonnabend morgen nur jeweils zwei Stunden und wurden begangen mit Orgelmusik, einer deutschen Predigt und deutschen Gebeten. Sie wurden äußerst würdevoll gefeiert.[77] Obwohl Männer und Frauen weiterhin getrennt saßen, reichten die Änderungen aus, um den Zorn der orthodoxen Gemeindeglieder zu erregen; ihre wiederholten Klagen bei der gegen religiöse Neuerungen eingestellten Regierung führten dann 1823 zur endgültigen Schließung des Tempels.

Etwas besser durchdacht und systematischer angelegt war das Programm, das eine Gruppe reformwilliger Juden am Ende des Jahres 1817 in der alten Hansestadt Hamburg entwickelte. Wie in der frühen Reformbewegung insgesamt waren die Hamburger Bemühungen der Versuch von Laien, das Judentum seiner Zeit anzupassen, um so der Alternative, seiner Verwerfung, entgegenzuwirken. Die damaligen Rabbiner hatten wenig getan, um die Assimilation aufzuhalten, wenn man von Ermahnungen und Verdammungen absieht. Sie glaubten, wie es ein Forscher formuliert hat, das Judentum erhebe sich über die Tagesprobleme und man dürfe es keinerlei Wandel oder Eingriff aussetzen.[78] Das Ergebnis in Hamburg wie in Berlin war, daß die jüngere Generation von einem Extrem zum anderen schwankte. Und genau das warfen die Reformer denn auch den drei Hamburger Rabbinern vor:

„Ist nicht die Zeit gekommen, für Gott zu handeln? Sie haben Seinen Bund zunichte gemacht! ... Hört, o Lehrer, ergeht dieses Gebot nicht an Euch? ... Schaut her und seht: Unsere Söhne und unsere Töchter wachsen heran, ein Geschlecht, dessen Geist und Herz Gott untreu geworden ist; sie kennen nicht den Gott Jakobs oder den heiligen Gott Israels ... Ist das nicht euer Werk? ... Diese drei Männer unter uns, werden sie unsere Söhne und Töchter retten?"[79]

Auf Betreiben des jungen, hingebungsvollen Eduard Kley, der Prediger an Beers Berliner Tempel gewesen war, wurde 1817 ein Tempelverein gegründet mit dem ausdrücklichen Ziel, „den fast erkalteten Sinn für die ehrwürdige Religion der Väter wieder zu beleben".[80]

Innerhalb eines Jahres erbaute der Verein ein Gotteshaus, das er, nach dem Vorbild von Seesen und Berlin, „Tempel“ nannte, das die Orthodoxen jedoch hartnäckig als „Erbauungslokal“ bezeichneten. Zwei Männer des Direktoriums schufen ein eigenes Gebetbuch für die Gottesdienste.[81] Der Israelitische Tempel in Hamburg führte formale Änderungen durch, ähnlich denen in Seesen und Berlin: Einige Gebete mußten jetzt auf deutsch gesprochen werden; es gab Auslassungen mit dem Ziel der Abkürzung des Gottesdienstes; die portugiesische Aussprache des Hebräischen wurde der deutschen vorgezogen; bestimmte Texte waren von einem Chor mit Orgelbegleitung zu singen; und natürlich mußte eine deutsche Predigt gehalten werden.

Bedeutsamer ist die theologische Auffassung, die – wenn auch nicht durchgängig – gewissen Veränderungen der Hamburger Liturgie zugrunde liegt. Der Gott des neuen Gebetbuches ist ungeschmälert in seiner Macht: Er erweckt die Toten zum Leben; er erschuf die Welt in sechs Tagen. Aber er ist nicht mehr der Gott, der Israel seine besondere Gnade zuwendet. Das Alenu-Gebet mit seinen ausschließenden Tendenzen wird im Sabbat-Gottesdienst weggelassen; in den Gottesdiensten der hohen Festtage, bei denen der vollständige hebräische Text bewahrt bleibt, schließt die deutsche Übersetzung die Heiden, nicht aber die Christen vom göttlichen Segen aus.[82] Einst gebot Gott Tieropfer, aber der Gott der Reformer verlangt jetzt nur noch Gebete und Opfer der Herzen.[83] Anstatt den Messias zu entsenden, der Israel nach Palästina zurückführt, wird er Israel – und der ganzen Menschheit – die Erlösung zuteil werden lassen.[84]

Der neue Gottesdienst rief heftigen Widerstand bei den drei Hamburger Rabbinern hervor; aber ohne Erfolg versuchten sie die Bürgerschaft auf ihre Seite zu ziehen. Das Rabbinat sah seine Stellung und sein Ansehen bedroht, aber es gelang ihm nicht, die Regierung zu Maßnahmen gegen den Willen einer großen – und zum Teil vermögenden – Gruppe der jüdischen Gemeinde zu veranlassen. Nach dem Scheitern ihrer politischen Demarchen trugen die Rabbiner eine Sammlung von Responsen (Gutachten) zusammen, die von überall her aus dem östlichen und westlichen Europa kamen und deren jede den neuen Tempel verdammte.[85] Die drei von den Rabbinern aufgeführten Hauptsünden der Reformer waren: die Änderung des Gebetbuches, der Gebrauch einer anderen Sprache als des Hebräischen und die Begleitung des Sabbatgottesdienstes durch Orgelmusik. In ihrer Angst, daß das geringste Zugeständnis einen Erdrutsch auslösen könnte, sahen die Rabbiner keine andere Lösung als die Verurteilung.

Die Responsen-Sammlung der Orthodoxen rief wiederum polemische Schriften von seiten der Reformer hervor.[86] Beide Parteien führten Belege aus Bibel und Talmud an. Aber hinter der speziellen Auseinandersetzung über Sprache, Musik und Liturgie stand das allgemeinere Problem, dem man immer wieder in dieser Generation nach Mendelssohn begegnet: Gibt es eine Grundlage für die jüdische Identität, nachdem man einmal die abgeschlossene Lebensweise des Gettos aufgegeben hat? Was soll die Kinder an die Väter binden? Niemand sah diesen grundsätzlichen Aspekt der Hamburger Auseinandersetzung deutlicher als der traditionsverhaftete, aber in hohem Maße auf Ausgleich bedachte Lazarus Riesser.[87] In einem Schreiben an seine Glaubensbrüder, die orthodoxen wie die reformwilligen,[88] äußerte er die Ansicht, die durch die Kontroversen hervorgerufene innere Feindschaft sei eine viel größere Sünde als die Abweichung von überkommenen Gebräuchen, die die Rabbiner den Reformern vorwarfen. Wie konnte man die Achtung für eine Religion erhalten, die solche inneren Spannungen begünstigte? Orthodoxe Eltern gaben ihren Kindern eine weltliche Erziehung und erwarteten dann naiverweise Ehrfurcht vor einem Judentum, das von Streitigkeiten zerrissen, intolerant und lieblos war. Im Gegensatz zu den Orthodoxen weigerte sich Riesser, den Tempel zu verurteilen. Er sah in ihm eher eine partielle Rückkehr derer zum Judentum, die in Gefahr gewesen waren, ihr jüdisches Selbstbewußtsein ganz zu verlieren. Anstatt Klage gegen den Tempel zu erheben – und auf diese Weise die Kluft zwischen den Generationen zu vertiefen –, sollten traditionsverhaftete Eltern lieber ihre Kinder zur Teilnahme an seinen Gottesdiensten ermuntern. Begegneten sie dort an einem Sonnabend morgen einem für sie annehmbaren Ausdruck des Judentums, so kehrten sie am Ende vielleicht zum umfassenderen, traditionellen jüdischen Leben zurück. Den Mitgliedern des Tempels, die gerade eine radikale Gruppe aus ihrem Kreis verbannt hatten,[89] riet er dagegen eine stärkere Bewahrung der Bräuche ihrer Väter an. Im Gegensatz zu den Hamburger Rabbinern wollte Riesser in dem Hamburger Tempel eher eine „Brücke“ als einen „Abgrund“ sehen.

In den Tempeln in Seesen, Berlin und Hamburg und in all den neuen jüdischen Schulen Deutschlands war das Judentum zu einer Religion geworden, und jüdisches Bewußtsein war jetzt, wenigstens da, wo es sich artikulierte, ein weites religiöses Bewußtsein mit universalistischen Zügen. Es hatte eine Wandlung durchgemacht, die gut in seine

Entstehungszeit paßte: die Epoche der deutschen Aufklärung und der französischen *égalité*. Zur Gründungszeit des Hamburger Tempels indessen goß das geistige Deutschland bereits seinen Spott aus über die Aufklärung und hatte nur Verachtung übrig für alles Französische. Den Angriffen einer Außenwelt ausgesetzt, die einst – so schien es – auf dem richtigen Weg gewesen war, jetzt aber immer feindseliger wurde, sahen sich die deutschen Juden vor die Frage gestellt, ob es noch einen Sinn hatte, Jude zu bleiben. Und wenn das der Fall war: warum?

Obwohl die jüdische Emanzipation seit 1781, da Dohm erstmals mit Nachdruck für sie eintrat, fast ständig lautstarke Opposition hervorgerufen hatte, so war doch in den dann folgenden 30 Jahren der Gang der Geschichte – trotz allen Windungen – dem Anschein nach auf eine vollständige politische und gesellschaftliche Anerkennung der Juden gerichtet gewesen.[90] Ereignisse in Frankreich, Westfalen und zuletzt sogar in Preußen befestigten diesen Eindruck. Als Preußen im Jahre 1812 den Juden die bürgerlichen Rechte gewährte, da schien das Goldene Zeitalter angebrochen zu sein. Glaubensübertritte aus dem Judentum ließen nach. Freilich empfand man jetzt auch, es komme darauf an, daß sich die Juden dieser neuen Situation würdig erwiesen. Wenige Juden nahmen zur Kenntnis – zumindest gaben sie das nicht öffentlich zu verstehen –, was ein ihnen geneigter Nichtjude bereits 1807 feststellte: Je mehr die Juden verwestlichten, desto mehr Haß schlug ihnen entgegen; der Durchschnittschrist zog „den schmutzigsten Orthodoxen dem gebildeten Manne" vor.[91]

Schon in der napoleonischen Zeit wandten sich junge deutsche Intellektuelle gegen den Kosmopolitismus des 18. Jahrhunderts und sein Ideal, nach dem man zunächst einmal ein menschliches Wesen war und erst in zweiter Linie Angehöriger einer bestimmten Nation oder Religion. Dieses Ideal hatte erstmals bewirkt, daß ein „tugendhafter Jude" eine Rolle in der geistigen Welt außerhalb des Judentums spielen konnte. Jetzt wurde es immer stärker in Frage gestellt. Im Jahre 1811 gründete der romantische Schriftsteller Achim von Arnim die Christlich-deutsche Tischgesellschaft, die einige der prominentesten Intellektuellen Berlins zu ihren Mitgliedern zählte: den Universitätssyndikus Johann Eichhorn, den Philosophen Fichte, die Schriftsteller Kleist und Brentano, den politischen Denker Adam Müller, den Komponisten Zelter, den Architekten Schinkel und den Juristen von Savigny. Die Gesellschaft, zu der auch Mitglieder des Adels und hohe Militärs gehörten, gab sich eine Satzung, die Frauen, Philister und Juden von der Mitgliedschaft ausschloß.[92] Auf einer der Sitzungen, so ging das Gerücht, las ein Mitglied aus den Schriften des Judenfressers Johann Eisenmenger vor.[93] In ihrer Gesamtheit waren diese respektablen Männer empört darüber, daß die emanzipierten, aufgeklärten Juden jetzt in das innerste Heiligtum des deutschen Geistes eindrangen. Arnim hatte denn auch nichts im Sinn mit den Berliner jüdischen Salons. In seinem Stück „Halle und Jerusalem" brachte er – offensichtlich auf Lessing anspielend – eine Gestalt mit dem Namen Nathan auf die Bühne.[94] Aber der Nathan, den Arnim vorführte, war nicht der „Weise" des Lessingschen Stücks, er entsprach vielmehr dem alten Stereotyp des wuchernden Geldverleihers, der bar jeder Tugend war. Schon vor der Niederlage Napoleons schloß Deutschland sich in sich selbst ab; und den Patrioten waren jetzt selbst die edelsten Juden nicht mehr genehm.

Aber die jüdische Gemeinschaft war, soweit man das aufgrund der schriftlichen Zeugnisse beurteilen kann, auf eine geradezu hochgemute Weise blind für den Stimmungswandel. Die Juden, so meinten sie, brauchten doch nur in die Zukunft zu schauen, um zu wissen, wie bald sie Gelegenheit bekämen zu zeigen, welche treuen Söhne des Vaterlandes sie waren. Als Preußen 1813 in den Krieg gegen Napoleon eintrat, warteten die Juden nicht, bis sie eingezogen wurden; Hunderte meldeten sich freiwillig.[95] Obwohl sie ihre Emanzipation indirekt den Franzosen verdankten, waren sie nur zu sehr darauf erpicht, ihre vaterländischen Gefühle zu beweisen. 55 jüdische Offiziere fielen in der Schlacht von Waterloo; von 1813 bis 1815 wurden 72 Juden mit dem Eisernen Kreuz ausgezeichnet; in Mecklenburg überstieg der Prozentsatz der jüdischen Soldaten sogar den der Nichtjuden. In der preußischen Hauptstadt veröffentlichten Kley und Günsburg einen Ruf zu den Fahnen:

„O himmlisches Gefühl! ein Vaterland zu besitzen! O entzückender Gedanke! einen Ort, eine Stelle, einen Winkel auf dem schönen Erdenrunde *sein* nennen zu dürfen ... Dort auf dem Felde der Ehre, wo alle Herzen von Einem Geiste nur beseelt sind, wo alle für ein einzig Ziel nur wirken: dort sieht man auch die Scheidewand der Vorurtheile gänzlich niedersinken, ihr werdet Hand in Hand mit euren Kriegsgefährten das große Werk vollenden, sie werden euch den Bruder-Namen nicht versagen, denn ihr werdet ihn *verdienen*."[96]

Nur wenige sahen mit nüchternem Blick voraus, daß die Niederlage Napoleons den Juden nicht etwa ein brüderliches Willkommen einbringen, daß man sie vielmehr als Eindringlinge zurückweisen würde.[97]

Das Ressentiment gegen die Juden war ein Element der mächtigen politischen, wirtschaftlichen und geistigen Reaktion, die Deutschland im zweiten Jahrzehnt des 19. Jahrhunderts erfaßte. Mit dem Fall Napoleons gewann es an Kraft. Das Ideal des Kosmopolitismus wurde weggeschwemmt von der Woge des deutschen Nationalismus. Die einst bewunderte französische Konzeption des Rechtsstaates wurde jetzt als leer und mechanistisch verdammt. An ihrer Stelle entwickelte die deutsche politische Romantik die Vorstellung von Staat und Gesellschaft als einem einzigen, einheitlichen Organismus. Staatsbürgerschaft, kulturelle Orientierung und Religionszugehörigkeit waren nicht mehr getrennte Sphären. Ein Deutscher konnte ganz nur der sein, der ein Patriot war, ein Produkt deutscher Kultur und ein Christ. Das Christentum wurde als das „heilige Band" der Gesellschaft betrachtet. Ein Vorbild für das, was man jetzt anstrebte, entdeckte man im lange verachteten Mittelalter, das bestimmt gewesen war von wechselseitigen Verpflichtungen der gesellschaftlichen Schichten, einer ausgeprägten religiösen Orientierung und einer vorkapitalistischen Wirtschaftsordnung. Die Aufklärung wurde jetzt verdammt. Ihr warf man vor, sie habe diesen organischen Einklang durch ihren Rationalismus, ihren Kosmopolitismus und ihren Rückgriff auf abstrakte Prinzipien zerstört.

Bei dem Bemühen, aus einem politisch zerrissenen Gebilde eine geeinte deutsche Gesellschaft zusammenzufügen, wurde der Jude zum Symbol für alles, was auf dem Wege dahin Hindernisse aufrichtete. Er war der Kosmopolit, das Überbleibsel der Aufklärung, der Kapitalist, der Schmarotzer am deutschen Organismus, der ihn doch nie in sich aufnehmen würde. Seit 1815 war ein Teil der romantischen Reaktion offen gegen die Juden gerichtet. Politische Rechte, die sie nur unter äußersten Anstrengungen erlangt hatten, wurden eingeschränkt oder gänzlich aufgehoben. Auf allen gesellschaftlichen Ebenen wurden Stimmen laut gegen die Juden; Professoren, Demagogen und Stückeschreiber mischten sich in diesen Chor.

Im Jahre 1815 brach eine heftige Auseinandersetzung über die jüdische Frage aus und wurde unvermindert hitzig mehr als zwei Jahre lang fortgeführt. Sie war in zweierlei Hinsicht von Bedeutung für die Frage nach der jüdischen Identität: zum einen deshalb, weil hier erneut von außen festgelegt wurde, was denn ein Jude sei, zum anderen darum, weil sie von den aufgeklärten Juden eine Antwort auf die Zerstörung des Selbstbildes verlangte, das sie mit so großer Mühe entwickelt hatten.

Die beiden prominentesten Männer, die Schriften gegen die Juden richteten, waren Professoren. Der eine, Friedrich Rühs, hatte einen Lehrstuhl für Geschichte an der neuen Universität Berlin inne; der andere, Jacob Fries, war Philosoph und Mathematiker in Heidelberg. Rühs löste die Kontroverse aus mit einem Artikel über die jüdischen Forderungen nach dem Bürgerrecht; Fries besprach ihn ausführlich und günstig.[98] Rühs' Artikel fand weitere Verbreitung, nachdem er 1816 selbständig veröffentlicht worden war; Fries' Rezension, ihrerseits separat publiziert, wurde sogar in Wirtshäusern vorgelesen.[99]

Rühs' Hauptargument – das Fichte bereits einige Jahre früher vorgebracht hatte – war, das Judentum sei nicht einfach ein Glaube oder eine Konfession, vielmehr sei es eine Nation und ein Staat. Die religiösen Gesetze der Juden seien die Gesetze eines Staates, ihre Rabbiner das gesetzgebende Organ. Es sei ein sonderbarer Widerspruch, daß die Bürger eines jüdischen zugleich auch Bürger eines christlichen Staates werden wollten. Wie die Deutschen hätten die Juden ihre „Volkseigenthümlichkeit", ihre eigene nationale Besonderheit. Sie sollten, so legte Rühs ihnen nahe, stolz sein auf ihre Eigentümlichkeit und sogar, um sich kenntlich zu machen, eine „Volksschleife", als ein Ehrenzeichen, tragen. Das Judentum konnte nicht als Glaubensbekenntnis bezeichnet werden. Der Jude, der es als solches betrachtete und seine Staatsnatur ableugnete, war weder Jude noch Christ, sondern ein „Mittelding" zwischen beiden, jemand, der „sich eine eigne Art von völlig unhaltbarer natürlicher Religion, eine moralische Religion der Convenienz und des Vortheils, in thörigtem Dünkel zusammengesetzt hat, eine eigne Secte, die kein Staat anerkennt und die nur eine stillschweigende Duldung genießt". Rühs wollte auch nicht die Unterscheidung von Jude und Israelit dulden, die Friedländer und den Reformern so wichtig gewesen war. Er selber, Fries und die anderen Schriftsteller der romantischen Reaktion schrieben den Juden hartnäckig die Eigenschaften zu, die jene nun gerade nicht als die ihren anerkannten. Sie bestanden darauf, daß ein Jude kein Deutscher sein könne, ohne zugleich Christ zu sein, denn die Religion war nicht etwas, was man in der Schule lernte, war nicht nur ein Element des gesellschaftlichen Lebens, sie war *die* Grundlage der Gesellschaft überhaupt. Während Rühs die Konversion als den einzigen Weg zur Integration des Fremdkörpers ansah, legte der weniger christliche Fries unverblümt die Vertreibung nahe.

Bei aufgeklärten Juden lösten Rühs und Fries eine tiefe Erschütterung aus. Sie konnten oder wollten ganz einfach nicht wahrhaben, daß sich das geistige Klima so grundlegend verändert hatte. Da sie nicht durchschauten, aus welcher Gesinnung die Angriffe gegen sie vorgebracht worden waren, ließen sie sich unsinnigerweise darauf ein, einzelne Behauptungen zu widerlegen. Gegen Talmudzitate, mit denen ihre Gegner die Tendenz zur Absonderung der Juden belegten, hielten sie andere, die den Geist des Universalismus beschworen; Beispielen jüdischen Wuchers stellten sie Fälle von Nächstenliebe entgegen. Sie machten geltend, Rühs und Fries stünden mit ihren Ansichten alleine da, sie seien nicht im Einklang mit dem Zeitgeist, seien vielmehr das Werkzeug einiger übriggebliebenen Obskurantisten. Die wahrhaft Gebildeten – und vor allem die Regierungen – wähnten sie immer noch auf ihrer Seite. So konnte denn Michael Hess, Lehrer an der jüdischen Schule in Frankfurt, seine Verteidigung mit einem Ausdruck der Hoffnung beschließen:

„Wir aber, meine Glaubensgenossen, wollen uns durch solches Geschrei nicht irre machen lassen, mit Eifer das begonnene Werk der Verbesserung, so weit es in unserer Macht steht, fortzusetzen und die Bestimmung unsers Schicksals getrost von den hohen Einsichten der Staatsmänner und den weisen Verfügungen unserer Fürsten erwarten."[100]

Konfrontiert mit der Tatsache, daß ihre neue jüdische Identität nicht akzeptiert wurde, bekräftigten ihre Verteidiger sie um so lautstärker:

„Die Juden sind durchaus kein *Volk*; sie sprechen fast überall die Landessprache; ihre Lebensweise gleicht, bis auf die Religionsgebräuche, der aller anderen Einwohner; sie nützen dem Staate, gleich den andern Bürgern derselben Stände, und sind den Landesgesetzen ebenso gehorsam; sie betrachten das Land, wo sie nicht unterdrückt sind, als Vaterland, sind ihm und seinem Beherrscher mit Liebe zugethan, und zu dessen Vertheidigung eben so bereitwillig, als die christlichen Bürger. Sie sind daher nur als eine *Confession* zu betrachten."[101]

Erneut also wurde das Judentum als eine Religion dargestellt, die Liebe zu Christen wie zu Juden gebot. Ließ hier und da das Betragen einzelner Juden zu wünschen übrig, so war das das Ergebnis jener Zeit, da sie unterdrückt und wirtschaftlich eingeschränkt waren. Gab man der jüdischen Jugend nur eine angemessene Erziehung und räumte man ihr vielfältige Beschäftigungsmöglichkeiten ein, so war nicht einzusehen, daß sie nicht in die deutsche Gesellschaft einzugliedern wäre. Wurde sie nicht zwangsweise isoliert und aus der Gesellschaft hinausgedrängt, so blieb bald nichts mehr übrig, was sie vom großen Haufen des Volks unterschied. Man sollte den Juden 50 Jahre Zeit lassen, und erst wenn sie danach immer noch nicht ihre Fehler abgelegt hätten, sollte man sagen dürfen: „Die Juden passen nicht in die bürgerliche Gesellschaft."[102] Den Lehrern seiner Dessauer Schule konnte David Fränkel im Jahre 1817 als Antwort auf die Reaktion nur noch mehr Aufklärung, noch mehr Verbesserung der jüdischen Erziehung vorschlagen. Die Lehrer, so sagte er, sollten sich nicht von der Beobachtung irremachen lassen, daß man hier und da versuchte, sie gesellschaftlich zu isolieren; sie sollten vielmehr unverdrossen in ihrem Unterricht für Tugend, Pflichterfüllung und Gehorsam gegen die Gesetze eintreten.[103] Fast die gesamte jüdische Gemeinschaft wollte in der romantischen Reaktion nur eine kurze Behinderung des Stroms sehen, der Aufklärung und Humanität vorantrieb.

Wieder war Ascher die Ausnahme. So wie allein er bereits 1792 die Problematik der Religionsphilosophie Mendelssohns aufgedeckt hatte, war er jetzt der einzige Verteidiger des Judentums, der klar erkannte, welche Gesinnung einen Rühs und einen Fries trug.[104] Er gab ihr den Namen „Germanomanie". Mit ungewöhnlichem Scharfblick sah Ascher, daß sie ein Versuch war, der „Gallomanie" der vorangegangenen Generation etwas entgegenzusetzen, und zugleich ein Mittel, ideologisch der politischen Teilung Deutschlands und dem Gegensatz von Katholiken und Protestanten beizukommen. Um ihre Ideen wirkungsvoll unter den Massen zu verbreiten, drängten die Germanomanen die Juden in die Rolle des Opfers. Ascher schrieb:

„Man muß die Menge, um sie für eine Ansicht oder Lehre einzunehmen, zu begeistern suchen, um das Feuer der Begeisterung zu erhalten, muß Brennstoff gesammelt werden, und in dem Häuflein Juden wollten unsere Germanomanen das erste Bündel Reiser zur Verbreitung der Flamme des Fanatismus hinlegen."[105]

Obwohl Ascher scharfsichtig die tiefer liegenden Motive der neuerlich gegen die Juden vorgetragenen Angriffe aufdeckte, war auch er nicht in der Lage, besser mit ihnen fertig zu werden als diejenigen, die gemeinsam mit ihm die Sache der Juden verteidigten. Wie andere setzte er seine Hoffnung auf die Fürsten, die noch nicht vom „Miasma der Germanomanie" angesteckt waren. Wie seine Mitstreiter konnte er die romantische Reaktion nur als Rückschritt, als einen Rückfall in weniger zivilisierte Zustände sehen; ihm ging jegliches Verständnis für ihren neuen Zugang zur Geschichte und für ihre literarischen Leistungen ab. Vergeblich hoffte er, Rühs, „das Bild eines wahren Germanomanen", werde sich von seiner Germanomanie abwenden und zu dem Kosmopolitismus zurückkehren, dem er in seiner Jugend angehangen hatte. Bei allem Scharfsinn hatte auch Ascher keine andere Antwort auf die Romantik als die, daß er erneut die Ideale der Aufklärung formulierte.

Entgegen allen Hoffnungen der Häupter der jüdischen Gemeinschaft wurde die christlich-nationale Reaktion in der nachnapoleonischen Zeit immer stärker. Die studentischen Burschenschaften, die sich einer Förderung christlich-deutscher Gesinnung mit allen geistigen und politischen Mitteln im Dienste des Vaterlandes verschrieben hatten, wurden mächtiger.[106] Am 18. Oktober 1817, dem vierten Jahrestag der Schlacht bei Leipzig, versammelten sie sich auf der Wartburg. Die Gefolgsleute des erznationalistischen Turnvaters Jahn entzündeten ein großes Feuer und verbrannten die Bücher mißliebiger Autoren, darunter Aschers Streitschrift „Germanomanie". Im Sommer 1819 brach dann eine Reihe von Krawallen gegen die Juden aus. Die Pogrome, hervorgerufen von Hungersnöten und der wachsenden Verarmung deutscher Handwerker unter dem Druck der englischen Konkurrenz, dauerten bis zum Oktober des Jahres und breiteten sich über ganz Deutschland aus.[107] Unter dem Ruf „Hep, hep!" und „Jude, verreck!" plünderte der Mob jüdische Häuser und legte Feuer an Synagogen. Die jüdische Zeitschrift „Sulamith" reagierte darauf mit einer Politik bewußter Nichterwähnung der Krawalle.[108] Wenn man diesen mittelalterlichen Dämon nicht beachtete, so dachte man, dann mußte er doch wieder verschwinden. Aber genau das tat er nicht. Wieder nahmen die Konversionen zu.[109] Wie andere auch stellte Abraham Mendelssohn damals fest, das Judentum sei es ganz einfach nicht wert, daß man um seinetwillen diese Verschlechterung der Lage auf sich nähme. Nachdem sein Sohn Felix von einem Prinzen aus dem Königshause mit den Worten „Hep, hep, Judenjung!" angeredet worden war, ließ er seine Kinder in eben diesem Jahr zum Christentum übertreten.[110] Es schien, als sei die mühselige Arbeit an der politischen und religiösen Reform ganz und gar vergeblich gewesen. Eine neue Formulierung des Judentums, die auf der Höhe der Zeit war, war nötig geworden.

6 Leopold Zunz und das Wissenschaftsideal

Jede Epoche hat ihre Leitideen, die sich in einem charakteristischen Vokabular ausdrücken. Das Zeitalter der Aufklärung rühmte sich, ein „philosophisches" zu sein, und inthronisierte das allumfassende Ideal der „Humanität". So beruhte denn Mendelssohns Ruhm auf seiner bemerkenswerten philosophischen Begabung und auf dem Wunsch der Intellektuellen des 18. Jahrhunderts, Träger des Humanitätsgedankens gleichsam in jedem Winkel der Gesellschaft aufzuspüren. Mendelssohn selbst und diejenigen, die ihm nachfolgen wollten, versuchten dann, diese Ideale in das Judentum und die jüdische Gemeinschaft hineinzutragen. Sie waren darum bemüht, die jüdische Religion mit der Vernunft zu versöhnen und die geistig isolierte jüdische Gemeinschaft wieder auf den Hauptweg der übrigen Menschheit zu führen.

Die Ideale der Aufklärung fanden, so schien es, ihre Erfüllung in der Französischen Revolution, einer Umsetzung universaler Vernunft in politische Realität. Während die Ereignisse in Frankreich anfangs Jubelhymnen jenseits des Rheins hervorgerufen hatten, entfremdeten der zunehmend radikalere Charakter der Revolution, die *Terreur* und später die Eroberungen Napoleons die europäischen Intellektuellen den Idealen, die einst die Umwälzung mit verursacht hatten. In England verwarf Edmund Burke schon 1790 ein politisches Handeln, das abstrakten Prinzipien folgte, und bestand darauf, daß eine Regierung vor allem auf Kontinuität und Tradition bedacht sein müsse. In Deutschland war ein rabiater Nationalismus die Antwort auf die Vorherrschaft der Franzosen. Die meisten europäischen Staaten betrieben, im Bann der Metternichschen Diplomatie und unter der Führung der Heiligen Allianz, mit rückwärts gewandtem Blick die Wiederherstellung der alten, vorrevolutionären Gesellschaft.

Im Deutschland des 19. Jahrhunderts waren „Philosophie" und „Humanität" nicht mehr die hellsten Sterne am Ideenhimmel. Kants „Kritik der reinen Vernunft" hatte das Vertrauen auf metaphysische Grundannahmen zerstört und damit im Reich des Geistes das bewirkt, was die Französische Revolution in der Sphäre der Politik herbeigeführt hatte. Die Aufmerksamkeit wandte sich ab von den

„ewigen Wahrheiten" der Metaphysik und richtete sich auf die individuellen und empirisch greifbaren Tatsachen der Geschichte. Die Philosophie erhielt jetzt, nachdem ihre Untauglichkeit zur Erklärung der wahren Natur des physischen Universums offenbar geworden war, die Aufgabe, den Gang der Ereignisse in der Menschenwelt zu deuten. Nach und nach band man die Philosophie an ein neues, noch weiter reichendes Ideal, das zugleich einem konservativen Zeitalter eher angemessen war: an das Ideal der *Wissenschaft*. So wie das 18. Jahrhundert in der Philosophie sehr viel mehr sah als eine intellektuelle Disziplin, erhob jetzt das neue Jahrhundert die „reine Idee der Wissenschaft" zum Leitstern der Gesellschaft. Wilhelm von Humboldt, der Gründer der Berliner Universität, begriff sie als eine eigene moralische Kraft: „... nur die Wissenschaft, die aus dem Innern stammt, und in's Innere gepflanzt werden kann, bildet auch den Charakter um ..." Die Wissenschaft, die um ihrer selbst willen betrieben wurde, war ein Garant geistiger und seelischer Gesundheit.[1]

Parallel zum Wechsel von der Vernunft zur Wissenschaft verlief der Übergang vom kosmopolitischen Ideal der Humanität zu dem partikularistischen Ideal des Volkes. Herder nimmt hier eine Zwischenstellung ein. Für ihn ist Humanität immer noch der höchste Wert, sie ist das letzte Ziel der Menschheit. Aber Herder bricht radikal mit dem Kosmopolitismus der Aufklärung. Er betont nicht mehr die wesentliche Gleichheit aller Menschen, vielmehr hebt er die Eigenarten hervor, die den „Nationalcharakter" jedes Volkes ausmachen. Obwohl Herder alles andere ist als ein Chauvinist, bezieht er sein Humanitätsideal doch auf das Volk: Die Menschheit besteht aus Völkern, nicht aus unabhängigen Einzelwesen. Seine Vorstellungen repräsentieren eine Position des Übergangs, eine Position, die man „humanitären Nationalismus" nennen könnte.[2] Fichtes „Reden an die deutsche Nation", 1808 veröffentlicht, gehen einen Schritt weiter. Der einzelne ist bei Fichte aufgehoben im Volk, und dementsprechend wird das alte germanische Pflichtgefühl beschworen. Das Kind soll eine spezifische „Nationalerziehung" empfangen, nicht etwa eine universalistische. Das deutsche Volk ist ein „Urvolk", tief verwurzelt in der Vergangenheit. Es gilt, ihm sein gemeinschaftliches Erbe und seine Bestimmung bewußtzumachen.

Als das partikularistische Ideal des Volkes sich zunehmend durchsetzte, sah man den Ausschluß fremder Elemente aus dem völkischen Organismus mehr und mehr als zwingend an. Um 1815 waren Rühs und Fries, wie wir gesehen haben, der Meinung, das nationale Wohlergehen sei nicht vereinbar mit der politischen und gesellschaftlichen Integration der Juden. Die Antwort darauf wurde von Juden einer Generation formuliert, die im Geiste der Aufklärung aufgewachsen waren: Entweder verkannten sie den Verfall des Humanitätsideals, oder sie weigerten sich, ihn hinzunehmen. In diesen Nachkriegsjahren aber, in denen ein enggefaßter Begriff von Volkszugehörigkeit – der überdies eine Verbindung mit dem Christentum einging – allbeherrschend geworden und in denen *Wissenschaft* das geistige Ideal war, wurde eine neue Generation mündig. Sie reifte in einem ganz anderen geistigen Klima heran als dem, das Mendelssohn bei seiner Ankunft in Berlin im Jahre 1743 vorgefunden hatte. Wie wurden die intelligentesten und sensibelsten jungen Juden dieser Generation mit dem altbekannten und sich doch jetzt anders darbietenden Dilemma fertig, daß sie sich einerseits die Ideale dieses neuen Zeitalters zu eigen machen, daß sie andererseits dem Judentum treu bleiben sollten?

Die Probleme der neuen jüdischen Generation, die im letzten Jahrzehnt des 18. Jahrhunderts geboren wurde, lassen sich am besten zeigen an der Jugend und am Lebenskreis eines ihrer bedeutendsten Vertreter: Leopold Zunz. Im Lauf von etwa 30 Jahren erfuhr der junge Zunz die Talmuderziehung der traditionellen jüdischen Schule, erlebte er die Pädagogik der Maskilim und den „gereinigten" Gottesdienst der Reformbewegung, begegnete er dem Ideal der Wissenschaft und der Philosophie Hegels. Aus den Nöten und Kämpfen seiner Jugendjahre trat er schließlich mit einer Lösung hervor, die für ihn ein Leben lang Bestand haben sollte: der der *Wissenschaft des Judentums*. Vergegenwärtigt man sich die intellektuelle Biographie des jungen Zunz, so entdeckt man in der kurzen Zeitspanne der Jugend eines Mannes die Kräfte, die die jüdische Geistesgeschichte in Deutschland von der Mitte des 18. Jahrhunderts bis weit ins 19. Jahrhundert bestimmten. Man sieht den Übergang von einer jüdischen Identität, die sich in den philosophischen Kategorien des 18. Jahrhunderts begriff, zu einer neuen, die sich auf die Ideale des 19. Jahrhunderts gründete. Und doch ersetzten Zunz und seine Generation, wie wir sehen werden, die zeitgebundene und sehr persönliche Antwort, die Mendelssohn auf die Frage nach der jüdischen Identität gab, nur durch andere, ebenso kurzlebige Lösungen.

Zunz wurde am 10. August 1794 in Detmold im Fürstentum Lippe geboren.[3] Seine traditionsgebundene jüdische Familie war kaum mit der Aufklärung in Berührung gekommen. Mit fünf Jahren wußte der

Knabe bereits einen Tora-Abschnitt auswendig und begann mit dem Talmud-Studium. Sein Vater, ein gelehrter Mann, der ihn in der hebräischen Grammatik, im Pentateuch und im Schreiben des Judendeutschen unterwies, starb, noch ehe Zunz das achte Lebensjahr erreicht hatte. Die verwitwete Mutter hatte schon bald keine andere Wahl als die, ihren Sohn auf eine Freischule zu schicken; nur so brauchte sie nicht mehr für seinen Unterhalt zu sorgen. So trat Zunz im Jahre 1803 in die Samsonschule in Wolfenbüttel ein, ein düsteres Bet ha-midrasch (Lehrhaus) der primitivsten Art.[4] Sie war damals untergebracht in zwei baufälligen Gebäuden, in denen die Wände, die Betten und auch die Schüler oft von Ungeziefer übersät waren. Die Knaben wurden auf beklagenswerte Weise vernachlässigt: Bäder waren etwas Unbekanntes; wenn man sich wusch, dann deshalb, weil das jüdische Gesetz es vorschrieb. Zu einem bestimmten Zeitpunkt, so erzählte Zunz später, hatte er buchstäblich weder eine Hose noch Strümpfe in präsentablem Zustand. Die Lehranstalt bot ihren Schülern einen Unterricht, der fast ganz auf den Talmud abgestellt war. Fünfzig Jahre nach Mendelssohns Begegnung mit Lessing waren hier gerade vier oder fünf Stunden weltlichen Gegenständen gewidmet, und die Lektüre deutscher Bücher war streng verboten. Lehre und Erziehung waren primitiv und rauh; die Schule war gänzlich unberührt von den Einflüssen der fortschrittlichen Pädagogik aus dem Geiste des Philanthropins und Pestalozzis. Und doch war die Atmosphäre geprägt von Frömmigkeit, und den Schülern wurde eine tiefe Achtung vor der jüdischen Tradition vermittelt.

Einer von Zunz' Mitschülern und zugleich ein enger Freund war Isaak Markus Jost, der später als erster Jude der Neuzeit eine umfassende Geschichte der Juden schreiben sollte. Jost berichtet, Zunz habe schon damals den scharfen, kritischen Verstand erkennen lassen, der ihn später auszeichnete. In Freistunden vertiefte er sich in mathematische Probleme; gemeinsam mit Jost lernte er hebräische Grammatik und las den „Josippon", einen hebräischen Auszug aus dem Werk des Flavius Josephus, der ihnen wenigstens einen rudimentären Sinn für Geschichte vermittelte. Auch Zunz' Witz trat früh zutage. Er schrieb eine Satire auf die Lehrer in hebräischer Sprache, die leider in deren Hände fiel und unverzüglich verbrannt wurde. In diesen frühen Jahren entstand zweifellos bei Zunz der tiefe Haß auf die traditionelle jüdische Schule, über die er später schrieb: „Der Mensch ging in dem Juden unter."[5] Aber zugleich legte er damals den Grund für seine erstaunliche Kenntnis der rabbinischen Literatur.

Im Jahre 1807 machte die Schule unter der neuen Leitung von Samuel Meyer Ehrenberg plötzlich im wahren Sinne des Wortes einen Sprung aus dem Mittelalter in die Haskala. Denn Ehrenberg war ein Mann vom Schlage Euchels, Wolfssohns, Fränkels und der ganzen Gruppe von Maskilim, die sich darum bemühten, die Juden an die westliche Gesellschaft heranzuführen und das Judentum lediglich als Religion zu bewahren. Das Schulgebäude wurde renoviert, die Kinder wurden sauber gekleidet, und der Lehrplan wurde jetzt erweitert. Das Talmud-Studium wurde auf wenige Wochenstunden reduziert, damit Zeit blieb für deutsche Literatur, Französisch, Geschichte und Geographie. Die Lehranstalt konnte sich jetzt messen mit denen, die von den Nachfolgern Mendelssohns in Berlin, Breslau, Dessau und Seesen geschaffen worden waren. Am 22. August 1807 fand an dieser Schule unter der Leitung von Ehrenberg eine der ersten jüdischen Konfirmationen statt. Der dreizehnjährige Konfirmand war Leopold Zunz. Die Feier hatte ein großes Programm: Dem öffentlichen Abfragen des Katechismus, das im Aufsagen der 13 Glaubensartikel des Maimonides seinen Höhepunkt fand, folgten der Segen Ehrenbergs und ein vom Konfirmanden selbst verfaßtes hebräisches Gebet. Drei Jahre später, als Israel Jacobson – der Ehrenberg in seine Stellung eingesetzt hatte – den Jacobs-Tempel in Seesen einweihte, war Ehrenberg dabei, und er bewahrte, nach den Worten von Zunz, das „Andenken an dieses seltene Fest", das „in der jüdischen Leidensgeschichte eine Oase" war, „bis in sein spätes Alter".[6]

Ehrenbergs Lebensmittelpunkt war seine Schule. Wie die anderen Maskilim war er glühend davon überzeugt, daß die größte Aufgabe seiner Generation eine angemessene Erziehung der jüdischen Jugend war. Die häßlichen Eigenschaften des Hausierers und Geldverleihers zu beseitigen – diese ständige Profitgier, die der Gesellschaft Anlaß gegeben hatte zu der Formel, jemand denke und handle wie ein Jude –, das war für ihn, einen eminent praktisch denkenden Mann, das höchste Ziel. Später schrieb er an Zunz: *„In meiner Schule fühle ich mich am rechten Platze*. Ich zeige meinen Schülern, den Weg den die Juden wandeln müssen, wenn sie besser und geachteter bei den Nazionen erscheinen wollen, wie bis jetzt."[7]

Ehrenbergs Einfluß auf den jungen Zunz war segensreich, und er war bedeutend. Wie so viele hochbegabte Menschen war Zunz häufig trübsinnig, unliebenswürdig und träge. Ehrenberg versuchte solcher Anwandlungen des Wunderkindes mit väterlicher Fürsorge und Liebe Herr zu werden, wenn er auch nicht – wie Zunz' späteres Leben allzu deutlich zeigt – die Neigung zur Schroffheit und zum Streit unterdrücken konnte, die für ihn dann so charakteristisch wurde. Der Schüler bewahrte seinem Lehrer eine tiefe Zuneigung. Sie fand ihren Ausdruck in einer regelmäßigen Korrespondenz, die bis zu Ehrenbergs Tod im Jahre 1853 andauerte. Wichtiger noch als die persönliche Beziehung zu Ehrenberg war für Zunz die Weltanschauung, die sein Lehrer vertrat. Ehrenberg gab Zunz den Blick frei auf neue Horizonte, er lehrte ihn Achtung vor der Vernunft und legte den Grund für seine Bemühungen um Veränderungen im Leben der jüdischen Gemeinschaft. Er machte Zunz empfänglich für die Ziele der Reformbewegung, der er bald in Berlin begegnen sollte, und übertrug auf seinen Schüler den Traum der Haskala vom Juden, der ganz in die Gesellschaft integriert ist, ohne zu konvertieren. Sein Einfluß auf Zunz sollte lange dauern und bewirken, daß er sich von den jungen Juden unterschied, die in ihrer jüdischen Abkunft nur etwas Nachteiliges sahen. Zum Vermächtnis Ehrenbergs an Zunz gehörte freilich eines nicht: das Ideal der *Wissenschaft*, zu dem sich der ältere Mann niemals hingezogen fühlte. Zunz sollte dazu erst in Berlin, in einem späteren Entwicklungsstadium kommen.

Im April 1809 beendete Zunz seine Lehrjahre an der neuen Samsonschen Freischule und wurde als erster jüdischer Schüler in die Prima des Wolfenbütteler Gymnasiums aufgenommen. Er verdiente sich seinen weiteren Aufenthalt in der Samsonschule, indem er dort als Lehrer wirkte. Im Jahre 1811 legte er seine Abschlußprüfung am Gymnasium ab. Nachdem er noch einige Jahre unterrichtet und sich durch Selbststudium in hebräischer Literatur, in Englisch, Kunst und Musik weitergebildet hatte, beschloß er, an die neue Universität Berlin zu gehen. Im Herbst 1815 war er endlich so weit, daß er Wolfenbüttel verlassen und in die preußische Hauptstadt reisen konnte, in der er dann fast ohne Unterbrechung die übrigen Jahre seines langen Lebens verbringen sollte.

Berlin hatte seit der Zeit Mendelssohns einen beträchtlichen Wandel durchgemacht. Die kulturelle Bedeutung der Stadt, die einst, in den Zeiten der Aufklärung, ein Mittelpunkt des geistigen Lebens gewesen war, war nach dem Tode Friedrichs des Großen geschwunden. Göttingen, Weimar und Jena waren die Hauptorte der deutschen Klassik und Romantik geworden, während Berlin nur als Regierungs- und Wirtschaftszentrum und als gesellschaftlicher Mittelpunkt wichtig blieb. Erst mit der Gründung der Berliner Universität gewann die preußische Hauptstadt die führende Rolle in der geistigen Welt zurück. Die dort ansässige jüdische Gemeinde freilich hatte wenig von diesem Wiederaufstieg. Die etwa 3000 Juden – zwei Prozent der Bevölkerung –, die im Jahre 1815 in Berlin lebten, gingen ihrer Beschäftigung als Bankiers, Textilkaufleute oder Pfandleiher genauso nach, wie sie es vorher getan hatten. Die Vertreter der Oberschicht setzten den Ablösungsprozeß von der jüdischen Mehrheit fort. Sie blieben Glieder der jüdischen Gemeinde und mochten zum Beerschen Tempel gehören, aber sie schickten ihre Kinder auf nichtjüdische Schulen, und oft ließen sie sie um ihres Fortkommens willen taufen. Ein anderer Teil der Gemeinde blieb orthodox und widersetzte sich jeder Reformanstrengung. Eine dritte Gruppe, die der ganz Armen, gab nicht selten der Versuchung nach, der eine neu gegründete Missionsgesellschaft gerade die Ungebildeten aussetzte. Als Zunz 1815 in Berlin ankam, begannen die hochfliegenden Hoffnungen, die die Juden nach dem Emanzipationsedikt von 1812 ergriffen hatten, bereits zu sinken, und in den Jahren der politischen Reaktion, die dann folgten, machte sich eine apathische Einstellung gegenüber allem, was das Judentum und seine Zukunft betraf, immer stärker bemerkbar. Die Berliner Gemeinde war nach der Beschreibung von Zunz ein buntes Gemisch:

„Hier gibts ...: 1. Juden, das heißt Juden [2. und 3. betreffen Christen] 4. getaufte Juden und 5. aufgeklärte (?) [Fragezeichen von Zunz], die den ganzen Jom ha-Kippurim in Jakobsons Tempel andächtig verbrachten. 6. wieder Juden gewordene Getaufte, 7. Gerim [Proselyten], 8. Juden, die ärgere Reschaim als geborene Christen sind. 9. Indifferente in beiden Religionen. 10. ein junger Anwachs, der nicht weiß, was er ist. 11. wahrhaft aufgeklärte Juden, vielleicht eine halbe Mandel.“[8]

Nach der Ankunft in Berlin suchte Zunz zunächst seinen Verwandten Ruben Samuel Gumpertz auf, einen wohlhabenden Ältesten der jüdischen Gemeinde. Dann verschaffte er sich eine Stellung als Erzieher im Hause der gerade verwitweten Saisette Hertz.[9] Jetzt begann für ihn ein Leben in zwei Sphären, deren jede einen Teil seiner Zeit und seiner Existenz in Anspruch nahm. Da war auf der einen Seite die jüdische Gemeinde und dort vor allem der Kreis, der sich um die Reform bemühte. Zunz, von Ehrenberg für solche Aufgaben gerüstet und stark engagiert für die Sache der Reformer, trat jetzt ein in die eigene Welt des Berliner Judentums. Dabei hatte er zwei Dinge zu bieten: seine Fähigkeiten als Lehrer und seine Gaben als Prediger. Auf der anderen Seite stand die Universität: Dort war er ganz neuen

Einflüssen ausgesetzt und verband sich mit einem Kreis junger jüdischer Freunde, deren Verhältnis zum Judentum sich radikal von dem der Reformer des Gottesdienstes unterschied. Auch wenn es übertrieben wäre zu sagen, der junge Zunz habe in diesen frühen Berliner Jahren ein Doppelleben geführt, waren doch seine Betätigungsfelder so unterschiedlich, daß es gerechtfertigt ist, sie jeweils für sich zu betrachten.

Zunz war in Berlin nur zwei Tage vor Jom Kippur angekommen. Da sein Verwandter Gumpertz einer der führenden Männer der Reformbewegung war – aber gewiß auch aus persönlicher Neigung –, nahm Zunz teil am Gottesdienst des Versöhnungstags in Jacobsons Haus. Was er da erlebte, machte auf ihn einen tiefen Eindruck. Zwei Tage später schrieb er einen begeisterten Bericht an seinen Lehrer Ehrenberg:

„Gestern oder vielmehr Sonnabend (d. 14.) war ich in Jacobsons Synagoge. Menschen, die 20 Jahre keine Gemeinschaft mit Juden hatten, verbrachten dort den ganzen Tag: Männer, die über die religiöse Rührung schon erhaben zu sein glaubten, vergossen Tränen der Andacht; der größte Teil der jungen Leute fastete. Aber wir besitzen hier auch drei Redner, die der größten Gemeinde Ehre machen würden. Herr Auerbach trägt mit philosophischer Klarheit und innerer Gediegenheit vor, seine Stimme ist klingend, weich; sein Wesen ist Unschuld; selbst das Hebräische spricht er wunderschön aus, auch ist er ein guter Dichter in dieser Sprache. Kley ist lebendig und kühn; seine Bilder erregen die Fantasie; als er sagte: ‚nun wollen wir uns erheben' war auch alles – wohlgemerkt abends 5 Uhr – wie durch einen Zauberschlag aufgesprungen. Diesen möchte ich mit Ezechiel, jenen mit Jeremias vergleichen. Den dritten, Günsberg, werde ich das nächste Fest hören. Übrigens, es war der Gesang und die Musik gut, und Dr. Heinroth bringt uns jetzt die Seesensche Orgel her.“[10]

Das „uns“ im letzten Satz ist vielsagend. Von Anfang an identifizierte sich Zunz mit den Bestrebungen der Reformer, und obgleich seine Begeisterung von Zeit zu Zeit schwankte, setzte er sich bis zu den Rabbiner-Versammlungen der 1840er Jahre unablässig für gottesdienstliche Reformen ein.[11] Er schloß sich Auerbach, Kley, Salomon und den anderen an, die das Reformprogramm Friedländers und Jacobsons fortsetzten. In fast jeder Hinsicht glichen Zunz' pädagogische Theorie und Religionsphilosophie den ihren.

Im September 1817 schrieb Zunz seine erste Predigt, die er vor einem Kreis von Freunden in Berlin hielt. Sie hatte den Titel „Über Religiosität" und wich kaum von den in dieser Zeit üblichen Predigten ab. Wie jene umging sie das Thema des jüdischen Partikularismus: Sie forderte die Zuhörer als menschliche Wesen zu einem religiös bestimmten Leben auf. Augenscheinlich war Zunz vom Erfolg seines Versuchs angetan, denn er erwog danach ernsthaft eine Laufbahn als Prediger. Als im Juni des folgenden Jahres der Tempelverein in Hamburg einen Prediger suchte, zeigte sich Zunz an der Stelle interessiert. An M. I. Bresselau, einen der Direktoren, schrieb er:

„Nicht nur überhaupt bin ich für eine solche geneigt; ich bin es ganz besonders für eine in Hamburg, wo ich wackere und gelehrte Männer an der Spitze finde, mit denen vereint es mir eine Freude sein wird, für das große Ziel vorzuarbeiten, das wir uns stecken müssen. Gern opfere ich dieser Arbeit die Ruhe und die Freiheit, die ich als Studiosus genieße und ziehe mit der neuen Last auch die Aufmerksamkeit der Welt auf mich, die stets wächst, wenn ihr Gegenstand höher gerückt wird, aber auch nicht immer diesen Gegenstand glücklicher macht."[12]

Obwohl Zunz sich hier bereit zeigte, das Universitätsstudium zugunsten der Tätigkeit als Prediger aufzugeben, entschied er sich einen Monat später gegen die Bewerbung um die Stelle, nicht weil sein Interesse abgenommen hätte, sondern weil ihm einige Umstände der Besetzung nicht behagten und er wohl auch sah, daß man ihn wahrscheinlich nicht ernennen würde.[13] In den Monaten nach diesem fehlgeschlagenen Versuch erwog Zunz das erste und einzige Mal in seinem Leben ernsthaft die Konversion. Am 6. April 1819 schrieb Jost an Ehrenberg: „Das Taufen liegt ihm sehr im Sinne, obgleich er sehr mit dieser Idee kämpft, und nicht gern daran will. Er steht zu hoch über seinen Glaubensgenossen, um von ihnen geschätzt, noch ernährt zu werden."[14] Wie einst die Häupter des Westfälischen Konsistoriums war Zunz abgestoßen von der überall herrschenden Anarchie und sah, daß es einer alles unter sich vereinenden Autorität bedurfte, die den Reformprozeß lenkte: „Solange keine Autorität da ist, die die ganze Sache sanktioniert, geschieht nichts rechtes; jeder ist Reformator und macht sich lächerlich. *Ehe der Talmud nicht gestürzt ist, ist nichts zu machen.*"[15]

Aber während Zunz sich noch mit dem Gedanken trug, das Judentum aufzugeben, brachte er auf Veranlassung eines anderen einen Plan zu Papier, der eine durchgreifende politische und religiöse Reform des Judentums vorsah. Das Werk, das den Titel „Die Organisation der Israeliten in Deutschland" trug, war von L. L. Hellwitz in Auftrag gegeben worden und wurde dann von jenem unter seinem eigenen Namen veröffentlicht.[16] Es war im großen und ganzen der typische Ausdruck der Auffassungen, die von den Maskilim und den religiösen Reformern vertreten wurden. Das Buch warf den Rabbinern ungestüm vor, sie ließen es an Führung mangeln, und forderte den Staat auf, sie nicht mehr als die wahren Führer der jüdischen Gemeinschaft anzuerkennen. Es sprach dann vom Judentum als einer unter anderen „Konfessionen" in Deutschland und wiederholte am Ende die Parole der Mendelssohn-Schüler: „Der Israelit ist nicht mehr Mitglied einer israelitischen Nation sondern eines israelitischen Glaubens."[17] Der Lösungsvorschlag für das jüdische Problem in Preußen bot kaum etwas Neues. Es regte die Gründung zweier Institutionen an: eines Großen Sanhedrins oder jüdischen Konzils, in dem man die Leitlinien für eine religiöse und erzieherische Reform entwerfen sollte, und eines Kleinen Sanhedrins oder Konsistoriums, das dem „Ministerium des Kultus" unterstellt werden und sich mit den tagtäglich auftauchenden Problemen der Durchsetzung der Reform zu befassen hätte. Dahinter stand die alte Auffassung, der Staat müßte nur mit seiner Autorität und Koordinierungsmacht der jüdischen Reform zu Hilfe kommen, und dann würden, wäre die Reform erst einmal verwirklicht, die Juden sich der vollen politischen und gesellschaftlichen Anerkennung würdig zeigen. Selbst der alte Widerstand gegen den Namen Jude tauchte wieder auf, den Namen, gegen den Friedländer so lange gekämpft hatte:

„Da der Name Jude oft zu Schimpfnamen gemißbraucht ist, so sollte man in allen öffentlichen Verhandlungen, Akten, Polizeilisten u. s. w. sich dieses Wortes enthalten. Auch ist das Wort Jude nie der richtige Name der Nation gewesen; nur ein einziger Stamm der Nation hieß *Jehuda*, und hieraus entstand durch Sprachfehler der Name Jude."[18]

Wären diese Abschnitte ausschließlich das Werk von Zunz, so müßte man annehmen, noch im Jahre 1819 hätten seine Ansichten mit denen der älteren Maskilim völlig übereingestimmt. Es erweist sich jedoch, daß seine Auffassungen nach einem etwa vierjährigen Aufenthalt in Berlin sich allmählich von denen eines Hellwitz, Friedländer und Jacobson entfernten. Kurz nach Erscheinen des Büchleins schrieb Zunz an Ehrenberg, daß er sein eigenes Werk „à la [ein Wort fehlt] im Gesellschafter [einer belletristischen Berliner Zeitschrift] recensiert" habe.[19] Die Rezension war nur mit „– e –" gezeichnet.[20] Sie lobte die „Organisation" als herausragend im Vergleich zu den vielen anderen Werken über diesen Gegenstand. Aber nicht nur bedachte Zunz sich selber mit Lob, vielmehr kritisierte er zugleich die wenigen Passagen der Schrift, die ihm offensichtlich aufgenötigt oder die später von Hellwitz selbst hinzugefügt worden waren. So kritisiert Zunz an dem Buch den großmächtigen Plan eines Konzils nach französischem Beispiel und, das ist wichtiger, die Zurückweisung des Ausdrucks Jude. In der Tat sollte bald darauf die bewußte Rückkehr zu diesem Ausdruck anstelle des Namens Israelit die Trennung Zunz' und seines Kreises von der älteren Generation sinnfällig machen. Bemerkenswert ist auch – und zwar gerade im Blick auf Zunz' wissenschaftliche Interessen –, daß er darauf besteht, niemand sollte sich künftig mit jüdischen Angelegenheiten befassen, ohne „den Rath sachkundiger und unterrichteter Juden zu hören".

Aber der Einfluß Ehrenbergs und der Haskala auf Zunz wirkte fort. Ein Jahr nach der Veröffentlichung der „Organisation" bewarb sich Zunz um die Stelle eines jüdischen Religionslehrers in Königsberg. In diesem Zusammenhang entwickelte er im März 1820 seine Grundsätze für eine jüdische Religionserziehung.[21] Wie Friedländer meinte er, nicht jeder Knabe müsse umfassende Kenntnisse des Hebräischen haben; das Erlernen der Landessprache dagegen war nach seiner Ansicht für alle wichtig. Eine religiöse Unterweisung war nach seiner Meinung fast sinnlos, wenn sie nicht mit einer Synagoge abgestimmt war, in der deutschsprachige Gebete und eine deutschsprachige Predigt gehalten wurden oder in der doch wenigstens ein reformierter hebräischer Gottesdienst stattfand. Er trat für die Konfirmation ein,[22] obgleich er in Übereinstimmung mit einigen anderen Maskilim in der Zeremonie eher einen Akt der Identifikation mit der Gesamtheit des Judentums als ein Glaubensbekenntnis sehen wollte. Das Ziel der jüdischen Erziehung, wie er sie entwarf, war die Beseitigung von Unwissenheit und Egoismus und die Wiederherstellung des jüdischen Ansehens bei den Völkern.

Zunz hatte jedoch mit seiner Bewerbung nicht mehr Erfolg als zwei Jahre zuvor mit seinem Versuch, die Hamburger Predigerstelle zu bekommen. Am 4. April schickten die Ältesten der Jüdischen Gemeinde Königsbergs einen Brief an Meir ben Simcha Weyl, den kurmärkischen Vize-Oberlandesrabbiner, um Auskünfte über Zunz' religiöse Haltung einzuholen. Weyls Antwort ist nicht erhalten, aber sie dürfte negativ gewesen sein; denn danach wird Zunz' Bewerbung nicht mehr erwähnt.[23] Wir wissen sehr wohl, daß Zunz bis in die vierziger Jahre des Jahrhunderts die Ritualgesetze nicht streng einhielt, und es scheint so, als hätten Weyl und er sich nicht gerade gut verstanden.[24] Die Stelle wurde an J. A. Francolm vergeben, der später moralisierende Werke zur jüdischen Theologie verfaßte.

Nachdem Zunz' Bemühungen um eine Anstellung in Königsberg gescheitert waren, richtete er seinen Blick auf den Beerschen Tempel. Dank der Vermittlung seines Verwandten Gumpertz durfte er dort am 20. Mai 1820 predigen. Seine Predigt, die von menschlicher und göttlicher Gnade handelte, muß Anklang gefunden haben, denn danach konnte Zunz regelmäßig als Prediger auftreten. Der selbstbewußtstolze junge Mann betrachtete das Ereignis sogar als den Beginn einer neuen Ära in der jüdischen Geschichte.[25] Als der Hamburger Tempel im selben Jahr in Leipzig für die Messezeit eine Filiale einrichtete, wurde Zunz eingeladen, eine der beiden Einweihungspredigten zu halten und den Gottesdienst mit zu leiten. Er hinterließ einen so tiefen Eindruck, daß ein Besucher des Gottesdienstes ihm eine Stelle als Prediger in London anbot, wenn er ebenso gute Predigten auf Englisch halten könnte. Im Rausch dieses persönlichen Erfolgs – einer Anerkennung, nach der er sich sein Leben lang sehnte, und die er doch erst wieder erfahren sollte, als es sich dem Ende zuneigte – schrieb Zunz voller Begeisterung über die Leipziger Gottesdienste:

„Die Wirkung aber, die diese hier nie gesehene Feier hier machte, ist unbeschreiblich! Sie ist einem Sturm zu vergleichen, der plötzlich entsteht, erst wie der Wirbel an einer Stelle sich heftig bewegt und dann ausfährt und alles mit fortreißt. Polnische Juden, Fromme, Christen, Aufgeklärte, Ausländer usw. – keiner war unbefriedigt – und der Ruf geht mit den gestrigen und heutigen Posten nach allen Teilen Deutschlands. Die beiden Einweihungspredigten werden gedruckt."[26]

Obwohl Zunz erst im Spätsommer 1821 eine feste besoldete Stelle am Beerschen Tempel bekam, war er als Prediger in den Kreisen der Berliner Reformer recht beliebt.[27] Das hatte einen einfachen Grund: In seinen Predigten – wie auch in seinen Vorstellungen von einer religiösen und pädagogischen Reform – war der junge Gelehrte im Einklang mit den Empfindungen seiner Zuhörer. Fast in jeder Hinsicht sind seine Ansichten und sein Redestil mit denen anderer jüdischer Prediger seiner Generation vergleichbar. Seine homiletische Begabung war groß, wenn sich auch seine Beredsamkeit mit der seines etwas älteren Zeitgenossen Gotthold Salomon nicht ganz messen konnte.[28]

In seinen Predigten[29] wandte sich Zunz an den Menschen, nicht an den Juden. Sie handelten von Religion und Moral, nicht eigentlich vom Judentum. In einer dieser Predigten, die „Selbstkenntnis" betitelt war, ließ er sich lediglich aus über moralische Rücksichten, die jedermann angingen, ohne auch nur einen Gedanken auf die Frage zu verschwenden, ob es ein nur den Juden eigenes Selbstbewußtsein geben könnte. Obwohl seine Predigten – wie die anderen dieser Zeit – einen gewissen direkten oder indirekten Einfluß Kants wie auch der Romantik verraten, atmen sie doch alles in allem den Geist der Mendelssohnschen Aufklärung.[30] Unter der Ägide der Vernunft vereinigt sich die ganze Menschheit: „Das, meine Freunde, ist die Macht der Vernunft! Durch sie sind wir Menschen, durch sie empfinden wir alles herrliche und himmlische dieses Lebens, und ahnen die Seligkeiten der Zukunft; sie ist's, die sich die Völker und den Erdball unterwirft, die uns Würde giebt und Ansehn und Stärke."[31] Die den Predigten zugrundeliegende Philosophie ist die der vor-kantischen Zeit: bestimmt von der Überzeugung, daß das Dasein Gottes beweisbar sei, und von dem Eudämonismus, der „wahrhafte Glückseligkeit" als höchsten Zweck des Daseins ansieht. Dazu paßt sehr gut, daß das Ziel dieser Predigten „Erbauung" ist.[32]

Als Kanzelredner zeigte sich Zunz nur wenig um die Erhaltung des Judentums besorgt. Selbst dort, wo man das erwarten würde, nämlich in einer Predigt gegen die Konversion mit dem Titel „Die Seinen nicht zu verlassen",[33] brachte er nicht etwa vor, daß das Judentum seinen eigenen inneren Wert habe, vielmehr sagte er nur, Konvertiten und Indifferente seien illoyal gegenüber ihren Glaubensgenossen: sie entzögen sich dem Kampf für eine religiöse und pädagogische Reform. Wie es im Kreise seiner Kollegen üblich war, vermied Zunz die Bezugnahme auf rabbinische Texte – obwohl er sich zu dieser Zeit schon intensiv mit der rabbinischen Literatur beschäftigte und bereits meisterliche Kenntnisse auf diesem Gebiet hatte. Auch seine positive Bewertung des Zeremonialgesetzes als eines Mittels zur Förderung der Moral war zu dieser Zeit nicht unüblich; Saul Ascher hatte diesen Gedanken bereits 1792 geäußert. Tatsächlich hätte nur ein einziges Motiv in einigen wenigen Predigten von Zunz Anlaß geben können zu der Vermutung, ihr Verfasser sei zumindest teilweise anderen Idealen verpflichtet als seine Kollegen: Hier und da macht sich das neue Wertsystem *Wissenschaft* geltend. „Von der Gesammtheit der Nation oder der Genossenschaft, bis zu Gemeinden, Familien und Personen herab, ist nur eins und immer dasselbe, das würdevoll ist und Würde verleihet, es ist das himmlische Dreiblatt der Religion, der Tugend und der Wissenschaft."[34] Aber dem Prediger Zunz kam es nicht in den Sinn, die „Wissenschaft des Judentums" zum Gegenstand auch nur eines Sermons zu machen.

Da also Zunz' Predigten nichts Außergewöhnliches enthielten und mit der Weltanschauung ihrer Hörer vollkommen übereinstimmten, können die in ihnen zum Ausdruck gebrachten Ansichten nichts mit der Kürze seiner Tätigkeit am Beerschen Tempel zu tun haben. Doch am 13. September 1822 legte er sein Predigeramt nieder, nachdem einige Wochen zuvor eine von ihm gehaltene Predigt über „Des Gotteshauses Verfall" Anlaß dazu gegeben hatte, daß man ernsthaft seine Entlassung erwog. An dem, was er in dieser Predigt sagte, konnten seine Zuhörer im Grunde keinen Anstoß nehmen. Aber er beging den verhängnisvollen Fehler, seine religiösen und moralischen Verurteilungen gegen Personen innerhalb der Gemeinde zu wenden, anstatt den einflußreichen Männern zu schmeicheln und die Kritik nur in vagen und allgemeinen Ausdrücken zu artikulieren. Die religiöse Gleichgültigkeit der Leitung, ihre Unbeständigkeit und ihre autoritäre Machtausübung waren der Anlaß für seine Vorwürfe. An seinen Freund Isaak Noah Mannheimer, der später Prediger in Wien wurde, schrieb er:

„Seit zwei Jahren predige ich hier und nicht ohne Beifall; seit 1821 Sept. ist fast keine Predigt von mir gehalten worden, worin nicht deutlichere oder dunklere Hinweisungen auf die Verbesserung des Tempels etc. eingemischt wurden. Ich machte die Leute außerdem persönlich auf Mißbräuche aufmerksam, widersetzte mich ihren unverständigen, unbefugterweise unternommenen liturgischen Maßregeln usw. Ich entwarf ihnen Statuten, schlug ihnen Änderung der Gebete vor; nichts half. Da hielt ich den 17. Aug. eine Predigt über den *Verfall des Tempels*, welche die Kommission [des Tempels] nicht schonte, und die Unreligiosität, die Eitelkeit, den Dünkel, den Geldstolz als die Ursachen des Verfalls darstellte."[35]

Obwohl Zunz immer noch an die Reform glaubte, hatte er mit dem Berliner Kreis gebrochen, weil er – wie so mancher junge Idealist – die Unzulänglichkeiten kleinlicher Durchschnittsmenschen nicht zu ertragen vermochte.

Im Frühjahr darauf veröffentlichte Zunz eine Auswahl der Predigten, die er im Beerschen Tempel gehalten hatte. Zu denen, die auf diese Veröffentlichung warteten, gehörte ein guter Freund aus einem ganz anderen Kreis: Heinrich Heine, ein Jude, dessen romantische

Sensibilität eine Einstellung zum Judentum hervorgebracht hatte, die sich beträchtlich von der der älteren Generation unterschied. Der junge Schriftsteller hoffte in diesem Band etwas anderes zu finden als das rationalistische Judentum eines Friedländer. Im April 1823 schrieb Heine:

„Ich erwarte viel von seinen nächstens erscheinenden Predigten; freylich keine Erbauung und sanftmüthige Seelenpflaster; aber etwas viel besseres, eine Aufregung der Kraft. Eben an letzterer fehlt es in Israel. Einige Hühneraugenoperateurs (Friedländer & Co.) haben den Körper des Judenthums von seinem fatalen Hautgeschwür durch Aderlaß zu heilen gesucht, und durch ihre Ungeschicklichkeit und spinnewebige Vernunftbandagen muß Israel verbluten."[36]

In Wahrheit aber bot der Prediger Zunz seiner Gemeinde wenig mehr als Friedländers „Vernunftbandagen". Vom Berliner Kreis unterschied ihn einzig die Ungeduld, mit der er den Reformprozeß, wie er ihm vorschwebte, vorantreiben wollte.[37] In seiner Eigenschaft als Reformer, Erzieher und Prediger würde Zunz kaum mehr Aufmerksamkeit verdienen als Isaak Auerbach, sein Kollege am Beerschen Tempel. Wer die Antwort würdigen will, die der junge Zunz auf die Frage nach der jüdischen Identität gab, der muß seine Aufmerksamkeit dem Gelehrten, dem Zögling der Berliner Universität, zuwenden und jenem anderen Kreis, in dem er sich gleichzeitig bewegte: dem *Verein für Cultur und Wissenschaft der Juden*.

Vor der bürgerlichen Emanzipation des napoleonischen Zeitalters hatten nur wenige Juden – mit Ausnahme der Medizinstudenten – Zugang zur Universität gesucht. Mendelssohn schrieb über seinen Sohn Joseph: „Zur Arznei hat er nicht Lust; und als Jude muß er Arzt, Kaufmann oder Bettler werden."[38] Aber in der Zeit der französischen Besetzung und unmittelbar danach schienen sich neue Wege zu öffnen; Juden schrieben sich jetzt ein an den Universitäten in der Hoffnung, Stellen in der Verwaltung und im Erziehungswesen zu bekommen. Natürlich war das Leben eines jüdischen Studenten, der sich zu seiner Herkunft bekannte, nicht gerade angenehm in einer Zeit, in der die Vorstellung von einem deutsch-christlichen Staat sich rasch durchsetzte, und zwar besonders an den Universitäten. Einige, wie Heine in seiner Bonner und Göttinger Zeit,[39] zogen es vor, sich in christlichen Kreisen zu bewegen und ihr Judentum möglichst zu verbergen. Aber die junge Generation war jedenfalls nicht mehr bereit, Mendelssohns Beispiel autodidaktischer Bildung zu folgen, wie es die meisten Maskilim getan hatten. Das Selbststudium, so meinten sie, vermittle eine unzureichende Bildung, die sich mehr auf Tüchtigkeit als auf solide Kenntnisse gründe und der der Sinn für Angemessenheit des Ausdrucks und des Verhaltens fehle. Zunächst begriffen die Häupter der jüdischen Gemeinschaft, die ihrerseits keine systematische Erziehung genossen hatten, nicht, warum die jungen Leute eine Universität besuchen wollten. Als Jost sich mit der Bitte um finanzielle Unterstützung an das Westfälische Konsistorium wandte, wurde er abschlägig beschieden, weil seine Studienpläne keinen unmittelbaren praktischen Nutzen zu versprechen schienen.[40] Aber innerhalb weniger Jahre änderte sich diese Haltung. Später förderte Israel Jacobson Josts Studium, und Zunz wurde von seinem Verwandten Gumpertz durch Buchgeschenke unterstützt. Die wohlhabenden Juden erkannten jetzt, daß ein größerer Anteil von Juden an den Universitätsabsolventen erheblich dazu beitragen konnte, das stereotype Bild vom Hausierer und Geldverleiher aufzuheben. Sie zahlten nunmehr großzügig Gelder in Fonds, aus denen jüdische Studenten unterstützt wurden.[41]

Als Zunz im Jahre 1815 sein Studium an der Berliner Universität aufnahm, hatte diese bereits einige der bedeutendsten Gelehrten Deutschlands als Dozenten gewonnen: für die Philosophie den brillanten jungen Romantiker Karl Wilhelm Solger und, seit 1818, Georg Wilhelm Friedrich Hegel, für die Klassische Philologie Friedrich August Wolf und August Boeckh, für die Jurisprudenz Friedrich Carl von Savigny und für die Theologie Wilhelm De Wette. Ihr Kanzler war der bekannte Theologe Schleiermacher. Zunz – dem später ein höchst bemerkenswerter Eifer attestiert wurde[42] – belegte in seinem ersten Semester Kollegien über Logik (Solger), Alte Geschichte (Rühs), Platos „Republik“ (Boeckh), Griechische Altertümer (F. A. Wolf) und Kegelschnitte (Gruson). Dazu kamen in den folgenden Semestern ein weiteres Kolleg über Mathematik, eines über das Arabische, ein alttestamentliches bei De Wette, weitere Vorlesungen bei Boeckh und Wolf und bei Savigny ein Kurs über Römische Rechtsgeschichte. Im Rückblick auf sein erstes Semester berichtete Zunz: „Solger verlasse ich, weil er mich langweilt und Rühs, weil er gegen die Juden schreibt. Boeckh belehrt mich, allein F. A. Wolf zieht mich an.“[43]

Will man die Einflüsse auf Zunz abschätzen, so sollte man diese Bemerkung ernst nehmen. Für die Philosophie hatte er keinen Sinn. Nach dem ersten Kolleg bei Solger belegte er bei ihm keine weitere

Veranstaltung, auch besuchte er niemals eine Vorlesung Hegels. Rühs, der schon zu Beginn des Jahres 1815 seinen Artikel gegen die jüdische Integration veröffentlicht hatte, veranlaßte Zunz 1816 zu einer sarkastischen Antwort, die indessen unveröffentlicht blieb.[44] Der junge Zunz, so scheint es, hatte keine Neigung zu spekulativem Denken, wenn es nicht den strengen Regeln der Mathematik verpflichtet war; und ein Lehrer, der den Juden feindselig gegenüberstand, stieß ihn ab.

Über das Ausmaß des Savignyschen Einflusses auf Zunz ist viel gestritten worden.[45] An Savignys Abneigung gegen die Juden gibt es keinen Zweifel. Er war Mitglied der für Juden gesperrten Christlich-deutschen Tischgesellschaft, und als Zunz' Freund Eduard Gans sich um eine Stelle an der Berliner Juristenfakultät bewarb, sorgte er dafür, daß eben diese Fakultät Gans mit der zweifelhaften Begründung ausschloß, ein Jude könne nicht Kanonisches Recht lehren.[46] Savignys antijüdische Einstellung war eng verbunden mit den Auffassungen der Historischen Rechtsschule, die er gemeinsam mit Karl Friedrich Eichhorn in Deutschland begründet hatte. Diese Schule – die sich entfaltete in Auseinandersetzung mit der französischen Naturrechtslehre, wie sie sich im *Code Napoléon* manifestierte – hing der Idee an, die Gesetze in einem gesunden Rechtssystem, wie etwa dem des antiken Rom, müßten sich in „allmähliche(r) völlig organische(r) Entwicklung" herausbilden.[47] In Übereinstimmung mit der Romantik – deren Grundvorstellungen die Historische Schule auf das Gebiet des Rechts übertrug – interessierte sich Savigny besonders für das Mittelalter. Im Gegensatz zu den Rationalisten hielt er es für eine schöpferische Epoche, die für das Verständnis der Gegenwart besondere Bedeutung habe.[48] Es lag ganz auf der Linie der Lehren dieser Schule, daß man dem mittelalterlichen Status der Juden den Rang eines Beispiels für die Gegenwart zusprach. Als der Senat der Stadt Frankfurt am Main die Juristische Fakultät in Berlin um ein Gutachten zur jüdischen Emanzipation bat, lautete die Antwort des Jahres 1818, die Juden Deutschlands seien historisch gesehen Fremde und Kammerknechte des Kaisers gewesen und die Gesetze, die auf das Jahr 1616 zurückgingen, seien noch anwendbar.[49]

Zunz konnte Savignys Vorliebe für das Mittelalter kaum teilen. Sein Liberalismus, sein klarer Blick für das Leiden der Juden in jener Zeit, schließlich sein Widerwille gegen die Überbleibsel des Mittelalters im Judentum der Gegenwart machten es ihm unmöglich, Savignys positive Bewertung dieser Epoche zu akzeptieren. Zunz – und in diesem Zusammenhang muß an seine Beziehungen zur jüdischen Reformbewegung erinnert werden – war nicht interessiert an der Bewahrung mittelalterlicher Institutionen, er war im Gegenteil bedacht auf ihre Beseitigung. Wenn auch der junge Zunz Savignys Interesse für die Vergangenheit teilte, konnte er doch in ihr kein Muster für die Gegenwart sehen.

Den größten geistigen Einfluß auf ihn hatten – wie er selber angab – der Philologe Friedrich August Wolf und, wenn auch in geringerem Ausmaß, dessen Schüler August Boeckh. Wolfs „Prolegomena ad Homerum“ (1795), in denen er darlegte, Homers Ilias sei zusammengefügt aus den Gesängen verschiedener Rhapsoden, begründeten die kritische Methode der Philologie des 19. Jahrhunderts.[50] Im Jahre 1811 konnte Barthold Georg Niebuhr, selber ein Bahnbrecher der kritischen Methode, schreiben:

„Die philologischen Studien haben in den letzten Zeiten in Deutschland einen Schwung genommen, von dem die berühmtesten Philologen und Schulen der früheren Zeit nichts wußten. Strenge Interpretation, feine Grammatik verbinden sich mit forschender Ergründung der gesamten wissenschaftlichen Kenntnisse und Ansichten, so wie mit der der Geschichte und Einrichtungen des Altertums.“

Und nach Niebuhrs Einschätzung übertraf Berlin auf dem Gebiet der Philologie alle anderen deutschen Universitäten.[51]

Wolf wie auch Boeckh hatten eine sehr weit gefaßte Vorstellung von den Aufgaben der Philologie. Sie war nicht nur Studium der Klassischen Antike oder bloß Sprachwissenschaft, vielmehr war sie die kritische Untersuchung von Sprache und Literatur aller Völker in allen Zeiten: in Antike, Mittelalter und Gegenwart. Boeckh gab ihr eine geradezu universale Aufgabe, wenn er sagte, sie sei „ihrem Ziele nach eine Wiedererkenntniss und Darstellung des ganzen vorhandenen menschlichen Wissens“.[52] Die Philologie unterschied sich von der Geschichtswissenschaft – wie sie damals definiert wurde – insofern, als sie nicht vorrangig mit politischen Ereignissen befaßt war. Von diesen beiden Großen der *Wissenschaft* also wurde Zunz eingeführt in die Philologie und für deren Aufgaben begeistert. Innerhalb weniger Jahre verdrängte seine Neigung zu dem neuen Gegenstand eine frühere Vorliebe für die Mathematik: Die Philologie zog alle seine Interessen auf sich. Tatsächlich versteht man, wie ich meine, den jungen Zunz wohl am besten, wenn man ihn nicht als Philosophen oder Historiker sieht – obwohl es in seinen Werken philosophische Elemente und Ansätze zu historischer Begriffsbildung gibt –, wenn man ihn vielmehr als einen Philologen begreift.[53]

Obwohl Wolf zu der Zeit, da Zunz bei ihm zu studieren begann, bereits ein griesgrämiger, nörglerischer Mann war, dessen Vorlesungen keinen großen Zulauf mehr hatten,[54] zogen seine Gründlichkeit und seine methodische Strenge immer noch die begabteren und an dem Fach ernsthaft interessierten Studenten an. Politisch gehörte er – wie Niebuhr und Boeckh – zu denen, die nach Zunz' Einschätzung keine Vorurteile gegen die Juden hegten. In diesem Gelehrten, der für eine nüchterne Analyse der Fakten, fern von allen romantischen Zielen, eintrat,[55] sah der junge Zunz schließlich einen der größten Männer. Mehr und mehr betrachtete er es als seine Lebensaufgabe, eine *jüdische* Philologie zu schaffen, die den Prinzipien und Methoden der modernen Wissenschaft verpflichtet war. Er war nicht so sehr interessiert an der politischen Geschichte der Juden, einer Jahrhunderte umfassenden Chronik von Verfolgungen und Leiden, die auch die anderer Völker hätte sein können, seine Neigung galt vielmehr der Geschichte ihrer Literatur, ihren schöpferischen Leistungen.[56] Die Bibel fand die Aufmerksamkeit vieler Fachleute, aber die jüdischen Werke des Mittelalters blieben weithin unbeachtet und wurden kaum wissenschaftlich erforscht. Hier konnte er grundlegende, zukunftweisende Arbeit leisten.

Im Mai 1818 zog Zunz eine Summe seiner Beschäftigung mit rabbinischen Texten und veröffentlichte eine Schrift von 50 Seiten mit dem Titel „Etwas über die rabbinische Litteratur".[57] Sie war beseelt vom Ideal der Wissenschaft, auf das er nun ganz eingeschworen war. Im Vorwort betonte er, wie sehr er ihm verpflichtet sei, und in dem Buch selbst nahm er wiederholt darauf Bezug. Der junge Gelehrte nahm Anstoß daran, daß die Wissenschaft, die sich dem Judentum widmete, so wenige Anhänger hatte, während doch die Wissenschaft in ihrer Gesamtheit so große Fortschritte machte. Er beklagte diese Vernachlässigung: „Wie geht es zu", so fragte er, „daß allein unsere Wissenschaft darnieder liegt?" Man mußte sich ihr unverzüglich zuwenden, wenn man nicht in Kauf nehmen wollte, daß ein großer Bestand von Texten dem Vergessen anheimfiele. Das gegenwärtige Zeitalter – das Zunz als Ende der rabbinischen Epoche ansah – bot eine einzigartige Gelegenheit zur Sammlung und Ordnung des Materials, denn jetzt waren die Quellen noch in großer Fülle zugänglich, und das einschlägige Wissen war reichlich vorhanden.

„Aber gerade weil wir zu unserer Zeit die Juden – um nur bei den deutschen stehen zu bleiben – mit größerem Ernst zu der deutschen Sprache und der deutschen Bildung greifen und so – vielleicht oft ohne es zu wollen oder zu ahnen – die neuhebräische Literatur zu Grabe tragen sehen, tritt die Wissenschaft auf und verlangt Rechenschaft von der *geschlossenen*."

Zunz bietet dann einen Überblick über die Themen der hebräischen Literatur des Mittelalters, wirft Fragen auf und gibt Anregungen, weist auf die Gebiete hin, die besonders der Erforschung bedürfen, und versucht das Interesse des Lesers für seinen Gegenstand zu wecken. Gegen Ende der Schrift wendet er sich wieder dem universalen Wissenschaftsideal zu, zu dem er sich am Anfang bekannt hat. Im Grunde geht es bei dem Studium der jüdischen Literatur um einen Beitrag zum Verständnis der Menschheit: „Solchergestalt wird jedes historische Datum, das der Fleiß gefunden, der Scharfsinn entziffert, die Philosophie benutzt, und der Geschmack an die angemessene Stelle gebracht, ein Beitrag zur Kenntniß des Menschen, welche allein der würdigste Endzweck aller Forschung ist."

Während Zunz so das Studium des Judentums unter die Ägide der Wissenschaft stellt, scheint er doch nicht bereit, seine Ziele im Ideal der Wissenschaft aufgehen zu lassen. Gewiß distanziert er sich vom Umgang der Maskilim mit der rabbinischen Literatur, der darauf hinauslief, daß sie diese kurzerhand verurteilten oder daß sie nach Bruchstücken suchten, die noch vertretbar waren.[58] Ausdrücklich betont er: „Hier wird die ganze Litteratur der Juden, in ihrem größten Umfange, als *Gegenstand der Forschung* aufgestellt, ohne uns darum zu kümmern, ob ihr sämmtlicher Inhalt auch *Norm für unser eigenes Urtheilen* sein soll oder kann." Aber während er dem Geist der rabbinischen Literatur jede Verbindlichkeit für seine eigene Zeit abspricht und zugleich feststellt, daß man als Wissenschaftler das wahre Bild dieser Literatur nicht verfälschen darf, und wäre es auch noch so unerfreulich, ist er doch viel zu sehr in die Gegenwart verstrickt, als daß er sich mit einer historistischen Einstellung zu seinem Gegenstand zufriedengeben könnte. Er bemerkt, daß es auch einen praktischen Grund gibt, diese Studien voranzutreiben: Nur eine wissenschaftliche Auseinandersetzung mit der jüdischen Vergangenheit – das ist seine Überzeugung – kann zu einem angemessenen Bild von der Natur des Judentums und der Juden führen. Ein so gewonnenes Verständnis wird – wie Zunz zuversichtlich annimmt – dann wiederum bewirken, daß vernünftige Bemühungen um eine politische und religiöse Reform in Gang gesetzt werden. Wissenschaftliche Forschung wird es möglich machen, „das Alte brauchbare, das Veraltete schädliche, das Neue wünschenswerthe zu kennen und zu sondern".[59] Darüber hinaus sieht Zunz den Wert objektiver Forschung darin, daß sie bedeutende Zeugnisse der Literatur und der Moral zutage fördert. Er möchte die Vorurteile beseitigen, die der rabbinischen Literatur – er zieht es vor, von neuhebräischer oder jüdischer Literatur zu reden – begegnen. Selbst im „Sohar", dem Hauptwerk der jüdischen Mystik, ist nach seiner Behauptung manches „Goldkörnchen" zu finden.

Zunz ist sich auch bewußt, daß die Zustände der Gegenwart von vergangenen Jahrhunderten bestimmt sind, aber er spricht nicht von einer Entwicklung des Gegenwärtigen aus dem Vergangenen oder von irgendeinem natürlichen Zusammenhang zwischen dem rabbinischen Zeitalter und den gegenwärtigen Bemühungen um eine religiöse Reform. Begriffe wie „Entwicklung" oder „organisch", die doch sein Lehrer Wolf und später sogar er selbst verwenden, fehlen hier bemerkenswerterweise. Auch wenn diese ersten Zeugnisse der *Wissenschaft des Judentums* das Bewußtsein der Verantwortung für Gegenwart und Zukunft der Juden verraten, weisen sie deutlich die Züge auf, die für die Anfänge dieser Bewegung charakteristisch sind und die sie von allen früheren Formen jüdischer Gelehrsamkeit unterscheiden: Hier nimmt jemand einen Standpunkt nicht innerhalb, sondern außerhalb der Tradition ein, nähert sich ihr mit dem erkennenden, aber kalten Blick des Wissenschaftlers.[60]

Am 21. November 1816 war der Student Zunz einem Kreis junger Männer beigetreten, die, inspiriert vom Ideal der Wissenschaft, einen „Wissenschaftszirkel" gründeten. In ihm hielten die Mitglieder abwechselnd Vorträge. Der Zirkel war eine kulturelle Vereinigung, die möglicherweise nach dem Vorbild anderer Berliner Diskussionskreise eingerichtet worden war.[61] Obwohl alle Mitglieder Juden waren, sprach nur einer, Joseph Hillmar, vor der Gruppe über ein Thema, das etwas mit dem Judentum zu tun hatte; selbst die drei Vorträge Zunz' handelten, wenn man nach ihren Überschriften urteilen darf, von allgemein interessierenden Gegenständen.[62] Diese jungen Juden, die nicht eigentlich als Juden, sondern als Intellektuelle zusammenkamen, hatten offenbar noch kein Verlangen nach einem Verein mit speziell jüdischen Zielsetzungen. Nachdem die Gruppe knapp ein Jahr bestanden hatte, löste sie sich auf; das letzte Treffen fand am 3. Juli 1817 statt.

Zwei Jahre später jedoch – unter dem Eindruck der zunehmenden politischen Reaktion und im Gefolge der Krawalle des Jahres 1819 –

trafen sich sieben junge Männer, die zumeist auch dem Zirkel angehört hatten, im Hause von Joel Abraham List. Tief verstört durch den Gang der Ereignisse, setzten sie sich ein ehrgeiziges Ziel: Sie wollten versuchen, eine Beziehung herzustellen zwischen dem problematischen Status der Juden und den neuen Idealen des 19. Jahrhunderts. Die Initiative ging aus von einem glänzenden, gewandten und energischen Juristen, der gerade eben 21 Jahre alt war: Eduard Gans.[63]

Im Gegensatz zu Zunz entstammte Gans einer wohlhabenden Berliner Familie und genoß alle Vorzüge und gesellschaftlichen Annehmlichkeiten der jüdischen Oberschicht Berlins. Er erfuhr die beste weltliche Erziehung, und bis zum Tode seines Vaters im Jahre 1813 hatte er keine finanziellen Sorgen. Im Jahre 1816 begann er sein Studium an der Universität Berlin, ging dann nach Göttingen und 1818 nach Heidelberg, wo er unter den Einfluß des Philosophen Hegel und des Juristen Thibaut geriet. Bereits 1817 verwickelte er sich in einen Streit mit einem Vertreter der politischen Romantik: Friedrich Rühs. Rühs hatte Gans' Vater als Wucherer diffamiert. Der Neunzehnjährige reagierte darauf mit einem Brief und einem Artikel: Auf seine Kosten ließ er ihn in die Zeitschrift einrücken, die Rühs' Angriff veröffentlicht hatte. Er warf dem Berliner Professor vor, ihm gehe es nur darum, „Wucher in Zusammenhang mit Juden" zu bringen.[64]

Hegel, Gans' Lehrer in Heidelberg, hatte eine vollkommen andere Einstellung zu den Juden als Rühs. Zwar maß er dem Judentum keinen großen Wert bei, aber er war ein Befürworter vollständiger jüdischer Emanzipation. Seine Heidelberger Schüler standen an der Spitze der Bewegung, die sich für eine Aufnahme von Juden in die dortige Burschenschaft einsetzte.[65] In seinen „Grundlinien der Philosophie des Rechts" (1821), einem Werk, das auf Heidelberger Vorlesungen zurückging, forderte Hegel Bürgerrechte für die Juden mit einer doppelten Begründung: Man sollte sie aus Klugheit gewähren (die „Ausschließung" habe sich „in der Erfahrung am törichtsten ... erwiesen") und aus Menschlichkeit (man dürfe nicht übersehen, „daß sie zuallererst Menschen sind").[66] Als Gans im Herbst 1819 aus Heidelberg nach Berlin zurückkehrte, war er als Philosoph ein Anhänger Hegels, entschlossen, die Prinzipien seines Lehrers auf das von ihm gewählte Gebiet des Rechts anzuwenden. Er traf nun auch wieder mit seinen jüdischen Freunden aus dem Wissenschaftszirkel zusammen und veranlaßte sie, darüber nachzudenken, was es für sie, die Angehörigen einer modernen Kultur, noch bedeuten könnte, Jude zu sein.

Die sieben jungen Leute, die im November 1819 zusammenkamen, um einen neuen Verein zu gründen, waren – neben Gans und Zunz – Moses Moser, der enge Freund Heinrich Heines, der ihn später die Seele des Vereins nannte, Isaak Markus Jost, der seine „Geschichte der Israeliten“ bereits in Angriff genommen hatte, Isaak Lewin Auerbach, Prediger am Beerschen Tempel, Joel List, ein etwas älterer Mann, der 1821 wegen eines Streits mit Gans aus dem Verein austrat, und schließlich Joseph Hillmar, der zunächst das Amt des Präsidenten übernahm, es später aber an List abgab und die Gruppe verließ.

Das Problem, vor dem diese jungen Männer bei ihrem ersten Treffen standen, war das, mit dem auch Mendelssohn und später die Maskilim konfrontiert waren: Was macht jemanden zum Juden? Aber sie hatten sich schon zu weit von der jüdischen Religionspraxis entfernt, als daß sie mit Mendelssohn hätten sagen können: die Zeremonialgesetze, und sie waren zu geschichtsbewußt, als daß sie mit den Maskilim hätten antworten können: unser Glaubensbekenntnis. Sie mußten eine eigene Rechtfertigung dafür finden, daß sie Juden waren, eine Rechtfertigung, die mit dem intellektuellen Klima des 19. Jahrhunderts im Einklang war wie die Mendelssohns mit dem Geist der vorangegangenen Epoche. Da sie den Ausweg der Konversion verwarfen, waren sie darum bemüht, eine Ideologie des Judentums für diejenigen Intellektuellen zu entwickeln, die Herkunft, Gefühle und Zurückweisung durch die Gesellschaft an die jüdische Gemeinschaft banden.

Zwei der Anwesenden, List und Moser, trugen der Gruppe Grundsatzerklärungen vor. List stellte die Frage, die sie alle beschäftigt haben muß angesichts der Benachteiligungen, denen sie als Juden ausgesetzt waren, und der Verwirrung, die von einem gebrochenen, seiner selbst unsicheren Judentum ausging: „Wozu ein eigensinniges Verbleiben bei etwas, das ich nicht achte und worunter ich so sehr leide?“[67] Seit der Vertreibung aus Palästina, sagte List, hatten die Juden, von Verfolgung bedroht, wie die Bewohner einer belagerten Festung zusammengehalten und ihre Hoffnung auf den Gott Israels gesetzt. Aber die Aufklärung und die zunehmende politische Emanzipation brachten einen Wandel mit sich. Neue Zielsetzungen spalteten eine wachsende Zahl von Menschen von der jüdischen Gemeinschaft ab und vereinzelten sie. Allgemein menschliche Bestrebungen traten an die Stelle jüdischer Zielsetzungen. Die religiösen Bindungen zerrissen, weil das Judentum eine für viele nicht akzeptable Befolgung der Zeremonialgesetze gebot. Was blieb? Lists Antwort auf diese Frage ist bedeutsam, weil sie den Verein nachdrücklich von den Maskilim und den Reformern absetzt. Aus den miteinander im Konflikt liegenden Identitäten ergibt sich für ihn weder ein Streben nach einer gereinigten Religion noch ein Hinarbeiten auf politische Gleichheit, sondern ein grundlegendes Bewußtsein vom Judentum als einem unabtrennbaren Teil der eigenen Existenz. Die romantische Vorstellung vom Aufgehobensein des einzelnen in der Gruppe findet ihren Ausdruck in Lists Formulierung:

„Wir haben also eine klare Idee unseres Daseins, und zwar unseres gemeinschaftlichen Daseins, weil wir sonst nicht mehr wir, also gar nichts wären. Nun ist es aber das Eigentümlichste der Idee, daß das Notwendige in ihr zugleich möglich, und das Mögliche zugleich notwendig ist. Fühlen wir nun innere Notwendigkeit unseres Fortbestandes, so ist die innere Möglichkeit desselben unleugbar. Und machen wir selbst, meine Freunde, nicht den unwiderlegbarsten Beweis dieser Wahrheit? Was aber von uns hier gilt, muß auch von tausenden unserer Mitbrüder gelten, und so hätten wir denn eine wahre Idee von unserer inneren Einheit, und diese zu verallgemeinern oder äußerlich möglich zu machen, soll unser Streben sein, wollen wir zum letzten Zweck unsers Vereins setzen."

Nicht nur darin wendet sich List radikal von der Haskala ab, daß er seine Position auf das jüdische Selbstbewußtsein gründet statt auf die Theologie, er tut es vielmehr auch durch den Inhalt, mit dem er dieses Bewußtsein ausfüllt: Das Wesen des Judentums ist nicht die Religion, sondern etwas, das er „Nationalität" nennt. – Im Gegensatz zu Männern wie Friedländer, Ascher und Fränkel reagierte der Verein auf die immer wieder von den Romantikern vorgetragene Behauptung, die Juden seien ein Volk, mit der Feststellung, daß sie in der Tat eines seien. Ihr Problem lag darin herauszufinden, was das bedeutete. Gewiß implizierte das keinen Nationalismus im modernen Sinne des Wortes: Sie hielten sich nicht weniger für deutsche Patrioten, als die Maskilim es getan hatten. Nur hatten sie das Bewußtsein einer gewissen „Volkstümlichkeit", die sie auch gar nicht verbergen wollten. List drückte das so aus:

„Allein, meine Freunde, wir fühlen und erkennen, daß das, was unserer Nation eigentümlich ist, unsere reine Nationalität, keine bloße Frucht der Zeit, keine vorübergehende Erscheinung ist." „Als Juden muß uns auch unser nationeller Wert über alles gehen, sonst ist es nicht ein Pfifferling wert, daß wir uns so nennen lassen."

Aber was bedeutet denn diese „gefühlte" Volkstümlichkeit, die List – vermutlich unter dem Einfluß Herders – dem Judentum erhalten will? Er hat auf diese Frage keine Antwort und kann nur anregen, jedes Mitglied möge zur nächsten Zusammenkunft „eine Art von Charakteristik unserer Volkstümlichkeit“ mitbringen.

Mosers Ansprache erreicht nicht das Niveau der Rede Lists.[68] Ihr Zentralbegriff ist der der jüdischen Kultur, der für Moser sowohl die Religion als auch die Lebensformen umfaßt. Für ihn ist es die Aufgabe des Vereins, einen Ausgleich zwischen dieser jüdischen und der europäischen Kultur zu schaffen. Ein solcher Ausgleich ist keine Lossagung von der jüdischen Kultur, die praktisch auf einen Übertritt zum Christentum hinausliefe. Er ist in seiner Sicht eher ein Schritt in Richtung auf das Ideal der Menschheit, so wie es jetzt begriffen wird, nicht als Gleichförmigkeit, sondern als Gleichklang der Kulturen. Der Verein, so Moser, hat die Aufgabe, den kulturellen Gehalt des Judentums zu erschließen, und zu diesem Zweck muß man eine eingehende Beschäftigung mit Bibel und Talmud in Gang setzen, bei der das kostbare Metall vom Sand getrennt wird. Auf der Grundlage des so Erschlossenen kann dann, so hofft Moser, eine annehmbare Rechtfertigung für die Erhaltung der „Nationaleinheit“ gegeben werden. Er entwirft also ein Programm wissenschaftlicher Erforschung des Judentums mit dem Ziel, das Wesen des Judentums zu bestimmen. Wie List hat auch er keine Antworten auf die von ihm aufgeworfenen Fragen.

Bei den folgenden Zusammenkünften wurden weitere Pläne und Ideen vorgebracht, aber erst im Jahre 1821 gab man dem Verein endlich einen Namen und veröffentlichte seine Statuten. Die fünf von Zunz unterbreiteten Namensvorschläge – von denen nur einer den Zusammenschluß als jüdisch gekennzeichnet hätte – wurden zugunsten des Gans'schen Vorschlags verworfen: Verein für Cultur und Wissenschaft der Juden.[69] Im Verlauf der Diskussion über den Namen tauchte der Ausdruck „Wissenschaft des Judentums“ zum ersten Male auf, und zwar wiederum in einem Vorschlag von Gans, der bereits zu einem früheren Zeitpunkt dieses Jahres das Präsidentenamt des Vereins übernommen hatte.[70] Die Ziele des Vereins, wie sie dann schließlich in den ersten Paragraphen der Statuten formuliert wurden, waren sehr viel pragmatischer und weniger theoretisch als Lists und Mosers Verlautbarungen oder, wie sich zeigen wird, als Gans' Reden. Die Statuten, eine Gemeinschaftsarbeit von Gans, Moser und Zunz,[71] verwiesen die gebildeten Juden auf ihre Verantwortung: Sie mußten dazu beitragen, daß die Kluft zwischen dem Leben der Juden, wie es damals bestand, und der europäischen Kultur überbrückt wurde.

Wollte man das erreichen, so mußten wissenschaftliche und erzieherische Maßnahmen zusammentreffen mit einem Wandel der Berufsstruktur, damit „allmälig jede dem ganzen widerstrebende Eigenthümlichkeit bezwungen" würde.[72] Der Akzent hatte sich nunmehr verschoben: War es List in seiner drei Jahre früher gehaltenen Rede darum gegangen, einen philosophisch vertretbaren Begriff von jüdischer „Volkstümlichkeit" zu bestimmen, so fragte man jetzt eher nach den Mitteln zur Beseitigung jüdischer Eigentümlichkeiten, die in den Zusammenhang der europäischen Kultur nicht mehr hineinpaßten. Die Zielsetzungen des Vereins, so wie sie in den Statuten formuliert waren, entfernten sich jetzt nicht mehr sehr von denen der Maskilim.

Die Ideen des Vereins wurden überaus beredt und auf höchst anregende Weise zum Ausdruck gebracht in den drei offiziellen Reden, die der neue Präsident Eduard Gans hielt.[73] In beinahe jedem Absatz ist die Philosophie Hegels präsent, von der viele Mitglieder des Vereins – freilich nicht Zunz – inspiriert waren. Der Verein war nach dem Verständnis Gans' eine Gruppe von Intellektuellen, die der jüdischen Gemeinschaft geistig und religiös entfremdet waren; aber Herkunft, Verwandtschaft, Erziehung, Freundschaften und Kindheitserinnerungen verbanden sie mit ihren jüdischen Mitbürgern. Da sie das am weitesten fortgeschrittene Element der Gemeinschaft waren, hatten sie die humanitäre Verpflichtung, ihre zurückgebliebenen Brüder auf den von ihnen erreichten Stand kulturellen Bewußtseins zu heben. Die problematische Identifikation mit der jüdischen Gemeinschaft wurde einem leichter gemacht, wenn man sich das noble Ziel setzte, diese Gemeinschaft auf ein höheres Niveau zu bringen, und wenn man diese Aufgabe im Geiste reiner Wissenschaft in Angriff nahm. Gans konnte seine erste Rede mit aufrüttelnden Worten, in einem messianischen Ton beschließen:

„Auf denn Alle, die Ihr des edleren Geistes seid, auf, die die hundertfache Fessel und ihre Einschnitte nicht zu Gefesselten machen konnte, auf, die Ihr Wissenschaft und Liebe zu den Seinen und Wohlwollen über alles setzet, auf, und schließet Euch an diesem edlen Vereine, und ich sehe in der festen Verbrüderung solcher Guten die messianische Zeit herangebrochen, von der die Propheten sprechen, und die nur des Geschlechtes jederzeitige Verderbtheit zur Fabel gemacht."[74]

Weil Gans den Gang der Geschichte bestimmt sah von der dialektischen Bewegung, die Hegel aufgedeckt hatte, konnte er sich der Frage nach dem jüdischen Status in Europa auf eine ganz neue Weise zuwenden. Während die Maskilim die politische Reaktion attackierten und als einen Rückfall gegenüber der Aufklärung verurteilten, begriff Gans sie als Teil des notwendigen Gangs der Geschichte. Er sah deutlich, wie nutzlos das Bemühen der älteren Generation gewesen war, die Angreifer von den eigenen guten Eigenschaften zu überzeugen. Für ihn war die romantische Reaktion mit ihrem Judenhaß in einer längeren Perspektive nur eine notwendige Antwort auf die Einseitigkeit der Aufklärung; sie würde ihrerseits die neue Form eines kulturell integrierten, aber nicht monolithischen Europa herbeiführen. Darüber hinaus war die moderne jüdische Geschichte ihrer eigenen inneren Dialektik unterworfen gewesen. Die Haskala hatte der Orthodoxie eine Reaktion entgegengesetzt, die viel zu weit ging in der „Vereinzelung" der Individuen; sie machte eine „Rückkehr" nötig, ein Wiederaufleben der Begeisterung, die sich mit einer noch tieferen „Innigkeit" verband:

„Es ist bekannt genug und weder einem der hier versammelten noch auch einem der abwesenden Mitglieder fremd, daß vor ungefähr fünfzig Jahren von Berlin aus über die deutschen Juden das Licht einer besseren Kultur aufging, deren zum Teil wohltätige Folgen noch heute verspürbar sind. Die schlechte Mischung eines halb orientalischen, halb mittelaltrigen Lebens wurde gebrochen, an die Stelle einer vollkommen fremdartigen Bildung trat die Morgenröte einer besseren Erziehung, und was bisher schroff eine ganz abgesonderte Stellung behauptet hatte, das neigte sich der allgemeinern Richtung zu. Dieser Bruch in die [!] bisherige Gediegenheit des jüdischen Lebens, welcher vornehmlich von Mendelssohn ausging, und in seinen Jüngern und Folgern die nächsten Verbreiter hatte, mußte zur unausbleiblichen Wirkung haben, daß die aus der Gediegenheit und Innigkeit der Gemeinschaft Heraustretenden sich nur lediglich auf sich zu stellen suchten, als welches die vollendete Negation des frühern Zustandes ist und an sich eben von gar keinem andren Wert, als daß er dieses Negative ist. Dieses sich auf sich Stellen, welches, wenn man es weiter verfolgt, den Charakter des ganzen damaligen Zeitalters, oder das Wesen der sogenannten Aufklärung ausmacht, war ebenso notwendig als heilsam, weil der von seinen Fesseln befreite subjektive Geist, das Individuum in seiner Vereinzelung und in seinem negativen Verhalten lange beharren mußte, um diejenige Stärke zu gewinnen, die ihn nicht zu einer gezwungenen, sondern zu einer freiwilligen Rückkehr bewegen konnte. Diese Rückkehr aber ist es, worauf es ankommt.... der Bruch mit der Innigkeit des alten Seins ist zwar vor sich gegangen, aber die tiefere Rückkehr zu dieser Innigkeit hat nicht stattgefunden. Die Begeisterung für Religion, die Gediegenheit der alten Verhältnisse ist geschwunden, aber es ist keine neue Begeisterung hereingebrochen. Es hat sich kein neues Verhältnis erbaut. Es ist bei jener negativen Aufklärung geblieben, die in der Verachtung und Verschmähung des Vorgefundenen bestand, ohne daß man sich die Mühe gegeben hätte, jener leeren Abstraction einen andern Inhalt zu geben."[75]

Die späten Maskilim sprachen immer noch von der „wahren Aufklärung"; Gans war eindeutig ein Mann der Nach-Aufklärung. Die Aufforderung zur „Rückkehr", die er in seiner letzten Rede aussprach, war der Ruf nach einer neuen Synthese.

Was Gans sich unter dieser neuen Synthese vorstellte, bleibt indessen unklar. Sollte sie der Inhalt sein, mit dem die „leere Abstraction" der Aufklärung ausgefüllt werden konnte? Anstatt eine klare Antwort zu geben, zieht Gans es vor, auf die vergangene und die künftige Rolle der Juden im größeren Zusammenhang der europäischen Geschichte einzugehen. Er sieht Europa als eine Vielheit, deren Einheit nur in ihrer Totalität liegt: Es ist ein vielgliedriger Organismus, wobei jedes Glied sein eigenes, besonderes Leben hat und doch nur im Zusammenhang des organischen Ganzen lebt. Die jüdische Geschichte steht in einem entschiedenen Gegensatz zu diesem Bild der Integration. Sie zeigt ein Volk, das von anderen ausgeschlossen wird und sich selber absondert, eine Geschichte, die neben der Weltgeschichte herläuft, ohne ein Teil von ihr zu sein. Dieser Lauf muß jetzt ein Ende haben, nicht weil das der Wunsch der Aufgeklärten wäre oder weil humanitäre Prinzipien es verlangten, sondern weil die Idee von Europa das einfordert, weil die Geschichte unnachgiebig darauf besteht, weil das der Impuls des Zeitalters ist. Die Maskilim waren eingetreten für eine Integration der Juden in die *Gesellschaft*, Gans streitet für die von ihm als notwendig angesehene Wiedereingliederung der Juden in den Prozeß der *Geschichte*.

Diesen Vorgang der Wiedereingliederung beschreibt Gans mit einer vagen, metaphernreichen Sprache. Er stellt ihn sich zunächst als ein vollständiges „Einverleiben" der Juden in die europäische Kultur vor, dann als ein „Aufgehen" der jüdischen in der europäischen Welt – das gleichwohl kein „Untergehen" bedeutet. Gans kann sich nicht vollständig von der Auffassung seines Lehrers Hegel entfernen, daß das Judentum ein Stadium der Entwicklung des menschlichen Geistes repräsentiere, aber daß die Stufe unabhängiger Existenz längst vergangen sei; daß sein Fortbestehen über seine Zeit hinaus einen Anachronismus darstelle. Der Beitrag des Judentums ist bereits eingegangen in Europa. Mit den Worten Hegels: „Die Momente, die der Geist hinter sich zu haben scheint, hat er auch in seiner gegenwärtigen Tiefe."[76] Das Volk muß also an seine Idee anknüpfen, die schon lange zuvor in den Prozeß der Herausbildung Europas eingegangen ist. Für Gans bedeutet das: Es gibt einen dritten Weg zwischen vollständiger Aufhebung der Eigenheit und einem betonten Anderssein. Im Anschluß an Hegel sagt er: „Das aber ist der wohlbegriffenen Geschichte tröstende Lehre, daß alles vorübergeht, ohne zu vergehen, und daß alles bleibt, wenn es längst vergangen heißt." Seine Schlußfolgerung für das Judentum kleidet er in das oft zitierte, Rätsel aufgebende Gleichnis: „Darum können weder die Juden untergehen, noch kann das Judentum sich auflösen, aber in die große Bewegung des Ganzen soll es untergegangen scheinen und dennoch fortleben, wie der Strom fortlebt in dem Ocean."[77]

Es ist die Aufgabe des Vereins, so Gans, diesen historischen Prozeß zu beschleunigen. Die Mitglieder müssen das werden, was Hegel „welthistorische Individuen"[78] nannte, jene Klarsichtigen, die weiter fortgeschritten sind als die Massen, weil sie den Gang der Dinge erkannt haben und ihn bejahen. Auf dieses Ziel hin – die schnellere Europäisierung der Juden – muß der Verein letztendlich ausgerichtet sein. Gans sagte niemals genau, was denn einen Juden anders machte oder was, in seiner Sprache, diesen organischen Teil Europas von allen anderen unterschied. Dagegen sprach er genauer über den Gang der Geschichte und über das, was sich nach seiner Auffassung daraus für die Juden seiner Zeit ergab. Der Verein war also – so wie er seine Aufgaben definierte – nicht mehr und nicht weniger auf kulturelle Eingliederung ausgerichtet, als es die Kreise der Maskilim und der Reformer gewesen waren – nur wurde dieser Vorgang jetzt ganz einfach mit historischen Kategorien begriffen und nicht mehr bezogen auf ewige Wahrheiten. Die Philosophie des Vereins lieferte keine bessere Grundlage für die Bewahrung des unausgesprochenen jüdischen Bewußtseins, mit dem alle seine Mitglieder lebten, als es der flache Rationalismus Friedländers getan hatte. In den Ansprachen seines Präsidenten – und man möchte annehmen: in seiner allgemeinen Zielsetzung – stand der Verein weitgehend im Banne Hegels, und das hieß: jüdisches Selbstbewußtsein mußte aufgehen in einem alles umgreifenden Bewußtsein des Selbst als eines europäischen.

Die Aktivitäten des Vereins waren vielfältig. Sie reichten von erzieherischen Tätigkeiten über ein öffentliches Eintreten für die jüdische Gemeinschaft bis zur Verfolgung wissenschaftlicher Ziele. Zu den pädagogischen Aktivitäten gehörte die Förderung der Schule, die Mitglieder des Vereins für jüdische Knaben unterhielten. Viele dieser Schüler kamen aus Polen und bemühten sich um eine Ausbildung in Berlin, erfüllten aber nicht die Voraussetzungen für den Eintritt in öffentliche Erziehungseinrichtungen. Die pädagogische Arbeit galt ferner einigen Projekten zur beruflichen Förderung. Zu den wissenschaftlichen Aktivitäten gehörte die Gründung eines Wissenschaftlichen Instituts, das nur von einem Teil der Mitglieder betrieben wurde und dem man die Aufgabe übertrug, sich objektiv mit jüdischen Themen nach dem Vorbild des ehemaligen Wissenschaftszirkels zu befassen. Es gab auch ein Archiv für die Korrespondenz, das Berichte von Mitgliedern außerhalb Berlins sammelte, sowie eine kleine Bibliothek mit Judaica. Das Publikationsorgan des Vereins, die „Zeitschrift für die Wissenschaft des Judenthums", sollte sowohl ein wissenschaftliches Unternehmen sein als auch den Bedürfnissen des Volkes Rechnung tragen.

Eine Zeitlang vergrößerte sich der Verein ständig. Die Zahl der regulären Berliner Mitglieder erreichte etwa 15 Personen, und es gab ungefähr 20 weitere Mitglieder in einem Hamburger Zweig der Organisation.[79] Zur Politik des Vereins gehörte, daß man herausragenden jüdischen Persönlichkeiten der älteren Generation die Ehrenmitgliedschaft verlieh. So wurden Friedländer, Bendavid, Jacobson und Ehrenberg zu regulären oder zu Ehrenmitgliedern ernannt – so auch Mordecai Manuel Noah in Amerika. Der Verein hielt sich selbst für eine Führungsgruppe; sie war aufgerufen zur Erfüllung einer historischen Aufgabe, zu der die biedere Führung der jüdischen Gemeinschaft nicht fähig war. Eine solche Einstellung mußte gegenteilige Wirkungen bei unterschiedlichen Temperamenten hervorrufen, wie wir es sehr deutlich bei Jost und Heine beobachten können.

Isaak Markus Jost, Zunz' Wolfenbütteler Mitschüler, war 1814 nach Berlin gekommen, um dort die in Göttingen begonnenen Studien fortzusetzen. Im Jahre 1816 wurde er Leiter einer modernen jüdischen Schule, und später war er ein Gründungsmitglied des Vereins. Obwohl er ein Mann von beachtlichen Geistesgaben war, fehlten ihm das Genie eines Zunz und die intellektuelle Energie eines Gans. Seinem Wesen nach war er ein Mann der Aufklärung. Er war ein Schulmeister, der das Leben nüchtern, mit praktischem Sinn betrachtete, ein Mann, der vor wilden Spekulationen zurückscheute und der Auseinandersetzungen möglichst zu vermeiden trachtete. Im Jahre 1818 begann er mit der Niederschrift seiner vielbändigen „Geschichte der Israeliten", die von 1820 an erschien. Das Werk war in einer schlichten Sprache abgefaßt, in der Hoffnung, daß der ungebildete Jude ebenso wie der christliche Politiker und Gelehrte es lesen würden. In seiner Haltung war es apologetisch und hatte eine eindeutig rationalistische Tendenz. Im Gegensatz zum Verein zog Jost es vor, den Ausdruck „Israeliten" anstelle von „Juden" zu verwenden, was er mit einem schwachen, aus der Geschichte abgeleiteten Argument rechtfertigte.[80] Von den Maskilim unterschied er sich nur darin, daß er in der Geschichtsschreibung ein besseres Mittel der Apologetik sah als in der öffentlichen Auseinandersetzung. In seiner Einleitung sagte er: „Es ist Zeit die Akten über den Werth oder Unwerth der Juden und des Judenthums zu schließen, und mit der Untersuchung der Erscheinung selbst, ihrer Entstehung und Fortbildung nach, zu beginnen, um ihr Wesen zu erkennen, und sie wenn es für gut befunden wird, zu ändern."[81]

Jost betrachtete die Juden nicht als „Volk", weil ihnen die entscheidende Voraussetzung, ein Territorium, fehlte. Der religiösen Praxis entfremdet, sah er die einzige Aufgabe der jüdischen Führung in einer beruflichen Neuorientierung und in einer menschlichen Vervollkommnung der jüdischen Gemeinschaft. Er verhehlte nicht, daß er keine Hoffnung auf eine Erhaltung des Judentums setzte, und er war darüber nicht übermäßig betrübt:

„Wenn die Juden ein *Volk* ausmachten, Grund und Boden besäßen, in die Wagschale der Nationen ein Gewicht legten, also Gemeinschaft hätten, durch Vaterlandsliebe, Verfassung und Eigenthum, wie zum B. die heutigen *Griechen*, so wäre es etwas anders. Aber so wie die Umstände sind bleiben unsre Bemühungen um Erhaltung der Eigenthümlichkeit fruchtlos, und vielleicht sind sie schädlich. Nur das dürfen wir wünschen, die durch leidenvolle Jahrhunderte entarteten Menschen wieder zur Menschheit zu führen, ihnen einen bessern Lebenswandel zu verschaffen, und ihrem Geiste eine andre Richtung ohne Rücksicht auf den Erfolg, zu geben. Und das wollen wir aus allen Kräften zu leisten streben."[82]

Die hochfliegenden Pläne des Vereins, seine Bereitschaft, sich mit der etablierten Führung der jüdischen Gemeinschaft anzulegen, sein Ideal reiner Wissenschaft lagen jenseits dessen, was zu Josts Wesen und zu seiner Weltanschauung paßte. In einer Diskussion, die der

Verein im Jahre 1821 über die geplante Zeitschrift führte, trat Jost dafür ein, daß philologische Analysen der Bibel in ihr keinen Platz haben sollten.[83] Reine Philologie, so erkannte er offensichtlich, würde den Durchschnittsleser nicht anziehen. Wenig später, am 14. Mai 1821, trat Jost aus dem Verein aus. Als er sich später über diese Organisation, wohl mit einer gewissen Bitterkeit, in einem Brief an Ehrenberg äußerte, stellte er sie in einem Licht dar, in dem sie vielen Juden seiner Zeit erschienen sein dürfte:

„Er ist ein Ausfluß der ausgelassensten Eingebildetheit, des dümmsten Dünkels einiger jungen Leute, welche sich erhaben genug wähnen, eine ganze ihnen unbekannte Nation zu ändern. So wie die Grundlage, so ist ihr Wirken. Davon zeugen die prahlerisch lächerlichen Statuten, die kindische Tadelsucht gegen alles Bestehende, und die verstandlose Zeitschrift. Was um des Guten willen entsteht tritt bescheiden auf, und junge Männer die dazu mitwirken wollen, suchen sich einen ruhigen Weg dahin zu bahnen, ohne sich beim ersten Anfang für groß genug zu halten, um die größten Männer unter den Zeitgenossen mittelst Übersendung ihrer *Diplome* zu *beehren*."[84]

Aber gerade diese Kühnheit, die großen Erwartungen, die anmaßende Selbstdarstellung der Mitglieder als eine neue geistige jüdische Elite des 19. Jahrhunderts – all das, was Jost abstieß – zogen den ganz anders gearteten Heinrich Heine an.

Auf Vorschlag von Gans hatte der Verein am 4. August 1822 Heine als Mitglied aufgenommen, und bis zu seiner Abreise aus Berlin im Mai des darauffolgenden Jahres nahm er auch an den Aktivitäten der Gruppe teil. Er besuchte die Veranstaltungen regelmäßig, wurde beauftragt mit der Ausarbeitung eines Plans zur Bildung eines Frauenvereins (den er freilich nicht ausführte) und lehrte wöchentlich drei Stunden Geschichte in der Schule des Vereins.[85] Nachdem er Berlin verlassen hatte, blieb er weiterhin an dem Kreis interessiert und drängte seinen Freund Moses Moser, ihm Nachrichten über ihn zu schicken. Noch im Jahre 1827, lange nachdem Heine konvertiert war und der Verein sich aufgelöst hatte, hielt er sich an die Vorschrift, daß jedes Mitglied Belegexemplare seiner Werke an die Vereinsbibliothek zu schicken habe. Er sandte sein „Buch der Lieder" nach Berlin mit dem handschriftlichen Eintrag: „Dem Herrn Dr. Zunz, dem Bibliothekar des Vereins, übersendet dieses Buch, zur Aufstellung in der Bibliothek, seiner Pflicht gemäß der Vfr."[86]

Unter den bedeutenden Mitgliedern des Vereins war Heine der einzige wirkliche Romantiker. Wie Rahel genoß er die Qualen, die die

Schärfe des Empfindens steigerten. Wie sie schätzte er die „natürliche Distanz des Paria zu allem Menschlichen" und sah in ihr „das Wesen der Freiheit".[87] Ihm ging es zunächst einmal um sein individuelles Selbst, nicht so sehr um irgendwelche ideellen Entwürfe, mochten sie religiöser, philosophischer oder politischer Natur sein. So schrieb er an Moser, daß „Heine immer Heine seyn wird und muß".[88] In Berlin lief er elegant gekleidet herum, besuchte die vornehmsten Kaffeehäuser und erhielt Zugang zu den intellektuell anspruchsvollsten und einflußreichsten Kreisen. Er war häufig Gast im Salon der Varnhagens und entwickelte eine Bewunderung für Rahel, die an Verehrung grenzte. Er ging in Hegels Universitätsvorlesungen, aber im Gegensatz zu Gans und Moser wurde er nicht sein Anhänger. Heine war vor allem Künstler,[89] ein Ästhet, der zugab, Byron sei der einzige Mensch, mit dem er sich „verwandt" fühlte.[90] Für den Künstler, der von außen auf die Welt blickte, waren die kleinlichen Ziele der Massen ein Gegenstand der Verachtung: „O wie verachte ich das Menschenpak", schrieb er, „das unbeschnittene mitsamt dem beschnittenen!"[91]

Heine hatte keinerlei Zuneigung zu den Durchschnittsjuden, wie sie ihm auf den Straßen Hamburgs begegnet waren; sie beleidigten seine Gefühle. Auch der Reformbewegung vermochte er nichts abzugewinnen, weil sie so sehr dem verachteten Christentum nacheiferte, bar jeder wirklichen Inspiration war, unverkennbar ein Überbleibsel überholten aufklärerischen Denkens. Aber der Verein zog ihn an, gerade weil er über die Alltagsrealität hinaus dachte und weil er nicht der alten „Aufklärerei" anhing. Er bestand aus einer Gruppe glänzender junger Leute, die den geistigen Strömungen der Zeit nahestanden und die davon überzeugt waren, sie seien verantwortlich für ihre zurückgebliebenen Brüder. Eine solche Gruppe war etwas Nobles, ja Heroisches. Wie Heine später sagte, verfolgten sie „eine hochfliegend große, aber unausführbare Idee".[92] Er fand, daß er sich mit dem Typ des Juden, den viele Mitglieder des Vereins repräsentierten, identifizieren konnte, und für Zunz und Moser entwickelte er eine uneingeschränkte Verehrung, eine Verehrung, die noch lange anhalten sollte.

Weil Heine kein Rationalist war, hatte er ein Gefühl dafür, daß sich die jüdische Identität nicht ohne weiteres definieren ließ, daß das, was den einzelnen gegen allen Bekehrungsdruck dazu veranlaßte, Jude zu bleiben, nicht in religiösen oder philosophischen Kategorien erfaßt werden konnte. Einfache Gefühle und Bräuche – z. B. das Essen von Kugel (einer für den Sabbat bereiteten Mehlspeise) – und nicht etwa

Ideen banden die jüdische Gemeinschaft zusammen. Als Romantiker hielt Heine Ausschau in der jüdischen Vergangenheit nach jener seelischen Größe, die Novalis im mittelalterlichen Christentum zu finden suchte. In seinem „Rabbi von Bacherach" romantisierte der Autor später das jüdische Mittelalter und verlieh einer Lebensform künstlerischen Ausdruck, die ihn in ihrer zeitgenössischen Ausprägung wegen ihrer Kleinlichkeit abstieß.

Nach seiner opportunistischen Konversion im Jahre 1825 bedauerte Heine des öfteren diesen Schritt, nicht weil er das Judentum liebte oder an seine Erhaltung glaubte, sondern weil er sich seines Selbstverrats bewußt war. Durch die Lossagung vom Judentum hatte er eine unwürdige Handlung, einen Akt der Feigheit begangen. Er, der mehrfach Duelle austrug zur Verteidigung seiner Ehre, hatte hier selber gegen seine Ehre gehandelt. Er schämte sich vor Moser dieses Verlusts der von ihm selbst so hochgehaltenen moralischen Integrität und wünschte, daß die Taufe dem Freund nicht „in einem günstigen Lichte" erschiene. Zeitlebens wurde er nie ganz das Gefühl los, daß Zunz und Moser mit ihrer Entscheidung, Jude zu bleiben, sich würdiger verhalten hatten als er selbst.

Der „Aufklärungsmensch" Jost und der Romantiker Heine waren Randfiguren des Vereins auf den einander entgegengesetzten Seiten. Das Zentrum ihres Wirkens lag außerhalb dieser Institution, das des einen in seinem Bemühen um eine Verteidigung des Judentums und um seine kulturelle Anpassung, das des anderen in seiner künstlerischen Arbeit. Im Frühjahr 1823, zu der Zeit, da Heine Berlin verließ, befand sich der Verein, wie Gans es ausdrückte, bereits im Zustand „der vollendeten Auflösung".[93] Er kümmerte noch bis zum Februar 1824 vor sich hin; dann hörten die Sitzungen endgültig auf. Nimmt man die Schule aus, so war das, was der Verein in die Praxis umgesetzt hatte, unbedeutend. Zumeist waren die Pläne unvollkommen verwirklicht oder gar nur skizziert worden. Seine einzige große Leistung – der wir uns nun zuwenden wollen – war der Entwurf einer *Wissenschaft des Judentums* und der Beginn ihrer Verwirklichung. Der „esoterische Zweck jenes Vereins", so sagte Heine später, sei nichts anderes gewesen „als eine Vermittlung des historischen Judentums mit der modernen Wissenschaft, von welcher man annahm, daß sie im Laufe der Zeit zur Weltherrschaft gelangen würde".[94]

In zwei Vorlesungen, die Immanuel Wolf (später Wohlwill) im Wissenschaftlichen Institut des Vereins hielt, setzte er sich mit der Frage auseinander, wie eine solche Wissenschaft des Judentums zu bestimmen sei. Später gingen seine Überlegungen in ein Programm ein, das die erste Ausgabe der Zeitschrift des Vereins eröffnete.[95] Wie Gans ist Wolf von Hegel inspiriert, und das Programm verrät deutlich den Einfluß des großen Philosophen, aber anders als Gans in seinen Reden setzt sich Wolf hier wieder für Zunz' Wissenschaftsideal als den höchsten aller Werte ein.

Unter „Judentum" versteht Wolf vor allem eine alles bestimmende religiöse Idee; diese Idee macht sein Wesen aus. Er definiert sie als die *„lebendige* Einheit alles Seyenden in *Ewigkeit*", die im hebräischen Tetragramm JHWH ausgesprochen ist. Das jüdische Volk wurde der Träger dieses geistigen Prinzips und übermittelte es der Welt. Obwohl es ein Volk für sich war, besaß es eine universale Idee. In Übereinstimmung mit der Philosophie Hegels sieht Wolf, wie dieses „geistige Prinzip", „im jüdischen Staate, dessen Grundlage es ausmachte", „in einer immerwährenden Unruhe, in einem beständigen Kampfe begriffen", „sich immer mehr entfaltete". Jüdische Geschichte wird so in erster Linie eine Geschichte des Judentums, vor allem seiner „Uridee"; die reale Geschichte des jüdischen Volkes erscheint demgegenüber als zweitrangig. Im Römischen Reich, so Wolfs These, fand diese Idee, die sich bis zu einem bestimmten Punkt innerhalb eines vergleichsweise isolierten kleinen Volkes entwickelt hatte, ein weites Feld für ihre Ausbreitung: Mit dem Untergang des Reiches fand die universale Idee in Gestalt des Christentums universale Verbreitung.

Für Hegel endete die jüdische Geschichte in einem geistigen Sinn hier: mit dem Aufkommen des Christentums. Aber für Wolf gehört die Entwicklung der Idee und ihre Weitergabe an die Welt nur zu einem Stadium der jüdischen Geschichte: dem des jüdischen Staates. Der Staat brach zusammen, nachdem er seine Aufgabe erfüllt hatte, das Judentum indessen blieb bestehen. Das jüdische Volk bewahrte die Idee weiterhin bei sich und modifizierte sie, um so auf veränderte Umstände zu reagieren. Aber die Isolierung der Juden des Mittelalters und ihre besondere Lebensweise waren Ursache dafür, daß man „den Weg zum innern Heiligthum versperrte, ja das Heiligthum selbst in sich begrub". Erst bei Spinoza offenbarte sich die Uridee des Judentums von der Einheit wieder unverfälscht. Seiner Zeit um Jahrhunderte voraus, aber dem Geist des Judentums viel näher als die Rabbiner, verstand Spinoza dessen Idee zum ersten Male „reinwissenschaftlich".[96]

Weil das Judentum eine so große Rolle im Fortschritt des Geistes gespielt hat und Millionen Juden sich immer noch zu ihm bekennen, verdient es – so argumentiert Wolf – in höchstem Maße, daß es Gegenstand einer eigenen Wissenschaft wird. Es wäre die Aufgabe dieser Wissenschaft, die Zeugnisse jüdischer Geschichte und Literatur zu interpretieren und das immer noch lebendige Prinzip des Judentums in ihnen aufzudecken. Wolf betont, daß die Wissenschaft sich mit ihrem Gegenstand um seiner selbst willen, nicht wegen eines ihm äußerlichen Zwecks befassen müsse. Nur als solche hat sie ihren Wert und kann sie zugleich Nutzen bringen:

„Sie beginnt mit keiner vorgefaßten Meinung und ist unbekümmert um das letzte Resultat. Sie geht weder darauf aus, ihren Gegenstand in ein vortheilhaftes, noch in ein nachtheiliges Licht, in Beziehung auf die herrschenden Ansichten, zu setzen, sondern zeigt ihn auf, wie er ist. Die Wissenschaft ist sich selbst genug, ist an und für sich wesentliches Bedürfniß des menschlichen Geistes. Sie braucht daher keinen Nutzen außer sich zu bezwecken. Aber darum bleibt es nicht minder wahr, daß jede Wissenschaft nicht bloß auf andere Wissenschaften, sondern auch auf das Leben den bedeutendsten Einfluß übt...“[97]

Der größte Einfluß, den die „wissenschaftliche Kunde des Judenthums“ allenfalls auf das Leben haben könnte, liegt darin, daß sie „über den Werth oder Unwerth der Juden, über ihre Fähigkeit oder Unfähigkeit, andern Bürgern gleich geachtet und gleich gestellt zu werden“, zu entscheiden vermag. Indem sie durch ihr wissenschaftliches Vorgehen das „Wesentliche vom Zufälligen“ trennt, trägt sie Unparteilichkeit in einen hitzigen Streit hinein, der von Leidenschaften und Vorurteilen bestimmt ist. Aber wie in Zunz' Essay über die rabbinische Literatur ist auch hier das Hauptinteresse nicht auf die Emanzipation und noch weniger auf die religiöse Reform gerichtet. Im Zentrum der Wissenschaft des Judentums, wie dieses Programm sie bestimmt, steht der Wunsch, das Judentum dem Schutz der Wissenschaft zu unterstellen, ihm Ansehen zu verschaffen, indem man es ins Licht der Wissenschaft rückt. Wolfs höchster Wert ist nicht das Judentum, wie es jetzt existiert – lange früher schon ließ es die Welt an seiner Idee teilhaben –, sondern das große Ideal einer Wissenschaft, die alle Menschen vereint. Wolf beschließt seinen Essay mit diesen Worten:

„Denn der Standpunkt der Wissenschaftlichkeit ist das eigenthümliche unserer Zeit. Da nun die Bildung einer Wissenschaft des Judenthums ein *wesentliches Bedürfniß* der Juden selbst ist, so ist klar, daß, obgleich das Feld der Wissenschaften Gemeinplatz aller Menschen ist, doch Jüdische Männer vorzugsweise zur Bearbeitung derselben *berufen* sind. Die Juden müssen sich wiederum als rüstige Mitarbeiter an dem gemeinsamen Werke der Menschheit bewähren; sie müssen sich und ihr Princip auf den Standpunkt der Wissenschaft erheben, denn dies ist der Standpunkt des *Europäischen Lebens*. Auf diesem Standpunkte muß das Verhältniß der Fremdheit, in welchem Juden und Judenthum bisher zur Außenwelt gestanden, – *verschwinden*. Und soll je *ein Band* das ganze Menschengeschlecht umschlingen, so ist es das *Band der Wissenschaft*, das *Band der reinen Vernünftigkeit, das Band der Wahrheit*."[98]

Die „Zeitschrift für die Wissenschaft des Judentums", die mit diesem Programm eröffnet wurde, unterschied sich radikal von früheren jüdischen Periodika. Sie war nicht reichen Wohltätern gewidmet, enthielt keine Kupferstiche und hatte keinen Nachrichtenteil. Man fand in ihr keine erbaulichen Geschichten, keine Parabeln, keine Gedichte. Sie glaubte sich erhaben über die Notwendigkeit, um die Reichen zu buhlen, und war nicht interessiert am alltäglichen Kleinkram. Der Herausgeber Zunz schrieb im Vorwort zum dritten Heft: „Wissenschaft kann weder schmeichlerisch elegant nur den Hohen aufwarten, noch in ängstlichem Mühsal, zu den niedrigen Tagesgeschäften sich herablassen."[99] Die Zeitschrift sollte auch nicht wie „Ha-Measef" und „Sulamith" für die Erziehung und kulturelle Eingliederung der Juden sorgen, vielmehr sollte sie dem Judentum Achtung verschaffen in einem intellektuellen Milieu, dessen höchster Wert die Wissenschaft war. Sie hatte nach ihrem Selbstverständnis die Haskala hinter sich gelassen: Nicht Aufklärung, sondern Wissenschaft sollte die jüdische Gemeinschaft zusammenhalten und mit dem geistigen Europa verbinden. Zunz schrieb: „Der Bildungsmittel haben wir jetzt genug; aber dem Judentum die ihm gebührende Stellung und Würdigung zu verschaffen und allmählich die besseren Kräfte in Israel zu wecken und zu vereinigen, dies kann lediglich durch die Wissenschaft geschehen, auf deren Höhe die Zeitschrift sich streng halten wird."[100]

Für eine so wissenschaftlich ausgerichtete jüdische Zeitschrift war es schwierig, eine Leserschaft zu finden. Ehrenberg versuchte, Abonnements an Juden in Braunschweig zu verkaufen, hatte aber nur geringen Erfolg. Nur wenige Juden konnten diese Artikel verstehen, die griechische und lateinische Zitate in der Originalfassung enthielten und zumeist in einer sehr abstrakten Sprache und einem wenig gefälligen Stil geschrieben waren. Ehrenberg berichtete, die Leute sagten ihm ganz offen, daß ihnen die Zeitschrift zu gelehrt sei; und er mußte ihnen recht geben.[101] Selbst Heine, der eine Zeitlang an eine Mitarbeit gedacht hatte, kritisierte sie wegen ihrer „verwahrlosten Form“ und meinte, wenn schon er einige Artikel nicht verstehe, dann verstünden auch „David Levy, Israel Moses, Nathan Itzig“ sie nicht.[102] In der Tat: Wer sollte diese Zeitschrift lesen? Der traditionsverhaftete Jude war nicht interessiert an einem wissenschaftlichen Zugang zur jüdischen literarischen Überlieferung, während der assimilierte Jude vielleicht die Wissenschaft hochschätzte, aber sich aus dem Gegenstand, dem sie sich hier zuwandte, nichts machte.

Von den 16 Artikeln, die in drei Heften enthalten sind, können nur wenige unsere Aufmerksamkeit auf sich ziehen. Friedländer und Bendavid, beide Angehörige der älteren Generation, schrieben Beiträge, die in ihrem Ton nicht recht zu der Zeitschrift paßten. Die Artikel von Gans beschäftigten sich mit dem Status der Juden im römischen Recht, der Geschichte der Juden in England und dem jüdischen Erbrecht. Im Gegensatz zu Wolf sieht Gans die Geschichte des jüdischen Geistes als einen ganz und gar passiven Vorgang der Übernahme und Einverleibung fremder Elemente. Die Jahrhunderte druckten „gleichsam ihre Buchstabenschrift auf das Judenthum“ ab; das Judentum griff nicht seinerseits danach.[103]

Gans schrieb auch den einzigen nicht rein wissenschaftlichen Beitrag für die Zeitschrift.[104] Ihm lag eine Rede zugrunde, die er im Wissenschaftlichen Institut des Vereins gehalten hatte, und er befaßte sich mit einem gerade vom russischen Zaren, Alexander I., erlassenen Edikt. Dieses Edikt verfügte die Auflösung von Organisationen der jüdischen Gemeinden und wurde vermutlich erlassen aufgrund von Klagen der jüdischen Armen gegen Gemeindeälteste. Gans enthielt sich vorgeblich jeder Zustimmung oder Kritik. Im Sinne der hegelianischen Auffassungen, wie er sie in seinen Reden zum Ausdruck gebracht hatte, sah er in dem Edikt ganz einfach einen weiteren Schritt in der Geschichte der Idee der Freiheit. Das Ableben der Doppelaristokratie von Rabbinern und Reichen war nur deshalb zu begrüßen, weil die altüberkommene autokratische Herrschaft nicht mehr Schritt gehalten hatte mit dem Fortgang des Weltgeistes. Gans durfte behaupten, er beurteile das Edikt nur deshalb günstig, weil es im Einklang sei mit dem Lauf der Geschichte. Im Sinne der Philosophie Hegels war seine Beurteilung des Edikts wissenschaftlich und paßte daher vollkommen in die Zeitschrift. Aber wer reiche Parnasim als Überbleibsel der Vergangenheit ansah, der konnte dem Verein kaum Wohlwollen einbringen. Was Gans von der Kontrolle der Reichen über die Gemeinden in Polen sagte, ließ sich nur allzu leicht auf deutsche Verhältnisse übertragen.

Die Artikel der Zeitschrift, die sich als bedeutend über den Augenblick hinaus erwiesen, waren die drei Beiträge von Zunz. In allen dreien zeigte er sich stärker interessiert am innerjüdischen Leben als an den Kräften, die auf die Gemeinschaft eingewirkt hatten. In der Einleitung zu seinem ersten Artikel betonte Zunz, die jüdische Geschichte sei – im Unterschied zu der anderer Völker – im wesentlichen eine Geschichte der Ideen, eher eine Geschichte des Judentums als eine Geschichte der Juden. Der Gegenstand des Artikels indessen, das Vorkommen „hispanischer Ortsnamen" in „hebräisch-jüdischen Schriften", gab sehr viel mehr her. Zunz machte hier eindrucksvoll deutlich, welchen Beitrag das Studium jüdischer Texte zur allgemeinen Geschichtswissenschaft leisten konnte. Einem weiteren Artikel gab er die Überschrift „Grundlinien einer künftigen Statistik der Juden", wobei er einen weiteren Begriff von Statistik hatte, als er heute üblich ist: Es geht dabei um alles, was man über die Lebensweise einer Gruppe zu einer bestimmten Zeit sagen kann. Zunz' Neigung zu dieser Betrachtungsweise – die im wesentlichen eine soziologische ist – zeigt erneut, daß er statische Zusammenhänge, mit denen es z. B. die Philologie zu tun hat, dynamischen Prozessen vorzieht. Die Geschichte wird bei ihm „das Ergebniß einer unendlichen Reihe von Statistiken".[105] Die jüdische Vergangenheit erscheint so eher als eine Aufeinanderfolge von Zuständen denn als eine Entwicklungslinie; das Konzept eines Fortschritts oder einer Teleologie liegt Zunz fern. Die Aufmerksamkeit richtet sich jeweils auf bestimmte Ideen oder auf Lebensformen zu bestimmten Zeiten, nicht auf die Frage, wie eine Idee oder eine Lebensform sich aus der anderen entwickelt habe.

Der längste und wichtigste Artikel der Zeitschrift war Zunz' Raschi-Biographie. Die anderen jüdischen Zeitschriften hatten Aufsätze über Maimonides, Manasse ben Israel, Mendelssohn und andere geboten, hatten aber den großen Bibelkommentator des europäischen Mittelalters vernachlässigt. Raschis Wirkungskreis war zu eng gewesen, als daß er den Maskilim als Führer und Beispiel hätte gelten können. Aber nicht nur darin unterscheidet sich Zunz' Aufsatz von denen in „Ha-Measef" und „Sulamith", daß er einen anderen Gegenstand hat, vielmehr wählt er auch eine andere Methode. Jenen kam es auf Erbauung an, ihm auf die Wissenschaft. Raschi mußte so gesehen werden, wie er tatsächlich war, im Kontext seiner Zeit, als Talmudjude:

„Dieses talmudisch-jüdische Leben ist es, aus welchem Raschi verstanden seyn will; diese Leistungen sind es, die ihn durch die Zeit lebendig getragen; dieser Standpunct ist es, auf welchem er groß, ehrwürdig erscheint. Jene nur, die nach ihren gebildeten Freunden aus der Residenz, sich die Gestalten untergegangener Zeiten schnitzen, äffen die Weltgeschichte und prahlen von Raschi, daß er ein toleranter Mann gewesen sey, der Persisch, Arabisch, Latein, Griechisch, Deutsch verstanden, Astronomie und Medizin ergründet, in Kabbala und hebräischer Grammatik ein Meister, Reisen gemacht und Wunder gethan habe, – und nur über die Commentarien, als über die eigentliche Welt des Raschi, beobachten sie ein dummes und hochmüthiges Schweigen.

Ich aber sage von meinem Helden, daß er vom Talmud beherrscht, keineswegs tolerant gewesen, – daß er vom Persischen, Arabischen, Latein und Griechischen Nichts verstanden, – daß seine deutschen, astronomischen, geographischen und medizinischen Kenntnisse einen unbedeutenden Inhalt gehabt, – daß er in der Kabbala ein Fremdling, nicht frei von Aberglauben, und selbst in der hebräischen Sprache, mehr durch Tact und Übung, als durch zum Bewußtsein gekommene Grammatik, zu Einsichten gelangt war. –“[106]

Die Aufgabe jüdischer Biographik besteht für Zunz nicht im Lob der Tugendhaftigkeit und Aufgeklärtheit eines Mannes oder in seiner Verdammung durch Verschweigen; die Wissenschaft verlangt eine umfassende und objektive Beschäftigung mit der historischen Persönlichkeit. Sie unterwirft die Apologie dem wissenschaftlichen, unparteilichen Streben nach Wahrheit. Freilich: Die wissenschaftliche Auseinandersetzung ist auf ihre Weise apologetisch. Denn indem sich Zunz mit Raschi so objektiv wie möglich befaßt, trägt er bei zu der ersehnten Versöhnung des Judentums mit dem Ideal der Wissenschaft. Das apologetische Element ist also mitnichten verschwunden, es hat sich nur von den Ergebnissen zur Methode verlagert.

Mochten die Maskilim gegen die Regeln der Wissenschaft verstoßen haben, indem sie die jüdische Vergangenheit aufgeklärter machten, als sie war, so hatten sie doch aus eben diesem Grunde ein engeres Verhältnis zur jüdischen Geschichte. Sie fanden in ihr Persönlichkeiten, mit denen sie sich identifizieren konnten. Zunz dagegen strebte das bei Raschi gar nicht an. Im Gegenteil: Er folgte in seiner Schrift über ihn eher der Gansschen Denkweise:[107] Wer etwas in seinem historischen Kontext untersuchte, der konnte feststellen, wie wenig es für die Gegenwart taugte. In seiner ersten Schrift behauptete

Zunz, ein Studium der jüdischen Geschichte könnte das Instrumentarium liefern zur Unterscheidung des Bleibenden vom Vergänglichen, des Göttlichen vom Menschlichen; aber keiner seiner Artikel in der Zeitschrift machte eine Anstrengung in dieser Richtung. Erst ein Jahrzehnt später, in seinem Buch „Die gottesdienstlichen Vorträge der Juden", ist er darum bemüht, Schlüsse aus der Vergangenheit für die Gegenwart zu ziehen.

Nur ein Band der Zeitschrift kam heraus. Als er im Juni 1823 vollständig vorlag, war der Verein schon in einem rasch fortschreitenden Verfall begriffen. Acht Monate später war er aufgelöst. Drei unterschiedliche Faktoren hatten auf jeweils eigene Weise seinen Untergang bewirkt: die sich verschlechternde Lage der Juden in Deutschland, fehlende Unterstützung durch die jüdische Gemeinschaft und der Geist des Vereins selbst.

Der Widerstand gegen die bürgerliche Gleichstellung der Juden, der 1815 eingesetzt hatte, wurde in den Jahren, in denen der Verein bestand, stärker. In seinen Briefen an Ehrenberg beklagte sich Zunz wiederholt über den *Risches*, die Feindseligkeit gegen Juden, die ihm in Berlin entgegenschlug.[108] Zwei Monate vor der ersten Sitzung des Vereins, am 15. September 1819, verbot die preußische Regierung christlichen Kindern per Dekret den Besuch jüdischer Schulen; im Juni 1822 wurden die Juden von den höheren Rängen der Armee ausgeschlossen; und am 11. März 1823 erklärte die Regierung, die jüdische Religion werde lediglich „geduldet". Am meisten aber traf der Beschluß vom 18. August 1822, der am 4. Dezember desselben Jahres verkündet wurde, die jungen Intellektuellen des Vereins: Danach war den Juden ausdrücklich der Zugang zu „akademischen Lehr- und Schulämtern" versperrt. Die einschlägige Bestimmung des Emanzipationsedikts vom 11. März 1812 wurde hier „wegen der bei der Ausführung sich zeigenden Mißverhältnisse aufgehoben".[109]

Einen Monat nach dem ersten Treffen des Vereins hatte sich Gans an den preußischen Kultusminister von Altenstein mit dem Gesuch um einen Ruf an die Universität gewandt.[110] Obwohl sich Staatskanzler von Hardenberg für ihn einsetzte, zog sich die Angelegenheit zweieinhalb Jahre hin und endete schließlich mit dem abschlägigen Bescheid vom 18. August 1822. In ihrer Verzweiflung spielten einige Mitglieder des Vereins eine Zeitlang mit dem Gedanken, nach Amerika auszuwandern. Gans und Zunz schrieben einen förmlichen Brief an Mordecai Manuel Noah, in dem sie um eine Korrespondenz mit amerikanischen Juden darüber nachsuchten, wie sich ein großer Teil der europäischen Juden in die Vereinigten Staaten verpflanzen ließe und wie eine solche Emigration zum Vorteil derer ausschlagen könnte, die es vorzogen, ihr Vaterland zu verlassen, um endloser Sklaverei und Unterdrückung zu entkommen.[111] Man kann sich indessen nicht vorstellen, daß es vielen Mitgliedern des Vereins mit solchen Auswanderungsplänen ernst war: Sie waren viel zu sehr Europäer, als daß sie ein – wenn auch oft peinvolles – Leben in einer von intellektueller Kultur geprägten Umgebung aufgegeben hätten, um in die von Noah vorgeschlagene jüdische Kolonie am Niagara zu ziehen. Mit Sicherheit war für Zunz, der ohne Bibliothek nicht leben konnte – ebenso wie für Gans oder Heine – das Amerika der 1820er Jahre wenig attraktiv. Aber wer in Deutschland blieb, mußte entweder Jude bleiben und hinnehmen, daß man ihn vom intellektuellen Leben und von öffentlichen Positionen ausschloß, oder er mußte zum Christentum übertreten. Der Druck war groß. Gans und Heine wählten den Übertritt, Zunz, Moser und Wolf entschlossen sich, Jude zu bleiben.

Die Verzweiflung, die die deutsch-christliche Reaktion im Verein auslöste, wurde verstärkt durch innere Spannungen und das Ausbleiben jeglichen Widerhalls bei der jüdischen Gemeinschaft. Im Verein blieben Beitragszahlungen aus, und die Mehrzahl der Mitglieder zeigte sich lustlos und gleichgültig.[112] Der Hamburger Zweig, der von Kley und Salomon geführt wurde, erklärte seine Unabhängigkeit von der Berliner Gruppe.[113] Aber noch entmutigender für die Vereinsführung war das vollständige Scheitern der Versuche, der jüdischen Gemeinschaft die Ziele des Zusammenschlusses zu vermitteln. David Fränkel, der zum Ehrenmitglied des Vereins ernannt worden war, würdigte ihn nicht einer einzigen Zeile in seiner „Sulamith". Die Zeitschrift „Bikure ha-Itim" in Wien druckte die ersten drei Paragraphen der Statuten und Auszüge aus Gans' Reden ab; aber sie wählte nur die Abschnitte der Reden aus, die sich mit der Organisation und den Aktivitäten des Vereins befaßten, und unterschlug sein geistiges Programm.[114] Der durchschnittliche Jude hatte vermutlich wie Jost das Empfinden, dieser Verein sei eine Gruppe anmaßender Grünschnäbel, deren Pläne zumeist wenig taugten. Und so versagte er dem Verein finanzielle Unterstützung. Das wiederum bestärkte die Mitglieder in ihrer Meinung, das Judentum sei genau so, wie die nichtjüdischen Intellektuellen es einschätzten: Mit „mönchischer Geschäftigkeit eines geist- und wesenlosen Mechanismus kleinlicher Gebräuche", hatte z. B. Hegel gesagt, „lebten sie ein Dasein ohne Selbstbewußtsein".[115] Gans beklagte, daß die jüdische Gemeinschaft auf die Ideen des Vereins nicht mit einem Gegenentwurf reagierte, der eine fruchtbare Dialektik hervorgebracht hätte; tatsächlich stehe der Idee des Vereins nur „das rein Äußerliche und Materielle, das Alltags- und Schlaraffenleben" gegenüber.[116] „Jetzt aber kenne ich in der jüdischen Gemeinschaft nichts Geistiges, das einen edlen Kampf geböte", schrieb Moser im Jahre 1824. Ihm erschien das Judentum nur noch als eine Mumie, die zerfiel, sobald man sie der frischen Luft der modernen Kultur aussetzte.[117] Innerhalb von vier Jahren war die glühende Hoffnung, das Judentum lasse sich auf schöpferische Weise mit der europäischen Kultur versöhnen, erloschen.

Aber so gewiß die rechtliche Benachteiligung und die Gleichgültigkeit der eigenen Gemeinschaft beim Scheitern des Vereins ihre Rolle spielten, so war doch auch der eigene Geist daran schuld. Obwohl die führenden Köpfe bemüht waren, ihrem jüdischen Selbstverständnis Ausdruck zu verleihen, versäumten sie, eine Begründung für eine fortdauernde Identifikation mit dem Judentum zu liefern. Ihre Vorstellung von der Zukunft enthielt nicht den geringsten Anreiz für einen Juden, Jude zu bleiben. Ihr Ziel war die Integration in die europäische Kultur, ohne daß sie angaben, wie die sich von vollständiger Einverleibung unterscheiden sollte. Sie dachten in erster Linie an den Juden als menschliches Wesen, nicht als Juden; sie wollten ihn nur auf eine höhere Stufe des Selbstverständnisses bringen. Mosers Äußerung kurz nach der Auflösung des Vereins muß man wortwörtlich nehmen: „Was wir in Wahrheit gewollt haben, wollen wir auch noch jetzt, und könnten wir wollen, wenn wir Alle getauft wären."[118] Dem Verein war es nicht gelungen, irgendeinen Sinn in einer fortdauernden jüdischen Existenz zu finden. Abgesehen von emotionalen Bindungen, Rücksichten gegenüber der Familie und dem persönlichen Ehrgefühl hatte er keine weiteren Gründe für einen Widerstand gegen den Druck von außen aufzubieten. Als dieser Druck wuchs, gab es in den Ideen des Vereins nichts, was ihm hätte standhalten können.

Im Gegensatz zu den anderen fand Zunz eine Zuflucht auf dem Gebiet, dem seine erste Liebe gegolten hatte: dem der Wissenschaft des Judentums. Nach den Enttäuschungen als Prediger wie als Mitglied des Vereins beschloß er, die wissenschaftliche Beschäftigung mit dem Judentum zum Mittelpunkt seines Lebens zu machen. Hier fand er Zuflucht vor den Wirren und Bedrängnissen eines jüdischen Lebens, das sich seines Weges nicht sicher war. Im Sommer 1824 schrieb er seinen berühmt gewordenen Brief an Wolf:

„Dahin bin ich gekommen, an eine Juden-Reformation nimmermehr zu glauben; der Stein muß auf dieses Gespenst geworfen und dasselbe verscheucht werden ... Die Juden und das Judenthum, das wir rekonstruieren wollten, ist zerrissen und die Beute der Barbaren, Narren, Geldwechsler, Idioten und Parnasim [Gemeindevorsteher]. Noch manche Sonnenwende wird über dieses Geschlecht hinweg rollen, und es finden wie heut: zerrissen, überfließend in die christliche Nothreligion, ohne Halt und Princip, zum Theil im alten Schmutz, von Europa bei Seite geschoben, fortvegetierend, mit dem trockenen Auge nach dem Esel des Messias oder einem andern Langohr hinschauend, – zum Theil blätternd in Staatspapieren und dem Konversations-Lexikon; bald reich, bald bankerott; bald gedrückt, bald toleriert. Die eigene Wissenschaft ist unter den deutschen Juden erstorben, und für die europäische haben sie deßwegen keinen Sinn, weil sie sich selber untreu, der Idee entfremdet und die Sklaven bloßen Eigennutzes geworden sind ... Alles ist Brei von Beten, Mark Banco und Rachmones [Mildtätigkeitssinn], nebst Brocken von Aufklärung und Chilluk [spitzfindigen Talmud-Disputationen]! – Nach diesem grausigen Umriß des Judenthums verlangen Sie wohl keine Erklärung, warum der Verein sammt seiner Zeitschrift eingeschlafen, und sie eben so wenig vermißt werden, als die Tempel, Schulen und das Bürgerglück. Der Verein ist nicht an den Special-Vereinen gestorben, welches bloß die Folge eines Verwaltungsfehlers hätte genannt werden dürfen, sondern er hat in der Wirklichkeit nie existiert. Fünf bis zehn begeisterte Menschen haben sich gefunden, und, wie Moses, auf die Fortpflanzung dieses Geistes zu hoffen gewagt. Das war Täuschung. Was allein aus diesem Mabul [Sündfluth] unvergänglich auftaucht, Das ist die Wissenschaft des Judenthums; denn sie lebt, auch wenn Jahrhunderte lang sich kein Finger für sie regte. Ich gestehe, daß, nächst der Ergebung in das Gericht Gottes, die Beschäftigung mit dieser Wissenschaft mein Trost und Halt ist. Auf mich selbst sollen jene Stürme und Erfahrungen keinen Einfluß haben, der mich mit mir selber in Zwiespalt bringen könnte. Ich habe gethan, was ich zu thun für meine Pflicht hielt. Weil ich gesehn, daß ich in der Wüste predigte, habe ich aufgehört zu predigen, doch nicht um dem Inhalt meiner Worte treulos zu werden ... Nichts bleibt den Mitgliedern, als treu sich selber in ihren beschränkten Kreisen zu wirken, und Gott das Weitere zu überlassen."[119]

An der jüdischen Gegenwart verzweifelnd, fand Zunz Trost im Ideal der Wissenschaft, das er zu verwirklichen suchte im Umgang mit der jüdischen Vergangenheit.

Über ein halbes Jahrhundert hinweg hatten die deutschen Juden vergeblich versucht, auf Lavaters quälende Frage zu antworten: Warum sollte ein Mann, der die europäische Kultur in sich aufgenommen hat, Jude bleiben? Mendelssohn hatte die Antwort gegeben, es gelte ein von Gott verkündetes Zeremonialgesetz zu befolgen, das allein Er aufheben könnte. Sein Schüler Friedländer sagte sich los vom Gesetz und wurde Deist. Als die Romantik Herrschaft gewann über die Deutschen, da verfiel der kraftlose Rationalismus, mit dem das Judentum identifiziert worden war, ebenso der Verachtung wie das Zeremonialgesetz. Empfindsame Naturen flohen aus solcher Dürre in die Arme Schleiermachers oder Schlegels. Zur gleichen Zeit unternahmen innerhalb der jüdischen Gemeinschaft die Maskilim und Reformer große Anstrengungen, das Judentum in eine religiöse Konfession mit eigenen Dogmen umzuformen. Dann kam schließlich der Verein: Er versuchte, mit Hilfe der Wissenschaft und der Geschichtsphilosophie das zu leisten, was man zuvor mit der Aufklärung hatte bewirken wollen. Aber nimmt man die orthodoxen Juden aus – für die sich das Problem freilich nicht stellte –, so hatte man 1825 immer noch keine Antwort auf Lavaters Frage gefunden.

Dauerhafte Lösungen sollten sich erst später einstellen. Erst in der nächsten Generation und nach ihr wurde der Versuch gemacht zu bestimmen, ob das Judentum einen nur ihm eigenen Charakter oder Gehalt besäße, die seine Bewahrung nahelegten. Erst dann entwickelte die jüdische Reformbewegung die Idee einer fortdauernden jüdischen Berufung. In den dreißiger Jahren des 19. Jahrhunderts sah man das Judentum der Gegenwart als etwas an, das sich kontinuierlich aus der Vergangenheit entwickelt hatte, und das Studium der jüdischen Tradition wurde jetzt bewußt mit einem Blick auf die Zukunft betrieben. Und noch viel später begannen einige deutsche Juden, die selber ihren Beitrag zur europäischen Kultur geleistet hatten, ernsthaft über ein Leben der Juden als Nation außerhalb Europas nachzudenken.

Die Bedeutung der hier dargestellten Epoche liegt nicht in den kurzlebigen Antworten auf Lavaters Frage, sondern in den Auseinandersetzungen mit ihr. Von der Zeit an, da Mendelssohn zum ersten Mal offen Stellung nahm zu der Frage, wie man sowohl Jude als auch Europäer sein könne, bis zu der Ernüchterung des jungen Zunz änderte sich das kulturelle Umfeld radikal, aber das existenzielle Problem einer jüdischen Selbst-Definition blieb bestehen. Immer von neuem drängte ein bis dahin stumm gebliebenes jüdisches Bewußtsein nach Selbstausdruck, und stets blieb es hinter dem Ziel einer angemessenen Rechtfertigung zurück.

Mehr als zwei Jahrhunderte trennen uns von dem Zeitpunkt, da Lavater seine Frage stellte, und zu den damals geäußerten Gedanken sind viele neue hinzugekommen. Aber das Problem ist auch heute noch im Prinzip dasselbe – mit der einen Ausnahme, daß für viele Juden Amerika in die Rolle Europas eingerückt ist. Die amerikanischen Juden, die ebensosehr ein Teil der amerikanischen Kultur sein möchten, wie Mendelssohn und seine Nachfolger Europäer sein wollten, sind immer noch auf der Suche nach einer jüdischen Selbstbestimmung. Heute bleibt die Frage, ob sie und die in Europa lebenden Juden aus der jüdischen Tradition und aus ihrer Beziehung zum Staat Israel einen Gehalt gewinnen können, der es ihnen ermöglicht, eine spezifisch jüdische Identität auszubilden. Gelingt das nicht, so wird das jüdische Bewußtsein allmählich schwinden und werden die Juden aufgehen in ihrer jeweiligen Umwelt; ihr religiöses Erbe wird dann – nach dem Bild von Gans – nur noch weiter bestehen, „wie der Strom fortlebt in dem Ocean“.

Anhang

Verzeichnis der Abkürzungen

(In den Anmerkungen und der Bibliographie)

AZJ	Allgemeine Zeitung des Judentums
CCARY	Central Conference of American Rabbis Yearbook
Dubnow	Simon Dubnow, Weltgeschichte des jüdischen Volkes. Bd. VII-IX. Berlin 1928–1929
Glatzer 1	Leopold und Adelheid Zunz. An Account in Letters. 1815–1885. Hrsg. v. Nahum N. Glatzer. London 1958
Glatzer 2	Leopold Zunz. Jude – Deutscher – Europäer. Hrsg. v. Nahum N. Glatzer. Tübingen 1964
Graetz	Heinrich Graetz, Geschichte der Juden. Bd. XI. 2. Aufl. Leipzig 1900
HJ	Historia Judaica
HUCA	Hebrew Union College Annual
JJGL	Jahrbuch für Jüdische Geschichte und Literatur
IQR	Jewish Quarterly Review
JSS	Jewish Social Studies
Jub	Moses Mendelssohn, Gesammelte Schriften. Jubiläumsausgabe. Hrsg. v. I. Elbogen, J. Guttmann u. E. Mittwoch. Berlin, Breslau 1929–1938
Kayserling 1	M. Kayserling, Briefe von und an Moses Mendelssohn. In: Ders., Moses Mendelssohn. Sein Leben und seine Werke. Leipzig 1862
Kayserling 2	M. Kayserling, Moses Mendelssohn. Sein Leben und Wirken. 2. Aufl. Leipzig 1888
Kayserling 3	M. Kayserling, Moses Mendelssohn. Ungedrucktes und Unbekanntes von ihm und über ihn. Leipzig 1883
LBIB	Leo Baeck Institute Bulletin
LBIY	Leo Baeck Institute Year Book
MGWJ	Monatschrift für Geschichte und Wissenschaft des Judentums
PAAJR	Proceedings of the American Academy for Jewish Research
REJ	Revue des Études Juives
Schriften	Moses Mendelssohn, Gesammelte Schriften. Hrsg. v. G. B. Mendelssohn. Leipzig 1843–1845
ZGJD	Zeitschrift für die Geschichte der Juden in Deutschland
ZWJ	Zeitschrift für die Wissenschaft des Judenthums

Anmerkungen

Vollständige Angaben bietet die Bibliographie, außer zu jenen Büchern und Aufsätzen, die lediglich zu Einzelfragen herangezogen wurden und die nur in den Anmerkungen nachgewiesen sind.

1 Moses Mendelssohn. Der tugendhafte Jude

1 Von David Friedländer für ein Grabmal Moses Mendelssohns vorgeschlagene Inschrift. MGWJ L (1906) S. 371.
2 Moritz Steinschneider, Die hebräischen Übersetzungen des Mittelalters und die Juden als Dolmetscher. Berlin 1893, S. 461f.; Artikel „Hebraists, Christian" in: Jewish Encyclopedia. Bd. VI, S. 300.
3 Jacob Katz, Die Entstehung der Judenassimilation in Deutschland und deren Ideologie, S. 22.
4 H. R. S. Van der Veen, Jewish Characters in Eighteenth Century English Fiction and Drama. Groningen 1935, S. 40; Herbert Carrington, Die Figur des Juden in der dramatischen Literatur des XVIII. Jahrhunderts, S. 11.
5 Spiele, in denen Juden als Hostienschänder erschienen, wurden in Deutschland noch im frühen 19. Jahrhundert verfaßt. Vgl. Charles Dejob, Le Juif dans la Comédie au XVIIIe Siècle. In: REJ XXXIX (1899) S. 121.
6 Robert H. Murray, Erasmus and Luther, S. 365.
7 Andrew Dickson White, Seven Great Statesmen in the Warfare of Humanity with Unreason, S. 103; Jacob Mejer, Hugo Grotius' *Remonstrantie*. In: JSS XVII (1955) S. 104.
8 Heinrich Hoffmann, Die Humanitätsidee in der Geschichte des Abendlandes, S. 66.
9 Herrn Samuels Freyherrn von Pufendorff, Acht Bücher, Vom Natur- und Völcker-Rechte. 2 Bde. Frankfurt am Main 1711. Bd. I, S. 567f.
10 Die Religion in Geschichte und Gegenwart. 1927. Bd. I, S. 637.
11 Lockes aufgeklärte, wenngleich konservative Auffassungen von Religion finden sich in: The Reasonableness of Christianity (1695). In: Works. Bd. II, S. 471–541.
12 Ein ähnlicher Gedanke wird bereits von Spinoza in seinem „Theologisch-politischen Traktat", Kap. XIX, geäußert.
13 A Letter Concerning Toleration (1689). In: Works. Bd. II, S. 253.
14 John Toland's Christianity not mysterious (Christentum ohne Geheimnis) 1696. Übersetzt v. W. Lunde. Hrsg. v. Leopold Zscharnack. (Studien zur Geschichte des neueren Protestantismus. 3. Quellenheft.) Gießen 1908, S. 64. Vgl. auch Max Wiener, John Toland and Judaism. In: HUCA XVI (1941) S. 215–242; Dubnow, VII, S. 520–523.

15 Zu den gegensätzlichen Ansichten einiger englischen Deisten vgl. Samuel Ettinger, Juden und Judentum aus der Sicht englischer Deisten des 18. Jahrhunderts [hebräisch]. In: Zion XXIX (1964) S. 182–207.

16 Antoine Guénée nimmt Voltaires Brief vom 21. Juli 1762 an Isaac Pinto, auf den ich mich hier beziehe, auf in seine „Lettres de quelques juifs portuguais et allemands à M. de Voltaire". Deutsche Ausgabe: Briefe einiger portugiesischen und deutschen Juden an den Herrn von Voltaire. Danzig 1773, S. 46f.

17 Über den Marquis d'Argens s. die vortreffliche Arbeit von N. R. Bush, The Marquis d'Argens and his Philosophical Correspondence; vgl. auch: Anekdoten von König Friedrich II. von Preußen. Bd. I, S. 11ff.

18 Des Herrn Marquis d'Argens ... Jüdische Briefe, oder philosophischer, historischer und kritischer Briefwechsel, zwischen einem Juden, der durch verschiedne Länder von Europa reiset, und seinen Correspondenten an andern Orten. Erster Theil. Berlin 1763, S. 361f.

19 Im Jahre 1737 veröffentlichte der Marquis seine Gedanken unter dem Titel „Philosophie du bon sens"; das Werk wurde sogleich von der Kirche in Frankreich für häretisch erklärt. Deutsche Ausgabe: Die Philosophie der gesunden Vernunft, oder Philosophische Betrachtungen über die Ungewißheit der menschlichen Erkäntniß. 2 Tle. Breslau u. Leipzig 1756.

20 C. F. Gellert, Sämtliche Schriften. Bd. V, S. 8.

21 Ebenda, S. 143.

22 Van der Veen (Jewish Characters, S. 45) vermutet, Gellerts Roman sei ein entscheidender Anstoß für die günstige Darstellung eines Juden in Smolletts „Adventures of Count Fathom" gewesen, einem Roman, der ein Jahr nach der englischen Übersetzung von Gellerts Werk erschien.

23 Michaelis erkannte die Ähnlichkeit zwischen Gellerts und Lessings Darstellung. In seiner Rezension von „Die Juden" schrieb er: „Man kann daher dieses Lustspiel nicht lesen, ohne daß einem die mit gleichem Endzweck gedichtete Erzählung von einem ehrlichen Juden, die in Hrn. Gellert's Schwedischer Gräfin stehet beyfallen muß."

24 Lessings Großvater hingegen war wie er selbst ein ausgesprochener Gegner enger Vorurteile. Im Jahre 1670 hielt er eine Disputation mit dem Titel „De religionum tolerantia", in der er nichts Geringeres als eine universale Duldung vertrat. Vgl. K. G. Lessing, Gotthold Ephraim Lessings Leben. Berlin 1793, S. 3f.

25 Lessing, Sämtliche Schriften. Bd. XVII, S. 18.

26 S. Lessings spätere Vorrede zu „Die Juden", zitiert bei Erich Schmidt, Lessing. Bd. I, S. 147.

27 Das ist eine Umkehrung von Gellerts „Schwedischer Gräfin", in der der Graf dem Juden das Leben rettet, der dann seine tiefe Dankbarkeit durch Geld und freundschaftliches Handeln bekundet. In Lessings „Juden" rettet der Reisende dem Baron das Leben und weist dann ritterlich dessen Bemühungen zurück, ihn zu belohnen. Er ist nicht nur moralisch und tugendhaft wie der polnische Jude bei Gellert, vielmehr ist er zugleich eine männliche, körperlich anziehende Natur. Gellerts polnischer Jude ist ein in höchstem Maße moralischer Mensch, aber er bleibt doch in Kleidung und Auftreten sichtlich ein Jude. Lessings Reisender dagegen ist von einem Christen durch nichts zu unterscheiden. Es bleibt nur die religiöse Barriere.

28 Moritz Lazarus, Moses Mendelssohn in seinem Verhältnis zu Juden und Judentum. In: Deutsche Revue XI (1886) S. 217. Wahrscheinlich begann Lessing seine Niederschrift von „Die Juden", als er noch in Leipzig lebte, wo Juden nur zur Messezeit zugelassen waren. Vgl. auch Simon Bernfeld, Dor tahpuchot. Bd. I, S. 47.

29 Natürlich war Mendelssohn nicht der erste Jude, der eine weltliche Bildung erwarb. Aron Gumpertz und andere – sogar einige osteuropäische Juden – waren ihm vorangegangen; aber er war der erste, der sich selber einen Namen machte in der Welt des Geistes. Zu den frühesten Zeugnissen jüdischer Aufklärung in Deutschland s. J. Eschelbacher, Die Anfänge allgemeiner Bildung unter den deutschen Juden vor Mendelssohn. In: Festschrift zum siebzigsten Geburtstage Martin Philippsons, S. 168–177; Isaac Eisenstein-Barzilay, The Background of the Berlin Haskalah. In: Essays on Jewish Life and Thought Presented in Honor of Salo Wittmayer Baron, S. 183–197; vor allem die umfassende Arbeit von Azriel Shohet, Im chilufe tekufot.

30 Göttingische Anzeigen von Gelehrten Sachen. I, Nr. 70 (1754) S. 621.

31 Lessing, Sämtliche Schriften. Bd. XVII, S. 40.

32 Fritz Bamberger, Denkmal der Freundschaft. – Diese handschriftlichen Eintragungen setzen bereits 1762 ein.

33 Die Bestimmung des Menschen, S. 56.

34 Mendelssohn verwendete dieses Werk später als Quelle für den dritten Dialog des „Phädon" (Jub., III, 1, S. 155).

35 Die vornehmsten Wahrheiten, Vorbericht.

36 Kayserling 2, S. 5.

37 Mit Blick auf „Jerusalem" sagt Ernst Cassirer über Mendelssohn: „Er selbst durfte sich hier auf die großen klassischen Vorbilder der jüdischen Religionsphilosophie mit Recht berufen. Die ‚Religion der Vernunft', die er verkündet und verteidigt, war ihm nicht durch Wolff und durch den philosophischen Rationalismus nahegebracht worden, – sondern lange zuvor war sie schon dem zwölfjährigen Knaben im Studium des Maimonides aufgegangen" (Die Idee der Religion bei Lessing und Mendelssohn. In: Festgabe zum zehnjährigen Bestehen der Akademie für die Wissenschaft des Judentums, S. 40). Zu den Unterschieden zwischen Maimonides und Mendelssohn vgl. Hans Joachim Schoeps, Geschichte der jüdischen Religionsphilosophie in der Neuzeit. Bd. I, S. 34–36.

38 Im großen und ganzen teilten die Berliner Juden nicht Mendelssohns Neigung zur Philosophie. So gelang es ihm z. B. nicht, hinreichend viele Subskribenten in der Berliner Gemeinde für den Druck eines hebräischen Werks über die Existenz Gottes zu sammeln, das ihm der Autor, Herz Ullmann, gesandt hatte. S. Jub., XVI, S. 203 f.; Kayserling 3, S. 36–38.

39 Jub., XI, S. 346, s. auch Schriften, V, S. 171.

40 Vgl. z. B. die Werke des „Vaters des englischen Deismus", Herbert von Cherbury (1583–1648), und die ausgezeichnete Arbeit über sein Denken von Harold R. Hutcheson, Lord Herbert of Cherbury's De Religione Laici. New Haven 1944. Leibniz verfaßte ein Gebet, das „nicht nur jeder Christ, sondern auch jeder Jude und jeder Muhamedaner" sollte sprechen können (Jacob Auerbach, Moses Mendelssohn und das Judenthum. In: ZGJD 1, 1886, S. 7, Anm. 1). Auerbach weist auch auf gewisse Parallelen im Denken Leibniz' und im Judentum hin.

41 Rudolf Unger, Hamann und die Aufklärung, S. 58.
42 Zitiert bei Beate Berwin, Moses Mendelssohn im Urteil seiner Zeitgenossen, S. 24. Vgl. auch Karl Lungwitz, Die Religionsphilosophie Johann August Eberhards.
43 Schriften, VI, S. 414. Bernfeld (S. 64) behauptet unter Berufung auf das Protokollbuch der Jüdischen Gemeinde zu Berlin (Jub., XVI, S. 384), Mendelssohn habe diese Predigt (wie auch die anderen) nur übersetzt. Aber eine solche Deutung steht im Widerspruch zu Mendelssohns persönlichem Zeugnis in seinen Briefen an Lessing (Schriften, V, S. 139 u. 173) wie auch zu der Mitteilung Nicolais (ebenda, S. 223f.).
44 Jub., XVI, S. 27, 42.
45 Lavater an Breitinger (ebenda, VII, S. XII).
46 Der Brief von Eybeschütz ebenda, XVI, S. 2f.; der Briefwechsel mit Emden ebenda, S. 114, 130–132, 157–159, 161–163, 166–168, 178–183.
47 Auch wenn Wissenschaftler diese Zeitschrift früher entweder auf 1750 oder auf 1758 datiert haben, hat sich jetzt die Meinung durchgesetzt, daß sie in den Jahren 1755/56 erschien.
48 Isaac Euchel, Toledot rabenu he-chacham Mosche ben Menachem, S. 13; Ludwig Geiger, Geschichte der Juden in Berlin. Berlin 1878. Bd. I, S. 86; Joseph Klausner, Historja schel ha-sifrut ha-iwrit ha-chadascha. Bd. I, S. 51–55. Vielleicht bemerkten die Rabbiner, daß die von Mendelssohn ausgewählten Passagen genau übereinstimmten mit dem vorherrschenden Optimismus des Leibnizschen Denksystems, und fürchteten, die Texte könnten zur Verbreitung weltlicher Philosophie eingesetzt werden. Borodianski freilich glaubt, das Unternehmen sei eher durch Mißerfolg als durch Unterdrückung gescheitert (Jub., XIV, S. IVf.). Beide Ausgaben, die extrem selten sind, wurden nachgedruckt: ebenda, S. 1–21, sowie in: Festschrift zum 50jährigen Bestehen der Franz-Josef-Landesrabbinerschule in Budapest. Budapest 1927, S. 62–76.
49 Kayserling 2, S. 125, Anm. 2; vgl. Schriften, V, S. 221–223.
50 Jub., XVI, S. 142. Die Karäer verwarfen die talmudische Tradition und erkannten nur das schriftlich überlieferte Gesetz der Tora an.
51 Schriften, IV, 1, S. 529. Vgl. Mendelssohns Rezensionen der Übersetzung ebenda, IV, 2, S. 134–141, 292–299.
52 Ebenda, VI, S. 436–443.
53 Friedrich Nicolai, Über meine gelehrte Bildung, S. 43f. Es ist darauf hingewiesen worden, daß Mendelssohn – und selbst David Friedländer – mit einem seltsamen jüdischen Kabbalisten bekannt waren, der mit seiner Theosophie offenbar über jüdische Kreise hinaus wirken wollte. Er lebte von 1779–1781 in Berlin (Jacob Katz, Moses Mendelssohn und E. J. Hirschfeld. In: LBIB VII, 1964, S. 295–311).
54 Schriften, V, S. 509.
55 Jub., XVI, S. 131.
56 Schriften, IV, 2, S. 68. In seinen „Philosophischen Gesprächen" (ebenda, I, S. 204) läßt Mendelssohn Philopon sagen: „Werden denn die Deutschen niemals ihren eigenen Werth erkennen? Wollen sie ewig ihr Gold für das Flittergold ihrer Nachbarn vertauschen?"
57 Berwin, Mendelssohn im Urteil . . ., S. 87.

58 Arnold Bodek, Moses Mendelssohn als deutscher Nationalschriftsteller. In: Lessing-Mendelssohn Gedenkbuch, S. 154f.

59 Jub., XI, S. 181.

60 Preussische Kriegslieder in den Feldzügen 1756 und 1757 von einem Grenadier. Berlin o. J.

61 Aus meinem Leben. Dichtung und Wahrheit. Siebentes Buch. Goethes Werke. Bd. XXVII. Weimar 1889, S. 104.

62 Friedrich Hertz, Wesen und Werden der Nation. In: Jahrbuch für Soziologie. Karlsruhe 1927. Erster Ergänzungsband: Nation und Nationalstaat, S. 28.

63 Z. B. bei Lessing (Jub., XI, S. 38) und bei Mendelssohn (Schriften, V, S. 494). Andere Belege bei Isaac Eisenstein-Barzilay, Moses Mendelssohn. In: JQR LII (1961) S. 172, Anm. 82. Vgl. auch Ismar Elbogen, Die Bezeichnung „Jüdische Nation". In: MGWJ LXIII (1919) S. 200–208.

64 Dazu Josef Feiner, Gewissensfreiheit und Duldung in der Aufklärungszeit, S. 11. Friedrichs Herrschaftsmaxime war: „Räsoniert, soviel ihr wollt und worüber ihr wollt, aber gehorcht!"

65 Als 1712 der Grundstein der ersten Synagoge in Berin gelegt wurde, tat man ein Gebet für den König und seine Familie in ein kupfernes Behältnis und begrub es im Boden (Ludwig Geiger, Geschichte der Juden ... Bd. I, S. 23). Der Friede von Dresden im Jahre 1745 wurde mit einer besonderen Illumination der Synagoge begangen und mit einem hebräischen Siegesgedicht gefeiert, das Aron Gumpertz ins Deutsche übersetzte (Kayserling 2, S. 14f.).

66 M. Kayserling, Der Dichter Ephraim Kuh. – Der Band hat einen Anhang über Issachar Falkensohn Behr.

67 Schriften, V, S. 70f.

68 S. Offenburg, S. 24.

69 Schriften, V, S. 139.

70 Zitiert bei Koppel S. Pinson, Modern Germany, S. 16. (Brief an Gleim vom 14. Februar 1759.) Zu Lessings Gleichgültigkeit gegenüber Preußen und seinem König s. Franz Mehring, Die Lessing-Legende. Die gegenteilige Ansicht wird vertreten von Max Kirschstein, Lessing und Berlin.

71 In einem Brief an Lessing vom Mai 1763 nennt er seine Predigt auf den Hubertusburger Frieden einschläfernd (Schriften, V, S. 173).

72 Schriften, IV, 1, S. 439–457.

73 Ebenda, IV, 2, S. 227.

74 Ebenda, S. 284–292.

75 Ebenda, V, S. 325, 368.

76 Ebenda, S. 440.

77 Man denke an Michaelis. S. Ludwig Geiger, Briefe von, an und über Mendelssohn. In: JJGL XX (1917) S. 95f. Weniger emanzipierte Christen zögerten indessen, in freundschaftliche Beziehungen selbst zu dem aufgeklärtesten Juden zu treten. Mendelssohn beklagt sich in einem Brief vom 26. Januar 1762 an seine Braut, Fromet Guggenheim: „Es kann mich nichts so sehr verdrießen, als wenn mir ein Christ seine Bekanntschaft so teuer anrechnet, und sich im Herzen zu erniedrigen dünkt, wenn er mit einem Juden vertraut ist. So bald ich so was merke, so werde ich trotzig." (Jub., XI, S. 287)

78 Schriften, V, S. 229–369.

79 Jub., XI, S. 57.

80 Im Jahre 1762 schrieb eine Schweizer patriotische Gesellschaft in überaus schmeichelhafter Weise an Mendelssohn und trug ihm ihre Mitgliedschaft an (ebenda, XI, S. 343f.). Fritz Arnheim, Moses Mendelssohn und Luise Ulrike von Schweden. In: ZGJD III (1889) S. 283f.

81 C. G. Schütz, der bei Mendelssohn zum Essen eingeladen worden war, schrieb in einem Brief vom 13. Januar 1769: „Moses ist bei seiner Gelehrsamkeit und Scharfsinn zugleich der scherzhafteste Mann, der Mann von dem edelsten Charakter, und der angenehmste Gesellschafter." (Geiger, Briefe..., S. 132)

82 Carl Becker, The Dilemma of Diderot. In: Everyman His Own Historian. New York 1935, S. 268f.

83 Unger, Hamann. Bd. I, S. 46.

84 Gottfried Fittbogen, Die Religion Lessings, S. 67.

85 Schriften, V, S. 544. (Hervorhebungen an dieser und an allen anderen Stellen sind die des zitierten Autors.)

86 Ebenda, III, S. 477.

87 Ebenda, S. 478; vgl. ebenda, IV, 2, S. 135.

88 Ebenda, III, S. 479.

89 Ebenda, S. 477.

90 Kayserling 2, S. 162; Berwin, Mendelssohn im Urteil... , S. 36. Erst nach dem gewaltigen Erfolg des „Phädon" erwog man seine Aufnahme in die Berliner Akademie (M. Kayserling, Moses Mendelssohns philosophische und religiöse Grundsätze, S. 8). Ein Brief des Schriftstellers Heinrich Christian Boie an Gottfried August Bürger vom 11. Dezember 1778 macht deutlich, daß Mendelssohn jetzt als eine der führenden Gestalten des geistigen Deutschlands angesehen wurde. Boie betrachtete ihn als „unter den ersten unserer Nation" (Geiger, Briefe..., S. 124).

91 Jub., VII, S. 10. Rawidowicz – in seiner Einleitung „Zum Lavater-Mendelssohn-Streit" – verfehlt die entscheidende Bedeutung dieses Satzes, wenn er ihn in seiner Paraphrase ins Präsens setzt (ebenda, S. XXII).

2 Eine Übergangslösung

1 Jub., VII, S. 10.

2 Schriften, V, S. 366.

3 Jub., XI, S. 264.

4 Noch viele Jahre nach dem Streit mit Lavater muß sich Mendelssohn bei Auseinandersetzungen mit Nichtjuden über Religionsfragen unbehaglich gefühlt haben. Sein junger christlicher Bewunderer Maurus Winkopp berichtet: „Sonderbar war, daß er sich auf einem Schabbas niemals über Religionssachen mit mir besprach. Fing ich etwa davon an, wie das an andern Tagen sehr oft geschah, so brach er zwar nicht ab, lenkte aber das Gespräch gleich wieder auf andere Dinge." (Schriften, V, S. 573) Vgl. Friedrich Wilhelm Schütz, Leben und Meinungen Moses Mendelssohns, S. 99: „Überhaupt sprach Mendelssohn sehr ungerne über dergleichen Gegenstände der Religion... "

5 Jub., VII, S. 7f.

6 Ebenda, S. 3.
7 Brief Nicolais an Lessing, in: Lessing, Sämtliche Schriften. Bd. XIX, S. 363.
8 Jub., VII, S. 14.
9 In seiner Antwort an Mendelssohn bringt Lavater seine persönliche Überzeugung zum Ausdruck, es sei die Pflicht jedes Christen, seinen Glauben auszubreiten. Er gesteht indessen ein, daß viele seiner Mitchristen (wie Lessing und Nicolai) diese Verpflichtung nicht anerkennen (ebenda, S. 34).
10 Ebenda, S. XIII.
11 Ebenda, S. 13. Lavaters Meinung wurde von typischen Vertretern der deutschen Geistlichkeit geteilt. Vgl. z. B. die Kommentare von Otto Julius Basilius Hesse, Schreiben des Herrn Moses Mendelssohn, S. 100f. Zu einem möglichen millenaristischen Motiv vgl. B. Mevorah, Der Hintergrund von Lavaters Appell an Mendelssohn [hebräisch]. In: Zion XXX (1965) S. 158–170.
12 Jub., VII, S. 27–37.
13 Ebenda, S. 36.
14 Mendelssohn spricht hier von „meiner geoffenbarten Religion" (ebenda, S. 43). Das Judentum umfaßt für Mendelssohn sowohl die universalen Wahrheiten der natürlichen Religion als auch das eigene, besondere Gesetz.
15 Ebenda, S. 48.
16 Ebenda, S. 307.
17 Ebenda, S. 317f.
18 Ebenda, S. 63f. Rawidowicz (ebenda, S. XXXIV) nimmt fälschlich an, es sei der Anfang einer neuen Schrift gegen Lavater, der Anfang März 1770 verfaßt worden sei. Das Fragment dürfte viel eher aus der Zeit unmittelbar nach dem Empfang des Lavaterschen Zueignungsschreibens stammen. Es enthält Gedanken, die Mendelssohn dann in seinem Schreiben an Lavater vom 12. Dezember 1769 zum Ausdruck gebracht hat und für deren Wiederholung er später keinen Anlaß gehabt hätte. Zum Beispiel: Lavaters Bruch des Versprechens, Mendelssohns Äußerungen aus dem Jahre 1763 für sich zu behalten; Mendelssohns Abneigung gegen öffentliche Religionsstreitigkeiten; das Judentum als nicht zur Bekehrung verpflichtete Religion; Wege zur Seligkeit außerhalb des Judentums. Mendelssohn übernimmt nicht alles aus dem Fragment in sein Schreiben; ausgeschlossen bleibt, was Bitterkeit hervorrufen oder den Streit verlängern könnte.
19 Ebenda, CLXIV, Anm. 41.
20 Ebenda, S. 337.
21 Vgl. Mendelssohns Bemerkungen zu den „Zusätzen" (ebenda, S. 59f.); vgl. auch Nicolais Brief an Lavater vom 10. März 1770 (ebenda, S. 340–342).
22 Ebenda, XVI, S. 139, zitiert nach Schriften, VI, S. 444f.
23 Recherches philosophiques sur les preuves du Christianisme (überarbeitete Ausgabe, Genf 1770).
24 Zwar glaubten auch Lessing und Nicolai, daß das Vorwort vordatiert worden sei, weil die „Nacherinnerung" erst im April erschien, aber Rawidowicz legt ganz richtig dar, daß Bonnet Mendelssohns Einwände gar nicht aus der „Nacherinnerung" entnommen haben mußte, daß er sie vielmehr aus dem Brief kennen konnte, den dieser ihm am 9. Februar geschrieben hatte. Darin standen im großen und ganzen die gleichen Argumente, besonders in bezug auf die Beglaubigung der Offenbarung durch Wunder (Jub., VII, S. XCII). Überdies geben Bonnets persönliche Anmerkungen zu dem Streit (ebenda,

S. 372–374) wie auch sein Verhalten gegenüber Mendelssohn insgesamt keinerlei Anlaß zu der Vermutung, er habe eine solche List gebraucht.

25 Vgl. seinen Brief an Lavater vom 4. Dezember 1770 (ebenda, S. 354f.).

26 Das ist Rawidowicz' Schlußfolgerung (Jub., VII, S. XLV), die indessen nicht überzeugt. Sie unterstellt, Mendelssohn habe seinen eigenen Verwandten täuschen wollen und Elkan Herz, ein reicher Kaufmann, hätte sich von ihm trotz der möglichen Folgen einen schärferen Angriff auf die Christen gewünscht als eine andere jüdische Gruppe – welche konnte das dann noch sein? –, die Mendelssohn zurückhielt. (Oder denkt Rawidowicz, Mendelssohns Behauptung, eine beträchtliche Anzahl seiner jüdischen Mitbürger habe eine möglichst rasche Beilegung des Streits gewünscht, sei völlig haltlos?) Überdies beginnt Mendelssohn den entscheidenden Abschnitt seines Briefs mit der Frage: „Warum ich mich in Disput eingelassen, fragen Sie mich?" Hätte Herz gewünscht, daß sich Mendelssohn stärker engagierte, so wäre seine Frage nicht gewesen, warum es denn überhaupt zu einem Engagement gekommen sei. Mendelssohn teilte zweifellos Herz ganz unverstellt die Empfindungen mit, die er damals hegte.

27 Isaac Eisenstein-Barzilay, Moses Mendelssohn. In: JQR LII (1961) S. 77. Kayserling übergeht den Abschnitt vollständig.

28 Lessings Brief an Mendelssohn vom 9. Januar 1771 (Schriften, V, S. 189).

29 Jub., XVI, S. 148, zit. nach der deutschen Übersetzung in Jub., VII, S. 352.

30 Ebenda, VII, S. 300–305.

31 Ebenda, S. 67–107.

32 Ebenda, S. 98; die vorher zit. Stelle auf S. 97.

33 Kayserling hat in seiner Wiedergabe, nach der hier zitiert wird, die Worte „Gott sei Dank!" und „lügenhaften" ausgelassen (Kayserling 1, S. 495).

34 Die Stelle im Original in: Jub., XVI, S. 151.

35 Die radikalen Vertreter der christlichen Orthodoxie sagten nicht etwa, Mendelssohn müsse, weil aufgeklärt, ein schlechter Jude sein, vielmehr behaupteten sie, als Jude könne er dem Christentum keine Duldung entgegenbringen. Es war daher unchristlich, ihm Ehrerbietung und Achtung zu erweisen. Johann Melchior Goeze, der Hamburger Pastor, der der Hauptgegner Lessings wurde, veröffentlichte 1771 eine Predigt („Eine Predigt von der Liebe gegen fremde Religions-Verwandte") mit einem Mendelssohn betreffenden Anhang. Soweit ich sehe, ist er von der Mendelssohn-Forschung bisher nicht zur Kenntnis genommen worden. Der bemerkenswerteste Abschnitt (S. 63f.) lautet: „Der jüdische Gelehrte hat sich, so viel mir bekannt geworden, bisher noch nicht öffentlich als ein angreifender Feind und Lästerer unsers Erlösers, und seiner allerheiligsten Religion bewiesen. Indessen ist er bey aller seiner übrigen Geschicklichkeit ein Jude, und seine abgegebne Erklärungen zeigen genugsam, wie er im Herzen gegen Jesum und gegen seine Lehre gesinnet sey. Die übertriebenen Lobsprüche und Schmeicheleyen, mit welchen er von Christen, von Gelehrten, von Gottesgelehrten beehrt worden, sind daher unwidersprechlich der Ehre unsers Erlösers nachtheilig, und können mit den Gesinnungen, welche wahre Christen gegen denselben haben müssen, nimmermehr bestehen; sie machen die ganze ohnedem schon so stolze Nation der Juden noch stolzer, und sind eben so starke Hindernisse ihrer Bekehrung, als die offenbaren Ärgernisse, die ihnen von unsrer Seite gegeben werden."

36 Jub., XVI, S. 150.
37 Ebenda, VII, S. 340.
38 Briefe Daniel Chodowieckis an die Gräfin Christiane von Solms-Laubach. Hrsg. von Charlotte Steinbrucker. Straßburg 1927, S. 43.
39 Jub., VII, S. 9, 10.
40 Vgl. seinen Brief vom Juli 1782 an Abraham Wolf in Dessau (Schriften, V, S. 600–604).
41 Ebenda, S. 351.
42 Wiedergegeben bei Siegfried Silberstein, Mendelssohn und Mecklenburg. In: ZGJD 1 (1929) S. 284–286.
43 Jub., XVI, S. 157, 161–166; Übers. nach Kayserling 2, S. 278.
44 Schriften, V, S. 669.
45 Hennings schrieb an Mendelssohn: „Selbst in Berlin, wo die Juden wenigstens im äußern Anstriche der feinen Sitten gebildeter sind, als in den meisten andern Städten, und wo sie einen Mendelssohn unter sich haben, dessen Beispiel sie zu einer bessern Denkungsart führen könnte, giebt es wohl sehr wenige Juden, die sich nicht klüger dünken als Sie, weil Sie gemeinnützig denken, und iene die Kunst verstehen sich zu bereichern." In einem Zusatz schreibt Hennings: „Ich habe in Berlin mehr als einen *vernünftigen* Juden sagen hören, Mendelssohn ist ein Phantast." (Briefe von, an und über Mendelssohn. In: ZGJD 1, 1887, S. 122)
46 Schriften, V, S. 663.
47 Friedländer, Moses Mendelssohn, S. 35.
48 Die Kühle in Mendelssohns Brief an Campe (Schriften, III, S. 419–422) ist wohl vor allem eine Reaktion darauf, daß das Philanthropin ebensosehr daran interessiert war, finanzielle Unterstützung von Juden zu bekommen, wie daran, seine Vorurteilslosigkeit zu demonstrieren. Mit Mendelssohns Einstellung zur Erziehung der jüdischen Jugend und seinen praktischen Unternehmungen auf diesem Gebiet setzt sich ausführlich Mordechai Eliav auseinander in: Ha-chinuch ha-jehudi be-germanja, S. 25 ff., 71 u. passim.
49 Ha-Measef I (1784) S. 44.
50 Lesebuch für jüdische Kinder. Berlin 1779.
51 Jub., XVI, S. 279; XIV, S. 243.
52 Kayserling 1, S. 522.
53 Jub., XIV, S. XCII.
54 Schriften, V, S. 605; Sabattia Joseph Wolff, Maimoniana, S. 87. Das Lessing-Zitat steht im VI. Abschnitt seiner „Theatralischen Bibliothek" (Erstes Stück, 1754).
55 Jub., XIV, S. 242; XVI, S. 252.
56 Vgl. die umfassende Analyse von Übersetzung und Kommentar durch Perez Sandler, Ha-Beur la-Tora schel Mosche Mendelssohn we-si'ato. Jerusalem 1940.
57 Schriften, V, S. 516, 517.
58 Jub., XVI, S. 287; Kayserling 3, S. 48.
59 Jub., XIV, S. 211, 213, 218.
60 Sandler, S. 196; Eliav, S. 34.
61 Kayserling 2, S. 296; Graetz, S. 43.
62 Kayserling 1, S. 521 f., 524.
63 Kayserling 2, S. 296–300; Briefe von, an und über Mendelssohn, S. 114.

64 Jub., XVI, S. 296.
65 Schriften, III, S. 201 f.
66 Ebenda, V, S. 640, 680.
67 Jub., XVI, S. 236f.; Schriften, V, S. 544f.
68 Ebenda, S. 492–494, 623–630; III, S. 366.
69 Simon Bernfeld, Dor tahpuchot. Bd. I, S. 102.
70 Jub., XVI, S. 278; Schriften, V, S. 671, 677. Die hohe Wertschätzung für den Kaiser, die Mendelssohn in seinem Brief vom 7. Mai 1782 an Joseph Galico zum Ausdruck brachte (Jub., XVI, S. 281 f.), hielt nicht lange an.
71 Schriften, V, S. 655.
72 Vgl. z. B. die Besprechung des Vorworts in: Der Teutsche Merkur XXXIX, 3 (1782) S. 180.
73 Schriften, V, S. 655.
74 Der vollständige Titel lautet: Das Forschen nach Licht und Recht in einem Schreiben an Herrn Moses Mendelssohn.
75 Jacob Katz, Wem antwortete Mendelssohn in „Jerusalem"? [hebräisch] In: Zion XXIX (1964) S. 112–132; Ders., Ergänzungen zu „Wem antwortete Mendelssohn in ‚Jerusalem'?" [hebräisch] Ebenda, XXXVI (1971) S. 116f.
76 Das Forschen . . . , S. 40.
77 Schriften, V, S. 612; III, S. 306f.
78 Simon Rawidowicz, Die Philosophie von „Jerusalem" [hebräisch]. In: Sefer Bialik, S. 131; Aus Herders Nachlaß. Bd. II, S. 231.
79 Friedländer, Moses Mendelssohn, S. 85.
80 Schriften, III, S. 297.
81 Ebenda, S. 307.
82 Rawidowicz, S. 133.
83 Schriften, III, S. 321.
84 Eine Aufstellung der Schriften, die direkt durch „Jerusalem" veranlaßt wurden, gibt Rawidowicz, S. 136, Anm. 1. Vgl. auch Fritz Bamberger, Die geistige Gestalt Moses Mendelssohns. In: MGWJ LXXIII (1929) S. 81 f.
85 Tractatus theologico-politicus, Kap. V.
86 Vgl. z. B. Johann David Michaelis, Mosaisches Recht. 2. Aufl. Reutlingen 1785. I, S. 2ff.
87 Schriften, V, S. 669.
88 Jub., VII, S. 98.
89 Schriften , I, S. 36f., 42; Kayserling 2, S. 493f.; Anekdoten von König Friedrich II. von Preußen. III, S. 278f.; Briefe Daniel Chodowieckis . . . , S. 50.
90 Mendelssohn hielt nicht „nur noch aus Gewohnheit und Zweifel an den alten Satzungen" fest, wie Immanuel Heinrich Ritter behauptet in: Geschichte der jüdischen Reformation. I. Teil: Mendelssohn und Lessing. Berlin 1858, S. 94.
91 Schriften, V, S. 521.
92 Ebenda, S. 673, 680.
93 Friedländer, Moses Mendelssohn, S. 35.
94 Auch Konversionen wurden häufiger in Mendelssohns letzten Lebensjahren. In einem Brief vom 11. Januar 1785 an Elkan Herz (Jub., XVI, S. 297) zeigt sich Mendelssohn außerordentlich erfreut darüber, daß die preußischen Gerichte das Testament Moses Chalfans anerkannten, in dem jedes seiner Kinder, das seinen Glauben aufgab, von der Erbschaft ausgeschlossen wurde.

95 In seinem letzten Brief an Sophie Becker vom 27. Dezember 1785 schrieb Mendelssohn: „Allein im Grunde können wir uns, auch der Vernunft nach, die Gottheit nicht stark, nicht lebhaft genug als *gegenwärtig* vorstellen; und alle Versinnlichung reicht nicht hin, uns den Enthusiasmus mitzutheilen, welchen wir bei dieser Vorstellung haben sollten." (Schriften, V, S. 649)
96 Bamberger, Die geistige Gestalt ..., S. 87f.
97 René Wellek, Geschichte der Literaturkritik 1750–1830. Darmstadt, Berlin, Neuwied 1959, S. 157f.
98 Kayserling 2, S. 174; vgl. Schriften, V, S. 530f.
99 Mendelssohn sah dabei die Nähe von Schwärmerei und Fanatismus (Kayserling 1, S. 552–554).
100 Kayserling 3, S. 17.
101 Schriften, III, S. 13.
102 Ebenda, II, S. 237; III, S. 414.
103 Ebenda, V, S. 577.
104 Ebenda, S. 373.
105 Ernst Cassirer, Die Philosophie der Aufklärung. Tübingen 1932, S. 367. Vgl. bes. Immanuel Kant, Beantwortung der Frage: Was ist Aufklärung? In: Werke. Hrsg. v. Wilhelm Weischedel. Bd. XI. Frankfurt am Main 1968, S. 51ff.
106 Schriften, V, S. 509.
107 Ebenda, S. 706.
108 Ebenda, S. 614, 637.
109 Ebenda, S. 631f.
110 Ebenda, II, S. 237.
111 Friedrich Nicolai, Über meine gelehrte Bildung, S. 40f.
112 L. F. G. Goeckingk, Friedrich Nicolais Leben und literarischer Nachlaß. Berlin 1820, S. 19.
113 Schriften, V, S. 342.
114 Ebenda, S. 368; Nicolai, S. 40f.; Isaac Euchel, Toledot rabenu he-chacham Mosche ben Menachem, S. 103. Man beachte auch die immense Gelehrsamkeit in Mendelssohns Einleitung zu seinem Pentateuch (Jub., XIV, S. 229ff.).
115 Schriften, V, S. 587.
116 Ernst Simon, Lessing und die jüdische Geschichte. In: Jüdische Rundschau 22. Jan. 1929, S. 1.
117 Schriften, V, S. 582.
118 Cassirer, Philosophie der Aufklärung, S. 295ff.
119 Die dynamische, auf eine Entwicklung hin angelegte Natur der Vernunft, wie sie hier vorgestellt wird, bezeichnet eine eindeutige Gegenposition gegen den Spinozismus, dessen Lessing nach seinem Tode von Jacobi bezichtigt wurde.
120 Schriften, III, S. 317f. Hazard entfernt sich weit von der Wahrheit, wenn er, ausgehend von einem Abschnitt in „Phädon" (Jub., III, 1, S. 114), behauptet, Lessing habe seine „Idee eines allmählichen Aufstiegs" von Mendelssohn übernommen. Im „Phädon" bezieht sich Mendelssohn nur auf das Individuum, nicht auf die Menschheit, so übrigens auch in „Jerusalem" (Paul Hazard, Die Herrschaft der Vernunft. Das europäische Denken im 18. Jahrhundert. Hamburg 1949, S. 578).
121 Schriften, V, S. 648f.

3 David Friedländer. Das Dilemma eines Schülers

1 Kayserling 2, S. 509ff.
2 Salomon Maimon, Lebensgeschichte. Bd. II, S. 181.
3 Lazarus Bendavid, Etwas zur Charakteristick der Juden, S. 45.
4 Ha-Scharon zu: Ha-Karmel VII, 5 (1866) S. 36–38. Diese Korrespondenz zwischen Friedländer und Joseph Pesseles fand im Jahre 1783 statt und war ein Versuch, eine Annäherung zwischen Mendelssohn und Dubno herbeizuführen.
5 Jub. XIV, S. 268.
6 Berlinische Monatsschrift VIII (1786) S. 528.
7 Wie lange Friedländer diese Stellung innehatte, ist umstritten. In einem Brief des Jahres 1825 an Zunz behauptete Friedländer, er habe die Position 1783 aufgegeben (ZGJD V, 1892, S. 263). Aufgrund eines Dokuments mit dem Datum 18. Januar 1784 nimmt Moritz Stern an, die Tätigkeit als Direktor habe sich bis ins Jahr 1784 erstreckt (ZGJD VI, 1935, S. 121, 169). Immanuel Heinrich Ritter behauptet in der einzigen das gesamte Leben Friedländers umfassenden Biographie, er habe die Stellung bis zum Ende des Jahrhunderts behalten (Geschichte der jüdischen Reformation. Bd. II: David Friedländer, sein Leben und sein Wirken, S. 39). Offenbar gab Friedländer die Leitung der Schule Anfang 1784 ab – vielleicht wegen Meinungsverschiedenheiten über Grundsatzfragen, wie der Brief an Zunz anzudeuten scheint –, behielt aber die Stelle als Direktor des hebräischen Verlags mindestens bis 1789, wie es aus dem Vorwort zu Saul Berlins „Mitspe Joktel" hervorgeht. Das Werk wurde in diesem Jahr anonym von der Freischule veröffentlicht mit einem Vorwort von Friedländer und Isaak Daniel Itzig; darin bezeichnen sie sich als Mitglieder des für die Schule verantwortlichen Vereins.
8 Im Jahre 1782 übersetzte Friedländer Wesselys „Diwre schalom we-emet" ins Deutsche, eine Schrift, die sich für die Josephinischen Reformen im Erziehungswesen aussprach. Die Übertragung erschien in Berlin, Breslau und Wien, nannte aber weder Autor noch Übersetzer. Eine Neuausgabe wurde 1798 veröffentlicht.
9 Berlinische Monatsschrift VII (1786) S. 406; auch zitiert bei Ritter, S. 53.
10 Berlinische Monatsschrift VIII (1786) S. 523–550.
11 „Gebete der Juden auf das ganze Jahr". Vgl. Ismar Elbogen, David Friedländers Übersetzung des Gebetbuchs. In: ZGJD VI (1935) S. 130–133. Die Übersetzung des Gebetbuchs wurde sehr günstig besprochen in „Ha-Measef" (1786, S. 138–141), obwohl einer der Herausgeber der Zeitschrift, Isaac Euchel, im selben Jahr eine eigene Übersetzung, wenn auch in deutscher Schrift, veröffentlichte. Außer dem Gebetbuch übersetzte Friedländer den Prediger Salomo sowie Auszüge aus Jesaja, Hiob und später auch aus Micha.
12 Über Friedländers Lebensstil und wirtschaftliche Tätigkeit vgl. Ernst Friedlaender, Das Handlungshaus Joachim Moses Friedländer; Hugo Rachel und Paul Wallich, Berliner Großkaufleute und Kapitalisten. Bd. II, S. 378.
13 Josef Meisl, Protokollbuch der jüdischen Gemeinde Berlin, S. 326, 342, 344, 358.
14 Klassenbewußtsein und persönliches Interesse dürfen jedoch nicht als einzi-

ges Motiv hinter allen Plänen und Projekten Friedländers gesehen werden. Raphael Mahlers Darstellung Friedländers ist so grob entstellend – und herabsetzend –, weil er nur diese eine Seite seines Charakters sehen will (Diwre jeme Jisrael. Bd. II. Merhavia 1954, S. 144ff. u. bes. 342ff.).

15 Der Artikel gegen das Purimfest: Berlinische Monatsschrift XV (1790) S. 377–381; Friedländers Antwort: Ebenda, S. 563–577.

16 Vgl. z. B. Friedländer, An die Verehrer, Freunde und Schüler Jerusalems, Spaldings, Tellers, Herders und Löfflers. Leipzig 1823, S. 102.

17 Brief an Herz Homberg vom 22. September 1783 in : Schriften, V, S. 669.

18 Z. B. Christian Wilhelm Dohm, Über die bürgerliche Verbesserung der Juden. Bd. I, S. 34f.; Graf Mirabeau, Über Moses Mendelssohn, S. 135, 156, 203.

19 Berlinische Monatsschrift XVIII (1791) S. 353.

20 „Sendschreiben an die deutsche [!] Juden". Dieses kurze Werk erschien ohne Seitenzählung als Zugabe zum vierten Band von „Ha-Measef". Es wendet sich gegen das „Olat Zibur" des Prager Rabbiners Elazar Fleckeles, in dem dieser alle Übersetzungen heiliger Texte in eine moderne Sprache verdammt.

21 Akten-Stücke die Reform der jüdischen Kolonieen in den Preußischen Staaten betreffend, S. 24–26. Friedländers Verachtung für die Rabbiner veranlaßte ihn auch dazu, daß er (gemeinsam mit Isaak Daniel Itzig) die schon erwähnte Polemik (vgl. Anm. 7) gegen den Rabbiner Raphael Kohen veröffentlichte und dazu ein Vorwort schrieb, das die Identität des Autors verschleierte.

22 Elf der Briefe Friedländers an Eger sind auf deutsch – mit gelegentlich eingestreuten hebräischen Wendungen – in hebräischer Schrift geschrieben; die übrigen zwei sind ganz auf hebräisch verfaßt. Sechs der Briefe wurden von Ludwig Geiger in deutscher Umschrift und Übersetzung veröffentlicht (ZGJD I, 1887, S. 256–273). Alle 13 vorhandenen Briefe wurden später in ihrer originalen Sprache und Schreibung publiziert von Josef Meisl, Briefe David Friedländers [Jiddisch]. In: Historische Schriften. Bd. II, S. 390–412. Meisls Datierung ist genauer als die Geigers, mit einer wichtigen Ausnahme. Meisls Brief Nr. 4 (Geiger Nr. 1) sollte auf den 20. September 1789, nicht auf den 1. Oktober 1788 datiert werden. Der Grund: Meisls Nr. 4 setzt seine Nr. 8 voraus; ein Jahr Pause in der Erörterung desselben Gegenstandes – und eine Erörterung anderer Themen in der Zwischenzeit – ist sehr unwahrscheinlich; die hier vorgeschlagene Datierung dagegen ergibt einen einleuchtenden Abstand von elf Tagen zwischen den beiden Briefen.

23 Meisl, S. 402.

24 Dohm, S. 101 f.

25 Mirabeau, S. 203.

26 Reinhold Lewin, Die Judengesetzgebung Friedrich Wilhelms II. In: MGWJ LVII (1913) S. 82ff.

27 Ismar Freund, Die Emanzipation der Juden in Preußen. Bd. I, S. 34f.; Ders., David Friedländer und die politische Emanzipation der Juden in Preußen. In: ZGJD VI (1935) S. 78.

28 Akten-Stücke ..., S. 56.

29 Bereits 1785 brachte die „Berlinische Monatsschrift" (VI, S. 167f.) die Anekdote von einem Soldaten in Straßburg, der durch seinen Wunsch, als Isaelit zu sterben, seine Religionszugehörigkeit verraten hatte. Sie vermerkte mit Ge-

nugtuung, daß sich Juden sogar freiwillig zur Armee meldeten – was zuvor für unmöglich gehalten worden war. In der Bittschrift für die Einbürgerung der Friedländers vom 20. Januar 1792 (Akten-Stücke..., S. 48–51) versprach die Familie, die Wohlfahrt des Staates „mit Gut und Blut" zu befördern, so wie es die Familie Itzig getan habe. Ein Jahr später, am 3. März 1793, schrieb Friedländer an den preußischen Staatsbeamten von Schroetter, Juden, die nicht in der Armee dienen wollten, hätten keinen Anspruch auf die Staatsbürgerrechte. Sein Verdruß über die orthodoxe Judenschaft trat deutlich zutage: „Wollen die Juden wirklich nicht alle Pflichten eines Staatsbürgers übernehmen, so weise man die Unverschämten ab; sie können, sie dürfen nicht gehört werden." Der Brief bei Ernst Friedländer, Das Handlungshaus..., S. 44–46.

30 Akten-Stücke..., S. 131.

31 Mahler (Diwre jeme Jisrael, S. 345 ff.) hat als erster den von Klasseninteressen bestimmten Charakter dieser Dokumente hervorgehoben, die bis dahin eher als Äußerungen edelmütiger Bemühungen betrachtet worden waren. Aber seine Interpretation, die ausschließlich mit Begriffen wie „kapitalistischer Eigennutz", „Egoismus", „Verrat am jüdischen Volk" arbeitet, kommt der Wahrheit nicht näher. Gewiß war da Eigennutz am Werk, aber zugleich auch Fürsorge für den Durchschnittsjuden – zumindest in Preußen.

32 Lewin, S. 466 f.

33 Gallerie der ausgezeichneten Israeliten aller Jahrhunderte, S. 103; Geiger, Geschichte der Juden ... Bd. II, S. 162.

34 Vgl. Hannah Arendt-Stern, Aufklärung und Judenfrage. In: ZGJD IV (1932) S. 65–77.

35 Akten-Stücke..., S. 9, Anm.

36 In den folgenden Jahren drängte Friedländer weiterhin zur Aufhebung des Namens „Jude". Aber seine Vorliebe für Ersatzbegriffe wechselte von dem Ausdruck „Alt-Testamentarischen Glaubens" zu „Israelit". „Israelit" wurde von christlichen Theologen zur Bezeichnung der alten Hebräer gebraucht und war daher ein passender Name für einen nicht-talmudischen Juden. Der Brief an Teller hält an dem Ausdruck „Jude" fest und wendet sich zugleich gegen ihn. Spätere Schriften reden sämtlich von „Israeliten" und der „israelitischen Religion" – mit der bemerkenswerten Ausnahme von Friedländers Beitrag in Zunz' „Zeitschrift für die Wissenschaft des Judenthums", wo das herausgeberische Programm offensichtlich die Beibehaltung von „Jude" wie auch von „Judentum" verlangte. – In den „Akten-Stücken" verwendet Friedländer die Ausdrücke „Kolonie" und „Nation". Die erste Bezeichnung wurde z. B. auch grundsätzlich mit Bezug auf die französischen Einwohner Preußens gebraucht. In den zweiten Ausdruck darf man nicht irgendeinen Hinweis auf einen modernen jüdischen Nationalismus hineinlesen, er bedeutet vielmehr dasselbe. Vgl. Ismar Elbogen, Die Bezeichnung „Jüdische Nation". In: MGWJ LXIII (1919) S. 200–208. Zu Friedländers Anstrengungen um die Jahrhundertwende, den Ausdruck „Jude" aus amtlichen Dokumenten zu entfernen, siehe Jacob Jacobson, Zu David Friedländers Bemühungen um Abschaffung des Namens „Jude". In: AZJ LXXVI (1912) S. 379 f.

37 Vgl. z. B. den Rezensenten von Friedländers „Akten-Stücken" in: Neue allgemeine deutsche Bibliothek III (1793) S. 155. Vgl. auch K. A. Varnhagen von

Ense, Tagebücher. XIII, S. 13f.; Friedrich Schlegels Briefe an seinen Bruder August Wilhelm, S. 52. Es ist bemerkenswert, daß Maimon in keiner veröffentlichten Schrift und in keinem der erhaltenen Briefe Friedländers erwähnt wird. Sabattia Wolff berichtet, Friedländer sei zunächst ein Freund und Wohltäter Maimons gewesen, später jedoch ihm gegenüber gleichgültiger geworden (Maimoniana, S. 117).

38 Maimon, Lebensgeschichte. Bd. II, S. 180–183.

39 J. G. Fichte, Beitrag zur Berichtigung der Urtheile des Publicums über die französische Revolution [1793]. In: Sämtliche Werke. Berlin 1845. Bd. VI, S. 149f.

40 Briefe David Friedländers (vgl. Anm. 22), S. 403.

41 Im Jahre 1799 schrieb Friedländer an Aron Wolfssohn: „Ich halte die Nation, wie sie ist, bei allem Schein von Cultur, Geschmack und Gelehrsamkeit, en gros für unverbesserlich schlecht und alle Aufklärung durch ‚Measphim' für unnütz. Alle unsere hebräisch geschriebenen Bücher liest Keiner... " Im Jahre 1804 schrieb er: „Mit der Sache des Judenthums ist es aus, völlig aus!" (Leopold Stein, Die Schrift des Lebens. Bd. II. Straßburg 1877, S. 444f.) Es überrascht nicht, daß Friedländers Name in der Subskribentenliste des Jahrgangs 1809 von „Ha-Measef" nicht auftaucht.

42 Sendschreiben an Seine Hochwürden, Herrn Oberconsistorialrath und Probst Teller zu Berlin, von einigen Hausvätern jüdischer Religion.

43 Friedländer hatte rabbinische Erzählungen aus Talmud und Midrasch, die seine eigene Philosophie stützten, veröffentlicht in: Berlinische Monatsschrift (XVII, 1791, S. 494–497; XVIII, 1791, S. 117–119; XXV, 1795, S. 385–387) und die zuerst von Mendelssohn vorgelegten „Proben rabbinischer Weisheit" für J. J. Engels „Der Philosoph für die Welt" fortgesetzt. Er kannte rabbinische Literatur, zumindest oberflächlich (AZJ LXXVI, S. 163–165; Glatzer 2, S. 86) und schätzte ihre moralische Seite. Aber er wandte sich immer wieder gegen eine Überbewertung der nachbiblischen Tradition und dagegen, daß der Talmud als einziger Führer für das Leben angesehen wurde.

44 Sendschreiben..., S. 28. Vgl. Lessing, Die Erziehung des Menschengeschlechts. 1780, § 16: „Ein Volk aber, das so roh, so ungeschickt zu abgezogenen Gedanken war, noch so völlig in seiner Kindheit war, was war es für einer *moralischen* Erziehung fähig? Keiner andern, als die dem Alter der Kindheit entspricht. Der Erziehung durch unmittelbare sinnliche Strafen und Belohnungen."

45 Sendschreiben..., S. 34.

46 Mendelssohns Einfluß wird an verschiedenen Stellen des Schreibens sichtbar. Friedländer behauptet sogar, ihm lägen Mendelssohns Prinzipien zugrunde (S. 11, Anm.). Wie Mendelssohn unterscheidet er zwischen Vernunftwahrheiten und Geschichtswahrheiten. Die einen basierten auf persönlicher Überzeugung, die anderen auf Vertrauen in die Berichte von Zeugen. Es gibt auch frappierende sprachliche Übereinstimmungen. Mendelssohn schrieb an Lavater: „Ich darf sagen, daß ich meine Religion nicht erst seit gestern zu untersuchen angefangen." (Jub., VII, S. 8) Friedländer schreibt: „Wir haben die Betrachtung über Religion, Pflicht und Bestimmung nicht erst seit gestern angefangen." (S. 15)

47 Bendavid, Etwas zur Characteristick..., S. 45, 64f.

48 Allgemeine Literatur-Zeitung 1794, S. 343 f.; Intelligenzblatt der Allgemeinen Literatur-Zeitung 1794, S. 301 f.; vgl. Ellen Littmann, David Friedländers Sendschreiben an Probst Teller und sein Echo. In: ZGJD VI (1935) S. 103.

49 Immanuel Kant, Der Streit der Fakultäten. Werke. Band XI, S. 82 f. Dubnow (VIII, S. 268, Anm. 1) meint, dieses Werk Kants könne sehr wohl Friedländers Brief an Teller im darauffolgenden Jahr beeinflußt haben.

50 Vgl. Nathan Rotenstreich, Kants Deutung des Judentums [hebräisch]. In: Tarbiz XXVII (1958) S. 388–405. In „Adrastea und das achtzehnte Jahrhundert" akzeptierte Herder Mendelssohns Interpretation der bindenden Gültigkeit des Gesetzes für das Judentum: „Nur der Gott ihrer Väter, der ihnen diese Gebote auflegte (meinen sie) kann sie ihnen entnehmen, und zwar nicht anders als durch einen so feierlichen Act, als die Gesetzgebung auf Sinai selbst war." (Sämtliche Werke. Bd. X, S. 105)

51 Davidson wird weder von Graetz, Dubnow noch von Mahler erwähnt; auch wird er nicht in der „Encyclopaedia Judaica" aufgeführt. Teller indessen erwähnt ihn als einen der berühmten Ärzte seiner Zeit in seiner Antwort auf das Sendschreiben (S. 16).

52 Wolf Davidson, Über die bürgerliche Verbesserung der Juden, S. 114; 114, Anm.; 117, Anm.

53 Andere Schriften werden behandelt bei Littmann, S. 94 ff.

54 Beantwortung des Sendschreibens einiger Hausväter jüdischer Religion.

55 Benjamin Rippner (David Friedländer und Probst Teller. In: Jubelschrift zum siebzigsten Geburtstage des Prof. Dr. H. Graetz, S. 169) meint, Teller habe das Sendschreiben mit Nachdruck zurückgewiesen; Mahler (Diwre jeme Jisrael, S. 148) nimmt fälschlich an, er habe einen Glauben an Geheimnisse des Christentums verlangt; Littmann (S. 104) behauptet: „Bei Vermeidung jeder Schärfe im Ton ist seine Antwort in der Sache ablehnend." Auf der anderen Seite will Dubnow (VIII, S. 204) Teller in der Antwort als Bekehrer sehen, was im Widerspruch steht zu dessen Behauptung, er wolle gerade das nicht (S. 27). Das paßt auch nicht zu Tellers Eintreten für das Testament von Moses Isaak Chalfan, das diejenigen seiner Kinder, die konvertierten, von der Erbschaft ausschloß (ZGJD III, 1889, S. 207).

56 Beantwortung..., S. 39.

57 Friedländer selber sagte später: Teller „beehrte mein Schreiben mit einer, nicht durchaus genügenden Antwort" (An die Verehrer..., S. 15).

58 Das vollständigste Verzeichnis dieser Literatur (23 Schriften sowie 10 Artikel und Rezensionen) und eine Einordnung nach Kategorien (Rationalisten, Dogmatiker, Romantiker) bei Littmann, S. 105 ff. Einige dieser Schriften werden auch behandelt bei Geiger in: ZGJD IV (1890) S. 57 ff. und in: Neue Allgemeine Bibliothek LVII (1801) S. 267–293.

59 Friedländer sandte sogar ein Exemplar an Herder, um dessen Reaktion zu erkunden. Der Journalist Garlieb Merkel berichtet in seinen Erinnerungen: „Als im Jahre 1799 der berühmte David Friedländer zu Berlin Teller in einem gedruckten Sendschreiben öffentlich aufgefordert hatte, seine Meinung über den moralischen Wert der Judentaufe zu sagen, bat er mich, auch Herdern zu bewegen, daß er darüber etwas schreiben möge. Herder antwortete mir: Ich möchte Friedländer für das übersandte Exemplar des Sendschreibens danken und wenn ich eine höfliche Wendung dazu fände, hinzufügen, er wisse keine

andere Antwort als den Zuruf Voltaires: Puisque vous êtes juif, soyez-le donc!“ (Thersites, S. 59) Ein weiteres Zeugnis dafür, daß Friedländers Autorschaft bekannt war oder vermutet wurde: Aron Wolfssohn, Jeschurun, S. 115f.; Briefe David Friedländers (vgl. Anm. 22) Nr. 12. Ferner: Wenn Schleiermachers (in Anm. 63 nachgewiesene) Bemerkung: „Wie tief verwundet muß besonders der treffliche Friedländer sein!“ ironisch gemeint sein sollte – was höchst wahrscheinlich ist –, dann muß die Verfasserschaft ein offenes Geheimnis gewesen sein.

60 Z. B. Hermann Daniel Hermes, Über das Sendschreiben einiger Hausväter jüdischer Religion, bes. S. 37.

61 So z. B. die anonyme „Treue Relation“, S. 19. Steinschneider (Bodleian Catalogue. II, col. 988) hält diese Schrift irrtümlich für das Werk eines Juden. Ich kann mich auch nicht der Behauptung Steinschneiders und Littmanns (S. 111) anschließen, daß eine weitere Schrift, das „Gespräch über das Sendschreiben“, von einem jüdischen Autor stamme. Sie scheint mir eher die Arbeit eines aufgeklärten Christen zu sein, obwohl sie eine beachtliche Vertrautheit mit der jüdischen Welt verrät. Der nicht genannte Autor findet Tellers Bedingungen nicht ungerechtfertigt und rechnet mit der Konversion von Juden (vgl. bes. S. 30, 33, 35f.).

62 Briefe bei Gelegenheit der politisch theologischen Aufgabe und des Sendschreibens jüdischer Hausväter. In: Friedrich Schleiermacher, Sämtliche Werke. Teil I: Zur Theologie. V, S. 1–39.

63 Ebenda, S. 8.

64 Briefe David Friedländers, Nr. 12 (vgl. Anm. 22); Gespräch ..., S. 27.

65 An die Hrn. Verfasser des Sendschreibens an Hrn. O. K. Rath Teller. Von Hrn. Dr. Schönemann, jüdischer Nazion. In: Neue Berlinische Monatsschrift IV (1800) S. 208–225. Von Schönemann, der in Driesen in der Neumark lebte, erschien ein Jahr später in der „Monatsschrift“ (V, S. 186–201) ein übersetzter Auszug aus einem hebräischen allegorischen Drama. Über ihn siehe Moshe Pelli in: Journal of Hebrew Studies 1 (1969) S. 74f.

66 Allerdings meinte Lazarus Bendavid, der nicht zu den Hausvätern gehörte, zweifellos sie, als er in einer Rede vom 18. Januar 1800 sagte: „Zu verargen ist es ihnen nicht, daß sie die besuchte und freudige Kirche, der verlassenen und traurigen Synagogue vorziehen und sich und ihre Kinder zu retten suchen. Aber gewonnen für das Ganze wird dadurch nichts, gar nichts. Es sind Splitter, die man von einem unbehülflichen Koloß abschneidet; der Koloß, anstatt geschwächt zu werden, gewinnt vielmehr an Stärke, weil der Riß, den der Splitter andeutete, nun nicht weiter greift.“ (Bendavid, Aufsätze verschiedenen Inhalts, S. 132)

67 Friedländer fand sich jedoch niemals bereit zuzugeben, daß die Reaktion gerechtfertigt war. Als er sich beinahe 25 Jahre später an das Sendschreiben erinnerte, stellte er fest, von allen Reaktionen, die es hervorgerufen habe, lohnten nur die Tellers selbst und die Rezension Henkes in der „Neuen Allgemeinen Bibliothek“ die Lektüre. Die Rezension Henkes ist gerade dadurch ungewöhnlich, daß sie die Abwendung von den übrigen Juden ganz und gar entschuldigt. Henke war der Überzeugung, es gebe keine Hoffnung auf eine Reform des Judentums in naher Zukunft und die Hausväter seien – da nun einmal die Verleihung der politischen Rechte mit der Reform gekoppelt war – nicht dafür zu tadeln, daß sie ihren eigenen Vorteil suchten.

68 Freund, David Friedländer ..., S. 82ff.; ders., Die rechtliche und politische Bedeutung der Emanzipation. In: Gemeindeblatt der jüdischen Gemeinde zu Berlin 8. März 1912, S. 28f.
69 Freund, Die Emanzipation ... Bd. II, S. 332–335, 368–371.
70 Gallerie der ausgezeichneten Israeliten ..., S. 105.
71 Wiedergegeben bei Freund. Bd. II, S. 455–459.
72 Rosa Dukas, Die Motive der preußischen Judenemanzipation von 1812, S. 64.
73 Über die, durch die neue Organisation der Judenschaften in den Preußischen Staaten nothwendig gewordene Umbildung.
74 Z. B. Licht und Wahrheit die Umbildung des Israelitischen Kultus betreffend. Steinschneider (Bodleian Catalogue. II, col. 989) schreibt diese Arbeit irrtümlich Jeremiah Heinemann zu unter Berufung auf eine Notiz, die das Erscheinen einer Zeitschrift ankündigt. Der Autor ist in Wahrheit Gotthold Salomon. Vgl. seine „Selbst-Biographie". Leipzig 1863, S. 19.
75 Z. B. L. B. Dohm, Etwas zum Schutz des angegriffenen Gebrauches der ebräischen Sprache; Abraham Muhr, Jerubaal.
76 Ludwig Geiger, Nach dem Edikt vom 11. März 1812. In: Gemeindeblatt der jüdischen Gemeinde zu Berlin 9. August 1912, S. 104. Vgl. auch Mahler, Diwre jeme Jisrael, S. 364.
77 Reden der Erbauung gebildeter Israeliten gewidmet (1815); dass., Erste Folge (1817); Rede gehalten vor einer Gesellschaft gebildeter Israeliten. In : Jedidja I,1 (1817) S. 38–56; Rede über Psalm 19. Ebenda I,2 (1817) S. 133–149.
78 Friedländer war über Jacobsons Reformbemühungen in Westfalen unterrichtet, aber er beurteilte sie als zu ängstlich. Am 21. September 1808 schrieb er an Aron Wolfssohn, Jacobson taktiere; er vermeide es, Anstoß zu erregen, und wähle dabei stets den Weg des Kompromisses (Joseph Cohn, Einige Schriftstücke aus dem Nachlaß Aron Wolfssohns. In: MGWJ XLI, 1897, S. 375f.). Vgl. auch Glatzer 2, S. 77f.
79 Schon 1785 hatte Friedländer „Briefe über die Moral des Handels" geschrieben, die denselben Geist atmeten. Hier hatte er unterschieden zwischen dem „Kleinhandel", bei dem die „niedrigsten Kunstgriffe des Betruges, der List, der Schmeichelei u. s. w." üblich seien, und dem „Handel im Großen", bei dem ein guter Ruf entscheide und Redlichkeit, wenn auch durch den Eigennutz nahegelegt, herrsche. Die „Briefe" erschienen zuerst in Zöllners „Lehrbuch für alle Stände" und wurden dann viele Jahre später nachgedruckt in: Jedidja I, 1 (1817) S. 178–213.
80 Reden (1815) S. 76.
81 Isaak Markus Jost, Geschichte des Judenthums und seiner Sekten. Bd. III, S. 333.
82 Vgl. Anm. 16. Die Schrift wurde herausgegeben von dem Leipziger Philosophen Krug.
83 Den Ausdruck „reformiertes Judentum" beziehe ich mit Bedacht auf Friedländer. Er hatte keine Vorstellung von einem fortschreitenden Judentum, das sich selbst beständig umbildete (im Sinne des Reformjudentums des 19. Jahrhunderts), sondern nur die von einem israelitischen Glauben, der so unwandelbar war wie die ewigen Wahrheiten der natürlichen Religion.
84 Über die Verbesserung der Israeliten im Königreich Pohlen. Friedländers Vorschläge hatten jedoch offensichtlich wenig praktische Wirkung. Vgl. M.

Wischnitzer, Die Briefe David Friedländers an den Erzbischof von Warschau, Franz Malczewski. In: AZJ LXXII (1908) S. 353 f.

85 Beitrag zur Geschichte der Verfolgung der Juden im 19ten Jahrhundert durch Schriftsteller.

86 Briefe über das Lesen der heiligen Schriften nebst einer Übersetzung des sechsten und siebenten Capitels des Micha, als Beilage. In: ZWJ I (1822/23) S. 68–94. Während Friedländer hier die Lektüre der hebräischen Bibel lobte und deren ästhetischen wie moralischen Wert hervorhob, hielt er es nicht für nötig, sie dem Durchschnittsschüler, der nicht für die akademische Laufbahn bestimmt war, zur Pflicht zu machen.

87 J. J. Engel, Schriften. Berlin 1801.

88 Briefwechsel zwischen Goethe und Zelter, passim.

89 ZGJD V (1892) S. 263.

90 Und tatsächlich hielten ihn manche auch jetzt noch dafür. Als Gotthold Salomon im Jahre 1823 eine Biographie Mendelssohns mit einer Auswahl aus seinen Werken herausbrachte, widmete er sie Mendelssohns Sohn Joseph und „des unsterblichen Meisters treuestem Jünger Herrn David Friedländer".

91 Im Jahre 1787 hatte Friedländer Mendelssohns hebräischen Auszug aus dem „Phädon", „Sefer ha-nefesch" (Buch der Seele), herausgebracht und ihm eine hebräische Einleitung vorangestellt. Er wurde 1798 in Brünn neu herausgegeben mit Friedländers deutscher Übersetzung der Einleitung und des ersten Teils.

92 Moses Mendelssohn, S. 3.

93 An die Verehrer ..., S. 103.

94 Vgl. Ritter, David Friedländer ..., S. 25.

95 Ebenda, S. 174.

96 Friedländer wurde von Graetz und seiner Schule und etwas weniger heftig von Dubnow angeprangert: Er sei ein Assimilationist gewesen. Dagegen hat ihn jüngst Mahler beschuldigt, er habe sich zum Interessenvertreter der jüdischen Bourgeoisie gemacht. Jost, Ritter und Geiger auf der anderen Seite waren in ihren Bewertungen nicht hinreichend kritisch. Die ersten vorurteilslosen, wenngleich bruchstückhaften Arbeiten über Friedländer erschienen in einer Ausgabe der ZGJD (VI, 1935) anläßlich der hundertsten Wiederkehr seines Todestages.

4 Rationalismus und Romantik. Zwei Wege zur Konversion

1 Goethe-Jahrbuch XIV (1893) S. 51.

2 Ludwig Geiger, Dichter und Frauen, S. 129.

3 G. Schnapper-Arndt, Jugendarbeiten Ludwig Börnes über jüdische Dinge. In: ZGJD II (1888) S. 378.

4 Alfred von Martin, Das Wesen der romantischen Religiosität. In: Deutsche Vierteljahrsschrift für Literaturwissenschaft und Geistesgeschichte II (1924) S. 387.

5 Vgl. Ludwig Lesser, Chronik der Gesellschaft der Freunde in Berlin.

6 Georg Heinrici, Briefe von Henriette Herz an August Twesten (1814–1827). In: Zeitschrift für Bücherfreunde N. F. V, 2 (1914) S. 344, Anm. 5.

7 Sebastian Hensel, Die Familie Mendelssohn 1729–1847. Bd. I, S. 112f.
8 Eric Werner, Mendelssohn. Leben und Werk in neuer Sicht. Zürich 1980, S. 61.
9 Georg Wilhelm Friedrich Hegel, Der Geist des Christentums und sein Schicksal. Werke. Bd. I, S. 299, 301; vgl. Nathan Rotenstreich, Hegel's Image of Judaism. In: JSS XV (1953) S. 39.
10 Schriften, V, S. 667.
11 Dorothea v. Schlegel geb. Mendelssohn und deren Söhne Johannes und Philipp Veit, Briefwechsel. Hrsg. v. J. M. Raich. Bd. I, S. [9].
12 Ebenda, Bd. I, S. [2].
13 Caroline und Dorothea Schlegel in Briefen. Hrsg. v. Ernst Wieneke, S. 14.
14 Wilhelm und Caroline von Humboldt in ihren Briefen. Hrsg. v. Anna von Sydow. Bd. I, S. 178f.
15 Caroline, Briefe aus der Frühromantik. Hrsg. v. Georg Waitz. Bd. I, S. 564.
16 Am 18. September 1790, auf den in diesem Jahr der Versöhnungstag (Jom Kippur) fiel, schrieb Wilhelm von Humboldt an Caroline: „Heute war ich bei Jetten [Henriette Herz] und Brendel. ... Gestern hatten die Juden lange Nacht, wo sie nicht besuchbar sind." (Sydow, I, S. 216)
17 Briefe von und an Friedrich und Dorothea Schlegel. Hrsg. v. Josef Körner, S. 20.
18 Siehe Hugo Weizäcker, Schleiermacher und das Eheproblem, S. 14, 22.
19 Brief an Gustav von Brinckmann vom 2. Februar 1799. In: Henriette Herz. Ihr Leben und ihre Zeit. Hrsg. v. Hans Landsberg, S. 278.
20 Wieneke, S. 348.
21 Athenaeum II, 1 (1799) S. 14.
22 Florentin. Ein Roman herausgegeben von Friedrich Schlegel. Erster Band. Lübeck und Leipzig 1801.
23 G. Brandes, Die Hauptströmungen der Literatur des neunzehnten Jahrhunderts. Bd. II, S. 80. Der Roman wurde als wichtig genug eingeschätzt, daß man ihn 1911 vollständig aufnahm in den siebenten Band von: Deutsche Literatur. Sammlung literarischer Kunst- und Kulturdenkmäler in Entwicklungsreihen, S. 89–244. 1993 erschien er in Reclams Universal-Bibliothek.
24 Raich, I, S. 224.
25 Mit Bezug auf Fichte zum Beispiel, der daran dachte, einige ihrer Berliner Möbel zu erwerben, schrieb sie: „ ... er wird doch seinen Juden Hass wenigstens damit sanctioniren, dass er sie mir Christlich bezahlt!" (Brief an Schleiermacher vom 6. Januar 1800 in: Briefe von Dorothea Schlegel an Friedrich Schleiermacher. In: Mitteilungen aus dem Litteraturarchiv in Berlin N. F. VII, S. 26f.).
26 In ihrem Pariser Tagebuch (Raich, I, S. 128).
27 Mitteilungen ..., S. 119. Diese Stelle ist ausgelassen in dem früheren Abdruck desselben Briefes bei Raich, I, S. 109–113.
28 Mitteilungen ..., S. 124.
29 Raich, I, S. 163.
30 Ebenda, S. 256.
31 Auch darin unterschied sie sich von der preußischen Judenschaft, die in ihrem Bemühen um Emanzipation ständig ihren Patriotismus bekundete. Dorothea dagegen konnte gerade in ihrer jüdischen Herkunft einen Grund

für einen Mangel an Patriotismus sehen. Am 8. Juni 1807 schrieb sie an Caroline Paulus, mit der sie sich in Jena angefreundet hatte: „Um meines *asiatischen* Ursprungs willen wird man es mir wohl verzeihen, daß ich zu meinem *angebornen* Vaterlande keinen allzugroßen Trieb in mir spüre." (Ebenda, S. 225)

32 Ebenda, S. 261

33 Briefe von Dorothea und Friedrich Schlegel an die Familie Paulus. Hrsg. v. Rudolf Unger, S. 67.

34 Krisenjahre der Frühromantik. Briefe aus dem Schlegelkreis. Hrsg. v. Josef Körner. Bd. I, S. 485.

35 Raich, I, S. 155.

36 Ebenda, S. 298.

37 Der jüdische Maler Moritz Oppenheim erzählte einmal Philipp Veit ausführlich, wie sein Großvater sich der Zudringlichkeiten Lavaters erwehrt habe. Veit antwortete mit einem Seufzer und murmelte: „Wer weiß, was er jetzt dafür büßen muß!" (Erinnerungen. Hrsg. v. Alfred Oppenheim. Frankfurt a. M. 1924, S. 90)

38 Raich, I, S. 437f.

39 Siehe ihren Brief an Rahel vom 11. April 1817 (ebenda, II, S. 418).

40 Der Brief, aus dem hier zitiert wird, wurde zuerst veröffentlicht von Ludwig Geiger (Dorothea Veit-Schlegel. In: Deutsche Rundschau CLX, 1914, S. 133f.). Aber Geigers Interpretation des Briefes, wonach er ein Akt ungewöhnlichen Mutes ist, zeigt, daß er keinen Zugang zu der religiösen Einstellung Dorotheas in dieser Phase ihres Lebens hat.

41 Rahel, II, S. 433.

42 Es ist nicht ganz klar, ob Henriette oder Recha die jüngere Schwester war. Im Gegensatz zu der Genealogie bei Hensel (Die Familie ..., Bd. II, S. 418) – nach der Recha die jüngste der drei Schwestern war – legt der auf direkter Kenntnis beruhende Bericht Sophie Beckers, Mendelssohns mittlere Tochter sei „recht schön" gewesen – was Henriette mit Sicherheit nicht war –, die Vermutung nahe, daß Hensel sich hier geirrt haben könnte. Jacobson hat vor kurzem den 18. Juli 1767 als Geburtsdatum Rechas (Rechels) angegeben, während Körner behauptet, daß Henriette beim Tode ihres Vaters im Jahre 1786 erst elf Jahre alt war. Das würde bedeuten, daß Henriette sehr viel jünger war als Recha. (Vgl. Sophie Becker, Vor hundert Jahren. Elise von der Reckes Reisen durch Deutschland 1784–86. Stuttgart 1883, S. 192; Jacob Jacobson, Von Mendelssohn zu Mendelssohn-Bartholdy. In: LBIY V, 1960, S. 252; Josef Körner, Mendelssohns Töchter. In: Preußische Jahrbücher CCXIV, 1928, S. 176.)

43 Waitz, Caroline ..., Bd. I, S. 487.

44 Heinrici, Briefe von Henriette Herz ..., S. 342.

45 Brief an Theresa Unterkircher vom 4. März 1832, zitiert bei Körner, Briefe von und an Friedrich und Dorothea Schlegel, S. 585.

46 K. A. Varnhagen von Ense, Denkwürdigkeiten des eignen Lebens. Hrsg. v. Joachim Kühn. Berlin 1922. Bd. II, S. 62.

47 Brief Chamissos an Hitzig vom 18. Februar 1810, zit. in: Krisenjahre ... Bd. III, S. 344.

48 Ebenda, II, S. 167.

49 Rahel, III, S. 204. Der Name erscheint hier nur mit „J.". Hannah Arendt hat jedoch festgestellt, daß der Originaltext des Tagebucheintrags „Jette Mendelssohn" lautet. Diese Information ist in einem Manuskript mit Korrekturen zu „Rahel" enthalten, das sich im Besitz des Leo Baeck Instituts in New York befindet.

50 Hensel, I, S. 88.

51 Henriette Herz. Ihr Leben und ihre Erinnerungen. Hrsg. v. J. Fürst, S. 28.

52 Johann Gottfried Schadow, Kunst-Werke und Kunst-Ansichten, S. XIXf.

53 Fürst, S. 98–100.

54 S. Rudolf Haym, Die romantische Schule, S. 238–242.

55 S. den Brief Böttigers an Schiller aus dem Jahre 1797, zit. bei Heinrich Heidenheimer, Zur Geschichte und Beurteilung der Juden vom XV. bis XIX. Jahrhundert. In: MGWJ LIII (1909) S. 268.

56 Wilhelm von Humboldts Briefe an Karl Gustav von Brinkmann. Hrsg. v. Albert Leitzmann, S. 87.

57 Im Jahrgang 1797 der „Allgemeinen Literatur-Zeitung" (Nr. 333, S. 167) erschien eine Rezension der anonym veröffentlichten „Bambocciaden" von Bernhardi. August Wilhelm Schlegel, der Rezensent, zitierte daraus diesen kleinen Ausfall gegen Henriette Herz, der, wenn auch vielleicht ein wenig ungerecht, doch nicht ganz fern von der Wahrheit gewesen sein mag: „Jene – Madam Moses ist eine Jüdin, und von ihr werden Sie wohl schon bemerkt haben, daß sie sich mit Mühe so viel Grazie erworben hat, daß sie dadurch ungemein misfällt. – Sie ist in dieser Gesellschaft die eigentliche *schöne Seele*, sie hat von Jugend auf viel Umgang mit guten Köpfen gehabt, – welche ihr eine runde Summe von allgemein durchgreifenden aesthetischen Ideen hinterließen, die sie jetzt jedem neuen Bekannten groschenweise zuzählet. – Sie ist immer in irgend einen Goethischen Charakter masquirt – am liebsten zeigt sie sich als Prinzessin im Tasso, deswegen lernt sie auch jetzt Latein. Hat ihr Goethe den Charakter nicht recht auf den Leib gemacht, so schneidet sie ihn sich selbst nach der Mode. – Ihre begünstigten Liebhaber indessen behaupten, unter vier Augen wäre sie – Madam Moses."

58 Wilhelm von Humboldts Tagebücher. Hrsg. v. Albert Leitzmann. Berlin 1916–1918. Bd. I, S. 69.

59 Kayserling 2, S. 455–458.

60 Sydow, Wilhelm und Caroline ..., IV, S. 260.

61 Landsberg, Henriette Herz ..., S. 262.

62 Friedrich Daniel Ernst Schleiermacher, Schriften aus der Berliner Zeit 1796–1799. Hrsg. v. Günter Meckenstock. (Kritische Gesamtausgabe. Erste Abt. Bd. 2.) Berlin, New York 1984, S. 185–326.

63 Ebenda, S. 245 f.

64 Ebenda, S. 314, 316.

65 Landsberg, S. 108 f.

66 Ebenda, S. 113, 129, 131, 139, 147.

67 Offenbar hatte Schleiermacher erfolglos versucht, sie zu einer früheren Konversion zu bewegen. Am 2. Dezember 1808 schrieb er an seine zukünftige Braut, Henriette von Willich: „Ich möchte wol wissen, ob Jette ein Wort mit Dir sprechen wird über etwas, was von ihr verkannt, von ihrem zu uns gehören in Absicht der Religion. Jetzt hält sie es leider noch aus; ob sie es

aber noch aushalten wird, wenn sie Dich sieht das Abendmal aus meiner Hand empfangen, oder gar ... wenn sie mich sieht unser erstes Kind taufen, das möchte ich doch bezweifeln." (Friedrich Schleiermachers Briefwechsel mit seiner Braut. Hrsg. v. Heinrich Meisner, S. 261, vgl. auch S. 359.)

68 Ludwig Robert, Rahels Bruder, schrieb das folgende bezeichnende Gedicht mit dem Titel „Hofräthin Jette Herz":

Junonische Riesin
Egyptische Marquisin
Tugend verübend
Treuer als liebend
Entzückt mit Gewalt.
Hundertfach herzlos,
Edel und schmerzlos,
Rüstig und kalt,
Zu jung für so alt.

69 Sydow, III, S. 232.

70 Briefwechsel zwischen Varnhagen und Rahel. Hrsg. v. Ludmilla Assing. Bd. II, S. 109.

71 Briefwechsel des jungen Börne und der Henriette Herz. Hrsg. v. Ludwig Geiger. Oldenburg u. Leipzig 1905, S. 22. Der siebzehnjährige Börne war überwältigt von seiner schönen „Pensionsmutter". Aber als er dann nach Halle gegangen war, ließ seine Leidenschaft allmählich nach, seine Briefe wurden gelassener, und seine Ironie und sein Witz, für die er so bekannt war, traten deutlich zutage. Henriette versuchte ihm gegenüber die Rolle einer Mutter einzunehmen, und stets trieb sie ihn zu fleißiger Arbeit bei seinem Studium an. Zweifellos schmeichelte seine Anhänglichkeit ihrer Eitelkeit, aber ihre Fürsorge für ihn war doch echt. In späteren Jahren entfernte sich Börne, wie auch Humboldt, innerlich stärker von Henriette.

72 Briefwechsel zwischen Rahel und David Veit. Hrsg. v. Ludmilla Assing. Bd. II, S. 55, 79f.

73 So z. B. die Schwestern Sara und Marianne Meyer. Über sie Ludwig Geiger in: Goethe-Jahrbuch XIV (1893) S. 95–104.

74 Leitzmann, Humboldts Briefe an Karl Gustav von Brinkmann, S. 87.

75 Rahel, I, S. 237.

76 Hannah Arendt, Rahel Varnhagen, Appendix: Aus unveröffentlichten Briefen und Tagebüchern in chronologischer Folge, S. 206: „Verkannt, gehaßt, muß ich mich und mein Äußeres immer erst legitimieren." Deutsche Ausgabe: Rahel Varnhagen. Lebensgeschichte einer deutschen Jüdin aus der Romantik. München 1959. Die deutsche Ausgabe ersetzt den Appendix der englischen Fassung durch andere Texte Rahels. Die Zitate werden daher hier dem Appendix der englischen Ausgabe entnommen, der die Brief- und Tagebuchauszüge auf Deutsch wiedergibt.

77 Arendt, Appendix, S. 201, 203, 207f.

78 Assing, Briefwechsel zwischen Rahel ... II, S. 173.

79 Rahel, I, S. 311.

80 Ebenda, II, S. 16.

81 Ebenda, I, S. 586.

82 Assing, Briefwechsel zwischen Rahel ... I, S. 76.

83 Brief vom 9. April 1812 in: Rahel und Alexander von der Marwitz in ihren Briefen. Hrsg. v. Heinrich Meisner, S. 234f.
84 Arendt, Appendix, S. 205.
85 Rahel, II, S. 367.
86 In einem Brief an den Grafen Astolf de Custine vom 20. März 1830, der – nach Hannah Arendts Manuskript (vgl. Anm. 49) – einzufügen wäre bei: Rahel, III, S. 428, heißt es: „... et j'ai eu la honte pour la première fois de ma vie, de m'ennuyer jusqu'aux larmes ... mais pour manque d'images, de pensées, et d'idées! Pour la première fois je ne me trouvais pas exaltée, élevée, transportée dans une meilleure région par mes souffrances, j'étais devenue commune, au moins vide, creuse et ordinaire: et j'ai dû apprendre et j'ai appris: que ce que nous sommes n'est pas moins un don, que ce que nous avons. Enfin j'ai appris et j'ai souffert ... "
87 Carl Atzenbeck, Pauline Wiesel, S. 217f., vgl. auch S. 185f., 224.
88 Über Rahels Religiosität. In: Ausgewählte Schriften von K. A. Varnhagen von Ense. Bd. XIX, S. 281f.
89 Rahel, II, S. 557.
90 Angelus Silesius und Saint-Martin, S. 104.
91 Vgl. Rahel, II, S. 206: „O! ich fühle alles in meiner Noth. Gott schickt sie mir. *Ich küsse das Kreuz*. Er hat gewiß recht."
92 Ebenda, I, S. 36f., 227.
93 Ebenda, II, S. 224; Zur Judenfrage in Deutschland. Hrsg. v. Wilhelm Freund. Berlin 1843, S. 181.
94 Das stellte als erster Gabriel Riesser fest in: Jüdische Briefe. Zur Abwehr und Verständigung. In: Gesammelte Schriften. Bd. IV, S. 256–259.
95 Ein Brief von Rahel. In: Zur Judenfrage in Deutschland, S. 181f. Ludwig, den Rahel als ihren „Religionsbruder" betrachtete, schrieb ungefähr zur gleichen Zeit ein Gedicht. Wer Jude war, so sagte er darin, lebte in einem Paria-Status, den ihm die Gesellschaft für immer auferlegte, dennoch konnte er, Ludwig, religiös nur ein Christ sein. Dieses wenig bekannte Sonnet ist abgedruckt bei Wilhelm Dorow, Erlebtes aus den Jahren 1790–1827. Bd. IV, S. 177f. Es lautet:

Wenn der ein Jud' ist, der im Mutterleibe
Verdammt schon war zu niederm Sklavenstande,
Der ohne Rechte lebt im Vaterlande,
Dem Pöbel, der mit Koth wirft, eine Scheibe;
Dem gar nichts hilft, was er auch thu' und treibe,
Des Leidenskelch doch voll bleibt bis am Rande:
Verachtungsvoll und schmachvoll und voll Schande?
Dann bin ich Jud' – und weiß auch, daß ich's bleibe.
Und wenn der Christ ist, der sich streng befleißet
Sein Erdenkreuz in Demuth zu ertragen
Und die zu lieben, die ihn tödtlich hassen;
Glaubend, daß Alles, was sein Herz zerreißet,
Der Herr, um ihn zu prüfen, zugelassen?
Dann bin ich Christ! das darf ich redlich sagen.

96 Rahel, I, S. 43.
97 So Hannah Arendt, die ihre Biographie mit diesem Zitat beginnt, so auch M. Kayserling in: Die jüdischen Frauen, S. 209–216.

5 Religiöse Reform und politische Reaktion

1 Die Verehrung der Maskilim für Mendelssohn war grenzenlos. Sie nannten ihn das „Licht unserer Generation" und sagten: „In seinem Schatten werden wir unter den Völkern leben." (Ha-Measef I, 1784, S. 20; II, 1785, S. 43; III, 1786, S. 66) In Versen verglichen sie ihn mit Newton:

Koschet we-dat zerura be-ofel mini dor dor
Ade amar Elohim jehi Mosche! wa-jehi or!
(Wahrheit und Religion lagen generationenlang
in Finsternis gebunden,
bis Gott sprach: Es werde Moses! und es ward Licht!)
(Ebenda III, 1786, S. 161)

2 Ebenda I (1784) S. 6–10.

3 Indem sie „auf die Fahne der Masoreten schworen" (ebenda I, 1784, erster deutschsprachiger Anhang, S. 12), zeigten sich die Maskilim konservativer als die christlichen Bibelwissenschaftler ihrer Zeit. Die einzigen kontroversen Themen, die sie anschlugen, waren die Zulässigkeit von Bibelübersetzungen ins Hochdeutsche und die rasche Beisetzung, wobei sie in beiden Fällen in die Fußstapfen Mendelssohns traten. Die rasche Beisetzung blieb ein Gegenstand der Auseinandersetzung bis ins 19. Jahrhundert.

4 Ebenda VI (1790) S. 311.

5 Ebenda VII (1794–1797) S. 54ff.

6 Ebenda, Letztes Vierteljahr; Rafael Mahler, Diwre jeme Jisrael, II, S. 175.

7 „R' Henoch, oder vos tut me damit". In: Archiv far der geschichte fun jidischen te'ater un drame I (1939) S. 94–146. Ähnlich in Form und Inhalt ist das Stück Aron Wolfssohns „Leichtsinn und Frömmelei" [hebräische Schrift], das 1796 veröffentlicht wurde. Euchels Stück war in Manuskriptform noch 1817 in Berliner jüdischen Kreisen in Umlauf, wo der junge Leopold Zunz seine Bekannten damit unterhielt, daß er daraus vorlas (Glatzer 2, S. 87).

8 Ha-Measef VII (1794–1797), deutschsprachiger Anhang zum Ersten Vierteljahr, S. 3f.

9 Jedidja IV,1 (1822) S. 1.

10 Sulamith, eine Zeitschrift zur Beförderung der Kultur und Humanität unter der jüdischen Nation. Hrsg. v. David Fränkel und Joseph Wolf. Vom dritten Jahrgang an (1810) wurde der Titel geändert in „zur Beförderung ... unter den Israeliten".

11 Ebenda I, 1 (1806) S. 10.

12 Ebenda, S. 164.

13 Ebenda II, 1 (1808) S. 217–232.

14 Musterhaftes Betragen eines Rabbiners. In: Ebenda I, 1 (1806) S. 183f.

15 Juda Bense'ew, Jesode ha-dat, erste Einleitung.

16 Erbauungen, II, S. 22.

17 Eine Bibliographie der Arbeiten von und über Ascher bietet Ellen Littmann, Saul Ascher. In: LBIY V (1960) S. 107 Anm. 3, 120f.

18 J. G. Meusel, Das gelehrte Teutschland im neunzehnten Jahrhundert. 5. Ausgabe. Bd. 17, 1820, S. 52f.

19 Fritz Pinkuss, Saul Ascher. Dissertation, eingereicht an der Hochschule für die Wissenschaft des Judentums in Berlin.
20 Bemerkungen über die bürgerliche Verbesserung der Juden.
21 Vgl. Hans Joachim Schoeps, Geschichte der jüdischen Religionsphilosophie in der Neuzeit. Bd. I, S. 42f.
22 S. Ascher, Eisenmenger der Zweite.
23 Leviathan ..., S. 243f.
24 Ebenda, S. 227.
25 Ebenda, S. 171f.
26 Vgl. z.B. E. Kley, Catechismus der mosaischen Religion, S. IV; Herz Homberg, Ben Yakir, S. 83; Erbauungen, II,1, S. 8.
27 Littmann (S. 114) hat versucht, den „Leviathan" in Beziehung zu setzen zu Schleiermacher. Aber Schleiermacher lebte im Jahre 1792 noch nicht in Berlin, und er hatte zu diesem Zeitpunkt noch keine theologischen Werke veröffentlicht.
28 Leviathan ..., S. 14.
29 Max Wiener, Saul Ascher und die Theorie des Judentums als einer Religion [Jiddisch]. In: Yivo Bleter XXIII (1944) S. 71.
30 Leviathan ..., S. 160.
31 Ascher selber sagte später, sein Werk habe eher bei Christen als bei Juden Beifall gefunden (Die Germanomanie ..., S. 58).
32 Ha-Measef II (1785) S. 28–31. Es scheint indessen so, als sei diese Übersetzung nie erschienen. Jagels Buch wurde, obwohl es früher ins Judendeutsche übertragen worden war, nicht als Lehrbuch im religiösen Unterricht verwendet (M. Eliav, Ha-Chinuch ..., S. 260).
33 Einige werden in der Bibliographie aufgeführt. Eine ausführliche Analyse von 15 Katechismen, die von 1810 bis 1868 erschienen, findet sich bei Jakob J. Petuchowski, Manuals and Catechisms of the Jewish Religion in the Early Period of Emancipation. In: Studies in Nineteenth-Century Jewish Intellectual History, S. 47–64.
34 Vgl. z.B. J. M. Lilienfeld, Patriotische Gedanken eines Israeliten, S. 88.
35 Zwei bei den Maskilim besonders beliebte Zitate aus den rabbinischen Schriften sind: „dina de-malchuta dina" („das Gesetz des Landes ist Gesetz [für uns]") und „chaside umot ha-olam jesch la-hem chelek le-olam ha-ba" („Die Frommen aller Nationen haben einen Anteil an der künftigen Welt").
36 Ein Beispiel für die zweite Lösung findet sich in dem Abschnitt mit der Überschrift „Durch die Israeliten sollte der Glaube an einen einzigen und gerechten Gott, auch auf die andern Völker sich verbreiten". In: Peter Beer, Handbuch der mosaischen Religion. Bd. II, S. 162–168.
37 Josef Johlson, Unterricht in der Mosaischen Religion, S. 16.
38 Peter Beer, Dat Jisrael, I, S. XVIII.
39 Sulamith I,2 (1807) S. 51 Anm.
40 Ebenda IV,1 (1812) S. 246–254; Jedidja II,1 (1818) S. 207–216.
41 Das wahre System der rein mosaischen Religion, S. 6.
42 Peter Beer, Geschichte, Lehren und Meinungen. Bd. II, S. 416; Aron Wolfssohn, Jeschurun. Breslau 1804, S. 114.
43 Predigten in dem neuen Israelitischen Tempel zu Hamburg. Bd. II, S. 46.
44 Damit wende ich mich gegen Isaac E. Barzilay, National and Anti-National Trends in the Berlin Haskalah. In: JSS XXI (1959) S. 165–192.

45 Gotthold Salomon, Lebensgeschichte des Herrn Moses Philippsohn. Dessau 1814, S. 43 Anm.; vgl. Sulamith I,2 (1807) S. 382; Erbauungen, II, S. 745; Benedikt Schottlaender, Sendschreiben an meine Brüder, S. 16–18.
46 Jacob R. Markus, Israel Jacobson. In: CCARY XXXVIII (1928) S. 386–498; Mahler, Diwre jeme Jisrael, S. 151.
47 Salomon, Lebensgeschichte ..., S. 58f.
48 Jacob R. Marcus, The Love Letters of Bendet Schottlaender. In: HUCA VII (1930) S. 542 Anm. 10, 562 Anm. 51.
49 Offenbar waren aber christliche Lehrer nicht besser bezahlt. Vgl. Felix Lazarus, Das Königlich-Westphälische Konsistorium der Israeliten. In: MGWJ LVIII (1914) S. 206 Anm. 1.
50 Phoebus Philippson, Biographische Skizzen. Bd. II, S. 206.
51 M. Eliav, Ha-Chinuch ..., S. 207.
52 David Fränkel, Nachricht von der Jüdischen Haupt- und Frey-Schule in Dessau, S. 60 Anm.
53 Schottlaender, S. 25.
54 Sulamith II,1 (1808) S. 70.
55 Ebenda I,1 (1806) S. 215.
56 Jedidja I,1 (1817) S. 22f.
57 Man lese dazu die Predigt Israel Jacobsons bei der Weihe seines Tempels in Seesen: „Nur der gemeinschaftliche Fortschritt zum Besseren, zum letzten Ziele der Vernunft wird zwei verschieden denkende Partheien – wenn auch nicht zur Gemeinschaft, aber doch zum Näherseyn leiten; nur die Vernunft mit ihren ewigen Grundsätzen ist das Einzige, worin zuletzt die abweichendsten Partheien, die ungläubigsten Sekten, die weit entlegendsten Völker übereintreffen müssen." (Sulamith III,1, 1810, S. 309f.)
58 M. H. Bock, Israelitischer Kinderfreund. Berlin 1811, S. XII; Sulamith III,2 (1811) S. 25.
59 Ebenda II,1 (1808) S. 223f.
60 Führt uns die Religion auch nicht zurück? Altona 1820, S. 5f.; vgl. Sulamith I,2 (1807) S. 199–203, 249–257; V,1 (1817) S. 32.
61 Ebenda III,1 (1810) S. 336. Vgl. ebenda I,1 (1806) S. 314; III,2 (1811) S. 371; V,1 (1817) S. 163 Anm.
62 J. Wolf, Sechs deutsche Reden, gehalten in der Synagoge zu Dessau. Dessau 1812–13. I, S. 55.
63 J. A. Dorner, Geschichte der protestantischen Theologie, S. 676.
64 Herz Homberg, Rede bey Eröffnung der religiös-moralischen Vorlesungen für Israeliten in Prag. Prag 1818, S. 5; Wolf, I, S. 103–119, II, S. 25–28; E. Kley, Catechismus ..., S. 1.
65 Wolfssohn, Jeschurun, S. 118–121.
66 Sulamith I,2 (1807) S. 8f.
67 Obwohl Mendelssohn deutsche Predigten zu patriotischen Anlässen verfaßt hatte, war die deutschsprachige Predigt kein fester Bestandteil des Gottesdienstes. Erst 1805 fing Joseph Wolf an, in der Dessauer Synagoge deutsche Predigten am ersten Tag der jüdischen Feste und am Kol-Nidre-Abend zu halten (AZJ LI, 1887, S. 750). Wolfs Predigt vom Oktober 1808, die er aus Anlaß der Fünfzigjahrfeier des Regierungsantritts des Herzogs Leopold Friedrich Franz hielt (Sulamith II,1, 1808, S. 276–285), ist nicht, wie allgemein

angenommen, die erste erhaltene deutsche Predigt, die auch von ihrem Verfasser vorgetragen wurde (Mendelssohn hielt die Predigten, die er verfaßte, nicht selber). Früher im selben Jahr hielt Schalom Kohen eine deutsche Predigt in der Kasseler Synagoge; er sollte kurz darauf der letzte Herausgeber von „Ha-Measef" werden. Die Predigt wurde abgedruckt in: Sulamith II,1 (1808) S. 15–30.

68 Ebenda II,2 (1809) S. 296–305. Man vergleiche auch die Pflichten, die den „Israelitischen Syndiken" auferlegt wurden: S. 305–312.

69 Ebenda III,1 (1810) S. 15–17; vgl. III,1, S. 146–148, 294–297; V,2 (1819) S. 399–401.

70 Verfügungen des Königlichen Konsistoriums der Israeliten. Kassel, am 24. Sept. 1810. Wiedergegeben ebenda III,1 (1810) S. 366–380.

71 Der Tempel in Seesen war nicht der erste, der eine Orgel hatte. Bereits Jahrhunderte früher war eine Orgel in eine der alten Synagogen Prags eingebaut worden. Im Jahre 1716 wurde für dasselbe Gotteshaus eine neue Orgel von einem jüdischen Handwerker gebaut (Leopold Zunz, Die Gottesdienstlichen Vorträge der Juden, S. 476).

72 N. Friedland, Zur Geschichte des Tempels der Jacobsonschule, S. 5.

73 Sulamith III,1 (1810) S. 316f.

74 Z. B. Fränkel in: Ebenda V,2 (1819) S. 398f. Anm. und Jeremiah Heinemann in : Jedidja II,2 (1819) S. 79f. Auch andere verlangten weiterhin nach einer von einer Zentrale kontrollierten Organisation und Reform, so Johlson, Unterricht..., S. XXI; J. Wolf u. G. Salomon, Der Charakter des Judenthums, S. 205f.

75 Es ist eine Ironie der Geschichte, daß König Jérôme von Westfalen solche privaten Gottesdienste, die in Westfalen von den Orthodoxen abgehalten wurden, ausdrücklich untersagt hatte (Sulamith III,2, 1811, S. 211–213).

76 Im November 1818 (Geiger, Geschichte der Juden ... Bd. II, S. 221).

77 Sulamith IV,2 (1815) S. 66–70.

78 Israel Bettan, Early Reform in Contemporaneous Responsa. In: Hebrew Union College Jubilee Volume, S. 434.

79 M. I. Bresselau, Cherew nokemet nekam berit, S. 5f.

80 Gründungs- und Vereinigungsurkunde des Neuen Israelitischen Tempelvereins in Hamburg. In: Festschrift zum hundertjährigen Bestehen des Israelitischen Tempelvereins in Hamburg 1818–1918, S. 11.

81 Ordnung der öffentlichen Andacht für die Sabbath- und Festtage des ganzen Jahres.

82 Ebenda, S. 106f., 240f.

83 Ebenda, S. 62. Vgl. auch S. 49, wo in dem Retse-Gebet „awoda" (Opferdienst) übersetzt ist mit „den wahren Gottesdienst" und „ische Jisrael" nicht mit „Feueropfer", sondern einfach mit „Opfer".

84 Obwohl das Wort „goel" (Erlöser) im hebräischen Text beibehalten ist (S. 44), wird es mit „Erlösung" übersetzt.

85 Ele diwre ha-berit.

86 Besonders Bresselau und Seckel Isaac Fränkel, Schutzschrift des zu Hamburg erschienenen Israelitischen Gebetbuchs.

87 Obwohl sein Sohn, der berühmte Streiter für jüdische Gleichberechtigung in Deutschland, Gabriel Riesser, später einer der Direktoren des Hamburger

Tempels wurde, war Lazarus Riesser kein Mitglied des Tempelvereins, wenigstens nicht am Anfang. Sein Name fehlt in der Liste der Gründer bei Leimsdörfer, S. 16f.

88 Lazarus Jacob Riesser, Send-Schreiben an meine Glaubens-Genossen in Hamburg.

89 Gotthold Salomon, Kurzgefaßte Geschichte des neuen Israelitischen Tempels in Hamburg, S. 6f.

90 Ha-Measef (II, 1785, S. 17) sprach von der „Gerechtigkeit der Völker uns gegenüber" und davon, wie „ihre Freundlichkeit uns gegenüber täglich zunehme". Fränkel schrieb 1808 in „Sulamith" (II,1, S. 157), es sei jetzt eine Zeit, „wo die Vernunft und Humanität die Oberhand gewonnen, wo die Regenten weise und milde herrschen, und im Menschen den Menschen ehren..."

91 Ebenda, I,2 (1807) S. 148f.

92 Reinhold Steig, Heinrich von Kleists Berliner Kämpfe, S. 21–23.

93 Ebenda, S. 610.

94 Achim von Arnim, Ausgewählte Werke. Bd. II, S. 21–152.

95 Martin Philippson, Der Anteil der jüdischen Freiwilligen an dem Befreiungskriege 1813 und 1814. In: MGWJ L (1906) S. 1–21, 220–247.

96 Zuruf an die Jünglinge, S. 5, 10.

97 Eine seltene Ausnahme ist der Dessauer Pädagoge und Verleger hebräischer Bücher Moses Philippson. Nach Auskunft seines Sohnes und Biographen sagte er bereits 1813: „Als Israelit muß ich bekennen, daß ich für die Gleichstellung meiner Glaubensgenossenschaft nach dem Sturze Napoleons wenig erwarte, man wird sie wieder in die alten Fesseln schlagen, die doch nur in einem kleinen Theile Deutschlands gebrochen oder gelüftet sind." (Philippson, Biographische Skizzen. Bd. I, S. 117)

98 Friedrich Rühs, Über die Ansprüche der Juden an das deutsche Bürgerrecht (das weiter unten angeführte Zitat auf S. 6); J. F. Fries, Über die Gefährdung des Wohlstandes und Charakters der Deutschen durch die Juden. Rühs antwortete auf seine Kritiker in: Die Rechte des Christenthums und des deutschen Volks.

99 Sigmund Zimmern, Versuch einer Würdigung der Angriffe des Herrn Professor Fries auf die Juden, S. 4, Anm. c. In seiner Schrift behauptete Zimmern, die Macht der Rabbiner werde von selbst vergehen: „Engt uns nicht ein, und was ihr wollt, wird geschehen!" (S. 23) Fünf Jahre später war der stud. jur. des Jahres 1816 promoviert und getauft (Glatzer 2, S. 123).

100 M. Hess, Freimüthige Prüfung der Schrift des Herrn Professor Rühs, S. 90. Vgl. auch Sulamith V,1 (1817) S. 3; Wolf und Salomon, Der Charakter..., S. 146.

101 Hess, S. 55.

102 Sulamith IV,2 (1815) S. 64.

103 David Fränkel, Einige Worte an die Schüler der Franzschule in Dessau, S. 16.

104 In einem Brief vom 1. Januar 1819 an seinen Lehrer S. M. Ehrenberg teilte Zunz mit, er habe Ascher kennengelernt, und beschrieb ihn als einen „Mann von eigentümlichen Ansichten, Feind aller Schwärmerei, gegen die Deutschtümler: sein moralischer Charakter wird nicht geschätzt" (Glatzer 2, S. 96).

105 Saul Ascher, Die Germanomanie, S. 16.

106 Pinson. Modern Germany, S. 64.
107 Eleonore Sterling, Er ist wie Du, S. 179–181, 189.
108 Sulamith VI,1 (1820) S. 34. Die Zeitschrift „Jedidja" hüllte sich vollkommen in Schweigen.
109 Dubnow. Bd. IX, S. 39.
110 Eric Werner, New Light on the Family of Felix Mendelssohn. In: HUCA XXVI (1955) S. 558.

6 Leopold Zunz und das Wissenschaftsideal

1 Wilhelm von Humboldt, Über die innere und äußere Organisation der höheren wissenschaftlichen Anstalten in Berlin. In: Wilhelm Weischedel (Hrsg.), Idee und Wirklichkeit einer Universität. Berlin 1960, S. 193–202, hier S. 195. Zum Wandel intellektueller „Modewörter" vgl. Wilhelm Körte, Leben und Studien Friedrich August Wolfs. Bd. II, S. 12.
2 Robert Reinhold Ergang, Herder and the Foundation of German Nationalism. New York 1931, S. 248.
3 Die beste Quelle für Informationen über Zunz' Jugendjahre ist seine eigene Sammlung von Erinnerungen und verstreuten Notizen „Das Buch Zunz", aus der ein Teil, der vor allem die frühen Lebensjahre betrifft, von Fritz Bamberger veröffentlicht wurde. David Kaufmanns Artikel in der „Allgemeinen Deutschen Biographie" (aufgenommen in: Gesammelte Schriften, Bd. I, S. 333–351) ist dieser Quelle sehr verpflichtet.
4 Zum Charakter der Schule zu der Zeit, in der Zunz sie besuchte, vgl. Philipp Ehrenberg, Die Samson'sche Freischule zu Wolfenbüttel. In: Literaturblatt des Orients V (1844) S. 65 ff.; Isaak Markus Jost, Vor einem halben Jahrhundert. In: Sippurim III (1854) S. 141–166; Leopold Zunz, Mein erster Unterricht in Wolfenbüttel. In: JJGL XXX (1937) S. 131–138.
5 Glatzer 1, S. 24.
6 Leopold Zunz, Samuel Meyer Ehrenberg, S. 27f.
7 Glatzer 1, S. 2, 28.
8 Glatzer 2, S. 77.
9 Nicht Henriette Herz, wie irrtümlich noch heute einige Wissenschaftler annehmen. Glatzer merkt an, Saisette Hertz habe zur Familie Veitel Heine Ephraims gehört (Glatzer 2, S. 80). Sie war offenbar die Witwe des Heinrich Rudolf Hertz, eines Juweliers, der im Februar 1815 im Alter von 38 Jahren gestorben war. Vgl. Jacob Jacobson, Die Judenbürgerbücher der Stadt Berlin, S. 73. S. auch den Eintrag im „Buch Zunz" (S. 24) am Sonntag, dem 13. Mai 1821: „Sus. [Sais.?] Hertz stirbt."
10 Ludwig Geiger, Zunz' Tätigkeit für die Reform (1817–1823). In: Liberales Judentum IX (1917) S. 114f.
11 Vgl. z.B. den Brief Zunz' vom 18. September 1840, in dem er synagogale Reformen für die jüdische Gemeinde in London vorschlägt (ebenda, S. 119f.).
12 Siegmund Maybaum, Aus dem Leben von Leopold Zunz. In: Zwölfter Bericht über die Lehranstalt für die Wissenschaft des Judentums. Berlin 1894, S. 3.

13 Obwohl er an Bresselau schrieb, daß er zugunsten seines Freundes, des hebräischen und deutschen Dichters L. M. Büschenthal, seine Bewerbung zurückziehe (Maybaum, S. 4), gab er Ehrenberg gegenüber zu, das sei nur ein Vorwand (Geiger, S. 114).

14 Glatzer 1, S. 13f., vgl. S. 38.

15 Geiger, S. 114.

16 L. L. Hellwitz, Die Organisation der Israeliten in Deutschland. Lange Zeit hielten Historiker, so auch Jost und Graetz, Hellwitz für den Autor. Indessen war Zunz, wie wir aus seiner von ihm selbst verfaßten Biographie (JJGL XXX, 1937, S. 166) und aus seinen Briefen (Glatzer 2, S. 99f., 102, 109) wissen, der Verfasser der wesentlichen Teile. Hellwitz schrieb das Vorwort (gezeichnet „Werl im März 1819"), nachdem Zunz seinen Auftrag erfüllt hatte, und bezahlte, wie wir aus dem Titelblatt ersehen, die Druckkosten aus eigener Tasche. Obwohl Zunz Gedanken aus Arbeiten anderer Autoren, die man ihm zur Berücksichtigung anempfohlen hatte, in sein Buch aufnahm, schrieb er an Ehrenberg, er habe es aus einem Geist schreiben, habe in ihm seine eigenen Gedanken mitteilen können. Wenn jemand ein Recht habe, „sich als Verfasser zu nennen", sei er es (Glatzer 2, S. 100).

17 Die Organisation ..., S. 62.

18 Ebenda, S. 35f.

19 Glatzer 2, S. 99.

20 Die Bedeutung des „– e –" bleibt rätselhaft. Aber vielleicht stand die Entzifferung dieser Signatur an der Stelle, die Ludwig Geiger (auf dessen Transkriptionen Nahum N. Glatzer teilweise den zweiten Band seiner Ausgabe von Zunz' Briefwechsel stützte) als eine Lücke in dem Brief ansah. Da diese knappe Rezension den an Zunz interessierten Lesern bisher nicht zugänglich war, wird sie hier vollständig aus „Der Gesellschafter" (28. Juni 1819, S. 420) übernommen:

„Literatur. ‚Die Organisation der Israeliten in Deutschland. Ein Versuch von L. L. Hellwitz. Auf Kosten des Verfassers, zum Besten armer Handwerker.' (Magdeburg 1819. In Commission bei Ferd. Rubach.) – Unter den vielen über Juden erschienenen Schriften zeichnet sich die vorliegende durch Klarheit der Sprache, durch Wärme und durch strenge Liebe zur Wahrheit vortheilhaft aus. Daher verzeiht man dem Eifer für das bürgerliche Wohl und die Erziehung der Juden manchen unausführbaren Vorschlag, wie den vom Concilium; denn der größte Theil der Juden wird sich schwerlich seinen Talmud nehmen lassen. Aber zu wünschen ist die Beherzigung manches zeitgemäßen Wortes, das der Verfasser Juden und Christen sagt, und zu hoffen: daß man nicht ferner in die jüdischen Angelegenheiten hinein pfusche, ohne den Rath sachkundiger und unterrichteter Juden zu hören. Wir nennen aber mit dem Verfasser die sogenannten Rabbiner dazu unfähig, zumal solche, wie der zu Lemberg, der ganz kürzlich Mendelssohns Bibelübersetzung unterdrücken wollte. Was über die Erziehung (S. 40–48) gesagt wird, fordert daher große Aufmerksamkeit. Des Verfassers Bann gegen das Wort Jude (S. 36) theilen wir nicht; auch ist es durchaus kein Sprachfehler, aus Jehuda entstanden. Desgleichen scheint uns das Verbot (S. 43) über die Theilnahme an Religionstunden voreilig, da hierin bloß die Eltern bestimmen können. – e –"

21 Maybaum, S. 5f.

22 Am 12. August 1817 hatte er begeistert von einer Konfirmation berichtet, die von Auerbach im Beerschen Tempel abgehalten wurde und bei der er anwesend war (Geiger, S. 115).

23 H. Vogelstein, Beiträge zur Geschichte des Unterrichtswesens in der jüdischen Gemeinde zu Königsberg. In: Sechsunddreißigster Bericht über den Religions-Unterricht der Synagogengemeinde zu Königsberg i. Pr. Königsberg 1903, S. 16f.

24 Simon Bernfeld, Toledot ha-reformazjon ha-datit be-Jisrael, S. 101. Im „Buch Zunz" erwähnt Zunz geringschätzig „Simcha Weil & Consorten" (S. 21).

25 Der Eintrag im „Buch Zunz" (S. 23), dem eine knappe Zusammenfassung der Predigt vorausgeht, lautet: „Seit Israel sind 8 Epochen jede zu 450 J., also in Allem 3600 J. verflossen, bezeichnet durch Debora, Elischa, Nehemia, die Mischna, die Gemara, Saadia, die Jahre 1370 und 1820." Die Bemerkung sollte, so meine ich, vor allem als Ausdruck persönlicher Freude und des Stolzes gelesen werden (vgl. Maybaum, S. 7), nicht so sehr als Äußerung des Bewußtseins, daß er an der Schwelle eines neuen Zeitalters der Weltgeschichte stehe, wie Alexander Altmann sie deutet (Zur Frühgeschichte der jüdischen Predigt in Deutschland. In: LBIY VI, 1961, S. 50). Bei der Analyse der Zunzschen Predigten habe ich mit Gewinn Altmanns gründliche Arbeit verwendet, die sowohl die nur handschriftlich überlieferten als auch die gedruckten Predigten auswertet. Gleichwohl pflichte ich nicht all seinen Schlußfolgerungen bei.

26 Glatzer 1, S. 19.

27 Vgl. z. B. den Beleg dafür in Ehrenbergs Brief vom 22. September 1820: „Daß Du am 2t Neujahrstag mit vielem Beifall gepredigt und denselben wirklich verdient hast, habe ich durch Jost, dem es sonst nicht leicht einer recht macht, erfahren." (Glatzer 1, S. 18)

28 Vgl. z. B. Gotthold Salomon, Auswahl mehrerer Predigten.

29 Sechzehn der von Zunz gehaltenen Predigten wurden veröffentlicht in: Predigten. Gehalten in der neuen Israelitischen Synagoge zu Berlin. Berlin 1823.

30 Altmann bewertet den Einfluß von Kantianismus und Romantik etwas höher (S. 21–42).

31 Predigten, S. 108f.

32 Vgl. auch Alexander Altmann, The New Style of Preaching in Nineteenth-Century German Jewry. In: Studies in Nineteenth Century Jewish Intellectual History, S. 65–116.

33 Predigten, S. 129–142.

34 Ebenda, S. 106, vgl. S. 141.

35 M. Braun u. M. Rosenmann, Der Briefwechsel zwischen Isak Noa Mannheimer und Leopold Zunz. In: MGWJ LXI (1917) S. 97; Altmann, Zur Frühgeschichte ..., S. 6.

36 Ebenda, gegenüber S. 59.

37 Am 25. Juni 1822 schrieb Zunz an Ehrenberg: „Die hiesige deutsche Synagoge geht noch ihren alten schläfrigen Gang." (Geiger, S. 118)

38 Schriften. Bd. V, S. 722.

39 Heinrich Heine, Briefe. Bd. IV, S. 106.

40 Jost, Vor einem halben Jahrhundert, S. 157–159.

41 Adolf Strodtmann, Heines Leben und Werke. Bd. I, S. 295.

42 Zunz Archives, File II,1 (nach der Anordnung der Photokopien im Leo Baeck Institute in New York).
43 Buch Zunz, S. 19.
44 Zunz Archives, File II,43. Nahum N. Glatzer, der das Manuskript entziffert hat, teilte mir mit, daß der Text sich nur wenig von dem anderer jüdischen Repliken unterscheide.
45 Die Argumente für einen beträchtlichen Einfluß Savignys und der Historischen Schule wurden vorgebracht von Fritz Bamberger, Zunz's Conception of History. In: PAAJR XI (1941) S. 1–25. Der Einfluß wird gering eingeschätzt von Wallach (Liberty and Letters, S. 77) und Nathan Rotenstreich in: Ha-Machaschawa ha-jehudit be-et ha-chadascha. Bd. I, S. 38, Anm. 6.
46 Joseph Lehmann, H. Heine in Berlin, in den Jahren 1821–1823. In: Magazin für die Literatur des Auslandes XXXVII (1868) S. 170. Indessen hätte Savigny Gans' Bewerbung vielleicht auch dann ungünstig beurteilt, wenn jener ein Christ gewesen wäre, weil der junge Jurist ein ausgesprochener Gegner der Historischen Schule war.
47 Friedrich Carl von Savigny, Vom Beruf unsrer Zeit für Gesetzgebung und Rechtswissenschaft. Heidelberg 1814, S. 32.
48 Ders., Geschichte des römischen Rechts im Mittelalter. 3. Aufl. Darmstadt 1956. Bd. I, S. XV.
49 Graetz, S. 318f. Gotthard Deutsch hat das einmal bündig formuliert: „Das historische Recht bedeutete ja für die Juden ein verjährtes Unrecht." (Westliche Blätter, 27. März 1898, S. 12)
50 G. P. Gooch, Geschichte und Geschichtsschreiber im 19. Jahrhundert, S. 36–40.
51 Brief an den Chef der Sektion für Kultus und Unterricht im Ministerium des Innern Friedrich von Schuckmann vom 2. Mai 1811. In: Wilhelm Weischedel (Hrsg.), Idee und Wirklichkeit einer Universität, S. 266.
52 August Boeckh, Encyklopädie und Methodologie der philologischen Wissenschaften, S. 16. Zu Wolfs Konzeption vgl. Ders., Darstellung der Altertums-Wissenschaft. In: Museum der Altertums-Wissenschaft I (1807) S. 1–142.
53 Vgl. I. Elbogen, Neuorientierung unserer Wissenschaft. In: MGWJ LXII (1918) S. 85.
54 Körte, Leben und Studien Friedr. Aug. Wolfs ... Bd. II, S. 72.
55 Ernst Troeltsch, Der Historismus und seine Probleme. In: Gesammelte Schriften. Bd. III. Tübingen 1922, S. 280.
56 ZWJ, S. 114–116.
57 Die Arbeit wurde zuerst in Berlin von Maurer veröffentlicht und nachgedruckt in seinen Gesammelten Schriften. Bd. I, S. 1–31.
58 Z. B. Jacob Weil, Fragmente aus dem Talmud und den Rabbinen.
59 Einige führende Gestalten der jüdischen Gemeinschaft hatten bereits vorher erkannt, daß eine umfassende wissenschaftliche Ausbildung die Voraussetzung für die Durchsetzung einer religiösen Reform sei, aber eine wissenschaftliche Auseinandersetzung mit der jüdische Literatur wurde in diesem Zusammenhang nicht vorgeschlagen. Das folgende Zitat ist aus einem Essay entnommen, der 1809 von dem Hamburger H. J. Damier veröffentlicht wurde (Sulamith II,2, S. 418): „Wollen wir indessen die reinen göttlichen Lehren unter dem Schwall menschlicher Satzungen hervorsuchen, so müssen

wir zuvörderst unsern Geist durch Wissenschaften aufzuklären suchen; denn nicht nur die Wissenschaften, welche auf Prinzipien der Vernunft, sondern selbst diejenigen, die auf wissenschaftlichen Datis beruhen, gewähren uns richtige Ansichten in der Religion."

60 Rotenstreich, Bd. I, S. 36–38.

61 Siegfried Ucko, Geistesgeschichtliche Grundlagen der Wissenschaft des Judentums. In: ZGJD V (1933–1935) S. 3.

62 Die Titel lauteten: „Anleitung zum Büchermachen", „Lob des Geldes" und „Von der Würde eines Konversationslexikons, eine Predigt über zwei Texte" (ebenda).

63 Vgl. die erste umfassende Biographie von Hanns G. Reissner, Eduard Gans. Ein Leben im Vormärz.

64 Ludwig Geiger, Aus Eduard Gans' Frühzeit (1817). In: ZGJD V (1891) S. 91–99.

65 Shlomo Avineri, A Note on Hegel's Views on Jewish Emancipation. In: JSS XXV (1963) S. 145–151.

66 Georg Wilhelm Friedrich Hegel, Grundlinien der Philosophie des Rechts. Werke. Hrsg. v. Eva Moldenhauer u. Karl Markus Michel. Bd. 7. Frankfurt am Main 1970, S. 421 Anm.

67 Vgl. Ucko, S. 9–11.

68 Ebenda, S. 13–16.

69 Gans legte Wert darauf, daß „Wissenschaft der Juden" eine Doppelbedeutung habe: Juden seien sowohl die Wissenschaftler als auch der Gegenstand ihrer Wissenschaft (ebenda, S. 20).

70 Ebenda, S. 19. Der junge Philologe Zunz schlug vor: 1. Verein für Literaturfreunde. 2. Verein für Beförderung der Bildung unter den jüdischen Glaubensgenossen. 3. Academia. 4. Philagathia. 5. Symposion.

71 JJGL XXX (1937) S. 166.

72 Entwurf von Statuten, S. 4.

73 Sie wurden von Salman Rubaschoff (Shazar) nachgedruckt unter dem Titel „Erstlinge der Entjudung" in: Der jüdische Wille I (1918–1919).

74 Ebenda, S. 42.

75 Ebenda, S. 197f.

76 Georg Wilhelm Friedrich Hegel, Vorlesungen über die Philosophie der Geschichte. Werke. Bd. 12, S. 105. Vgl. auch Nathan Rotenstreich, Hegel's Image of Judaism. In: JSS XV (1953) S. 33–52.

77 Rubaschoff, S. 113. Gans fährt fort und beschreibt diesen künftigen Zustand mit einem Herder-Zitat: „Es wird eine Zeit kommen, wo man in Europa nicht mehr fragen wird, wer Jude und wer Christ sei." Derselbe Satz war Teil des Mottos, das Friedländer auf die Titelseite seiner 1793 veröffentlichten „Akten-Stücke" gesetzt hatte.

78 Hegel, Vorlesungen ..., S. 45.

79 Eine vollständige Liste bei Reissner, S. 172–189.

80 I. M. Jost, Geschichte der Israeliten. Bd. I, S. XII. Vgl. auch Salo Baron, I. M. Jost, the Historian. In: PAAJR I (1928–1930) S. 13, Anm. 3. Noch 1832 war Jost gegen den Titel „Der Jude", den Gabriel Riesser seiner Zeitschrift gab (Glatzer 1, S. 64).

81 Jost, S. VIIIf.

82 Glatzer 1, S. 35.

83 I. Elbogen, Ein hundertjähriger Gedenktag unserer Wissenschaft. In: MGWJ LXVI (1922) S. 90.
84 Brief vom 16. August 1822 (Glatzer 1, S. 34).
85 Heinrich Heine, Gespräche, S. 29–31.
86 Heinrich Heine, Briefe. Bd. I, S. 133, 174, 186, 192, 328.
87 Hannah Arendt, Die verborgene Tradition. Acht Essays. Frankfurt am Main 1976, S. 52.
88 Heinrich Heine, Briefe. Bd. I, S. 134.
89 Hans Kohn, Heinrich Heine, S. 9.
90 Heinrich Heine, Briefe. Bd. I, S. 175.
91 Ebenda, S. 126.
92 Heinrich Heine, Ludwig Marcus, Gedenkworte. In: Gesammelte Werke. Bd. VIII, S. 250.
93 Rubaschoff, Erstlinge der Entjudung, S. 198.
94 Heinrich Heine, Ludwig Marcus, S. 253.
95 ZWJ, S. 1–24.
96 Diesen Ausdruck verwendete der Verein auch mit bezug auf seine eigene Arbeit (Entwurf von Statuten, S. 5).
97 ZWJ, S. 18.
98 Ebenda, S. 24.
99 Ebenda, Drittes Heft, S. IV.
100 MGWJ LXVI (1922) S. 90.
101 Glatzer 1, S. 42; vgl. auch S. 32, 37.
102 Heinrich Heine, Briefe. Bd. I, S. 97. Man schickte Exemplare des ersten Hefts an eine Reihe nichtjüdischer Wissenschaftler und Politiker, die es, wenn auch in unterschiedlichem Maße, günstig aufnahmen. Unter ihnen waren Hardenberg, der französische Gelehrte Silvestre de Sacy und der Berliner Theologe und Erzieher J. J. Bellermann.
103 ZWJ, S. 420f.
104 Aus dem Archiv des Vereins (ZWJ, S. 533–539). Obwohl die Ausführungen nicht gezeichnet sind, steht Gans' Autorschaft außer Zweifel, und zwar nicht nur wegen des Inhalts, sondern auch, weil er über den Gegenstand im Wissenschaftlichen Institut sprach (Rubaschoff, S. 201).
105 ZWJ, S. 523. Zu Zunz' Übernahme des Statistik-Begriffs von August Ludwig Schlözer vgl. Luitpold Wallach, Über Leopold Zunz als Historiker. In: ZGJD V (1934) S. 247–252.
106 ZWJ, S. 285.
107 Ebenda, S. 537.
108 Glatzer 2, S. 77f., 81, 83, 103.
109 Ludwig von Rönne u. Heinrich Simon, Die früheren und gegenwärtigen Verhältnisse der Juden in den sämmtlichen Landestheilen des Preußischen Staates. Breslau 1843, S. 281.
110 Hanns G. Reissner, Rebellious Dilemma. In: LBIY II (1957) S. 181.
111 Samuel Oppenheim, Mordecai M. Noah. A Letter to Him, Dated 1822, from Eduard Gans and Leopold Zunz, Relating to the Emigration of German Jews to America. In: Publications of the American Jewish Historical Society XX (1911) S. 147–149.
112 Rubaschoff, S. 201–203.

113 Heinrich Heine, Briefe. Bd. I, S. 186.
114 Bikure ha-Itim IV (1823) S. 245–254.
115 Hegel, Die Positivität der christlichen Religion. Werke. Bd. 1, S. 106.
116 Rubaschoff, S. 196f.
117 Strodtmann, Heine's Leben ... Bd. I, S. 319, 326.
118 Ebenda, S. 327.
119 Ebenda, S. 316f.

Bibliographie

Das folgende, an den Kapiteln orientierte Verzeichnis bietet keine erschöpfende Bibliographie der Veröffentlichungen zu den jeweiligen Themen. Aufgenommen wurden die Arbeiten, die von besonderer Bedeutung waren für die Frage nach der jüdischen Identität. Unter „Quellen" werden alle zeitgenössischen Veröffentlichungen sowie spätere Publikationen von Primärquellen verzeichnet. Alle interpretierenden Bücher und Aufsätze, unter Einschluß derer, die auf unveröffentlichten Dokumenten beruhen, werden unter der Überschrift „Sekundärliteratur" aufgelistet.

Allgemeine Darstellungen

Arendt, Hannah, Elemente und Ursprünge totalitärer Herrschaft. Frankfurt am Main 1955

Arendt-Stern, Hannah, Aufklärung und Judenfrage. In: ZGJD IV (1932) S. 65–77

Baron, Salo Wittmayer, A Social and Religious History of the Jews. Bd. II, III. New York 1937

Berlinische Monatsschrift. Hrsg. v. F. Gedicke u. J. E. Biester. 1783–1809

Bernfeld, Simon, Dor tahpuchot [Eine schwankende Generation]. 2 Bde. Warschau 1914

Dubnow, Simon, Weltgeschichte des jüdischen Volkes. Bd. VII-IX. Berlin 1928–1929

Eliav Mordechai, Ha-Chinuch ha-jehudi be-Germanja be-jeme ha-Haskala weha-Imanzipazja [Jüdische Erziehung in Deutschland im Zeitalter der Aufklärung und der Emanzipation]. Jerusalem 1960

Eloesser, Arthur, Vom Ghetto nach Europa. Das Judentum im geistigen Leben des 19. Jahrhunderts. Berlin 1936

Geiger, Ludwig, Berlin 1688–1840. 2 Bde. Berlin 1895

Ders., Geschichte der Juden in Berlin. 2 Bde. Berlin 1871

Ginsburg, Sigmar, Die zweite Generation der Juden nach Moses Mendelssohn. In: LBIB I (1958) S. 62–72

Graetz, Heinrich, Geschichte der Juden. Bd. XI. 2. Aufl. Leipzig 1900

Jost, Isaak Markus, Geschichte des Judentums und seiner Sekten. Bd. III. Leipzig 1859

Katz, Jacob, Jewry and Judaism in the Nineteenth Century. In: Cahiers d'Histoire Mondiale IV,4 (1958) S. 881–900

Klausner, Joseph, Historja schel ha-sifrut ha-iwrit, ha-chadascha [Geschichte der modernen hebräischen Literatur]. Bd. I. 2. Aufl. Jerusalem 1952

Lewkowitz, Albert, Das Judentum und die geistigen Strömungen des 19. Jahrhunderts. Breslau 1935

Mahler, Raphael, Diwre jeme Jisrael. Dorot acharonim [Geschichte des jüdischen Volkes in der Neuzeit]. Bd. II. Merchavja 1954

Offenburg, Benno, Das Erwachen des deutschen Nationalbewußtseins in der preußischen Judenheit. Von Moses Mendelssohn bis zum Beginn der Reaktion. Hamburg 1933

Philippson, Martin, Neueste Geschichte des jüdischen Volkes. Bd. I. Leipzig 1907
Pinson, Koppel S., Modern Germany. Its History and Civilization. New York 1954
Rotenstreich, Nathan, Ha-Machaschawa ha-jehudit be-et ha-chadascha [Jüdisches Denken in der Moderne]. Bd. I. Tel Aviv 1945
Sachar, Howard M., The Course of Modern Jewish History. Cleveland u. New York 1958
Schoeps, Hans Joachim, Geschichte der jüdischen Religionsphilosophie in der Neuzeit. Bd. I. Berlin 1935
Seligmann, Caesar, Geschichte der jüdischen Reformbewegung von Mendelssohn bis zur Gegenwart. Frankfurt a. M. 1922
Stern, S., Geschichte des Judentums. Frankfurt a. M. 1857
Stern-Täubler, Selma, The Jew in the Transition from Ghetto to Emancipation. In: HJ II (1940) S. 102–119
Dies., Die Judenfrage in der Ideologie der Aufklärung und Romantik. In: Der Morgen XI (1935) S. 339–348
Studies in Nineteenth-Century Jewish Intellectual History. Hrsg. v. Alexander Altmann. Cambridge/Mass. 1964
Weinryb, Dov, Zionismus im deutschen Judentum während der Haskala [hebräisch]. In: Keneseth I (1936) S. 465–478
Wiener, Max, Jüdische Religion im Zeitalter der Emanzipation. Berlin 1933
Zinberg, Israel, Toledot sifrut Jisrael [Geschichte der jüdischen Literatur]. Bd. V, VI. Tel Aviv 1959–1960.

Zu Kapitel 1 und 2

Quellen

Allgemeine Deutsche Bibliothek XIII,2 (1770) S. 370–396
Anekdoten von König Friedrich II. von Preußen. Hrsg. v. Friedrich Nicolai. 6 Bde. Berlin u. Stettin 1788–1792
Arnheim, Fritz, Moses Mendelssohn und Luise Ulrike von Schweden. In: ZGJD III (1889) S. 283f.
Aus Herders Nachlaß. Hrsg. v. Heinrich Düntzer und F. G. von Herder. Bd. II. Frankfurt a. M. 1857
Bamberger, Fritz, Denkmal der Freundschaft. Stammbuchblätter und Widmungen von Moses Mendelssohn. Berlin 1929
Beleuchtung des bekannten Antwort-Schreibens von Herrn Moses Mendelssohn zu Berlin, an den Herrn Diaconus Lavater zu Zürich, aus Liebe zur Wahrheit verfaßt und einem geehrten Publikum fürgelegt von einem Freund der Wahrheit. 2. Aufl. Frankfurt u. Leipzig 1775
Betrachtung über das Schreiben des Herrn Moses Mendels Sohn an den Diaconus Lavater zu Zürich. Leipzig 1770
Briefe von, an und über Mendelssohn. Hrsg. v. Ludwig Geiger u. R. M. Werner. In: ZGJD I (1887) S. 109–135
Briefe von, an und über Mendelssohn. Hrsg. v. Ludwig Geiger. In: JJGL XX (1917) S. 85–137

Chubb, Thomas, The True Gospel of Jesus Christ. London 1738
Dohm, Christian Wilhelm, Über die bürgerliche Verbesserung der Juden. Berlin u. Stettin 1783
Das Forschen nach Licht und Recht in einem Schreiben an Herrn Moses Mendelssohn auf Veranlassung seiner merkwürdigen Vorrede zu Manasseh Ben Israel. Berlin 1782
Friedländer, David, Moses Mendelssohn. Fragmente von ihm und über ihn. Berlin 1819
Gedanken über die Zumutung des Herrn Diaconus Lavater an Herrn Moses Mendelssohn ein Christ zu werden. Hamburg 1770
Geiger, Ludwig, Mendelssohniana. In: MGWJ IL (1905) S. 349–357
Gellert, Christian F., Leben der schwedischen Gräfinn von G**. Sämtliche Schriften. Bd. V. Bern 1775
Goeze, Johann Melchior, Eine Predigt von der Liebe gegen fremde Religions-Verwandte. Hamburg 1771
Göttingische Anzeigen von Gelehrten Sachen I (1754) S. 620–622
Heinemann, J., Moses Mendelssohn. Sammlung teils noch ungedruckter, teils zerstreuter Aufsätze und Briefe von ihm, an und über ihn. Leipzig 1831
Herbert of Cherbury, Edward, Lord, The Ancient Religion of the Gentiles. Übers. v. William Lewis. London 1705
Hesse, Otto Justus Basilius, Schreiben des Herrn Moses Mendelssohn in Berlin an den Herrn Diaconus Lavater zu Zürich, nebst Anmerkungen über dasselbe. Halle 1770
Jerusalem, Johann Friedrich Wilhelm, Betrachtungen über die Grundwahrheiten der Religion. 2 Bde. Braunschweig 1785
Kant, Immanuel, Beantwortung der Frage: Was ist Aufklärung? (1784) In: Werke. Hrsg. v. Wilhelm Weischedel. Bd. XI. Frankfurt am Main 1968
Kayserling, M., Briefe von und an Moses Mendelssohn. In: Ders., Moses Mendelssohn. Sein Leben und seine Werke. Leipzig 1862, S. 485–569
Ders., Moses Mendelssohn. Ungedrucktes und Unbekanntes von ihm und über ihn. Leipzig 1883
Kölbele, Johann Balthasar, Schreiben an den Herrn Moses Mendelssohn über die Lavaterische und Kölbelische Angelegenheiten gegen Herrn Mendelssohn. Frankfurt a. M. 1770
Ders., Zweytes Schreiben an Herrn Moses Mendelssohn insonderheit über den ehemaligen Mendelssohnischen Deismus, über das Kennzeichen einer Offenbarung, und kürzlich über die Glaubenswürdigkeit der Evangelischen Geschichte. Frankfurt a. M. 1770
Kurzes Sendschreiben an Herrn Moses Mendelssohn, seinen Entschluß zu ändern, von einem guten Freunde in Sachsen. O. O. 1771
Lavater, Johann Caspar, Rede bey der Taufe zweyer Berlinischen Israeliten so durch Veranlassung der Lavater und Mendelssohnischen Streitschriften zum wahren Christenthum übergetreten. Frankfurt a. M. u. Leipzig 1771
Lessing, Gotthold Ephraim, Sämtliche Schriften. Hrsg. v. K. Lachmann. 3. Aufl. Leipzig 1886–1919
Locke, John, Works. 3 Bde. London 1714
Mendelssohn, Moses, Gesammelte Schriften. Hrsg. v. G. B. Mendelssohn. 7 Bde. Leipzig 1843–1845.

Ders., Gesammelte Schriften. Jubiläumsausgabe. Hrsg v. I. Elbogen, J. Guttmann u. K. Mittwoch. 7 Bde. (unvollständig). Berlin u. Breslau 1929–1938
Montesquieu, Baron de, Vom Geist der Gesetze. Hrsg. v. Ernst Forsthoff. 2 Bde. Tübingen 1951
Nicolai, Friedrich, Über meine gelehrte Bildung. Berlin u. Stettin 1799
Pufendorf, Samuel Freiherr von, Acht Bücher, Vom Natur- und Völcker-Rechte. 2 Bde. Frankfurt a. M. 1711
Reimarus, Hermann Samuel, Die vornehmsten Wahrheiten der natürlichen Religion. 4. Aufl. Hamburg 1772
Spalding, Johann Joachim, Die Bestimmung des Menschen. 8. Aufl. Leipzig 1764
[Toland, John], Christianity not Mysterious. London 1696
Ders., Reasons for Naturalizing the Jews in Great Britain and Ireland on the Same Foot with all Other Nations. London 1714
Verzeichnis der auserlesenen Büchersammlung des seligen Herrn Moses Mendelssohn. Berlin 1926
Vor Hundert Jahren. Elise von der Reckes Reisen durch Deutschland 1784–1786. Nach dem Tagebuch ihrer Begleiterin Sophie Becker. Stuttgart 1883
Wolff, Christian, Vernünftige Gedanken von dem gesellschaftlichen Leben der Menschen. Halle 1721
Zöllner, Johann Friedrich, Über Moses Mendelssohns Jerusalem. Berlin 1784
Zum Siegesfeste. Dankpredigt und Danklieder von Moses Mendelssohn. Hrsg. v. M. Kayserling. Berlin 1866

Sekundärliteratur

Auerbach, Jakob, Moses Mendelssohn und das Judentum. In: ZGJD I (1886) S. 1–44
Badt-Strauss, Bertha, Elise Reimarus und Moses Mendelssohn. In: ZGJD IV (1932) S. 173–189
Bamberger, Fritz, Die geistige Gestalt Moses Mendelssohns. In: MGWJ LXXIII (1929) S. 81–92
Ders., Mendelssohns Begriff vom Judentum. In: Korrespondenzblatt des Vereins zur Gründung und Erhaltung einer Akademie für die Wissenschaft des Judentums X (1929) S. 4–19
Barzilay, Isaac Eisenstein, The Jew in the Literature of the Enlightenment. In: JSS XVIII (1956) S. 243–261
Ders., Moses Mendelssohn. In: JQR LII (1961) S. 69–93, 175–186
Berwin, Beate, Moses Mendelssohn im Urteil seiner Zeitgenossen. Berlin 1919
Bush, Newell Richard, The Marquis d'Argens and his Philosophical Correspondence. Ann Arbor 1953
Carrington, Herbert, Die Figur des Juden in der dramatischen Literatur des XVIII. Jahrhunderts. Heidelberg 1897
Cassirer, Ernst, Die Idee der Religion bei Lessing und Mendelssohn. In: Festgabe zum zehnjährigen Bestehen der Akademie für die Wissenschaft des Judentums. Berlin 1929, S. 22–41
Ders., Die Philosophie der Aufklärung. Tübingen 1932
Dejob, Charles, Le Juif dans la Comédie au XVIIIe Siècle. In: REJ XXIX (1899) S. 119–128

Dilthey, Wilhelm, Friedrich der Große und die deutsche Aufklärung. In: Gesammelte Schriften. Bd. III. Leipzig u. Berlin 1927
Eisenstein-Barzilay, Isaac, The Background of the Berlin Haskalah. In: Essays on Jewish Life and Thought Presented in Honor of Salo Wittmayer Baron. New York 1959, S. 183–197
Englander, Harry, Mendelssohn as Translator and Exegete. In: HUCA VI (1929) S. 327–348
Eschelbacher, J., Die Anfänge allgemeiner Bildung unter den deutschen Juden vor Mendelssohn. In: Festschrift zum siebzigsten Geburtstage Martin Philippsons. Leipzig 1916, S. 168–177
Ettinger, Shmuel, The Beginnings of the Change in the Attitude of European Society Towards the Jews. In: Scripta Hierosolymitana VII (Jerusalem 1961) S. 193–219
Ders., Juden und Judentum in der Sicht der englischen Deisten des 18. Jahrhunderts [hebräisch]. In: Zion XXIX (1964) S. 182–207
Euchel, Isaac, Toledot rabenu he-chacham Mosche ben Menachem [Biographie Moses Mendelssohns]. Berlin 1788
Feiner, Josef, Gewissensfreiheit und Duldung in der Aufklärungszeit. Leipzig 1919
Feuchtwanger, Ludwig, Das Bild Mendelssohns bei seinen Gegnern bis zum Tode Hegels. Ein Beitrag zum Neuaufbau der geistigen Gestalt Mendelssohns. In: ZGJD I (1929) S. 213–232
Fittbogen, Gottfried, Die Religion Lessings. Leipzig 1923
Flajole, Edward S., Lessing's Attitude in the Lavater-Mendelssohn Controversy. In: PMLA LXXIII (1958) S. 201–214
Gedenkbuch für Moses Mendelssohn. Hrsg. vom Verband der Vereine für jüdische Geschichte und Literatur in Deutschland. Berlin 1929
Guttmann, Julius, Mendelssohns Jerusalem und Spinozas Theologisch-Politisches Traktat. In: Achtundvierzigster Bericht der Hochschule für die Wissenschaft des Judentums in Berlin, S. 33–67
Guttmann, Michael, Die Stellung Mendelssohns zur christlichen Umwelt. In: MGWJ LXXIV (1930) S. 401–413
Hazard, Paul, Die Herrschaft der Vernunft. Das europäische Denken im 18. Jahrhundert. Von Montesquieu bis Lessing. Hamburg 1949
Hoffmann, Heinrich, Die Humanitätsidee in der Geschichte des Abendlandes. Bern 1951
Holdheim, Samuel, Moses Mendelssohn und die Denk- und Glaubensfreiheit im Judentume. Berlin 1859
Horowitz, J., Der Toleranzgedanke in der deutschen Literatur zur Zeit Moses Mendelssohns. Stuttgart 1914
Jacob, Walter, Moses Mendelssohn and the Jewish-Christian Dialogue. In: CCAR Journal XIII (Oktober 1965) S. 45–51
Jacobs, Hans Haimar, Friedrich der Große und die Idee des Vaterlandes. (Historische Studien Nr. 347.) Berlin 1939
Kapp, Arno, Elkan Herz, der Freund und Verwandte Moses Mendelssohns, der Vater der ersten Leipziger liberalen Judengemeinde. In: ZGJD IV (1932) S. 198–202
Katz, Jacob, Die Entstehung der Judenassimilation in Deutschland und deren Ideologie. Frankfurt a. M. 1935

Ders., Moses Mendelssohn und E. J. Hirschfeld. In: LBIB VII (1964) S. 295–311
Ders., Wem antwortete Mendelssohn in *Jerusalem*? [hebräisch] In: Zion XXIX (1964) S. 112–132
Ders., Tradition and Crisis. Jewish Society at the End of the Middle Ages. New York 1961
Kayserling, M., Der Dichter Ephraim Kuh. Ein Beitrag zur Geschichte der deutschen Literatur. Berlin 1864
Ders., Moses Mendelssohn. Sein Leben und Wirken. 2. Aufl. Leipzig 1888
Ders., Moses Mendelssohns philosophische und religiöse Grundsätze mit Hinblick auf Lessing. Leipzig 1856
Kirschstein, Max, Lessing und Berlin. Berlin 1929
Lazarus, Moritz, Moses Mendelssohn in seinem Verhältnis zu Juden und Judentum. In: Deutsche Revue XI (1886) S. 215–228
Lessing-Mendelssohn Gedenkbuch. Leipzig 1879
Levy, Felix, Moses Mendelssohn's Ideals of Religion and their Relation to Reform Judaism. In: CCARY XXXIX (1929) S. 351–369
Lewkowitz, Albert, Mendelssohns Anschauung vom Wesen des Judentums. In: MGWJ LXXIII (1929) S. 257–263
Lovejoy, Arthur O., Essays in the History of Ideas. Baltimore 1948
Lungwitz, Karl, Die Religionsphilosophie Johann August Eberhards. Erlangen 1910
Mehring, Franz, Die Lessing-Legende. Stuttgart 1893
Meinecke, Friedrich, Die Idee der Staatsräson in der neueren Geschichte. München u. Berlin 1924
Ders., Weltbürgertum und Nationalstaat. Studien zur Genesis des deutschen Nationalstaates. 2. Aufl. München u. Berlin 1911
Mevorah, B., Der Hintergrund von Lavaters Appell an Mendelssohn [hebräisch]. In: Zion XXX (1965) S. 158–170
Mirabeau, Honoré Comte de, Über Moses Mendelssohn. Anon. Übers. Berlin 1787
Moses Mendelssohn zur 200jährigen Wiederkehr seines Geburtstages. Hrsg. von der Encyclopaedia Judaica. Berlin 1929
Murray, Robert H., Erasmus and Luther. Their Attitude to Toleration. London 1920
Ozer, Charles L., Jewish Education in the Transition from Ghetto to Emancipation. In: HJ IX (1947) S. 75–94
Patterson, David, Moses Mendelssohn's Concept of Tolerance. In: Between East and West. Essays dedicated to the Memory of Bela Horovitz. London 1958, S. 149–163
Philippson, Ludwig, Die Stellung Moses Mendelssohns im und zum Judentume. In: AZJ L (1886) S. 161 ff.
Rawidowicz, Simon, Moses Mendelssohn [hebräisch]. In: Ha-Tekufa XXII (1929) S. 498–520
Ders., Die Philosophie von *Jerusalem* [hebräisch]. In: Sefer Bialik. Hrsg. v. Jacob Fichmann. Tel Aviv 1934, S. 99–140
Ders., Mendelssohns Psalmenübersetzung [hebräisch]. In: Sefer Klausner. Tel Aviv 1938, S. 283–301
Ritter, Immanuel Heinrich, Geschichte der jüdischen Reformation. I. Teil: Mendelssohn und Lessing. Berlin 1858

Rothman, Walter, Mendelssohn's Character and Philosophy of Religion. In: CCARY XXXIX (1929) S. 305–350
Sandler, Perez, Ha-Beur la-Tora schel Mosche Mendelssohn we-si'ato [Mendelssohns Ausgabe des Pentateuch]. Jerusalem 1940
Schmidt, Erich, Lessing. Geschichte seines Lebens und seiner Schriften. 2 Bde. 4. Aufl. Berlin 1923
Schütz, Friedrich Wilhelm, Leben und Meinungen Moses Mendelssohns, nebst dem Geiste seiner Schriften in einem kurzen Abrisse dargestellet. Hamburg 1787
Shohet, Azriel, Die Anfänge der Haskala im deutschen Judentum [hebräisch]. In: Molad XXIII (1965) S. 328–334
Ders., Im chilufe tekufot. Reschit ha-Haskala be-Jahadut Germanja [Im Wandel der Zeiten. Der Anfang der Haskala im deutschen Judentum]. Jerusalem 1960
Silberstein, Siegfried, Mendelssohn und Mecklenburg. In: ZGJD I (1929) S. 233–244, 275–290
Simon, Ernst, Lessing und die jüdische Geschichte. In: Jüdische Rundschau 22. Januar 1929, S. 1
Sommerfeld, Martin, Aufklärung und Nationalgedanke. In: Das literarische Echo 15. August 1915, S. 1353–1363
Steinheim, Salomon Ludwig, Moses Mendelssohn und seine Schule in ihrer Beziehung zur Aufgabe des neuen Jahrhunderts der alten Zeitrechnung. Hamburg 1840
Stern-Täubler, Selma, The Jews in the Economic Policy of Frederick the Great. In: JSS XI (1949) S. 129–152
Stockum, Th. C. van, Lavater Contra Mendelssohn 1769–1771. Verlicht Rationalisme en Christelijke Bekeringsijver. Amsterdam 1953
Troeltsch, Ernst, Die Aufklärung. In: Gesammelte Schriften. Bd. IV. Tübingen 1925, S. 338–374
Unger, Rudolf, Hamann und die Aufklärung. 2. Aufl. Halle 1925
Van der Veen, H. R. S., Jewish Characters in Eighteenth Century English Fiction and Drama. Groningen 1935
Wellek, René, Geschichte der Literaturkritik 1750-1830. Darmstadt, Berlin-Spandau, Neuwied am Rhein 1959
White, Andrew Dickson, Seven Great Statesmen in the Warfare of Humanity with Unreason. New York 1912
Wiener, Max, John Toland and Judaism. In: HUCA XVI (1941) S. 215–242
Wolff, Alfred, Der Toleranzgedanke in der deutschen Literatur zur Zeit Mendelssohns. Berlin 1915
Wolff, Sabattia Joseph, Maimoniana oder Rhapsodien zur Charakteristik Salomon Maimons. Berlin 1813
Zarek, Otto, Moses Mendelssohn. Ein jüdisches Schicksal in Deutschland. Amsterdam 1936
Zscharnack, Leopold, Lessing und Semler. Ein Beitrag zur Entstehungsgeschichte des Rationalismus und der kritischen Theologie. Gießen 1905
Zunz, Leopold, Rede gehalten bei der Feier von Moses Mendelssohns hundertjährigem Geburtstage. Berlin 1829

Zu Kapitel 3

Quellen

Allgemeine Literatur-Zeitung, 3. April 1794
Bendavid, Lazarus, Aufsätze verschiedenen Inhalts. Berlin 1800
Ders., Etwas zur Characteristick der Juden. Leipzig 1793
Briefe Daniel Chodowieckis an die Gräfin Christine von Solms-Laubach. Hrsg. v. Charlotte Steinbrucker. Straßburg 1927
Briefe der großen Männer unserer Zeit [hebräisch]. In: Zion II (1842–1843) S. 106–107
Briefwechsel zwischen Goethe und Zelter. Hrsg. v. Friedrich Wilhelm Riemer. 3 Bde. Berlin 1833–1834
Briefwechsel zwischen Joseph Elias aus Wilna und David Friedländer aus Berlin über die Klage Solomon Dubnos gegen Moses Mendelssohn [hebräisch]. Ha-Scharon, Beilage zu Ha-Karmel VII, Nr. 5 (1866) S. 36–38
Charlotte Sampson oder Geschichte eines jüdischen Hausvaters, der mit seiner Familie dem Glauben seiner Väter entsagte. Eine Geschichte der neuesten Zeit. Berlin 1800
Cohn, Joseph, Einige Schriftstücke aus dem Nachlasse Aron Wolfssohns. In: MGWJ XLI (1897) S. 369–376
Davidson, Wolf, Über die bürgerliche Verbesserung der Juden. Berlin 1798
Dohm, L. B., Etwas zum Schutz des angegriffenen Gebrauches der ebräischen Sprache bei den Gebeten der Juden in den Königl. Preuß. Staaten. Breslau 1812
Friedländer, David, Akten-Stücke die Reform der jüdischen Kolonieen in den Preußischen Staaten betreffend. Berlin 1793
Ders., An die Verehrer, Freunde und Schüler Jerusalems, Spaldings, Tellers, Herders und Löfflers. Leipzig 1823
Ders., Beitrag zur Geschichte der Verfolgung der Juden im 19. Jahrhundert durch Schriftsteller. Berlin 1820
Ders., Briefe über das Lesen der heiligen Schriften nebst einer Übersetzung des sechsten und siebenten Capitels des Micha, als Beilage. In: ZWJ I (1822–1823) S. 68–94
Ders., Briefe über die Moral des Handels, geschrieben im Jahr 1785. In: Jedidja I,1 (1817) S. 178–213
Ders., Einleitung zu Moses Mendelssohns *Phaedon* (1814). 7. Aufl. Berlin 1856
Ders., Für Liebhaber morgenländischer Dichtkunst. Berlin 1821
Ders., Moses Mendelssohn. In: Biographie Universelle (1821) S. 274–282
Ders., Der Prediger. Aus dem Hebräischen nebst einer vorangeschickten Abhandlung: Über den besten Gebrauch der h. Schrift, in pädagogischer Rücksicht. Berlin 1788
Ders., Rede gehalten vor einer Gesellschaft gebildeter Israeliten. In: Jedidja I,1 (1817) S. 38–56
Ders., Rede über Psalm 19. In: Jedidja I,2 (1817) S. 133–149
Ders., Reden der Erbauung gebildeter Israeliten gewidmet. 2 Bde. Berlin 1815–1817
Ders., Sendschreiben an die deutsche [!] Juden [hebräische Schrift]. Beilage zu Ha-Measef IV (1788)

Ders., Sendschreiben an Seine Hochwürden, Herrn Oberconsistorialrath und Probst Teller zu Berlin von einigen Hausvätern jüdischer Religion. 3. Aufl. Berlin 1799

Ders., Über die durch die neue Organisation der Judenschaften in den Preußischen Staaten notwendig gewordene Umbildung... Ein Wort zu seiner Zeit. Berlin 1812. Neu herausgegeben von Moritz Stern als Nr. 6 der Beiträge zur Geschichte der jüdischen Gemeinde zu Berlin. Berlin 1934

Ders., Über die Verbesserung der Israeliten im Königreich Pohlen. Ein von der Regierung daselbst im Jahr 1816 abgefordertes Gutachten. Berlin 1819

Ders. (Übersetzung und Anmerkungen), Gebete der Juden auf das ganze Jahr [hebräische Schrift]. Berlin 1786

Ders. (Hrsg. und Übersetzung), Sefer ha-nefesch le-he-chacham R' Mosche mi-Dessau [Mendelssohns Buch der Seele]. 2. Aufl. Brünn 1798

Friedländer, David, u. Itzig, Isaac, Vorwort zu [Saul Berlin], Mizpe Joktel [Wachtturm Joktels]. Berlin 1789

Geiger, Ludwig, Aus den Gemeindeakten. In: Gemeindeblatt der jüdischen Gemeinde zu Berlin 8. März 1912, S. 34–36

Ders., Ein Brief Moses Mendelssohns und sechs Briefe David Friedländers. B: Briefe David Friedländers (1789–1799). In: ZGJD I (1887) S. 256–273

Ders., Ein Brief David Friedländers an Leopold Zunz. In: Aus Zunz' Nachlaß. In: ZGJD V (1892) S. 263

Ders., Nach dem Edikt vom 11. März 1912. In: Gemeindeblatt der jüdischen Gemeinde zu Berlin 9. August 1912, S. 103–104

Ders., Ein talmudisches Gutachten David Friedländers. In: AZJ LXXVI (1912) S. 163–165

Ders., Vor hundert Jahren. Mitteilungen aus der Geschichte der Juden Berlins. In: ZGJD III (1889) S. 185–233

Ders., Zur Charakteristik David Friedländers (Ungedruckte Briefe 1816–1820). In: AZJ LVIII (1894) S. 220–223, 235–236, 246–248

Gespräch über das Sendschreiben von einigen Hausvätern an den Probst Teller, zwischen einem christlichen Theologen und einem alten Juden. Berlin 1799

Herder, Johann Gottfried, Sämtliche Werke. Zur Philosophie und Geschichte. Bd. V, X. Tübingen 1806–1809

Hermes, Hermann Daniel, Über das Sendschreiben einiger Hausväter jüdischer Religion an den Herrn Oberconsistorialrath Teller und die von demselben darauf ertheilte Antwort. Leipzig 1799

Jacobson, Jacob, Aus David Friedländers Mußestunden. In: ZGJD VI (1935) S. 134–140

Ders., Die Judenbürgerbücher der Stadt Berlin 1809–1851, mit Ergänzungen für die Jahre 1791–1809. Berlin 1962

Ders., Zu David Friedländers Bemühungen um Abschaffung des Namens „Jude". In: AZJ LXXVI (1912) S. 379–380

Kant, Immanuel, Der Streit der Fakultäten (1798). In: Werke. Hrsg. v. Wilhelm Weischedel. Bd. XI. Frankfurt am Main 1968

Loewenberg, J., Wilhelm und Alexander v. Humboldt im Verkehr mit ihren ältesten jüdischen Freunden. In: Jahrbuch für Israeliten XII (1865–1866) S. 41–72

de Luc, J. A., Lettre aux Auteurs Juifs d'un mémoire adressé à Mr Teller. Berlin 1799

Maimon, Salomon, Lebensgeschichte. 2 Bde. Berlin 1792–1793
Meisl, Josef, Briefe David Friedländers [jiddisch]. In: Historische Schriften II. Wilna 1937, S. 390–412
Ders., Protokollbuch der jüdischen Gemeinde Berlin. 1723–1854. Jerusalem 1962
Muhr, Abraham, Jerubaal oder über die religiöse Reform der Juden in preußischen Staaten. Breslau 1813
Neue Allgemeine Bibliothek LVII (1801) S. 267–293
Nicolai, Friedrich, Beschreibung der königlichen Residenzstädte Berlin und Potsdam. Bd. I. 3. Aufl. Berlin 1786
Ders., Gedächtnisschrift auf Dr. Wilhelm Abraham Teller. Berlin u. Stettin 1807
Paalzow, Ludwig, Die Juden, nebst einigen Bemerkungen über das Sendschreiben an Herrn Oberconsistorialrath und Probst Teller zu Berlin von einigen Hausvätern jüdischer Religion und die darauf erfolgte Tellersche Antwort. Berlin 1799
Salomon, Gotthold, Licht und Wahrheit die Umbildung des Israelitischen Kultus betreffend ... Zur Beherzigung aller Israeliten, die noch Anhänglichkeit an der Religion ihrer Väter haben. Leipzig 1813
Schleiermacher, Friedrich, Briefe bei Gelegenheit der politisch-theologischen Aufgabe und des Sendschreibens jüdischer Hausväter. Von einem Prediger außerhalb Berlin. In: Sämtliche Werke. Abt. I: Zur Theologie. Bd. V. Berlin 1846, S. 1–39
Schreiben eines deutschen Juden, an den Präsidenten des Kongresses der vereinigten Staaten von Amerika. In: Deutsches Museum VIII,1 (1783) S. 558–566
Stern, Moritz, Gutachten und Briefe David Friedländers. In: ZGJD VI (1935) S. 113–130
Täubler, Eugen, Zur Geschichte des Projekts einer Reform des Judenwesens unter Friedrich Wilhelm II. In: Mitteilungen des Gesamtarchivs der deutschen Juden I (1909) S. 23–29
Teller, Wilhelm Abraham, Beantwortung des Sendschreibens einiger Hausväter jüdischer Religion an mich den Probst Teller. 2. Aufl. Berlin 1799
Thersites. Die Erinnerungen des deutsch-baltischen Journalisten Garlieb Merkel 1796–1817. Hrsg. v. Maximilian Müller-Jabusch. Berlin 1921
Treue Relation des ersten Eindrucks den das neuerlich erschienene an den Probst Teller gerichtete Sendschreiben einiger Juden auf das Publikum machte. Ein Fingerzeig für die Juden. Berlin 1799
Über die physische und moralische Verfassung der heutigen Juden. Stimme eines Kosmopoliten. Germanien 1791
Wischnitzer, M., Drei Briefe David Friedländers an den Erzbischof von Warschau, Franz Malczewski. In: AZJ LXXII (1908) S. 353–354.
Wolf, Albert, Ein Brief David Friedländers an Moses Moser. In: MGWJ L (1906) S. 370–373
Ein Wörtchen über Juden ... Veranlaßt durch die von Herrn Friedländer herausgegebenen Aktenstücke. In: Neue allgemeine deutsche Bibliothek III (1793) S. 154–158

Sekundärliteratur

Atlas, Samuel, Solomon Maimon. The Man and His Thought. In: HJ XIII (1951) S. 109–120
Dilthey, Wilhelm, Leben Schleiermachers. Berlin 1870
Döring, Heinrich, David Friedländer. In: Allgemeine Encyclopädie der Wissenschaften und Künste. Abt. I. Bd. LI, S. 268–270
Dukas, Rosa, Die Motive der preußischen Judenemanzipation von 1812 mit besonderer Berücksichtigung ihres Verhältnisses zu den Ideen der Judengesetzgebung der französischen Revolution. Leipzig 1915
Elbogen, Ismar, Die Bezeichnung „Jüdische Nation". In: MGWJ LXIII (1919) S. 200–208
Ders., David Friedländers Übersetzung des Gebetbuchs. In: ZGJD VI (1935) S. 130–133
Fraenkel, Ernst, David Friedländer und seine Zeit. In: ZGJD VI (1935) S. 65–77
Freund, Ismar, Die Emanzipation der Juden in Preußen unter besonderer Berücksichtigung des Gesetzes vom 11. März 1812. 2 Bde. Berlin 1912
Ders., David Friedländer und die politische Emanzipation der Juden in Preußen. In: ZGJD VI (1935) S. 77–92
Friedlaender, Ernst, Das Handlungshaus Joachim Moses Friedlaender et Soehne zu Königsberg i. Pr. Hamburg 1913
Geiger, Ludwig, David Friedländer. In: Allgemeine Deutsche Biographie. Bd. VII, S. 393–397
Graupe, Heinz Moshe, Kant und das Judentum. In: Zeitschrift für Religions- und Geistesgeschichte XIII (1961) S. 308–333
Guttmann, Jacob, Lazarus Bendavid. Seine Stellung zum Judentum und seine literarische Wirksamkeit. In: MGWJ LXI (1917) S. 26–50, 176–211
Jacobs, Noah J., Salomon Maimon's Relation to Judaism. In: LBIY VIII (1963) S. 117–135
Jacobson, Jacob, Some Observations on the Jewish Citizens' Books of the City of Berlin. In: LBIY I (1956) S. 317–330
Kober, Adolf, The French Revolution and the Jews in Germany. In: JSS VII (1945) S. 291–322
Lewin, Reinhold, Die Judengesetzgebung Friedrich Wilhelms II. In: MGWJ LVII (1913) S. 74–98, 211–234, 363–372, 461–481, 567–590
Littmann, Ellen, David Friedländers Sendschreiben an Probst Teller und sein Echo. In: ZGJD VI (1935) S. 92–112
Rachel, Hugo, u. Wallich, Paul, Berliner Großkaufleute und Kapitalisten. Bd. II. Berlin 1938
Rippner, Benjamin, David Friedländer und Probst Teller. In: Jubelschrift zum siebzigsten Geburtstage des Prof. Dr. H. Graetz. Breslau 1887, S. 162–171
Ritter, Immanuel Heinrich, Geschichte der jüdischen Reformation. II Teil: David Friedländer. Sein Leben und sein Wirken. Berlin 1861
Rotenstreich, Nathan, Kants Interpretation des Judentums [hebräisch]. In: Tarbiz XXVII (1958) S. 388–405
Samter, N., Judentaufen im neunzehnten Jahrhundert. Berlin 1906
Schmidt, H. D., The Terms of Emancipation 1781–1812. In: LBIY I (1956) S. 28–47

Spazier, Richard Otto, David Friedländer. In: Gallerie der ausgezeichnetsten Israeliten aller Jahrhunderte, ihre Portraits und Biographien. Stuttgart 1834, S. 101–107

Zu Kapitel 4

Quellen

Angelus Silesius und Saint-Martin. Auszüge und Bemerkungen von Rahel. Hrsg. v. K. A. Varnhagen von Ense. 3. Aufl. Berlin 1849
Athenaeum. Eine Zeitschrift. Hrsg. v. August Wilhelm Schlegel u. Friedrich Schlegel. 3 Bde. Berlin 1798–1800
Aus dem Nachlaß Varnhagens von Ense. Hrsg. v. Ludmilla Assing. 2 Bde. Leipzig 1867
Aus Schleiermachers Leben. In Briefen. Hrsg. v. Ludwig Jonas u. Wilhelm Dilthey. 4 Bde. Berlin 1858–1863
Behrend, Fritz, Rahel Varnhagen an Schleiermacher. In: Zeitschrift für Bücherfreunde. N. F. IX,1 (1917–1918) S. 87–90
Sulpiz Boisseree. 2 Bde. Stuttgart 1862
Ein Brief von Rahel. In: Zur Judenfrage in Deutschland. Hrsg. v. Wilhelm Freund. Berlin 1843, S. 180–184
Briefe von Dorothea Schlegel an Friedrich Schleiermacher. Mitteilungen aus dem Literaturarchive in Berlin. Bd. VII. N. F. Berlin 1913
Briefe von Dorothea und Friedrich Schlegel an die Familie Paulus. Hrsg. v. Rudolf Unger. Berlin 1913
Briefe von und an Friedrich und Dorothea Schlegel. Hrsg. v. Josef Körner. Berlin 1926
Briefe von Wilhelm von Humboldt an eine Freundin. Hrsg. v. Ludwig Geiger. 2 Bde. Stuttgart 1881
Der Briefwechsel Friedrich und Dorothea Schlegels 1818–1820. Hrsg. v. Heinrich Finke. München 1923
Briefwechsel des jungen Börne und der Henriette Herz. Hrsg. v. Ludwig Geiger. Oldenburg u. Leipzig 1905
Briefwechsel zwischen Rahel und David Veit. Hrsg. v. Ludmilla Assing. 2 Bde. Leipzig 1861
Briefwechsel zwischen Varnhagen und Rahel. Hrsg. v. Ludmilla Assing. 6 Bde. Leipzig 1874–1875
Caroline. Briefe aus der Frühromantik. Hrsg. v. Georg Waitz und Erich Schmidt. 2 Bde. Leipzig 1913
Caroline und Dorothea Schlegel in Briefen. Hrsg. v. Ernst Wieneke. Weimar 1914
Denina, Mr. l'Abbé, La Prusse Littéraire sous Friedrich II. 3 Bde. Berlin 1790
Dorothea v. Schlegel geb. Mendelssohn und deren Söhne Johannes und Philipp Veit, Briefwechsel. Hrsg. v. J. M. Raich. 2 Bde. Mainz 1881
Dorow, Wilhelm, Erlebtes aus den Jahren 1790–1827. Bd. IV. Leipzig 1845
Friedrich Schlegels Briefe an seinen Bruder August Wilhelm. Hrsg. v. Oskar F. Walzel. Berlin 1890
Friedrich Schleiermachers Briefwechsel mit seiner Braut. Hrsg. v. Heinrich Meisner. Gotha 1919

Fürst, J., Henriette Herz. Ihr Leben und ihre Erinnerungen. 2. Aufl. Berlin 1858
Geiger, Ludwig, Einundzwanzig Briefe von Marianne von Eybenberg, acht von Sara von Grotthuss, zwanzig von Varnhagen von Ense an Goethe, zwei Briefe Goethes an Frau von Eybenberg. In: Goethe-Jahrbuch XIV (1893) S. 27–142
Heinrici, Georg, Briefe von Henriette Herz an August Twesten (1814–1827). In: Zeitschrift für Bücherfreunde. N. F. V,2 (1914) S. 301–316, 337–347
Hensel, Sebastian, Die Familie Mendelssohn 1729–1847. 2 Bde. 18. Aufl. Leipzig 1924
Humboldt, Wilhelm von, Ideen zu einem Versuch, die Gränzen der Wirksamkeit des Staats zu bestimmen. In: Ders., Gesammelte Werke. Bd. VII. Berlin 1852, S. 1–188
Landsberg, Hans, Henriette Herz. Ihr Leben und ihre Zeit. Weimar 1913
Rahel und Alexander von der Marwitz in ihren Briefen. Hrsg. v. Heinrich Meisner. Stuttgart 1925
Rahel. Ein Buch des Andenkens für ihre Freunde. 3 Bde. Berlin 1834
Riesser, Gabriel, Jüdische Briefe. Zur Abwehr und Verständigung. In: Gesammelte Schriften. Bd. IV. Frankfurt a. M. u. Leipzig 1868, S. 175–296
Schadow, Johann Gottfried, Kunst-Werke und Kunst-Ansichten. Berlin 1849
Schlegel, A. W., Rezension der Bambocciaden. In: Allgemeine Literatur-Zeitung Nr. 333 (1797) S. 167
[Schlegel, Dorothea], Florentin. Ein Roman herausgegeben von Friedrich Schlegel. Erster Band. Lübeck u. Leipzig 1801
Schlegel, Friedrich, Lucinde. Berlin 1799
Schleiermacher, Friedrich, Monologen. Hrsg. v. Friedrich Michael Schiele. 2. Aufl. Leipzig 1914
Ders., Über die Religion. Reden an die Gebildeten unter ihren Verächtern. In: Schriften aus der Berliner Zeit 1796–1799. Hrsg. v. Günter Meckenstock. (Kritische Gesamtausgabe. Erste Abt. Bd. 2.) Berlin, New York 1984
Ders., Vertraute Briefe über Friedrich Schlegels Lucinde. Lübeck u. Leipzig 1800
Schleiermacher als Mensch. Sein Werden. Familien- und Freundesbriefe 1783 bis 1804. Hrsg. v. Heinrich Meisner. Gotha 1922
Schleiermacher und seine Lieben. Nach Originalbriefen der Henriette Herz. Magdeburg 1910
Schnapper-Arndt, G., Jugendarbeiten Ludwig Börnes über jüdische Dinge. In: ZGJD II (1888) S. 375–380; IV (1890) S. 201–274; V (1892) S. 194–222
Schwenke, Paul, Aus Wilhelm von Humboldts Studienjahren. In: Deutsche Rundschau LXVI (1891) S. 228–251
Tagebücher von K. A. Varnhagen von Ense. Hrsg. v. Ludmilla Assing. 15 Bde. Leipzig 1861–1905
Varnhagen von Ense, K. A., Ausgewählte Schriften. Bd. XVIII, XIX. 3. Aufl. Leipzig 1875–1876
Werner, Eric, New Light on the Family of Felix Mendelssohn. In: HUCA XXVI (1953) S. 543–565
Wilhelm und Caroline von Humboldt in ihren Briefen. Hrsg. v. Anna von Sydow. 7 Bde. Berlin 1906–1916
Wilhelm von Humboldts Briefe an Karl Gustav von Brinkmann. Hrsg v. Albert Leitzmann. Leipzig 1939

Wilhelm von Humboldts Tagebücher. Hrsg. v. Albert Leitzmann. 2 Bde. Berlin 1916–1918

Sekundärliteratur

Arendt, Hannah, Rahel Varnhagen. The Life of a Jewess. London 1957. Deutsche Ausgabe: Rahel Varnhagen. Lebensgeschichte einer deutschen Jüdin aus der Romantik. München 1959

Atzenbeck, Carl, Pauline Wiesel. Die Geliebte des Prinzen Louis Ferdinand von Preußen. Leipzig 1925

Berdrow, Otto, Rahel Varnhagen. Ein Lebens- und Zeitbild. Stuttgart 1900

Brandes, G., Die Hauptströmungen der Literatur des neunzehnten Jahrhunderts. Übers. v. Adolf Strodtmann. Bd. II: Die romantische Schule in Deutschland. 4. Aufl. Leipzig 1894

Deibel, Franz, Dorothea Schlegel als Schriftstellerin im Zusammenhang mit der romantischen Schule. Berlin 1905

Geiger, Ludwig, Die deutsche Literatur und die Juden. Berlin 1910

Ders., Dichter und Frauen. Berlin 1896

Ders., Dorothea Veit-Schlegel. In: Deutsche Rundschau CLX (1914) S. 119–134

Graf, Emma, Rahel Varnhagen und die Romantik. Berlin 1903

Grau, Wilhelm, Wilhelm von Humboldt und das Problem des Juden. Hamburg 1935

Gundolf, Friedrich, Schleiermachers Romantik. In: Deutsche Vierteljahrsschrift für Literaturwissenschaft und Geistesgeschichte II (1924) S. 418–509

Haym, Rudolf, Die romantische Schule. 2. Aufl. Berlin 1906

Ders., Wilhelm von Humboldt. Lebensbild und Charakteristik. Berlin 1856

Hillebrand, M., La Societé de Berlin de 1789 à 1815. In: Revue des Deux Mondes LXXXVI (1870) S. 447–486

Jacobson, Jacob, Von Mendelssohn zu Mendelssohn-Bartholdy. In: LBIY V (1960) S. 251–261

Kayserling, M., Die jüdischen Frauen in der Geschichte, Literatur und Kunst. Leipzig 1879

Kohut, Adolph, Moses Mendelssohn und seine Familie. Dresden u. Leipzig 1886

Körner, Josef, Mendelssohns Töchter. In: Preußische Jahrbücher CCXIV (1928) S. 167–182

Liptzin, Solomon, Germany's Stepchildren. Philadelphia 1944

Mackowsky, Hans, Johann Gottfried Schadow. Jugend und Aufstieg 1764 bis 1797. Berlin 1927

Martin, Alfred v., Das Wesen der romantischen Religiosität. In: Deutsche Vierteljahrsschrift für Literaturwissenschaft und Geistesgeschichte II (1924) S. 367–417

Mayer-Montfort, Elvira, Dorothea Schlegel im Ideenkreis ihrer Zeit und in ihrer religiösen, philosophischen und ethischen Entwicklung. In: Gelbe Hefte. Historische und politische Zeitschrift für das katholische Deutschland II,1 (1925–1926) S. 414–433, 489–517

Meyer, Bertha, Salon Sketches. Biographical Studies of Berlin Salons of the Emancipation. New York 1938

Muncker, Franz, Dorothea Friederike Schlegel. In: Allgemeine Deutsche Biographie. Bd. XXXI, S. 372–376

Rinn, Heinrich, Schleiermacher und seine romantischen Freunde. Hamburg 1890
Scurla, Herbert, Begegnungen mit Rahel. Der Salon der Rahel Levin. Berlin (Ost) 1962
Spiel, Hilde, Fanny Arnstein oder Die Emanzipation. Frankfurt a. M. 1962
Stern, Selma, Der Frauentypus der Romantik. In: Der Morgen I (1925) S. 496–516
Strich, Fritz, Deutsche Klassik und Romantik. 5. Aufl. Bern u. München 1962
Susman, Margarete, Frauen der Romantik. 3. Aufl. Köln 1960
Teweles, Heinrich, Goethe und die Juden. Hamburg 1925
Weizäcker, Hugo, Schleiermacher und das Eheproblem. Tübingen 1927
Wiese, Benno von, Friedrich Schlegel. Ein Beitrag zur Geschichte der romantischen Konversionen. Berlin 1927

Zu Kapitel 5

Quellen

Almanach für die israelitische Jugend. Hrsg. v. Jeremiah Heinemann. 3 Bde. Berlin 1819–1821
Arnim, Ludwig Achim von, Halle. In: Ausgewählte Werke. Hrsg. v. Max Morris. Bd. II. Leipzig 1906, S. 21–152
Ascher, Saul, Bemerkungen über die bürgerliche Verbesserung der Juden veranlaßt bei der Frage: Soll der Jude Soldat werden? O. O. 1788
Ders., Eisenmenger der Zweite, nebst einem vorangesetzten Sendschreiben an den Herrn Professor Fichte in Jena. Berlin 1794
Ders., Die Germanomanie. Skizze zu einem Zeitgemälde. Berlin 1815
Ders., Leviathan oder Über Religion in Rücksicht des Judenthums. Berlin 1792
Auerbach, Isaac Levin, Sind die Israeliten verpflichtet ihre Gebete durchaus in der hebraischen Sprache zu verrichten? Aus den Quellen des Talmuds und der spätern Gesetzlehrer erörtert. Berlin 1818
Beer, Peter, Dat Jisrael oder Das Judenthum, das ist: Versuch einer Darstellung aller wesentlichen Glaubens- Sitten- und Ceremoniallehren heutiger Juden. 2 Bde. Prag 1809–1810
Ders., Geschichte, Lehren und Meinungen aller bestandenen und noch bestehenden religiösen Sekten der Juden und der Geheimlehre der Cabbalah. 2 Bde. Brünn 1822–1823
Ders., Handbuch der mosaischen Religion. 3 Bde. Prag u. Wien 1818–1821
Ders., Kelch des Heils. Prag 1802
Ders., Lebensgeschichte. Prag 1839
Ders., Sefer toledot Jisrael [Geschichte Israels]. Prag 1796
Bense'ew, Juda, Jesode ha-dat [Die Religionsprinzipien]. Wien 1811
Bock, M. H., Emunat Jisrael [Der Glaube Israels] oder Katechismus der Israelitischen Religion. Berlin 1814
Ders., Israelitischer Kinderfreund oder Handbuch der gemeinnützigen wissenschaftlichen Kenntnisse. Berlin 1811
Bresselau, M. I., Cherew nokemet nekam berit [Ein Schwert, das die Rache des Bundes übt]. Dessau 1819

Buchholtz, Carl August, Actenstükke die Verbesserung des bürgerlichen Zustandes der Israeliten betreffend. Stuttgart u. Tübingen 1815

Ders., Über die Aufnahme der jüdischen Glaubensgenossen zum Bürgerrecht. Lübeck 1814

Cohen, Schalom, Katechismus der Mosaischen Religion. Zum ersten Unterricht für Israelitische Knaben und Mädchen. Hamburg 1812

Die deutsche Synagoge, oder Ordnung des Gottesdienstes für die Sabbath- und Festtage des ganzen Jahres zum Gebrauche der Gemeinden, die sich der deutschen Gebete bedienen. Hrsg. v. Eduard Kley u. C. S. Günsburg. 2 Bde. Berlin 1817–1818

Diefenbach, J. G., Jüdischer Professor der Theologie auf christlicher Universität. 2 Bde. Gießen 1821

Ele diwre ha-berit [Dies sind die Worte des Bundes]. Altona 1819

Erbauungen. Hrsg. v. E. Kley u. C. S. Günsburg. 2 Bde. Berlin 1813–1815

Euchel, Isaac, R' Henokh, oder wos tut me damit. In: Archiv far der geschichte fun jidischen te'ater un drame I (1930) S. 94–146

Ewald, Johann Ludwig, Einige Fragen und noch mehr unläugbare Wahrheiten, Juden- und Menschennatur, Juden- und Menschenbildung betreffend. Karlsruhe 1820

Ders., Ideen über die nötige Organisation der Israeliten in christlichen Staaten. Karlsruhe u. Baden 1816

Festschrift zum hundertjährigen Bestehen des Israelitischen Tempels in Hamburg. 1818–1918. Hrsg. v. David Leimdörfer. Hamburg 1918

Fichte, Johann Gottlieb, Beitrag zur Berichtigung der Urteile des Publicums über die französische Revolution (1793). In: Sämmtliche Werke. Bd. VI. Berlin 1845, S. 40–288

Frank, Christian, Die Juden und das Judentum wie sie sind. Köln 1816

Fränkel, David, Einige Worte an die Schüler der Franzschule in Dessau. Dessau 1817

Ders., Nachricht von der jüdischen Haupt- und Frey-Schule in Dessau. Dessau 1804

Fränkel, Seckel Isaac, Schutzschrift des zu Hamburg erschienenen israelitischen Gebetbuchs für die Mitglieder des Neuen-Tempelvereins nebst einer Beleuchtung des Rabbinismus. Hamburg 1819

Fries, H. F., Über die Gefährdung des Wohlstandes und Charakters der Deutschen durch die Juden. Heidelberg 1816

Heinemann, Jeremiah, Religiöse Gesänge für Israeliten insbesondere das weibliche Geschlecht und die Jugend. Kassel 1816

Ders., Todat emunat bet Jisrael al derech sche'ela u-teschuwa [Glaubensbekenntnis des Hauses Israel in Frage und Antwort]. Rödelheim 1812

Hess, Michael, Freimütige Prüfung der Schrift des Herrn Professor Rühs, über die Ansprüche der Juden an das deutsche Bürgerrecht. Frankfurt a. M. 1816

Homberg, Herz, Ben Jakir. Über Glaubenswahrheiten und Sittenlehren für die israelitische Jugend in Fragen und Antworten eingerichtet. 2. Aufl. Prag 1826

Ders., Bne-Zion. Ein religiös-moralisches Lehrbuch für die Jugend israelitischer Nation. Triest 1815

Ders., Rede bey Eröffnung der religiös-moralischen Vorlesungen für Israeliten in Prag. Prag 1818

Ders., Imre schefer [Worte des Zuspruchs]. 2. Aufl. Wien 1816
Hundt-Radowski, Hartwig von, Judenspiegel. Ein Schand- und Sittengemälde alter und neuer Zeit. Reutlingen 1821
Hurwitz, Philipp Lazarus, Ankündigung eines Unterrichts in der mosaischen Religion und in den dieselbe betreffenden Kenntnissen, in zweckmäßigen Vorträgen und Unterhaltungen, für Israeliten. Berlin 1822
Jacobsen, Israel, Untertänigste Vorstellung an Seine Hoheit den Fürst Primas. Braunschweig 1808
Jedidja. Eine Religiöse, moralische und pädagogische Zeitschrift. Hrsg. v. J. Heinemann. 1817–1831
Johlson, Joseph, Deutsches Gesangbuch für Israeliten. Zur Beförderung öffentlicher und häuslicher Andacht. Frankfurt a. M. 1816
Ders., Alume Josef [Die Garben Josephs]. Unterricht in der Mosaischen Religion für die Israelitische Jugend beiderlei Geschlechts, nebst einem Anhange von den Ceremonialgesetzen und Gebräuchen. 2. Aufl. Frankfurt a. M. 1819
Kayserling, M., Bibliothek jüdischer Kanzelredner. Bd. I. Berlin 1870
Kley, Eduard, Catechismus der mosaischen Religion. Berlin 1814
Ders., Predigten in dem neuen israelitischen Tempel zu Hamburg gehalten. Hamburg 1819
Kley, Eduard, u. Günsburg, C. S., Zuruf an die Jünglinge, welche den Fahnen des Vaterlandes folgen. Berlin 1813
Lesser, Ludwig, Chronik der Gesellschaft der Freunde in Berlin. Berlin 1842
Lilienfeld, J. M., Patriotische Gedanken eines Israeliten über jüdische Religion, Sitten und Erziehung. Frankfurt a. M. 1812
Marcus, Jacob R., The Love Letters of Bendet Schottlaender. In: HUCA VII (1930) S. 537–577
Ha-Measef 1784–1790, 1794–1797, 1809–1811
Neumann, Imm. Mor., Vom Gebrauch der Bücher Moses in den jüdischen Schulen und Synagogen, mit Beziehung auf die projektirte Verbesserung des israelitischen Kultus. Breslau 1815
Ordnung der öffentlichen Andacht für die Sabbat- und Festtage des ganzen Jahres, nach dem Gebrauche des Neuen-Tempel-Vereins in Hamburg. Hrsg. v. S. I. Fränkel u. M. I. Bresselau. Hamburg 1819
Paalzow, Christian Ludwig, Helm und Schild. Gespräche über das Bürgerrecht der Juden. Berlin 1817
Riesser, Lazarus Jacob, Send-Schreiben an meine Glaubens-Genossen in Hamburg, oder eine Abhandlung über den Israelitischen Cultus. Altona 1819
Rühs, Friedrich, Die Rechte des Christentums und des deutschen Volks, verteidigt gegen die Ansprüche der Juden und ihrer Verfechter. Berlin 1816
Ders., Über die Ansprüche der Juden an das deutsche Bürgerrecht. Berlin 1816
Salomon, Gotthold, Auswahl mehrerer Predigten zunächst für Israeliten. Dessau 1818
Ders., Führt uns die Religion auch nicht zurück? Altona 1820
Ders., Predigt am Gedächtnißtage der Zerstörung Jerusalems. Hamburg 1822
Ders., Predigten gehalten beim israelitischen Gottesdienst in dem dazu gewidmeten Tempel zu Hamburg. Dessau 1819
Ders., Predigten in dem neuen Israelitischen Tempel zu Hamburg. 3 Bde. Hamburg 1820–1825

Ders., Selbst-Biographie. Leipzig 1863
Ders., Der wahrhaft Fromme stirbt nicht (Predigt zum Andenken an Israel Jacobson). Altona 1828
Schottlaender, Benedikt, Sendschreiben an meine Brüder die Israeliten in Westfalen die Errichtung eines Jüdischen Consistoriums betreffend. Braunschweig 1808
Sessa, K. B. A., Unser Verkehr. Posse in einem Aufzuge. 8. Aufl. Berlin o. J.
Spiker, C. W., Über die ehemalige und jetzige Lage der Juden in Deutschland. Halle 1809
Sulamith. Eine Zeitschrift zur Beförderung der Kultur und Humanität unter der jüdischen Nation. 1806–1848
Über die Aufklärung der jüdischen Nation, zufolge der jüdischen Monatsschrift der Sammler. In: Magazin für die biblisch-orientalische Literatur und gesammte Philologie I (1789) S. 193–208
Über Juden-Reformation. Bayern 1819
Das wahre System der rein mosaischen Religion. Ernstliche Schritte zur Beförderung der Wahrheit in Religions- und Glaubenssachen unter den Israeliten. Deutschland 1815
Weil, Jacob, Bemerkungen zu den Schriften der Herren Professoren Rühs und Fries über die Juden und deren Ansprüche auf das deutsche Bürgerrecht. Frankfurt a. M. 1816
Ders., Fragmente aus dem Talmud und den Rabbinern. Versuch eines Beitrags zu den Actenstücken für die Beurteilung dieser Werke. 2 Bde. Frankfurt a. M. 1809–1811
Wolf, Joseph, Sechs deutsche Reden, gehalten in der Synagoge zu Dessau, nebst einer hebräischen Übersetzung derselben. 2 Bde. Dessau 1812–1813
Wolf, Joseph, u. Salomon, Gotthold, Der Charakter des Judentums nebst einer Beleuchtung der unlängst gegen die Juden von Prof. Rühs und Fries erschienenen Schriften. Leipzig 1817
Wolfssohn, Aaron, Jeschurun, oder unparteyische Beleuchtung der dem Judentume neuerdings gemachten Vorwürfe. Breslau 1804
Zimmern, Sigmund, Versuch einer Würdigung der Angriffe des Herrn Professor Fries auf die Juden. Heidelberg 1816

Sekundärliteratur

Barzilay, Isaac E., The Italian and Berlin Haskalah (Parallels and Differences). In: PAAJR XXIX (1960–1961) S. 17–54
Ders., National and Anti-National Trends in the Berlin Haskalah. In: JSS XXI (1959) S. 165–192
Bernfeld, Simon, Toledot ha-reformazjon ha-datit be-Jisrael [Geschichte der jüdischen Religionsreform]. Krakau 1900
Bettan, Israel, Early Reform in Contemporaneous Responsa. In: Hebrew Union College Jubilee Volume. Cincinnati 1925, S. 425–443
Dorner, J. A., Geschichte der protestantischen Theologie, besonders in Deutschland, nach ihrer principiellen Bewegung und im Zusammenhang mit dem religiösen, sittlichen und intellectuellen Leben betrachtet. (Geschichte der Wissenschaften in Deutschland. Neuere Zeit. 5. Bd.) München 1867

Eichstadt, Volkmar, Bibliographie zur Geschichte der Judenfrage. Hamburg 1938
Eisenstein-Barzilay, Isaac, The Ideology of the Berlin Haskalah. In: PAAJR XXV (1956) S. 1–37
Ders., The Treatment of the Jewish Religion in the Literature of the Berlin Haskalah. In: PAAJR XXIV (1955) S. 39–68
Freudenthal, Max, Ein Geschlecht von Erziehern. In: ZGJD VI (1935) S. 141–168
Friedland, N., Zur Geschichte des Tempels der Jacobsonschule. Seesen 1910
Hess, Michael, Die Bürger- und Realschule der israelitischen Gemeinde zu Frankfurt a. M. von ihrer Entstehung im Jahre 1804 bis zu meinem Abtreten von derselben im Juli 1855. Frankfurt a. M. 1857
Jonas, H., Lebensskizze des Herrn Doctor Eduard Kley, zunächst in seiner Wirksamkeit als Schulmann. Hamburg 1859
Lazarus, Felix, Das Königlich-Westphalische Konsistorium der Israeliten. In: MGWJ LVIII (1914) S. 81–96, 178–208, 326–358, 454–479, 542–561
Littmann, Ellen, Saul Ascher. First Theorist of Progressive Judaism. In: LBIY V (1960) S. 107–121
Marcus, Jacob R., Israel Jacobson. In: CCARY XXXVIII (1928) S. 386–498
Meusel, Johann Georg, Das Gelehrte Teutschland im neunzehnten Jahrhundert. Bd. 17. 5. Aufl. Lemgo 1820
Philippson, Martin, Der Anteil der jüdischen Freiwilligen an dem Befreiungskriege 1813 und 1814. In: MGWJ L (1906) S. 1–21, 220–247
Philippson, Phoebus, Biographische Skizzen. 2 Bde. Leipzig 1864–1866
Philipson, David, The Reform Movement in Judaism. Rev. Aufl. New York 1931
Pinkuss, Fritz, Saul Ascher, ein Theoretiker der Judenemanzipation aus der Generation nach Moses Mendelssohn. In: ZGJD VI (1935) S. 28–32
Ders., Saul Ascher. Ein unbekannter Theoretiker des Judentums und der Juden-Emancipation (unveröff. rabbin. Diss. Hochschule für die Wissenschaft des Judentums). Berlin 1931
Salomon, Gotthold, Kurzgefaßte Geschichte des neuen Israelitischen Tempels in Hamburg während der ersten 25 Jahre seines Bestehens. Hamburg 1844
Ders., Lebensgeschichte des Herrn Moses Philippson, Lehrers an der israelitischen Haupt- und Freischule zu Dessau. Dessau 1814
Schnee, Heinrich, Die Hoffinanz und der moderne Staat. 4 Bde. Berlin 1953–1963
Simon, Ernst, Pädagogischer Philanthropismus und Jüdische Erziehung [hebräisch]. In: Mordecai Kaplan Jubilee Volume. New York 1953, S. 149–187
Steig, Reinhold, Heinrich von Kleists Berliner Kämpfe. Berlin u. Stuttgart 1901
Sterling, Eleonore, Anti-Jewish Riots in Germany in 1819. A Displacement of Social Protest. In: HJ XII (1950) S. 105–142
Dies., Er ist wie Du. Aus der Frühgeschichte des Antisemitismus in Deutschland (1815–1850). München 1956
Dies., Jewish Reaction to Jew-Hatred in the First Half of the Nineteenth Century. In: LBIY III (1958) S. 103–121
Stern, Siegfried, Die Zeitschrift „Sulamith". In: ZGJD VII (1937) S. 193–226
Stern, Sigismund, Dr. Michael Hess. Ein Lebensbild. In: Diesterweg's Pädagogisches Jahrbuch 1862, S. 1–38
Stern-Täubler, Selma, Der Literarische Kampf um die Emanzipation in den Jahren 1816–1820 und seine ideologischen und soziologischen Voraussetzungen. In:

Hebrew Union College 75th Anniversary Publication. Abt. II. Cincinnati 1950–1951, S. 171–196

Treitschke, Heinrich von, Deutsche Geschichte im neunzehnten Jahrhundert. Bd. II. 7. Aufl. Leipzig 1912

Weinryb, Bernard D., Aaron Wolfsohn's Dramatic Writings in their Historical Setting. In: JQR XLVIII (1957–1958) S. 35–50

Wiener, Max, An Early Theory of Liberal Judaism. In: Liberal Judaism Dez. 1949, S. 22–26

Ders., Moses Mendelssohn und die religiösen Gestaltungen des Judentums im 19. Jahrhundert. In: ZGJD I (1929) S. 201–212

Ders., Saul Ascher und die Theorie des Judentums als Religion [jiddisch]. In: Yivo Bleter XXIII (1947) S. 55–79

Zu Kapitel 6

Quellen

Boeckh, August, Encyklopädie und Methodologie der philologischen Wissenschaften. Hrsg. v. Ernst Bratuscheck. Leipzig 1877

Brann, Marcus, u. Rosenmann, M., Der Briefwechsel zwischen Isak Noa Mannheimer und Leopold Zunz. In: MGWJ LXI (1917) S. 89–116, 293–318

Fichte, Johann Gottlieb, Reden an die deutsche Nation. Berlin 1808

Geiger, Ludwig, Aus Eduard Gans' Frühzeit (1817). In: ZGJD V (1891) S. 91–99

Ders., Aus L. Zunz' Nachlaß. In: ZGJD V (1891) S. 223–268

Ders., Zunz im Verkehr mit Behörden und Hochgestellten. In: MGWJ LX (1916) S. 245–262, 321–347

Ders., Zunz' Tätigkeit für die Reform (1817–1823) mit einem Anhang (1840). In: Liberales Judentum IX (1917) S. 113–120

Hegel, Georg Wilhelm Friedrich, Werke. Red. v. Eva Moldenhauer u. Karl Markus Michel. Bd. 1. Frankfurt am Main 1986; Bd. 12. 3. Aufl. Frankfurt am Main 1992

Heine, Heinrich, Gesammelte Werke. Hrsg. v. Gustav Karpeles. 9 Bde. Berlin 1893

Heinrich Heine, Briefe. Hrsg. v. Friedrich Hirth. Bd. I, IV. Mainz 1950–1951

Heinrich Heine, Gespräche. Hrsg. v. Hugo Bieber. Berlin 1926

Hellwitz. L. L., Die Organisation der Israeliten in Deutschland. Magdeburg 1819

Humboldt, Wilhelm von, Über die Aufgabe des Geschichtsschreibers. In: Gesammelte Werke. Bd. I. Berlin 1841, S. 1–25

Italiener, Bruno, Briefe von Leopold Zunz an Immanuel Wohlwill. In: Festschrift zum hundertzwanzigjährigen Bestehen des israelitischen Tempels in Hamburg 1817–1937. Hrsg. v. Bruno Italiener. Hamburg 1937, S. 46–60

Jost, Isaak Markus, Geschichte der Israeliten. 10 Bde. Berlin 1820–1847

Ders., Vor einem halben Jahrhundert. Skizzen aus meiner frühesten Jugend. In: Sippurim III (1854) S. 141–166

Leopold and Adelheid Zunz. An Account in Letters. 1815–1885. Hrsg. v. Nahum N. Glatzer. London 1958

Leopold Zunz. Jude – Deutscher – Europäer. Hrsg. v. Nahum N. Glatzer. Tübingen 1964

Lips, Alexander, Über die künftige Stellung der Juden in den deutschen Bundesstaaten. Erlangen 1819

Maybaum, Siegmund, Aus dem Leben von Leopold Zunz. Zwölfter Bericht über die Lehranstalt für die Wissenschaft des Judenthums in Berlin. 1894, S. 1–63

Reissner, Hanns G., Heinrich Heine an Eduard Gans: ‚Quand Même...' In: Zeitschrift für Religions- und Geistesgeschichte X (1958) S. 44–50

Rubaschoff (Shazar), Salman, Erstlinge der Entjudung. Drei Reden von Eduard Gans im Kulturverein. In: Der Jüdische Wille I (1918) S. 30–42, 108–121, 193–203

Savigny, Friedrich Carl von, Vom Beruf unsrer Zeit für Gesetzgebung und Rechtswissenschaft. Heidelberg 1814

Wolf, Friedrich August, Darstellung der Altertums-Wissenschaft. In: Museum der Altertums-Wissenschaft. Bd. I (1807) S. 1–142

Zeitschrift für Wissenschaft des Judentums. Hrsg. v. Leopold Zunz. Berlin 1822–1923

Zunz, Leopold, Etwas über die rabbinische Litteratur, nebst Nachrichten über ein altes bis jetzt ungedrucktes hebräisches Werk. Berlin 1818

Ders., Gesammelte Schriften. 3 Bde. Berlin 1875–1876

Ders., Die Gottesdienstlichen Vorträge der Juden, historisch entwickelt. Berlin 1832

Ders., Mein erster Unterricht in Wolfenbüttel. In: JJGL XXX (1937) S. 131–138

Ders., Meine Schriften. In: JJGL XXX (1937) S. 140–172; XXXI (1938) S. 245–247

Ders., Predigten, gehalten in der neuen Israelitischen Synagoge zu Berlin. Berlin 1823

Ders., Samuel Meyer Ehrenberg, Inspektor der Samsonschen Freischule zu Wolfenbüttel, ein Denkmal für Angehörige und Freunde. Braunschweig 1854

Sekundärliteratur

Altmann, Alexander, Zur Frühgeschichte der jüdischen Predigt in Deutschland. Leopold Zunz als Prediger. In: LBIY VI (1961) S. 3–59

Arendt, Hannah, Die verborgene Tradition. Acht Essays. Frankfurt am Main 1976

Aster, Ernst von, Aufklärung, Romantik und Gegenwart. In: Der Morgen V (1929) S. 73–85

Auerbach, Jakob, Dr. I. M. Jost. Eine Biographische Skizze. In: Volkskalender und Jahrbuch für Israeliten 1861, S. 129–164

Avineri, Shlomo, A Note on Hegel's Views on Jewish Emancipation. In: JSS XXV (1963) S. 145–151

Bamberger, Fritz, Wissenschaft vom Judentum. In: Der Morgen XII (1936) S. 5–9

Ders., Zunz's Conception of History. A Study of the Philosophic Elements in Early Science of Judaism. In: PAAJR XI (1941) S. 1–25

Baron, Salo, I. M. Jost, the Historian. In: PAAJR I (1928–1930) S. 7–32

Bieber, Hugo, Leopold Zunz und der Verein für Cultur und Wissenschaft der Juden [jiddisch]. In: Yivo Bleter XXV (1945) S. 298–303

Cohon, Samuel S., Zunz and Reform Judaism. In: HUCA XXXI (1960) S. 251–276

Deutsch, Gotthard, Eduard Gans. In: Westliche Blätter (Sonntagsblatt des Cincinnatier Volksblatts) 27. März 1898, S. 12

Elbogen, Ismar, Ein hundertjähriger Gedenktag unserer Wissenschaft. In: MGWJ LXVI (1922) S. 89–97
Ders., Leopold Zunz zum Gedächtnis. In: Fünfzigster Bericht der Lehranstalt für die Wissenschaft des Judentums in Berlin. 1936, S. 14–32
Ders., Neuorientierung unserer Wissenschaft. In: MGWJ LXII (1918) S. 81–96
Friedlander, Albert H., The Verein für Kultur und Wissenschaft der Juden. A Study in the History of Culture (unveröff. rabbin. Diss., Hebrew Union College). Cincinnati 1952
Glatzer, Nahum N., Der Begriff der jüdischen Geschichte bei Zunz [hebräisch]. In: Zion XXVI (1961) S. 208–214
Gooch, G. P., Geschichte und Geschichtsschreiber im 19. Jahrhundert. Frankfurt am Main 1964
Guddat, W., Heinrich Heine und der „Verein für Kultur und Wissenschaft der Juden" in Berlin 1822 und 1823. In: Festschrift zum 70. Geburtstage von Moritz Schaefer. Berlin 1927, S. 72–78
Jost, Isaak Markus, Actenmäßige Darstellung des kurzen Daseins einer jüdischen Schul-Commission in der Berliner Gemeinde 1826. In: AZJ XXIII (1859) S. 159ff.
Kaufmann, David, Leopold Zunz. In: Gesammelte Schriften. Hrsg. v. M. Brann. Bd. I. Frankfurt a. M. 1908, S. 333–351
Kisch, Guido, Zur Zunz-Biographie. In: Festgabe für Adolf Leschnitzer. Heidelberg 1961, S. 369–376
Kohn, Hans, Heinrich Heine. The Man and the Myth. Leo Baeck Memorial Lecture 2. New York 1959
Körte, Wilhelm, Leben und Studien Friedr. Aug. Wolfs des Philologen. 2 Bde. Essen 1833
Lehmann, Joseph, H. Heine in Berlin, in den Jahren 1821–1823. In: Magazin für die Literatur des Auslandes XXXVII (1868) S. 169–171
Meinecke, Friedrich, Die Entstehung des Historismus. Werke. Bd. III. München 1959
Rabbinowitz, Saul P., Jom Tow Lipman Zunz. Chajaw semano u-sefaraw [Leopold Zunz. Leben, Zeit und Werke]. Warschau 1896
Reissner, Hanns G., Der Berliner „Wissenschaftzirkel" (1816–1817). In: LBIB VI (1963) S. 101–112
Ders., Eduard Gans. Ein Leben im Vormärz. Tübingen 1965
Ders., Felix Mendelssohn-Bartholdy und Eduard Gans. In: LBIY IV (1959) S. 92–110
Ders., Rebellious Dilemma. The Case Histories of Eduard Gans and some of his Partisans. In: LBIY II (1957) S. 179–193
Rotenstreich, Nathan, Hegel's Image of Judaism. In: JSS XV (1953) S. 33–52
Steinschneider, Moritz, Die Schriften des Dr. L. Zunz. Berlin 1857
Strodtmann, Adolf, H. Heines Leben und Werke. 2 Bde. 3. Aufl. Hamburg 1884
Ucko, Siegfried, Geistesgeschichtliche Grundlagen der Wissenschaft des Judentums (Motive des Kulturvereins vom Jahre 1819). In: ZGJD V (1935) S. 1–34
Wallach, Luitpold, Leopold Zunz und die Grundlegung der Wissenschaft des Judentums. Über den Begriff einer jüdischen Wissenschaft. Frankfurt a. M. 1938
Ders., Liberty and Letters. The Thoughts of Leopold Zunz. London 1959

Ders., Über Leopold Zunz als Historiker. Eine Skizze. In: ZGJD V (1934) S. 247–252
Weil, Gotthold, Das Zunz-Archiv. In: LBIB II (1959) S. 148–161
Weischedel, Wilhelm (Hrsg.), Idee und Wirklichkeit einer Universität. Dokumente zur Geschichte der Friedrich-Wilhelms-Universität zu Berlin. Berlin 1960
Wiener, Max, The Ideology of the Founders of Jewish Scientific Research. In: Yivo Annual of Social Science V (1950) S. 184–196
Zirndorf, Heinrich, Isaak Markus Jost und seine Freunde. Cincinnati 1886

Bibliographischer Nachtrag (Auswahl)

Hier werden Arbeiten angeführt, die seit der Erstveröffentlichung dieses Buches im Jahre 1967 erschienen sind.

Albrecht, Michael, Moses Mendelssohn. Ein Forschungsbericht 1965–1980. In: Deutsche Vierteljahrsschrift für Literaturwissenschaft und Geistesgeschichte LVII (1983) S. 64–166
Allerhand, Jacob, Das Judentum in der Aufklärung. Stuttgart 1980
Altmann, Alexander, Essays in Jewish Intellectual History. Hanover, N. H. 1980
Ders., Moses Mendelssohn. A Biographical Study. University, Alabama 1973
Ders., Moses Mendelssohn as the Archetypal German Jew. In: The Jewish Response to German Culture. From the Enlightenment to the Second World War. Hrsg. v. Jehuda Reinharz u. Walter Schatzberg. Hanover, N. H. 1985, S. 17–31
Ders., The Philosophical Roots of Moses Mendelssohn's Plea for Emancipation. In: JSS XXXVI (1974) S. 191–202
Aufklärung und Haskala in jüdischer und nichtjüdischer Sicht. Hrsg. v. Karlfried Gründer u. Nathan Rotenstreich. Heidelberg 1990
Bild und Selbstbild der Juden Berlins zwischen Aufklärung und Romantik. Hrsg. v. Marianne Awerbuch u. Stefi Jersch-Wenzel. Berlin 1992
Bourel, Dominique, Moses Mendelssohn et l'Aufklärung. In: Dix-Huitième Siècle X (1978) S. 13–26
Breuer, Edward, Politics, Tradition, History. Rabbinic Judaism and the Eighteenth-Century Struggle for Civil Equality. In: Harvard Theological Review LXXXV (1992) S. 357–383
Bruer, Albert A., Geschichte der Juden in Preußen (1750–1820). Frankfurt am Main 1991
Deutsche Aufklärung und Judenemanzipation. Jahrbuch des Instituts für Deutsche Geschichte. Beiheft 3. Tel-Aviv 1980
Ettinger, Shmuel, Vom 17. Jahrhundert bis zur Gegenwart. Die Neuzeit. In: H.-H. Ben-Sasson (Hrsg.), Geschichte des jüdischen Volkes. München 1992
Feiner, Shmuel, Isaac Euchel – ‚Entrepreneur' der Haskala-Bewegung in Deutschland [hebräisch]. In: Zion LII (1987) S. 427–469
Fischer, Horst, Judentum, Staat und Heer in Preußen im frühen 19. Jahrhundert. Tübingen 1968
Friedländer, Albert, The Wohlwill-Moser Correspondence. In: LBIY XI (1966) S. 261–299
Friedländer, David, Igeret le-hod ma'alato ha-adon Teler [Sendschreiben an Seine

Hochwürden, Herrn... Teller]. Hebräische Einleitung von Richard Cohen. Jerusalem 1975

Glatzer, Nahum N., On an Unpublished Letter of Isaak Markus Jost. In: LBIY XXII (1977) S. 129–137

Grab, Walter, Saul Ascher, ein jüdisch-deutscher Aufklärer zwischen Revolution und Restauration. In: Jahrbuch des Instituts für Deutsche Geschichte, Tel Aviv VI (1977) S. 133–179

Graupe, Heinz Mosche, Die Entstehung des modernen Judentums. Hamburg 1969

Hertz, Deborah, Die jüdischen Salons im alten Berlin. Frankfurt am Main 1991

Internationales Lessing-Mendelssohn-Symposium. Humanität und Dialog. Lessing und Mendelssohn in neuer Sicht. Detroit, München 1982

Jersch-Wenzel, Stefi, Die Juden im Zeitalter der Aufklärung. In: Zerbrochene Geschichte. Leben und Selbstverständnis der Juden in Deutschland. Hrsg. v. Dirk Blasius u. Dan Diner. Frankfurt am Main 1991, S. 53–63

Judentum im Zeitalter der Aufklärung. Hrsg. v. Vorstand der Lessing-Akademie. Bremen, Wolfenbüttel 1977

Das Judentum in der deutschen Umwelt. 1800–1850. Hrsg. v. Hans Liebeschütz u. Arnold Paucker. Tübingen 1977

Kahn, Lothar, Ludwig Robert. Rahel's Brother. In: LBIY XVIII (1973) S. 185–199

Katz, Jacob, Emancipation and Assimilation. Studies in Modern Jewish History. Westmead 1972

Ders., Aus dem Ghetto in die bürgerliche Gesellschaft. Jüdische Emanzipation 1770–1870. Frankfurt am Main 1986

Ders., Vom Vorurteil bis zur Vernichtung. Der Antisemitismus 1700–1933. München 1989

Ders., Zur Assimilation und Emanzipation der Juden. Darmstadt 1982

Liebesschütz, Hans, Mendelssohn und Lessing in ihrer Stellung zur Geschichte. In: Studies on Jewish Religious and Intellectual History Presented to Alexander Altmann. Hrsg. v. Siegfried Stein u. Raphael Loewe. University, Alabama 1979

Livné-Freudenthal, Rachel, Der ‚Verein für Cultur und Wissenschaft der Juden' (1819–1824) zwischen Staatskonformismus und Staatskritik. In: Jahrbuch des Instituts für Deutsche Geschichte, Tel Aviv XX (1991) S. 103–125

Lowenstein, Steven M., The Readership of Mendelssohn's Bible Translation. In: HUCA LIII (1982) S. 179–213

Mevorah, Barouch, Johann Kaspar Lavaters Auseinandersetzung mit Moses Mendelssohn über die Zukunft des Judentums. In: Zwingliana XIV (1977) S. 431–450

Meyer, Michael A., Jüdische Identität in der Moderne. Frankfurt am Main 1990

Ders., Response to Modernity. A History of the Reform Movement in Judaism. New York 1988

Morgan, Michael, History and Modern Jewish Thought. Spinoza and Mendelssohn on the Ritual Law. In: Judaism XXX (1981) S. 467–478

Niewöhner, Friedrich, Mendelssohn als Philosoph – Aufklärer – Jude oder Aufklärung mit dem Talmud. In: Zeitschrift für Religions- und Geistesgeschichte XLI (1989) S. 119–133

Pelli, Moshe, Mosche Mendelssohn: be-chawle masoret [Moses Mendelssohn: In den Fesseln der Tradition]. Tel Aviv 1972

Ders., The Age of Haskala. Studies in Hebrew Literature of the Enlightenment in Germany. Leiden 1979

Petuchowski, Jakob J., Prayerbook Reform in Europe. New York 1968

Richarz, Monika, Jüdisches Leben in Deutschland. Selbstzeugnisse zur Sozialgeschichte. 1780–1871. Stuttgart 1976

Sambursky, Miriam, Ludwig Roberts Lebensgang. In: LBIB XV (1976) S. 1–22

Samet, M. S., Mendelssohn, Weisel und die Rabbiner ihrer Zeit [hebräisch]. In: Studies in the History of the Jewish People and the Land of Israel. Bd. I (1970) S. 233–257

Schoeps, Julius H., Moses Mendelssohn. Königstein/ Ts. 1979

Schorsch, Ismar, Breakthrough into the Past. The Verein für Cultur und Wissenschaft der Juden. In: LBIY XXXIII (1988) S. 3–28

Ders., From Wolfenbüttel to Wissenschaft – The Divergent Paths of Isaak Markus Jost and Leopold Zunz. In: LBIY XXII (1977) S. 109–128

Schweid, Eliezer, Toledot ha-hagut ha-jehudit be-et ha-chadascha [Geschichte jüdischen Denkens in der Moderne]. Jerusalem 1977

Sorkin, David, Juden und Aufklärung. Religiöse Quellen der Toleranz. In: Die Juden in der europäischen Geschichte. Sieben Vorlesungen. Hrsg. v. Wolfgang Beck. München 1992, S. 50-66

Ders., The Transformation of German Jewry, 1780–1840. New York 1987

Stern, Carola, „Ich möchte mir Flügel wünschen". Das Leben der Dorothea Schlegel. Hamburg 1990 (Taschenbuchausgabe 1993)

Stern-Täubler, Selma, The First Generation of Emancipated Jews. In: LBIY XV (1970) S. 3–40

Toury, Jacob, Der Eintritt der Juden ins deutsche Bürgertum. Eine Dokumentation. Tel Aviv 1972

Yerushalmi, Yosef Hayim, Zachor: Erinnere Dich. Jüdische Geschichte und jüdisches Gedächtnis. Berlin 1988

Zondek, Theodor, Dr. Med. David Veit (1771–1814). In: LBIB XV (1976) S. 49–77

Register

Anzeigen

Deutsche Literatur von der Aufklärung zur Romantik

Geschichte der deutschen Literatur. Von den Anfängen bis zur Gegenwart
Begründet von Helmut de Boor und Richard Newald

Band 6: Aufklärung, Sturm und Drang, Frühe Klassik (1740–1789)
Von Sven Aage Jørgensen, Klaus Bohnen und Per Øhrgaard
1990. XIII, 665 Seiten. Leinen

Band 7: Die deutsche Literatur zwischen Französischer Revolution und Restauration (1789–1830)
Von Gerhard Schulz
1. Teilband: Das Zeitalter der Französischen Revolution (1789–1806)
1983. XII, 763 Seiten. Leinen
2. Teilband: Das Zeitalter der napoleonischen Kriege und der Restauration (1806–1830)
1989. XIV, 912 Seiten. Leinen

Es gibt wohl nur wenige, die vor Erscheinen der beiden Bände von Gerhard Schulz geglaubt haben, daß es einem einzigen überhaupt noch möglich sein könne, diese in ihrer literarischen Mannigfaltigkeit, mit ihren Kontroversen und Innovationen so ‚unermeßlich' reiche Epoche angemessen darzustellen. (...) Die optimale Lösung bleibt immer eine Darstellung aus der kompetenten Sicht eines hervorragenden Fachmanns. Sie wurde hier erreicht. Die Leistung von Gerhard Schulz ist schlechthin imponierend.

Walter Hinck, AUMLA

Verlag C.H. Beck München